自行车设计200年

［英］托尼·哈德兰德
［德］汉斯－埃哈德·莱辛
——————著

［英］尼克·克莱顿
［美］加里·W.桑德森
——————整理

翟颖 岳娇慧
——————译

北京联合出版公司

图书在版编目（CIP）数据

自行车设计200年 /(英)托尼·哈德兰德,(德)汉斯-埃哈德·莱辛著;(英)尼克·克莱顿,(美)加里·W.桑德森整理;翟颖,岳娇慧译. -- 北京：北京联合出版公司, 2022.1

ISBN 978-7-5596-5681-0

Ⅰ.①自⋯ Ⅱ.①托⋯ ②汉⋯ ③尼⋯ ④加⋯ ⑤翟⋯ ⑥岳⋯ Ⅲ.①自行车—设计—世界 Ⅳ.①U484.02

中国版本图书馆CIP数据核字(2021)第221317号

BICYCLE DESIGN: An Illustrated History by Tony Hadland and Hans-Erhard Lessing; with contributions from Nick Clayton and Gary W.Sanderson.
©2014 Massachusetts Institute of Technology
Simplified Chinese translation copyright ©2022 Ginkgo (Beijing) Book Co., Ltd.
Published by arrangement with The MIT Press through Bardon-Chinese Media Agency.
All rights reserved.

本书中文简体版权归属于银杏树下（北京）图书有限责任公司

北京市版权局著作权合同登记 图字：01-2021-6114

自行车设计200年

著　者：[英]托尼·哈德兰德　[德]汉斯-埃哈德·莱辛
整理者：[英]尼克·克莱顿　[美]加里·W.桑德森
译　者：翟　颖　岳娇慧
出品人：赵红仕　　　　选题策划：后浪出版公司
出版统筹：吴兴元　　　编辑统筹：周　茜
责任编辑：徐　樟　　　特约编辑：张朝虎
营销推广：ONEBOOK　　装帧制造：墨白空间·郑琼洁

北京联合出版公司出版
（北京市西城区德外大街83号楼9层 100088）
天津图文方嘉印刷有限公司印刷　新华书店经销
字数531千字　655毫米×1000毫米　1/16　30.5印张
2022年1月第1版　2022年1月第1次印刷
ISBN 978-7-5596-5681-0
定价：118.00元

后浪出版咨询(北京)有限责任公司常年法律顾问：北京大成律师事务所　周天晖 copyright@hinabook.com
未经许可，不得以任何方式复制或抄袭本书部分或全部内容
版权所有，侵权必究

本书若有质量问题，请与本公司图书销售中心联系调换。电话：010-64010019

前　言

目前，自行车在全球的生产量超过 10 亿台，是数量最多的交通工具之一。然而，汽车受到的关注却更多。事实上，在科技史上很少有某个领域像自行车这样，被人们所忽视。在本书中，相比于早期零散的文献，我们会更加深入地挖掘自行车的历史。

1973 年的石油危机使人们对自行车及其历史重新产生了兴趣。不过，各国的特殊爱好团体，特别是由约翰和德里克·罗伯茨于 1955 年在英国成立的老式自行车俱乐部（Veteran-Cycle Club，简称 V-CC），已经培养了人们的兴趣。V-CC 的期刊《震骨器》，长期以来一直是自行车历史学家的主要研究资源。自 1990 年以来，每年在不同的国家举办一次国际自行车历史会议（International Cycling History Conference，简称 ICHC），会议记录以"自行车历史"为题出版。事实证明，老式自行车俱乐部和国际自行车历史会议（由尼克·克莱顿创立），积累的令人印象深刻的研究资料对我们非常有用。我们还使用了许多其他资料来源，特别是技术文献和专利，但这并不意味着所有的问题都得到了充分的回答。许多早期的制造商早已不复存在，而且在历史档案中也没有留下任何记录。另外，遗憾的是，迄今为止，来自亚洲、非洲和南美洲的贡献者很少有机会参加国际自行车历史会议。因此，我们的观点必然是来自西方发达国家的视角。一部完整的世界自行车发明百科全书仍有待编纂。

自行车演变过程中，最成功和持久的形式是菱形车架安全自行车。我们首先关注自行车在这之前的早期发展。然后，我们着眼于特定用途的自行车的进一步发展和改进，如竞赛、便携性和全地形的使用。我们还研究了具有特定功能的自行车部件的演变，例如速度、舒适度的提升和行李携带功能。我们尽可能地使用专利图，因为它们比制造商的插图更具指导性。但我们知道，专利图不能清晰地表述发明的社会意义。正如一个开放大学模块的标题曾提到的，"仅仅发明是不够的"。因为虽然某些发明被授予了专利，但并不意味着它会被广泛采用或者会被投入生产。不过，它确实表明，某个人在特定时间和特定地点，认识到一个问题并给出了某种解决方案。一项专利也可能会影响到后来的发明者，并刺激人们产生变革。因此，我们不仅考虑了商业上成功的设计，还考虑了许多值得注意的设计，虽然这些设计没有被广泛接受。在某些情况下，许多设计没能成功是由于其概念固有的弱点，但也有其他因素，如成本、时尚、营销乏力,或缺乏合适的制造技术等。例如,一个完全可行的自行车盘式制动器,在变成普遍、可靠、价格合理的前100年就已经被授予了专利。有时,一项发明会超前于它的时代。

我们主要关注的是技术方面而不是社会学方面。我们不提供公司的历史,因为我们感觉这应该在国家层面进行。

个人代步工具的兴起是一个奇怪的难以抗拒的过程。尽管在1817—1820年、1867—1870年和1895—1900年,有过几次短暂的繁荣期,但在大众实用自行车问世之前,时间已经过去了70年。自行车的广泛使用常常受挫,因为骑车保持平衡需要一个学习过程、政府当局有各种限制以及还需面对来自轮滑的竞争。自行车曾被人们作为饥饿马匹的替代品,但后来仅作为一种体育运动设备,在几个繁荣期间的空隙中幸存了下来。在20世纪,当技术保守的专业赛车手取代缝纫机机械师成为自行车的主要零售商时,这种与运动的联系反而阻碍了自行车的进步。以比赛为导向的经销商习惯于国际自行车联盟(Union Cycliste Internationale,简称UCI)的压制"不公平优势"的政策。通勤者与UCI不同,希望获得尽可能多的"不公平优势",但自行车制造商并不总是满足通勤者的需求。自1976年以来,由切斯特·凯尔和杰克·兰比创立的国际人力车辆协会(International Human Powered Vehicle Association,简称IHPVA)一直在鼓励不受UCI规则限制的创新设计。

我们还讨论了一些困扰自行车历史的流言。例如,当浏览互联网时,我们会看到列奥纳多·达·芬奇发明了自行车、英国自行车公司罗利的弗兰克·鲍登设计了鲍登绳,以及斯特米和阿彻先生设计了第一个斯特米-阿彻三速轮毂齿轮。我们尽可能地反驳了这些谬论。

我们希望读者能够在这个关于人类对自行车的迷恋的故事中,发现许多有趣和令人惊讶的事实。2004年,根据伦敦《泰晤士报》的一项民意调查,自行车被认为是最重要的发明。它也许被描述为"自由机器"更加合适,2017年是其非凡演变开始的第200周年。

致　谢

我们要感谢国际自行车历史会议的创始人尼克·克莱顿和第20届会议的组织者加里·桑德森，他们慷慨地分享了各自对英国和美国的相关主题的研究成果。我们还要特别感谢艺术家杰夫·阿普斯、艾伦·奥斯巴尔和R.约翰·韦，他们大方地允许我们使用他们的插图来润色我们的书。我们也要感谢世界各地众多自行车研究者和爱好者的支持，他们中许多人不仅成为我们的同事，也成了我们的朋友。你会在本书后面列出的综合资料和参考文献中找到他们的标识。我们还要特别感谢下列人士，他们的贡献尤为重要：斯文·阿尔特费尔德、亚历山德罗·贝利、娜丁·贝西、格尔德·伯切尔、迈克·伯罗斯、艾伦·克拉克、科林·戴维森、普赖尔·道奇、米夏埃尔·恩巴赫、布鲁斯·埃珀森、沃尔特·尤胡斯、阿拉斯泰尔·弗洛兰斯、雷娜特·弗朗茨、杰里米·加尼特、保罗·格罗根、米夏埃尔·格吕茨纳、安妮·亨利、雷蒙德·亨利、迈克·赫西、克里斯·霍尔姆、卡林、简·赫尔特、马蒂亚斯·基尔魏因、小林敬三、小池一木、扬·克拉利克、赫伯特·库纳、奈杰尔·兰德、斯科特福德·劳伦斯、约翰·麦克诺坦、迈克尔·默廷斯、雷·米勒、格特扬·莫德、已故的亚历克斯·莫尔顿、尼古拉斯·奥迪、罗布·范德普拉斯、克劳德·雷诺、安德鲁·里奇（自行车历史学家）、弗朗西斯·罗宾、布赖恩·罗森堡、弗洛里安·施伦普夫、阿恩弗里德·施米茨、黑尔格·舒尔茨、雅克·塞赖、洛恩·希尔兹、罗伯特·斯特巴、罗杰·斯特里特、霍华德·萨瑟兰、蒂尔曼·瓦根内克特，最后同样重要的是，感谢理解我们且富有极大耐心的妻子们。

目 录

第1章　第一代脚踏车及其前身　1
　脚踏车出现之前的代步方式　1
　燕麦短缺迫使无马运输　6
　单轨脚踏车的传播　17
　两轮车被禁止及多轨脚踏车的回归　25
　第一项轮滑鞋专利　25
　为胆小骑手设计的稳固型脚踏车　27
　四轮车的年代　27
　轮滑运动势头强劲　31

第2章　前轮驱动　34
　关于前轮驱动起源的悬而未决问题　34
　法国脚踏车及其系列产品　48
　向欧洲和美国的传播　57
　为什么不是驱动后轮？为什么不使用蒸汽动力或电力？　63

第3章　金属轮　73
　高轮车的演变　73
　高轮车　85
　高轮三轮车　93

第4章　间接驱动　108
　杠杆和曲柄驱动　108

	摆动杆和线性驱动	110
	皮带和皮带轮	112
	轴驱动	115
	正齿轮传动	123
	链条驱动	126
	不对称的牙盘	130

第5章 安全自行车　　132

　　早期生产安全自行车的尝试　　132
　　菱形车架后驱安全自行车　　136
　　十字车架后轮驱动安全自行车　　138
　　矮小的前驱自行车　　144
　　菱形车架的胜利　　145
　　钢作为一种车架材料　　145
　　其他的车架材料　　149
　　自行车催生了飞机　　156

第6章 舒适度　　159

　　轮　胎　　159
　　车座弹簧支撑　　171
　　弹簧车把　　176
　　车轮悬挂　　178

第7章 提升传动　　188

　　自动飞轮的演化　　188
　　多速齿轮传动的早期发展　　192
　　行星齿轮　　200
　　变速器　　206
　　自动和连续可变齿轮　　210

第8章　刹　车　　219

减少高速中产生的热量　　219

轮胎制动　　219

轮辋制动器　　227

在轮毂内或与轮毂相连的刹车　　237

第9章　车座、踏板和车把　　248

车　座　　248

座　杆　　253

踏　板　　254

车　把　　264

第10章　照明设备　　272

蜡烛灯和油灯　　272

电池灯　　274

乙炔灯　　277

轮胎驱动发电机　　279

早期发电机的设计　　281

向"瓶式"发电机的主导地位迈进　　282

轮毂发电机　　290

轮辐式发电机　　293

五通（滚子）发电机　　293

电池备用　　293

第11章　行　李　　295

简易水平后置行李架　　295

横梁架　　298

前置行李架　　298

运动器材配件　　302

驮　包　　302

车篮	304
挂包	307
车把包	308
机架式的手提包	308
工具包	309
儿童座椅	309
跨斗	313
拖车	314
货运自行车	317

第12章 竞速自行车   321

车架几何形状的演变	321
各有所长	323
车架材质	327
空气动力	332
骑行姿势与空气动力车把	335
其他空气动力组件	336
规则的影响	341

第13章 军用自行车   343

自行车的早期军事应用	343
军用自行车的设计特点	348
折叠式或可分离式军用自行车	349

第14章 山地自行车   360

起源	361
优势	363
悬挂和车架的演变	364
山地自行车的衍生品	368

第 15 章　小轮自行车　　　　　　　　　　　　　　　371

早期的小轮自行车　　　　　　　　　　　372

韦洛乔的小轮车试验　　　　　　　　　374

早期的便携式自行车　　　　　　　　　377

英国小轮车（20 世纪 60 年代到 80 年代）　　380

折叠小轮车　　　　　　　　　　　　　382

高性能小轮车　　　　　　　　　　　　385

超小轮自行车　　　　　　　　　　　　386

BMX　　　　　　　　　　　　　　　　389

今天的小轮自行车　　　　　　　　　　391

第 16 章　斜躺自行车　　　　　　　　　　　　　　　392

早期斜躺车　　　　　　　　　　　　　392

20 世纪 30 年代斜躺车的大繁荣　　　　396

二战后的斜躺式自行车　　　　　　　　402

20 世纪 70 年代斜躺车的复兴和余波　　403

附录 A　　　　　　　　　　　　　　　　　　　　　409

被揭穿的优先权骗局　　　　　　　　　409

附录 B　　　　　　　　　　　　　　　　　　　　　418

戴维斯的讲座和斯潘塞的报告　　　　　418

附录 C　　　　　　　　　　　　　　　　　　　　　432

自行车美学　　　　　　　　　　　　　432

附录 D　　　　　　　　　　　　　　　　　　　　　436

自行车部件　　　　　　　　　　　　　436

文献选编　　　　　　　　　　　　　　　　　　　　437

参考文献　　　　　　　　　　　　　　　　　　　　444

译名表　　　　　　　　　　　　　　　　　　　　　458

第1章
第一代脚踏车及其前身

脚踏车出现之前的代步方式

滑冰

18世纪末,天气异常寒冷,一种新型个人代步方式流行于世界各地,这就是滑冰。在1788年至1789年间,连往年很少会封冻的伦敦泰晤士河也结了冰,在1812—1813年又再次被冻结。欧洲大陆的荷兰,因为有狭窄的运河和沟渠,滑冰运动在过去就一直很普遍。当时就有报道曾描述一位荷兰的农场妇女在结冰的运河上滑行于市场之间,头上顶着牛奶罐,同时手里还做着编织(Ginzrot 1830,第3卷,328)。

在18世纪,滑冰是荷兰贵族和平民的消遣活动,但不久就被上层阶级抛弃。人们很快发现,一个穿溜冰鞋的人显然比一个骑马的人要快。尽管如此,还是只有一小部分成年人,可以说是极少数,会去学习穿上冰鞋后的平衡技能(Zindel 1825)。

早期的滑旱冰

为了在戏剧演出中模拟滑冰,滑冰鞋被加上了4个小轮子(例如,见French 1985)。它在舞台木板上运转很灵活,但在街道上就不行了(Nieswizski 1991)。在1800年以前,有一些室内轮滑的例子为人们所知,在一次大胆的户外尝试(1790年,在海牙与席凡宁根之间的道路上)中,有人推出了早期的单排轮滑。

独轮车

独轮车是3世纪诸葛亮的一项军事发明,被称为"木牛"。早期中国的独轮车,中央有一个大的轮子,车上能携带士兵一整年的粮食供给,每日"特行者数十里,群行三十里"(Needham 1991)。直到近代,独轮车都是中国常见的载人和载物运输工具。因此，和荷兰一样，在自行车出现之前，中国就有了无须马拉的个人运输方式。

在欧洲，直到12或13世纪，独轮车才开始出现。城堡或者大教堂的建造者用车轮代替在前面搬运灰砂斗和担架的人，将搬运小货物所需的工人数量减少一半。虽然有了独轮车这项技术，但推车的人仍然需要负载一半的重量。中国独轮车的设计是在车体重心的下面安装了轮子，因此推车的人不需要承载重量。后来这一设计渐渐传入英国，并得到改良。1765年，有一篇关于中国式手推车的报道在伦敦《乡村与商业博物馆》杂志里出现。

1771年，巴黎的马车制造者发明了单轨手推车。一种名叫"Hoppa"的独轮敞篷车（发明者不详）有唯一的宽滚轮，并且拥有滑动垫木可以应对紧急情况（Ginzrot 1830，第4卷，49）。

在18世纪90年代，英国的乔治·马戛尔尼勋爵和荷兰的安德烈亚斯·范布拉姆·霍克杰斯特曾游历中国。回国之后，他们各自出版了配有帆的中心轮手推车图册（Lessing 2001）。在欧洲，车上配有帆的这种设计思路，除了沙丘车和

图1.1 左上：德国学生与女孩在冰上（Zindel 1825）。右上：1790年，海牙户外溜冰表演（瑞士体育博物馆）。左下：1798年，中国独轮帆车（Houckgeest 1798）。右下：1771年，巴黎独轮"Hoppa"的侧面视图和前视图（Ginzrot 1830）

轨道车辆，没有被其他设计采纳。

独轮车设计是德国海德堡大学技术课程的一项课题，地质学家约翰·戈特弗里德·博拉赫的一项独轮车设计被收藏于海德堡大学，但设计图纸已经遗失（Lessing 2001）。

早期的日本人力车

日本是一个长期使用脚力灌溉方式进行水稻种植的国家，1732年就诞生了一辆具有3个轮子的惊人的陆地船（Koike 2013）。

"冲锋陆地船"在学者平石久平次时光的手稿《新制陆舟奔车之记》中有描述和配图。这种陆地船是按照当地贵族的要求所造，在这之前有两种四轮陆地船，一种是1729年名为庄田门弥的人所造，另一种则是1730年叫竹田的人设计制造。这两种四轮陆地船虽然不像冲锋陆地船那样有详细的史料，但据记载，当地人把庄田门弥称为"长途人"。

冲锋陆地船在后轮之间有一个复合曲轴，被固定在中央木制飞轮的两侧。和当地的灌溉机类似，曲柄部分有凉鞋状的木制踏板。前转向系统包括垂直的转向杆，转向杆用绳索缠绕，两端与前轮柱上的控制杆连接。（当地渔民使用类似的系统将船拖上海滩。）驾驶者直立站在踏板上手动操作转向杆。80年后，名叫卡尔·德莱斯的德国发明家，在他设计的四轮"驱动机器"中，使用了从踏板到曲轴同样的排列顺序。

平石在他的手稿中写道："我的三轮船运行起来比起更早的四轮车要更好。到达斜坡底部时，四轮车必须依赖人搬上去，而我的三轮船则能驶上去。"手稿封面上有一首诗，赞美这种机器能像舞者一样可以运动到任何地方，同时给人们带来自由和快乐。而在平石之后是否有更多的陆地船出现，不得而知。

人力车的市场定位

从17世纪开始，西方世界出现两种人力驱动的个人交通工具：一种是为残疾人准备的，另一种则是游园用的四轮轻型车。富裕的残疾人可以使用手摇轮椅，而便宜的巴斯轮椅通常必须由另一个人推拉。1725年，一个名叫加斯纳的德国人设计了一款自驱式轮椅，两个轮子上各有一个手动操作的轮圈和一个用作脚轮的小拖尾轮子，这和今天人们所使用的轮椅类似（Leupold 1725）。

> **专栏1.1 关于四轮马车原理的书**
>
> 18世纪末,关于四轮马车的物理学原理已经为人们所熟知。然而,查尔斯·卡穆斯的《运动力》(Camus 1722)对于前轮尺寸较小的四轮车的负载配置是错误的。正确的理论来自约翰·兰伯特的书。该书在他去世后出版。兰伯特经过理论计算得出结论:负载应该转移到较大的后轮上(Lambert 1778)。
>
> 学术界提供的奖项则鼓励着人们进行更进一步的研究。1763年,瑞典科学院提出:"马车是否能以某种方式得到改善,比如同样的马拉70磅[1]的重物和拉40磅一样轻松"——相当于效率提升75%(Treue 1986)。最终,雅各布·法戈的两轮并排型马车获得了金奖,其模型保存在海德堡大学。另一个入围作品则是一个带有固体黄铜轮毂的货车车轮,此设计可以减少轴上的摩擦。
>
> 1797年,丹麦皇家科学院用拉丁文发布了一项挑战:请用机械原理证明,为什么一辆四轮马车比双轮车更好?赢得一等奖的是圣彼得堡数学教授尼古劳斯·菲斯。他出版了研究成果《两轮和四轮车的阻力理论》(Fuss 1798)。根据菲斯的研究,一辆四轮车应该在任何条件下都比两轮车要克服更少的阻力。根据他的理论模型,滚动阻力大小,线性地取决于车轮陷入土壤表面的深度,但这仅限于理论上,并没有在实践中进行过测试。
>
> 1813年,布拉格理工学院院长弗兰茨·约瑟夫·冯·葛斯纳出版了关于货运车和道路的两篇论文(Gerstner 1813)。他将对抗滚动阻力所做的功等同于对土壤的压力所做的功,得出了滚动阻力和重量之间的非线性关系。托马斯·特雷德戈尔德在《铁路与马车实践论》(Tredgold 1835)中也得出相同的结论。库仑摩擦定律揭示了一种线性关系,即同等重量的四轮车和两轮车具有相同的滚动阻力(Lessing 2003a)。

法国拉罗谢尔的埃利·理查德博士提出,用马车代替巴斯轮椅,并让侍从在车上踩踏后轮(Ozanam 1696)。重型马车和当时满是车辙且泥泞肮脏的道路,

---

[1] 质量单位,1磅约为0.45千克。——编者注

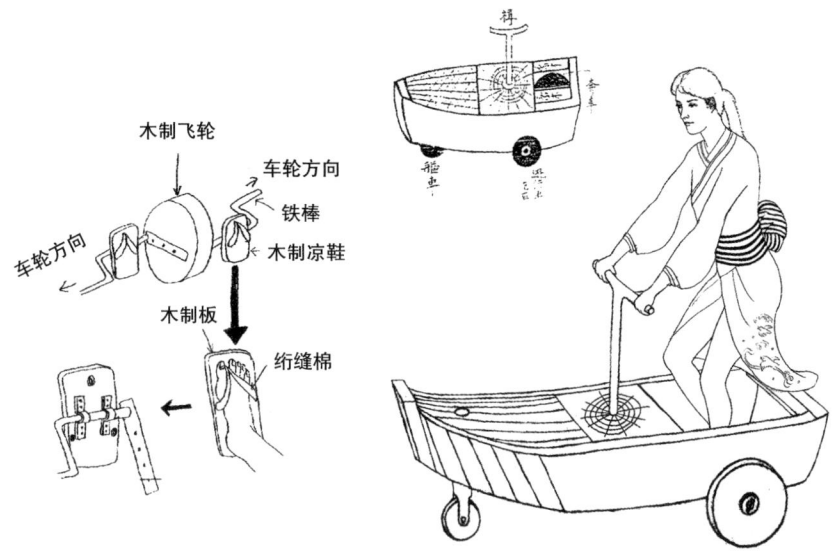

图1.2　平石的冲锋陆地船及其踏板驱动单元（滋贺县立图书馆，小池一木及其改造的陆地船照片）

是这一技术普及的主要障碍。1774年，当由一匹马拉的两轮轻便马车在伦敦流行起来时，理查德的想法又卷土重来。名为奥文登的机械师，也可能是车匠布什内尔与奥文登，第二年出版了《一台没有马拉的机器》（Ovenden 1775）。这一次，机器的运行场地不再是车道上，而是在豪宅的庭园中。1775年，一位园林建筑师受雇于德意志普法尔茨选候卡尔·西奥多拜访伦敦，他为选候位于施韦青根的夏季住宅和花园购买了一辆杠杆驱动的花园敞篷旅游车。人们认为这个漂亮的敞篷车是夏洛特王后定制的，在它的一支钢制弹簧上刻有"杰克曼伦敦"（Jackman London）的字样，不过后来王后取消了订单（Wackernagel 2002，第1卷，112；鲁道夫·瓦克纳格尔的私人通信）。该车可能一直被保存在施韦青根，直到1803年被搬到慕尼黑，现保存于德意志博物馆。

个人运输依然依靠马匹，因此比较昂贵。在一次伍尔维奇皇家军事学院的讲座中，数学家托马斯·斯蒂芬斯·戴维斯估计一匹马在整个寿命期间的成本为1,700英镑[1]（Davies 1837）。用这笔钱，人们可以在伦敦买一套房子。因此不太富裕的人会使用驴、山羊或狗来拉车。

1　英国货币单位。——编者注

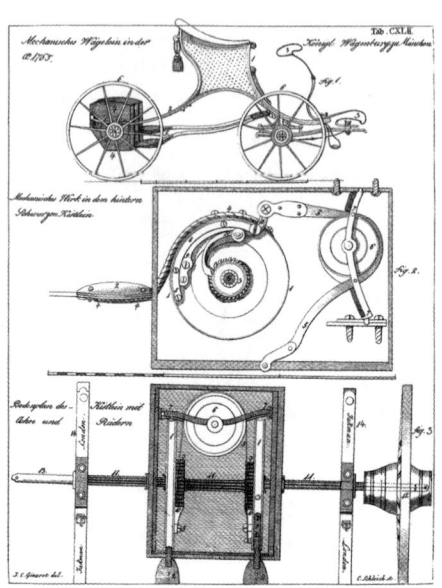

图1.3 左：1751年狄德罗的《百科全书》中的手摇轮椅。右：1775年的花园敞篷旅游车，标有"杰克曼伦敦"字样（Ginzrot 1830）

燕麦短缺迫使无马运输

1812年，在拿破仑战争期间，欧洲和新英格兰经历了五次粮食歉收中的第一次。过路的军队突袭了德国的粮食仓库，结果导致整个国家遭遇异常严重的玉米和燕麦价格飞涨。1813年10月，拿破仑在莱比锡战败后仅10天，28岁的卡尔·冯·德莱斯男爵，一名国有林业公司林务官，也曾是林业学老师，向巴登大公申请一辆四轮人力车的"特权"。（在1849年短暂的巴登革命期间，德莱斯男爵更多时候被称为"公民卡尔·德莱斯"。）在巴登，当时还没有专利法，"授权"可以使所有者在大公国范围内，有权成为某一物品的唯一卖方。而德莱斯男爵，作为公务员是不允许从事任何一项副业的，因此被拒绝授予"特权"。无论如何，专家们（Tulla 1813）引用了施韦青根的花园敞篷车，对德莱斯想法的新颖性表示怀疑。

德莱斯的"驱动机器"

德莱斯可能在施韦青根看到过由仆人拉着的花园敞篷车，或是在海德堡大学学习技术时遇到过这种车（Lessing 2003a，122）。3年后，在《新杂志》刊登的一篇文章中,他批评了其不足之处:"早些时候有人尝试过一些通过机器自行推进的车,但是这些机器在克服摩擦时太笨重太复杂,因此显然没有任何实际用途。"他还提到当时普遍的惨淡局面:"在战时,马匹和饲料经常变得稀少,如果每个军队有一小队这样的车都是非常可贵的,特别是对于短距离的调度和伤员运输来说。"(译自 Drais 1816)

德莱斯的两个"驱动机器"的照片并没有留存下来,但他留下了书面描述(Lessing 2003a,117)。"驱动机器"1 号,预计可以运载 5 个人,有一个踏板固定在后轮之间的轴上。驾车者面朝后,坐在后面悬挂的车座上,用脚操作踏板。"驱动机器"2 号的后轮之间有一个锻制的曲轴,驾车者可以面朝前坐着踩踏曲轴。"驱动机器"2 号可以达到每小时 4 英里[1]的速度。他还写道:"在遇到陡峭的山坡,或是一条非常糟糕的道路时,就可以像车夫那样,放下转向杆当作辕杆,套上马,好驾驭马来拉车。"

在沙皇亚历山大一世访问德国卡尔斯鲁厄的时候,德莱斯曾展示他的"驱动机器"1 号,得到沙皇的赞誉。受此鼓舞,1814 年他把"驱动机器"2 号带到了维也纳的大会上进行展示。以瓜分欧洲为目的而相聚于维也纳的王公们,并没有表现出对德莱斯"驱动机器"的兴趣,尽管燕麦价格在飞速上涨。

"发明家还有很多困难需要克服,"德莱斯在一份手写笔记中承认,"包括在恶劣的道路和山上,人会变得非常疲惫。"当然,更大的踏板可以起到更好的杠杆作用,但踩踏最大的踏板就像踩在大地上。一得出这个令人沮丧的结论,德莱斯决定在他的下一个发明中尝试直接推出一辆两轮车。

"无夏之年"和一个突破

1815 年,位于巴厘岛东部的坦博拉火山的喷发被美国历史学家约翰·珀斯称为"人类最后的大生存危机"(Post 1977)。火山灰于 1816 年到达北半球,该年被称为"无夏之年"。暴风雪和持续的雷暴摧毁了欧洲和新英格兰的土地收成,粮食普遍短缺,特别是在下层社会。在荷兰或沙皇俄国匆忙购买的玉米则无法从曼海姆的莱茵港口配送到欧洲大陆的内地,因为没有马匹——那些没有被宰杀的马匹已经饿死了。因此,需要一种无马的交通工具(Lessing 2001)。我们没有德莱斯关于这方面的任何叙述,但是我们有在明显的粮食作物歉收后他相关发明的详尽证据(见图 1.4),以及来自那一时期报纸的相关报道(Hamer 2005)。

---

1 长度单位,1 英里约为 1.61 公里。——编者注

8　自行车设计 200 年

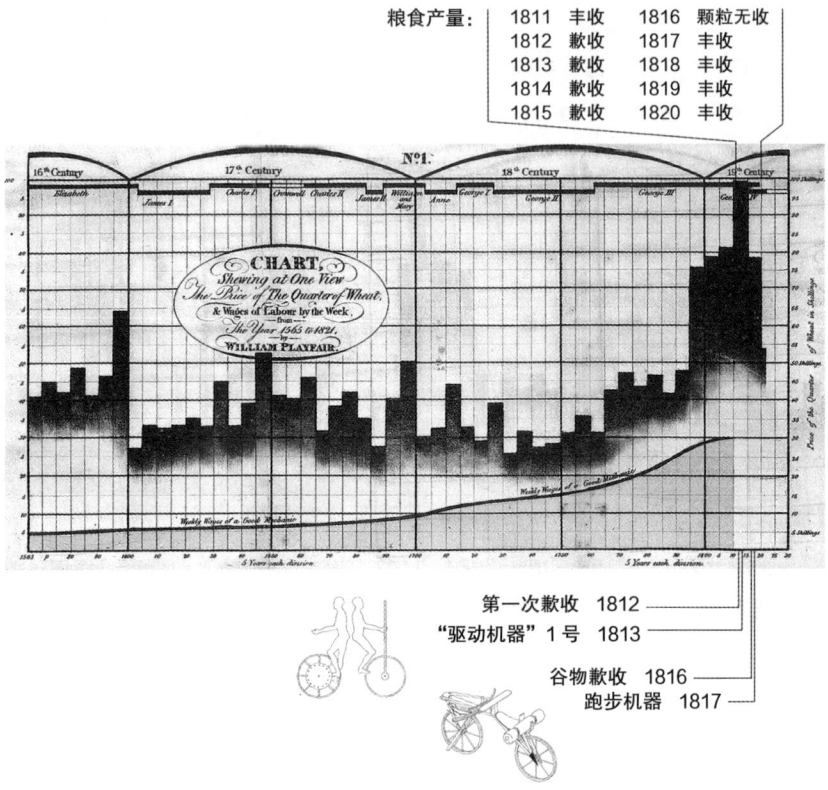

图1.4　小麦价格的5年平均值（Playfair 1822）。真正的高峰出现在1817年。德莱斯的发明分别在第一次和最糟糕的一次作物歉收后

两轮取代四蹄

最早提到的德莱斯两轮车，最初被称为"驱动机器"，但后来被称为"跑步机器"。"跑步机器"这一名称的首次公开使用可追溯到1817年6月12日（Drais 1817a）——而不是这一时期某些报纸所认为的7月。在文献中，这一年常常被报道为1816年，这显然是对德莱斯延迟发表四轮"驱动机器"2号文章的一种误读（Drais 1816）。

到1817年6月，德莱斯已经在曼海姆市居住了6年。他的两轮"跑步机器"第一次亮相是在大公国最好的道路上，这条路通向选候在施韦青根的夏季住所。行驶到离施韦青根还有一半路程时，德莱斯转身骑车返回了家中。结果显示，他在不到一个小时的时间内行驶了8英里。

据推测，为了适宜在狭窄的森林小径上行驶，德莱斯把他的四轮"驱动机器"缩小成两轮"跑步机器"（Dunham 1956，4）。实际上，在他提交给《巴巴拉布兰特》周刊的一则简短声明中，我们可以找到他关于两轮车原理的灵感来源："本发明的主要思想是从滑冰运动中获得的（Drais 1817a）。"之后，德莱斯发表了几篇有关这项发明的文章（Drais 1817b，c）。他用3页纸对"跑步机器"的原理进行了描述（Drais 1817c），包括两个版面，可以从书商那里买到（Lessing 1991）。通过报纸上的简单报道，或是通过刻版的方式（德莱斯曾慷慨地把"跑步机器"的描述寄给那些感兴趣的人），许多地方的工匠建造了他们自己版本的"跑步机器"（或称为"德莱斯机"[Draisine]，这是新闻界最初给它的名称）。（铁路版的"Draisine"之所以得名，是因为最早的火车是两轮车，也是在单轨上行驶。）德国德累斯顿逐渐成为德莱斯机的生产中心，在这里至少有5个商人盗用了德莱斯的发明。

德莱斯的父亲是一位有学问的法学家。在父亲的帮助下，德莱斯又再次尝试申请"特权"，这次申请的是机器使用的专有特权。（许可证徽章被钉在了德莱斯机的操纵杆上，见图1.7。）1818年，他获得了一个10年的"特权"，这要归功于大公爵夫人斯蒂芬妮·拿破仑。同年，他获得法国授予的一项5年专利，还在普鲁士获得专利。但在巴伐利亚、奥地利以及法兰克福，当地政府为了保护本地的仿造者，拒绝了德莱斯的专利申请。

德莱斯机的设计

德莱斯机的设计与现代自行车在许多方面都很相似。德莱斯机的木制车轮用铁箍固定在一起，两个车轮大小相等，每个轮子的直径大约为27英寸[1]或675毫米。现保存于慕尼黑德意志博物馆中的一辆早期的德莱斯机，重量只有45磅，用干燥的白蜡木制成。但是德莱斯机的人体工程学特点与现今的自行车相比有很大的不同。骑德莱斯机的人中，只有曾在冰上滑过冰的年轻人才能轻松地掌握平衡。事实上，骑德莱斯机就曾被描述为"在路上溜冰"。平衡难以掌握排除了像"驱动机器"2号那样通过使用曲柄间接推进的可能性。为了使骑手更容易将脚踩在地上，德莱斯机的座位低于现代自行车。因此，当地车匠在制造一台德莱斯机前，需要提前测量骑手腿部的内缝线长度。骑德莱斯机时，骑手可以将手肘支在软木平衡板上，这样可以减轻胯部遇到的压力。骑手还可以用手指操作带有许可证徽

---

[1] 长度单位，1英寸为2.54厘米。——编者注

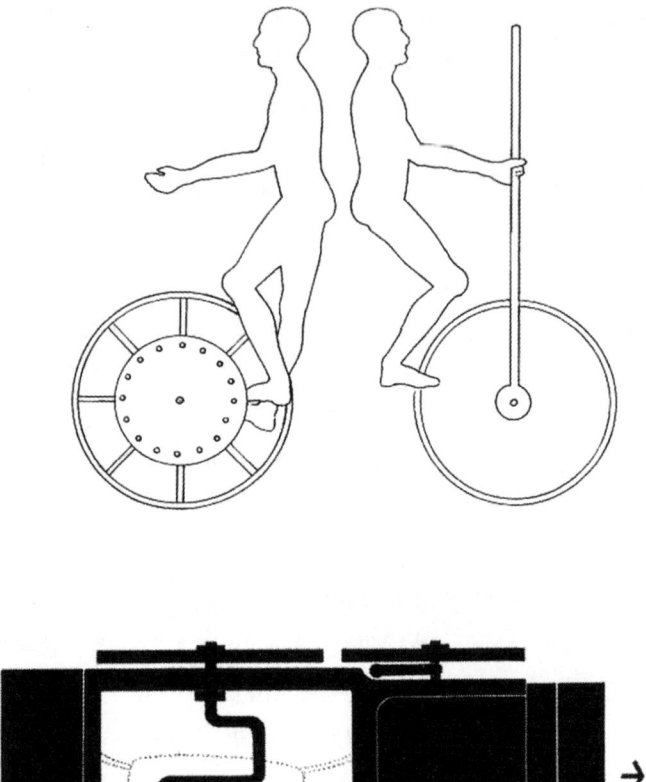

图1.5 德莱斯"驱动机器"1号和"驱动机器"2号复原图(Lessing 2003a)

章的操纵杆以掌控方向。机器的轴周围是黄铜衬套,衬套可以通过轮毂上的径向孔进行润滑,减小了骑行时的摩擦力。

德莱斯机的转向机制旨在自动调正,利用了脚轮效应原理。在垂直轴的靠后6英寸处,前轴使用弯曲的滑动钢坯保持前部转向架免于楔入杆中。有两封德莱斯机用户的来信建议可以使用白色肥皂润滑滑动的钢坯(Lessing 2003a,257)。手柄杆可以向前倾斜,用来把车向上拉。

在一篇杂志文章中,在海德堡进修过物理学的德莱斯完整地描述了骑车时保持平衡和掌握方向的技巧:

如果一个人骑车时忽然失去平衡,可以用脚或转向来帮助自己保持平衡。具体说,骑车人应朝着整体的重心方向稍微转向。如果想转弯,就应该提前把重心的位置转移到内侧,紧接着朝那边转向。(译自 Drais 1820)

最佳建议可以概括为"往意外跌落的一侧转向"(Meijaard et al. 2011)。它利用离心力使驾驶者和机器恢复平稳。转向的建议提醒我们,为了使一辆单轨两轮车左转,必须暂时先向右转。德莱斯说要向左倾斜,但双手需要向右操作操纵杆。

现代有一种误解,认为骑德莱斯机就是坐着走路,骑车人所能做的就是只能沿着斜坡滑下(Herlihy 2004, 24)。事实上,通过双腿的快速推动,德莱斯机有时可以达到每小时 8 英里或更快的速度。记者们惊讶地发现,在脚不触及地面的情况下,德莱斯可以持续移动 60 英尺[1]或更长的距离。

为防止盗版制造者仿制,德莱斯设置了拉线车刹,这样骑车者的腿可以将其遮起来。当时的车都没有这样的车刹,只能靠役畜来协助停车,或者在下坡的时候用减速靴进行制动。

1817 年,德莱斯推出了一系列"跑步机器",包括一个双轮双座车和几个"女式德莱斯机"(有些是三轮,有些是四轮)。一辆女式德莱斯机模型在前轮之间有一个舒适的座位,德莱斯坚持认为女士在上面可以"坐得很稳,不会觉得难受"(Drais 1817c)。

专栏1.2　来自德莱斯机骑车者的评论

我们发现历史上德莱斯机骑车者写的两封信和一篇日记。这里引用信中部分内容,译自 Lessing 2003a 的第 252—257 页:

为了更方便,座位可以悬挂在弹簧上——我自己就有一辆这样的机器。如果前轮高出后轮半英尺,那么车子就很容易被移动,因为经验告诉你,前轮不像后轮必须承担主要负载。而且机器前后距离不应该过短,也就是轮子不应该彼此靠得太近,因为以我的经验,这会使车子移动起来不那么容易。

---

[1] 长度单位,1 英尺约为 0.31 米。——编者注

> ——彼得·摩任布热赫（邮件管理员，科隆），1818
>
> 在出发之前，必须先拧紧车座，使车座刚好达到人坐在上面同时双脚可以踩到地面的高度，然后骑行者可以竖直坐下来，双手握紧手柄杆，尽量让两个轮子在一条直线上。起初，车子会很缓慢，但通过交替改变双脚的位置使车子逐渐动起来，过程中努力保持轮子处于直线运动。之后，车子的移动会越来越快，越来越顺畅，尤其是在下坡时。如果必须要爬坡，骑车也比徒步轻松。为了把车座调高一些，我为自己准备了一把扳手。这样，无论身体高矮胖瘦，都可以调整这个跑步机器的高度。（雅斯佩尔·冯·厄尔岑，1818年德国罗格地区的首席行政官致信梅克伦堡大公爵弗朗茨一世，当时他把一辆德莱斯机赠送给了后者。事实证明，这是个成功的策略，因为冯·厄尔岑很快就被提拔为金融部长。）
>
> 骑快速的两轮轻便车 Tresenne（即德莱斯机），我已经驾轻就熟。每天我在公寓里会引起一些小的骚动，我会骑车穿过所有的房间，直到我在技术上有更多的经验时才敢去户外骑行。
>
> ——米夏埃尔·格布勒（律师，施特劳宾），1819年在雷根斯堡买彩票赢得了一辆德莱斯机

发明家卡尔·德莱斯在1833年的一封信中回顾了大众对骑车失去平衡的恐惧。这里引用的条目是从 Lessing 2003a 的第163页翻译过来的：

> 几乎在任何地方，我骑车的优秀表现都被归功于我的个人技能，而不是发明本身。人们过高地评估骑车的难度，实际难度并没有他们想象的那么大。通常他们会说："如果每个人都像你一样有能力去驾驭它，那么它确实非常有用。"虽然我用4节课很用心地指导了几个人，但是他们仍然不敢骑到车上面。

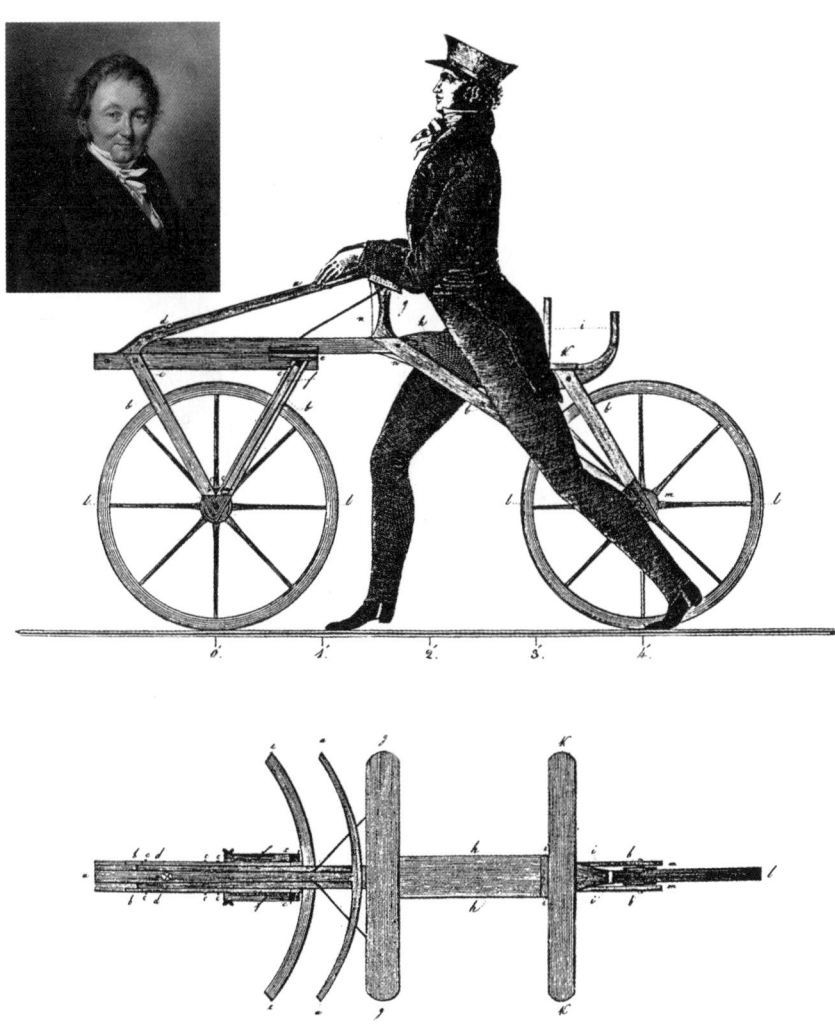

图1.6 约1820年的卡尔·德莱斯(H.-E.莱辛)和一辆德莱斯机(Drais 1817c),长度以英尺为单位

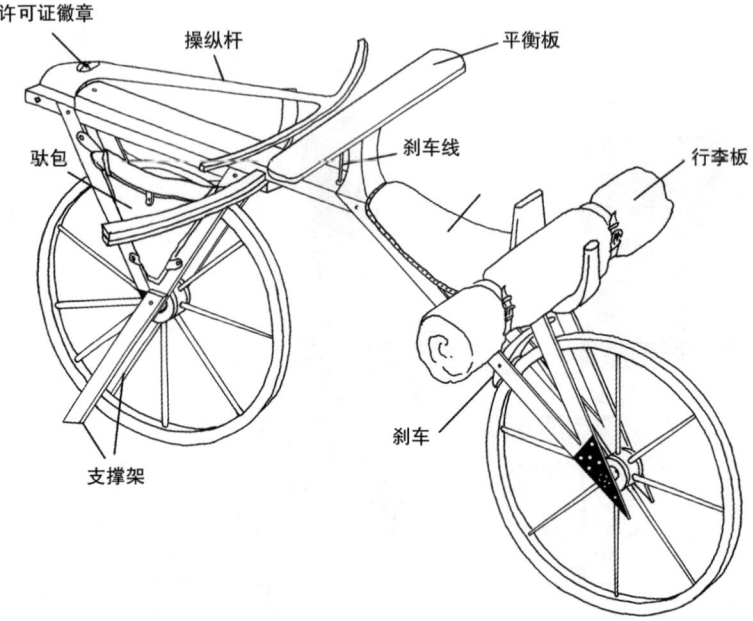

图1.7 添加了各部件提示的一辆等轴德莱斯机图（Lessing 2012）

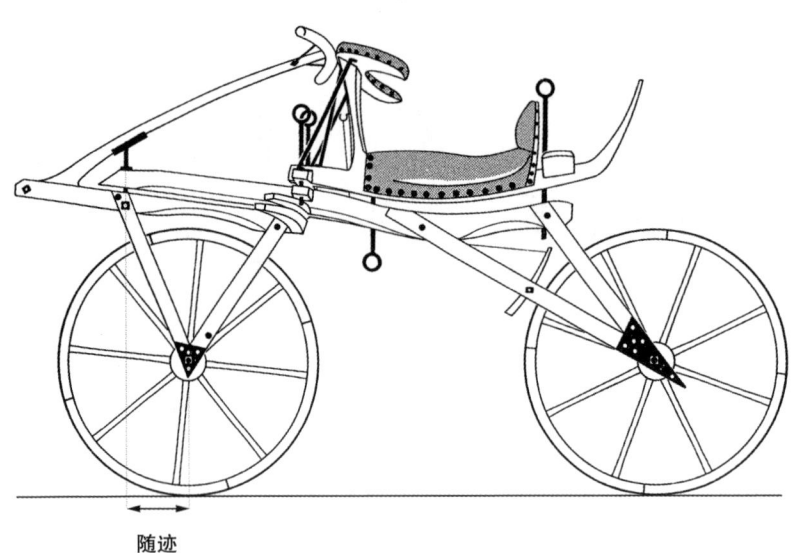

图1.8 一辆1817年的可调节德莱斯机（Lessing 2003a）。沿自行车头管的中心向下画一道假想的线，它与地面的接触点位于车轮与地面垂直接触点的前面——这两点之间的水平距离就叫作随迹，车的控制与操纵灵活度很大程度上由随迹量的大小决定

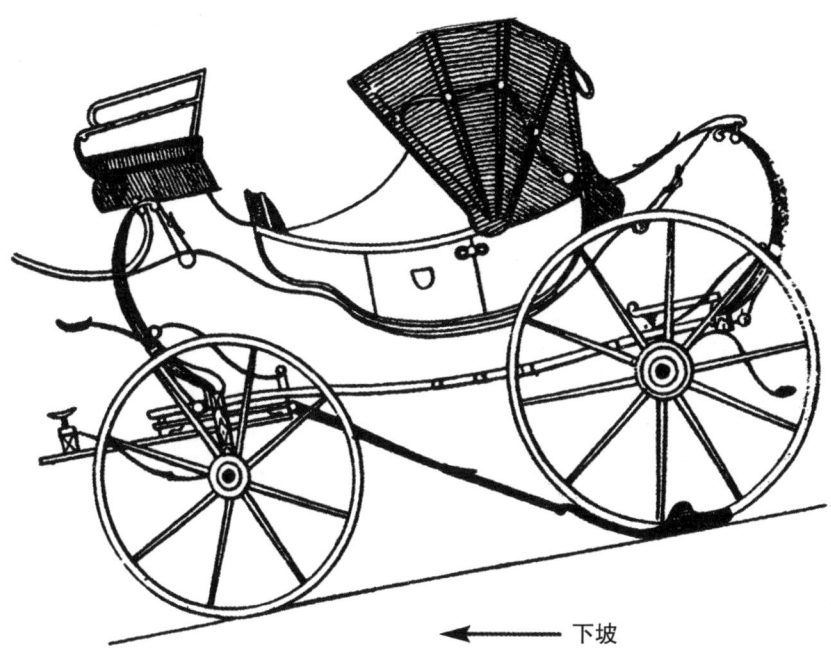

←下坡

图1.9 当时的一种马车制动方式（Ginzrot 1830）

马匹的回归

1817年秋天，欧洲迎来了几年来的第一次粮食大丰收，饲养和出售马匹变得重新活跃起来，但这种复苏却关闭了卡尔·德莱斯的机会之窗。骑德莱斯机的人变得不再受欢迎，特别是因为他们使用的是人行道而不是车道。1817年12月，曼海姆地区禁止在人行道上骑车（Lessing 2003a，290和364），德国的其他城镇也陆续开始实施禁令。德莱斯想批量生产这种骑行机器的希望破灭了。尽管如此，他还是被任命为两个科学协会的成员，新任大公爵授予他机械工程学教授的称号并允许他从林业局提前退休。1820年，他的父亲，巴登地区最资深的法官，拒绝宽恕一名犯下政治谋杀罪的学生，间接导致德莱斯的车子也不再受学生的青睐。这名年轻学生被处死后，为躲避公众的不断烦扰，发明家德莱斯离开德国6年，在巴西从事土地测量师的工作。

人们骑德莱斯机完成了几项著名的壮举。1820年，一名英国工程师从法国小镇波城骑车，一路穿越比利牛斯山到达西班牙马德里（Drais 1820），总计骑行

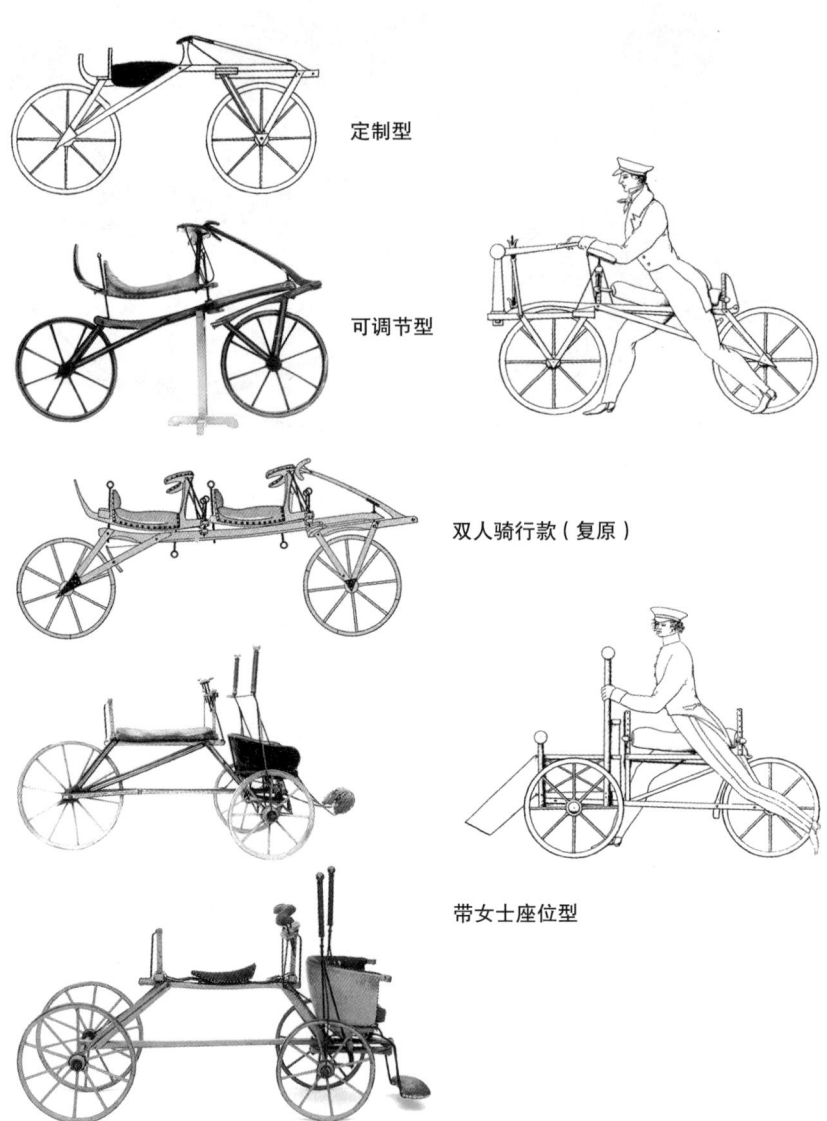

图1.10 德莱斯的德莱斯机系列（Lessing 2003a）

图1.11　1818年,伯格在维也纳的骑术学校。据称,一个新手缴纳10荷兰盾[1]就可以在10小时内学会骑车

了300英里。1829年,德国慕尼黑举行了一场由26辆德莱斯机参加的半封闭比赛,获胜者在30分钟内达到平均每小时14英里的速度。但关于德莱斯机的报纸报道却被相关铁路报道抢了风头。

单轨脚踏车的传播

尽管德莱斯机在德国遭到严厉的限制,但是两轮人力车的设计却迅速蔓延到整个西方世界。1817年9月,瑞士伯尔尼市的机械师克里斯蒂安·申克制造了一台两轮人力车(Lessing 2003a, 158)。在奥地利,农业机械制造商安东·伯格和索恩也开始制造脚踏车。1818年初,他们在维也纳开办了一所两轮人力车骑术学校。为了保护伯格和索恩,奥地利当局拒绝了德莱斯的专利申请。1824年末,伯格和索恩为三轮脚踏车申请了专利,在他们1857年的目录中,还展示了一辆儿童德莱斯机(Ulreich 1993)。他们也可能制作过一辆简易的脚踏车(Ulreich 1999)。

1　荷兰货币单位。——编者注

脚踏车在法国

1817年底，早在4年前就与巴登大公国结盟的法国，成为卡尔·德莱斯出售许可证和申请专利的首选之地。德莱斯还曾为萨克森-魏玛大公爵卡尔·奥古斯特从曼海姆的一名匠人手中购买过一辆德莱斯机（Reissinger 2011）。最近发现一封写给该大公爵的信，证实了德莱斯和巴黎著名的滑冰运动员让·加尔辛（此人曾写过一本关于滑冰的书）（Garcin 1813）一起在巴黎开设了车辆制造厂，并开办了一所骑术学校。

虽然德莱斯已经退休，但是从严格的法律意义上说，他仍然是带薪休假的公务员，所以不能在未经批准的情况下前往巴黎。因此他只能通过中间人来处理与让·加尔辛和合伙人图尔尼的事务。与名为"vélocifère"的高速四轮马车相似，"Laufmaschine"一词在法国也有了一个新的名字"vélocipède"（字面意思是"快脚"）。"Vélocipède"可能来自德国古老的说法"Schnellfusz Machen"（"制造快脚"，意思是"逃跑"）（Lenssing 2012）。"Draisienne"一词是"draisine"在法语中的变体，也在法国被人们使用。

为了申请法国专利，德莱斯派他的仆人去了巴黎的内政部。这个仆人法语蹩脚，他一再重申自己是德莱斯的"Dineur"（德语，意为"仆人"），办事员用拼音拼写记下了"Dineur"作为专利申请人的名字（Durry 1982，20）。在随后的脚踏车文献中，一个名叫"Dineur"的人被认为是德莱斯的专利代理人。但是，当时巴黎并不存在专利代理人这种职业，而那个时期巴黎的姓名地址录中，根据给定地址也找不到名为"Dineur"的人（Keizo Kobayashi，个人通信）。在专利申请的签署方之中，专利委员会主席，著名科学家约瑟夫·路易·盖伊·吕萨克，没有对德莱斯机的创新性提出任何反对意见。1818年，德莱斯被授予一项为期5年的特许权（编号1,842）。

1818年3月，德莱斯的仆人和一伙人组成一支小车队，骑德莱斯机从曼海姆经过斯特拉斯堡到达巴黎，全程大约300英里。德莱斯遗憾不能加入其中，因为他被邀请到法兰克福理工学院进行短期社团演讲，并且成为其荣誉成员。某个周日，德莱斯在法国的合作伙伴，在卢森堡公园展示了这些德莱斯机。公园长长的景观大道是理想的展示场所。新闻机构对这个事件的观点不尽相同（Kobayashi 1993，41）。1818年4月14日的《巴黎日报》报道："记者走了很长一段路，看到一些奇特的车子，这些车辆的发明者想要取消用马的奢侈，降低燕麦和干草的价格。"

1817年，一位匿名的机械师在法兰克福展览会上展示了对德莱斯机进行修改

图1.12 1818年，在法国，脚踏车的木支柱被锻铁所取代（维基共享，Tietze 1925，托尼·哈德兰德）

后的设计（Lessing 2003a，295）。德莱斯设计的前轮和前叉是一个单独的转向架，在前部摆动，后部由一个扇形架支撑。它由一个被称为滑接导杆的转向杆转动。这种设计在四轮车上很普遍，是前轮借助随迹进行自行校准所需要的。而法国人设计的前轮和前叉只是简单地在车架的套筒中转动，通过向后弯曲前叉以维持随迹（Lessing 2012）。车轮现在可以在结构相似的实心铁制前叉和后撑杆中转动，这一改变使得车的外观更加优雅，但估计也会增加重量。德莱斯对此提出过批评（Drais 1820）。

让·加尔辛向巴黎郊外游乐园的游客按小时租借两轮和三轮德莱斯机。对男性来说，骑着这种新车，好处是显而易见的：因为他们可以为女伴租一辆女式德莱斯机，和心爱的人一起骑到公园幽静之处，远离喧嚣。

巴黎市区和周边乡村地区的仿造品在某种程度上偏离了德莱斯的设计。从当时的报纸上，我们知道伯恩有名叫拉格朗日的木材车床工（Kobayashi 1993，59），他可能是附近的索恩河畔沙隆发明家尼希福·尼普斯拥有的脚踏车的供货商。那里的博物馆里保存有尼普斯设计的车子，其中一些零件是由车床部件制成的。从他写给弟弟的信中得知，这台车子的横梁上有一些孔，尼普斯本打算装一些机械腿来增加车的推力。

1818年10月，德莱斯自己骑行300英里经南锡到巴黎，他在那里进行了德莱斯机的展示。这次出行的理由我们不得而知，但获取出行许可应该颇费了一些周折。德莱斯带来了一份3页的传单，用法语详细描述了这种交通工具，并使用了"vélocipède"一词（Drais 1818）。在一次蒂沃利游乐园的机器展示之后，当地公报报道："正如传单中所阐述的，这个德莱斯机的设计灵感来自滑冰。"

英格兰的脚踏车

我们要感谢伍尔维奇皇家军事学院的数学老师托马斯·斯蒂芬斯·戴维斯，他发表过一篇关于英格兰早期脚踏车的生动报道。青年时期的戴维斯就是脚踏车爱好者。在1837年，他做了一个题为"关于脚踏车"的讲座（见附录B）。据说他的一个熟人，名叫伯恩哈德·赛内的曼海姆市民，于1818年早期把德莱斯的小册子带到了巴思，并在那里造了一辆德莱斯机，"毫不犹豫地骑着他的脚踏车在这个城市最陡峭的道路上疾驰而过"。戴维斯"从来没有听说赛内遇到过任何事故"，这令人惊讶，因为赛内的脚踏车似乎连刹车都没有。（如前所述，德莱斯的设计隐藏了制动装置。）

1818年秋天，丹尼斯·约翰逊，一位刚刚在伦敦长地街75号开了一间工作坊的车匠，在与一位身份不明的外国人通信后，申请获得了"行人两轮轻便马车或脚踏车"的专利。约翰逊还"从国外获得"了这样一台"非常有用的机器"。为了获得这项为期14年的专利，约翰逊花费了100英镑（Street 2011，19）。当时还没有国际专利协议，一国公民可以轻易修改或"改进"外国的发明专利而不受惩罚。从约翰逊的专利图可以看出，他的脚踏车是仿照了法国的设计，所以这个身份不明的外国人很可能是让·加尔辛，也可能是卡尔·德莱斯。约翰逊完全舍弃使用随迹，而使用了所谓的"间接转向"。他的专利图显示转向杆环绕在前轮外面，松散地搭在前轴上。据推测，转向杆还可以旋转120度作为停车支架使用。

在约翰逊设计的二代脚踏车中，转向设计又有所不同。类似于法国风格，一个短车把直接栓接在叉杆的顶部。仍然没有使用随迹。转向仍然部分地通过身体运动来完成。后轮上没有刹车。

约翰逊在车子上刻上用罗马数字标识的生产编号。（现存机器上的最大罗马数字是CCCXX，对应阿拉伯数字320。）他在伦敦开了两家骑术学校。他的私生子约翰担任学校骑行指导，同时也在英格兰各个城市展示他们的车子。这种车子还被人们取了一些好笑的名字，比如玩具、玩具马、花花公子马、德国马（Shields 2012）。

图1.13 1818年11月,丹尼斯·约翰逊的专利详述图

当时一台脚踏车的价格范围是8—10英镑,根据英格兰银行给出的通货膨胀率进行计算,相当于现在的590—740英镑。在英格兰,脚踏车被大规模非法仿造。在都柏林,有两名爱尔兰建筑商开办了骑术学校(Street 2011,171)。

约翰逊设计的女士脚踏车有向下延伸的扶手,可以形成对人体腹部的支撑。在伦敦科学博物馆就藏有一辆这样的女士脚踏车。

人们已经忘了曾经迫切想用脚踏车替代马匹的想法。在英国,人们找到了脚踏车新的用途。戴维斯在1837年的演讲中对其中的一些用途进行了评论:

图1.14　1819年，约翰逊设计的女士脚踏车（罗杰·斯特里特）

我认识的一些人，他们喜欢骑脚踏车去郊外进行短途旅行，一天可以骑行二三十英里。许多年轻人习惯于一周骑行60英里或更多。不难看出，这项运动一定会对骑车人的健康有很多的益处。这些人通常都是城市居民，经常久坐，忙于工作。也有一些人因骑行时处置失当而跌落，被送往公立医院接受治疗。如果这些人一开始不急于求成，缓步前行，直到他们习惯了这项运动，那么他们就会非常安全。一些人沿着铺满松动的碎石路，飞快地向上爬升奔跑，最后因过于用力而受伤。

一种说法认为车体断裂或容易引起疝病是造成脚踏车消亡的主要原因，就像罗杰·斯特里特在他的书《时髦花花公子》中所描述的那样（Street 2011，91），但并不是每个同时代的人都持有这种观点。"罗伯茨先生说，反对脚踏车普遍使用的最大声音是，人们认为它有断裂的倾向，"查尔斯·斯潘塞写道（Spencer 1883，19），"我骑车也有好多年了，但我的车从未断裂过。"

因为脚踏车的价格（8—10英镑）超出了普通工人阶级的能力承受范围，所

图1.15 1819年,约翰逊设计的第二代脚踏车(艾伦·奥斯巴尔)

以它很快成为年轻贵族地位与身份的象征。在人行道上骑车,碰撞行人,没有为年轻贵族赢得许多朋友,反而招来嫉妒和怨恨。这是脚踏车和骑车人被排斥的部分原因。讽刺漫画也要负一部分责任。据报道,漫画家罗伯特·克鲁克香克和他的印刷商詹姆斯·塞德贝瑟姆作花花公子打扮,骑着他们的脚踏车沿高门山下坡骑行时相撞,塞德贝瑟姆之后不治身亡。这一连串不幸的事件被认为是脚踏车失去好名声的主要原因。克鲁克香克画了许多关于花花公子们骑着脚踏车的滑稽素描画,使脚踏车和骑车人成了笑柄(Spencer 1883,15—17,见附录B)。

在一份早已生效的道路法案基础上,英国地方法官规定:禁止在人行道上骑车,违规者罚款2英镑。这样一来,脚踏车如果被迫改在车道上骑也不安全。"为什么以前的蒸汽机就没有遇到这么强有力的抵制,我们必须要团结起来!"戴维斯评论说(Davies 1837)。1832年,德莱斯来到英格兰展示他的打孔速记机时,他授权英国人建造他设计的第二代德莱斯机,并期望说服《机械学杂志》的编辑相信脚踏车的复兴时代已经来临(Drais 1832)。

美国早期脚踏车

早在 1817 年 11 月 7 日，费城新闻报刊《波尔森美国每日广告人》刊登了关于德莱斯离开德国曼海姆之后又回归的报道。不过它并没有引起实际反响。在美国，第一则脚踏车的广告可能是 1819 年 5 月 5 日出现在《巴尔的摩美国及商业广告日报》上。广告中，詹姆斯·斯图尔特，一位技艺精湛的知名钢琴家，推销一种名为"Tracena"（源于"Drais"的语音拼写）的新的旅行方式。受到斯图尔特广告的启发，著名的总统肖像画家查尔斯·威尔逊·皮尔在费城附近自己的农场中，用打谷机上的铁造了一辆脚踏车。皮尔也受到了 1819 年 6 月的《文选杂志》上的一篇关于脚踏车的插图文章的启发，该杂志一直在模仿一家伦敦印刷厂（Fairburn 1819）推出的英国小册子。在费城皮尔博物馆，脚踏车引起了众人的瞩目。不久，皮尔的儿子们造出了更轻盈的木制脚踏车，并在农场和日耳曼敦地区骑行。沿美国东海岸直到最北边的波士顿，脚踏车这种新奇的东西在被到处仿制（Dunham 1956，35）。根据少数幸存的广告显示，所有的机器都与约翰逊设计的很相似。根据当时一份未经确认的消息，丹尼斯·约翰逊曾从伦敦坐船到纽约推广他的脚踏车（Street 2011，54）。名叫威廉·克拉克森的发明家，在 1819 年 6 月 26 日获得了一项关于"对脚踏车的改进"的专利（可惜，该专利图在专利局的一场火灾中被烧毁）。诺曼·邓纳姆在他关于美国自行车历史研究的论文中提及（Dunham 1956，42），曾有一辆水陆两用的脚踏车在美国肯塔基州诞生。

脚踏车一传入纽约，立即引起了巨大的骚动。当地的制造商显然在短期内无法满足大量的用车需求。胆大的人在傍晚骑着脚踏车沿着鲍厄里街一直到沃克斯霍尔花园，更大胆的甚至从查塔姆街道开始骑车一路下坡到市政厅公园。很快，在鲍灵格林附近开设了一个新脚踏车的展览中心。许多骑术学校在附近的东部城市如雨后春笋般纷纷冒出来。在纽约北部，报纸报道脚踏车也出现在了萨拉托加的特洛伊和胡西克福尔斯地区。在康涅狄格州的纽黑文，有报道："疯狂的骑车人，在天黑之后沿人行道骑车猛冲，无所顾忌，以至于惹恼那些没有同样好运能骑上'木马'的人（Dunham 1956）。"

1819 年 6 月，英国伦敦禁止脚踏车的消息传到了美国。费城当地法官援用一项旧的道路法，罚了一名在人行道上骑车的年轻人 3 美元。尽管在人行道上骑车这种失当行为不在这项道路法的适用范围之内，但这一案件还是终结了脚踏车在费城的使用。陆续地，纽约开始禁止使用脚踏车，纽黑文的骑行者也受到类似法案的威胁。

据当时报道，哈佛大学的学生只敢在夜间骑行于波士顿与剑桥之间的桥上，这暗示在那里骑脚踏车也已经被禁止。

两轮车被禁止及多轨脚踏车的回归

当局禁止骑车，似乎是脚踏车消失的主要原因。赫利希认为禁令并不是因为车子的技术缺陷（Herlihy 2004，30）。陆续颁发禁令的有以下这些地方（Lessing 2003b）：

德国曼海姆（1817 年 12 月）

意大利米兰（1818 年 9 月）

英国伦敦（1819 年 3 月）

美国费城（1819 年 6 月）

美国纽约和纽黑文（1819 年末）

印度加尔各答（1820 年 5 月）

历史学家倾向于忽视政府行政管理方面的丑陋行为，那么上面的清单如此简短也就不足为奇。禁止在人行道上骑车，这迫使人们只能转移到车道上，但是在车道上骑车很难保持平衡。类似的禁令在 1870 年又重复上演，只不过这次禁止的是曲柄脚踏车。

第一项轮滑鞋专利

虽然脚踏车最初只是昙花一现，但它却促进了另一种个人代步方式的诞生：轮滑鞋。1819 年，这是德莱斯机传到法国后的第二年，名叫佩蒂布拉德的机械师在巴黎大街上试验了三轮轮滑鞋（Ginzrot 1830，第 3 卷，329）。然而，他在专利中表明，他希望的是在更可控的环境中使用该轮滑鞋。1819 年的法国第 383 号专利含有这样的描述："在室内，该轮滑鞋可以完成普通滑冰鞋在冰上的所有动作。"轮滑鞋的滚轮由金属、木头或象牙制成。德莱斯机在英国面世 5 年后，伦敦水果商人罗伯特·约翰·泰尔斯申请了直列式滚轴轮滑鞋的专利。这种轮滑鞋被称为"Volito"（拉丁语意思为"我是漂浮的"），它由一排 5 个串联在一起的铜制或铁制滚轮组成，并在末端配有停止或制动装置（1823 年英国专利第 4,782号）。据报道，泰尔斯在伦敦干草市场附近的一个网球场还开办过一所轮滑学校（Nieswizski 1991，20）。

1825 年，德莱斯机在奥地利维也纳首次亮相后的第 7 年，维也纳名叫奥古斯特·勒纳的钟表匠，获得了一项三轮"mechanische Räderschuhe"（意思为"机械轮鞋"）的专利（奥地利专利第 598 号）（Norden 1999）。1828 年，10 年前将德莱斯机引进法国的让·加尔辛，发明了一种三轮直排轮滑鞋（法国专利第 2,026 号），加尔辛称之为"patin à éclisses"（意思为"有固定夹板的轮滑鞋"）。该轮滑鞋的滚轮是由铜或动物的角制成。尽管 4 年后他的专利由于先前佩蒂布拉德的专利优先权而被宣告无效，但直到 1839 年，加尔辛仍然在制造他的"Cingar"（一种以他的名字拼写命名的直排轮滑鞋），并在自己开办的学校教轮滑技术（Nieswizski 1991，21）。这个时期，除了一些大胆的早期尝鲜者之外，轮滑仍然只局限于室内大厅和对滑冰戏剧的模拟。

脚踏车似乎促进了后来滑板车的发明（Lessing 2003a，368）。德国的剧院建筑师卡尔·费迪南德·朗汉斯，是柏林勃兰登堡门建筑师的儿子，在 1817 年试用了三轮的德莱斯机。他一只脚站在上面，用另一只脚推进来进行操控（Krunitz 1850）。1825 年，一位匿名投稿人寄给《机械师杂志》的编辑一张图片，上面展示了一种刚性的直线滑板，其中一只脚放在滑板上，而另一只脚向前滑行。

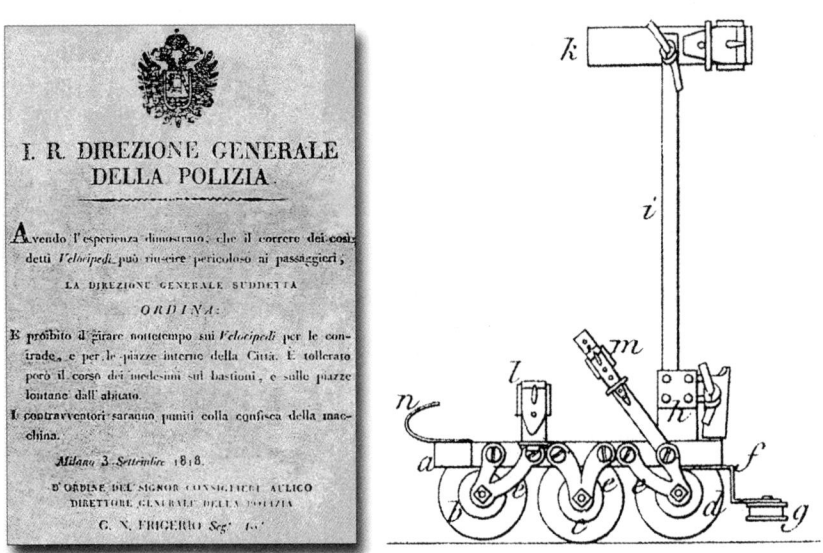

图1.16　左：1818年的警方海报宣布，晚上在米兰骑脚踏车，车将会被没收（Gardellin 1941）。右：1828年，让·加尔辛制造的名为"Cingar"的直排轮滑鞋（专利图）

为胆小骑手设计的稳固型脚踏车

尽管年轻的滑冰者很容易就接纳德莱斯机，但大多数欧洲人不擅长运动，而且对在两轮上保持平衡极度胆怯。毕竟，他们没有像现在大多数人那样，在孩提时代就学会了骑车。早在 1817 年夏天，名叫卡尔·鲍尔的纽伦堡机械师就把注意力转向旧式三轮车的设计方法，即通过使用手臂和杠杆来移动，腿部不动。鲍尔在德莱斯出版册子之前制作了一本关于德莱斯和德莱斯机器的手册（Bauer 1817），还包括一个德莱斯机的铜板复制品。当时有两封信，信中德莱斯机的用户说他们和朋友测试过鲍尔的三轮车，结果很糟糕。人们希望三轮车比两轮车更加平稳，行驶阻力也不会增加太多。机械师们也曾提出过一个通过一个手摇带和杠杆驱动的四轮车设计，以及一个带有高座位的三轮车设计（Lessing 2003a, 166）。

1819 年 5 月，名叫查尔斯·卢卡斯·伯奇的伦敦造车匠制造了一辆三轮车，他给车命名为"Velocimanipede"。车前部有一个人用脚踩着快速向前，另一个坐在后排较低座位上的人则通过手柄转动后轮，还有一个更高的座位是留给女士的。伯奇在肯辛顿宫的王室面前展示了他的"Velocimanipede"（Street 2011, 143）。禁止在人行道上骑脚踏车的规定刺激伯奇造出一些用手杆操作的三轮车。其中一个叫作"马尼拉速度"（有一个操作员和一个乘客），另一个是"双矢量"（有两个操作员），还有一个是"三矢量"（有三个操作员）。根据 1819 年 9 月出版的一份报告，"三矢量"车可以在 7 小时之内，行驶完从伦敦到布莱顿 67 英里的路程。它的大直径轮子（前轮直径 3 英尺，后轮直径 5 英尺）使它可以在车道上比两轮车跑得更快。

骑脚踏车的禁令颁布之前，英国还出现过一种叫作"Pilentum"的机器。它是由伦敦的汉考克公司制造的一种女式三轮车，在它后轮之间的曲轴上有踏板和手柄，"方向由中心手柄来掌控，手柄可以被固定成任何给定的圆"（Street 2011, 137）。当时媒体的目光都聚焦在铁路上，缺乏对三轮车的相关报道，所以很难确定这种三轮车在英国被使用过多长时间。

四轮车的年代

1819 年，英国掀起向两轮脚踏车致敬的热潮，这证明了摄政时期的英格兰对于新想法和廉价私人交通工具拥有极高的热情。在接下来的 50 年间，报纸不断发表有关新脚踏车被发明或展示的报道。但是，道路状况的恶化使得多轨机器像单轨机器那样不再实用。到了 19 世纪 40 年代，铁路的繁荣使得普通道路更加被忽视。直到 19 世纪 70 年代末，高轮车的车手开始游说更好的道路条件，道路保养才开始有所改善。这些年，尽管在脚踏车设计方面没有任何技术突破，但在这一时期有几个人的名字还是值得一提。

1819 年至 1822 年间，动力织机的发明者埃德蒙·卡特赖特提出过两种设计，被称为"机车马车"和"半人马座"（Strictland 1843）。据报道，这种车是由两名站立的男子来操作，可以载重 16 英担（约 1,650 磅）行驶 27 英里。尽管卡特赖特充满期待，但他在 1823 年去世，他的实验也随之终结。20 多年后，《机械师杂志》的一名记者把卡特赖特的机器与同时期的四轮车（可能是由威拉德·索耶制造）搞混了，这误导了后来的自行车历史学家。

威拉德·索耶，一位多佛尔的木匠，在 1830 年左右开始制造脚踏车（Clayton 2005）。在他的目录中曾这样描述道："脚踏车、双动式自动机车和手动推进器"，即由脚、手或两者共同驱动的四轮车。在 1851 年的博览会中，索耶被授予了奖章，之后他为威尔士亲王和年轻的法兰西帝国皇太子提供了优雅轻便的机器。他宣称自己拥有 40 多位有名望的顾客，他的营销显然是针对乡村绅士，而不是工匠。

图 1.17　威拉德·索耶在他的四轮车上，大约 1851 年（多佛尔博物馆）

其他瞄准同一小市场的四轮车制造商，包括莱斯特广场的 J. 沃德在内，从未达到像索耶的四轮车那样的优雅与轻盈。

因为索耶的四轮车价格比较昂贵，所以乡村地区的业余爱好者只好通过自造机器来省钱（*The Field*，1862 年 11 月 15 日）。到 1860 年，双曲柄后轴传动的设计方式受到青睐。关于手动推进和脚踏推进，孰优孰劣，仍然争论不休。

索耶的主要收入来源是在游乐场所提供四轮车租赁业务，如伦敦水晶宫和英格兰南海岸海滨度假胜地（Clayton 2005）。1868 年，多佛尔的地方法官宣布索耶的脚踏车是一个令人讨厌的东西，所以他关闭了在多佛尔的工厂并搬到附近的迪尔。40 多年的职业生涯，索耶没有取得多少技术上的进步。他 1863 年的目录展示了一辆新车，车配有专门的装备，可以携带雨伞、枪支、钓鱼竿和素描器材。这只不过是他为吸引不同客户市场而精心装扮的普通车。他的车可以通过后轮驱动也可以通过前轮驱动。直到 1868 年，业余脚踏车爱好者仍在争论，是用脚驱动好还是用手驱动好，还是两者相结合更好。

19 世纪 60 年代，农村地区出现了三轮和四轮脚踏车。它们的制造者通过当地机械师学会会议或专业杂志与其他业余机械师分享技术规格和性能数据。（最早的专业杂志《英国机械师》在 1865 年 11 月第一次发行。）1863 年，约瑟夫·古德曼为一辆三轮车申请了专利，这辆三轮车就是众所周知的"Rantoone"（1863 年英国专利第 1,280 号，1864 年美国专利第 44,256 号）。这款车由几家持有许可证的厂商制造，由手动杠杆和脚动杠杆推动后轮轴转动，其中一个大的后轮可以自由转动，以方便转弯。"Rantoone"取得了相当大的成功，1869 年，在水晶宫的一场比赛中，它击败了新的法国两轮脚踏车赢得比赛（Street 2006）。

苏格兰具有悠久的工程传统，而马修·布朗的爱丁堡三轮车是第一辆在不列颠群岛上被商业化生产的三轮脚踏车之一。它与巴黎两轮车同时出现（Dodds 1999，18）。它的布局与"Rantoone"正好相反，前面有两个转向轮，后面有一个驱动轮。

受到《机械师杂志》和《英国机械师》杂志上文章和信件的启发，英格兰西北部的爱好者开始试验各种不同风格的脚踏车。1860 年，奥斯沃斯特里的 A. 罗斯先生提出悬赏，奖励那些能设计出"时速可以达到七八英里，且最好是大直径轮的三轮车"的设计者，以此来鼓励人们改进脚踏车（*Mechanics' Magazine*，1860 年 12 月 14 日）。1862 年，斯泰利布里奇的戈达德先生骑着一辆双人背靠背手动脚踏车行驶 200 英里来到伦敦参加世界博览会。到 1868 年，戈达德所在地区的一群骑手成立了英格兰第一家自行车俱乐部——高峰脚踏车俱乐

图1.18 "Rantoone"的广告（Light Draonon 1870）

（Clayton 2006a）。自 1867 年以来，詹姆斯·黑斯廷斯等人积极地与杂志通信，详细介绍他们的进展并交流想法。甚至在铁制双轮脚踏车从巴黎传入英国之前，供冬季使用的半圆实心橡胶轮胎就已经出现（*English Mechanic*，1868 年 12 月 27 日）。尽管如此，所有这些关于多轮脚踏车的想法都将被"米肖"两轮车所淹没，因为这种两轮车已经在巴黎备受瞩目一年了。

1820—1860 年间，英国人持续保持对脚踏车的关注。但在这些年里，几乎没有关于脚踏车在美国使用的报道。（1835 年左右，费城的 E.W. 布什内尔为孩子们引进了小型车；见 Herlihy 2004，57。）在巴登，即卡尔·德莱斯首先为他开创性的想法申请专利的地方，尽管在德莱斯从巴西回来之后，儿童德莱斯机有了一次复兴，但各种禁令的后果是人们对脚踏车的兴趣开始减退（Lessing 2003a，433）。到 19 世纪 30 年代，德莱斯仍在推广他的德莱斯机（*Mechanics' Magazine*，1832 年 9 月 29 日），那时的他同时也在从事开发打字机、打孔速记机和一种节省木材的火炉的工作。

轮滑运动势头强劲

1849年，乔治·迈尔贝尔的歌剧《先知》在欧洲获得巨大的成功。在剧中，通过使用轮滑鞋模拟真正的滑冰。巴黎屠夫路易斯·勒格朗发明了两轮直排轮滑鞋——为了给女士和初学者提供更强的稳定性，滚轮的数量增加了一倍。在法国专利（1849年第8,758号）的保护下，这些"先知轮滑鞋"被出售给大众，并在轮滑学校得到使用。巴黎当时有多少所这样的学校不得而知。在1853年出版的一本关于滑冰的法语书中，有一张在人行道上滑旱冰的夫妇的照片（Paulin-Désormeaux 1853）。

花样滑冰的日益普及，激发了人们穿轮滑鞋表演同样动作的渴望。当时制造的轮滑鞋只能在直线上表现优异，在转弯时的操控则需要使用很大的力量。美国机械师和家具经销商詹姆斯·普林顿用他的"可摇动式"四轮轮滑鞋（1863年美国专利第37,305号）解决了这个问题。该鞋有两对平行轮，一对在脚掌下，另一对在脚跟下在橡胶块上转动，使用者可以通过切换重心或者只是将重心放在一只脚上来转向。这使转弯和曲线行进都很有趣。通过在全球范围内授权溜冰场租用但不售卖轮滑鞋，普林顿获得了垄断地位并成为千万富翁。1865年，在伦敦水晶宫开放了欧洲第一家普林顿溜冰场（Nieswizski 1991, 27）。新一代的轮滑爱好者学会了用双脚下的滚轮来保持平衡。对他们来说，至少无须像过去的德莱斯机那样，有一只脚需要与地面反复接触。

专栏1.3　1823年以前的非虚构出版物

德国

Johann Carl Siegesmund Bauer. *Beschreibung der v. Drais'schen Fahrmaschine und einiger daran versuchter Verbesserungen.* Nuremberg: Steinische Buchhandlung, 1817. (For a facsimile reprint, see Bauer 1817.)

Die Laufmaschine des Freiherrn Carl von Drais. Mannheim: Schwan & Götz, 1817. (A French edition was published in 1818; for a facsimile reprint, see Drais 1817c.)

英国

William Pinnock, *A Catechism of Mechanics: Being an Easy Introduction to the Knowledge of Machinery. By a Friend to Youth.* London: Whittaker, 1823.

Curiosities for the Ingenious: Selected from the Most Authentic Treasures of Nature, Science and Art, Biography, History, and General Literature. London: Thomas Boys, 1821.

Fairburn's Whimsical Description of the New Pedestrian Carriage. London: Fairburn, 1819. (Facsimile reprints are included in Lessing 2003a and in Street 2011.)

图1.19 上：穿着勒格朗轮滑鞋在人行道上滑行的夫妻（Paulin-Désormeaux 1853）
下：普林顿轮滑鞋在溜冰场租赁但不出售（美国国家轮滑博物馆）

第2章
前轮驱动

将曲柄连接到脚踏车前轴，这种想法的起源是自行车史中争论最激烈的话题，不仅仅是因为缺乏当时的文献记载。正如汤姆·罗尔特（Rolt 1965）所说："谁先谁后的问题之所以经常成为激烈争论的话题，就是因为一个历史性的发明永远都不是完全原创的。"

真正新的发明是曲柄转动的时候如何保持平衡，而不是曲柄本身。轮滑必定是这方面的鼻祖：一个人不害怕将双脚离地踩在踏板上，用脚下的滚轮滑冰（Lessing 1996）。手摇和踏板驱动缝纫机可能对发明家也有所启迪（Merki 2008，48）。

关于前轮驱动起源的悬而未决问题

1867年之前的资料来源

在1866年的3—7月间，一些清朝官员访问了西欧各国。回国后，斌椿将他的旅行笔记提交给朝廷，并于1868—1869年印制出版。他报告了在巴黎看到的德莱斯机样式的脚踏车和一种新型的脚踏车：

> 街衢游人，有只用两轮，贯以短轴，人坐轴上，足踏机关，轮自转以当车。又有只轮贯轴，两足跨轴端，踏动其机，驰行疾于奔马。

这段文字与1865年利特雷出版的《法语词典》中关于脚踏车的词条描述在结构上有相似之处：

> 一种木马，放置在两轮之上，一个人可以在上面保持平衡，同时用脚给一个向前的冲力。现代脚踏车，脚放在马镫状的曲柄上，发力带动大轮转动，使车加速（Robin 2010）。

这两种情况下，我们都不能确定这里提到的"现代脚踏车"是两个轮子还是三个。许多作者很想为新的曲柄两轮车保留"velocipede"这个词，却忽略了这样一个事实，就是在 1867 年之前，"velocipede"默认指的是有三个或四个轮子的车，除非专门特指。德莱斯机式的两轮脚踏车随后在法国出现并被使用，可以从一项专利看出来。该专利授予法国特鲁瓦两位市民：丹尼斯·博温和路易斯·休伯特·吉勒斯。该项专利（1868 年法国专利第 82,137 号），是关于一种带有脚趾托和偏心稳定器轮的"普通脚踏车"。

几十年前，使用平行曲柄推进三轮车的想法就已出现在法国专利中。巴黎的让 - 亨利·古尔杜建议使用平行曲柄来直接驱动前轮，而不是张开 180 度的曲柄（1821 年法国专利第 1,585 号）。但是他的设计还是遇到了死点问题，尽管有用弹簧绳牵引踏板向上。同样来自巴黎的罗兰·于贝尔的设计是利用骑行者的上下运动来增加动力。单侧曲柄的末端是传统的马镫铁。很显然，骑行者需要用双脚一齐将曲柄向下推压。因为有棘轮，骑手可以将车座向下压的同时带动脚蹬向上，以便操作另一个曲柄（1837 年法国专利第 7,243 号）。当时并没有关于这些三轮车的报道。

专栏2.1　英文单词"Bicycle"的来源

自 1828 年圣诞节以来，巴黎就已经出现了"Les tricycles"一词，当时引入了一种配有三个轮子，由两匹马拉着的新型马车（见图 2.3）。同年，名词"bicycle"用来指一种轻便马车，它是由一匹马拉着，能乘坐一到两位乘客的轻型车，这种车在一根轴上有两个轮子（*Journal des Artistes*，1828 年 7 月 6 日）。最早"tricycle"用作形容词，出现在 1867 年的法国名为"un vélocipède tricycle"的专利中。法语中的形容词"bicycle"出现在"un vélocipède bicycle"（意为"一辆两轮脚踏车"）的表达方式中。英语中类似的词有"bicycular"和"tricycular"，在美国最初用于如"a bicycular velocipede"这样的词组中，但在 1868 年初被"tricycle"和"bicycle"取代。

《艾因期刊》是一份布雷斯地区布尔格发行的报纸，在该报 1866 年 4 月 6

图2.1　1821年古尔杜为儿童设计的曲柄三轮车（左图和中间图）和1837年于贝尔的设计（专利图）

图2.2　1867年9月12日，《里昂信使》中描绘的一辆垂直手柄的木制卡多自行车

日这一期上,出现了在前轴上装有踏板曲柄的两轮脚踏车的最早证据(Salmon 2012)。脚踏车(很快被人们戏称为"震骨器")被引入到前轮推进的错误方向上。不过,这是克服失去平衡或失去与地面接触的恐惧感的决定性的一步。此后,自行车开始迅速地发展,尽管当局周期性地发布禁令,但自行车的进步或多或少在持续着。曲柄两轮车出现之前的情况几乎没有被记载。我们不知道德莱斯机和早期脚踏车是否从1818年起就在巴黎被使用,有没有受到禁令的限制,或者它们在巴黎是否被重新设计过——也许是因为轮滑的流行,或者是因为年轻的帝国皇子拿破仑四世在1862年得到了一辆索耶四轮车(Lessing 2007)。我们只能列出少量资料来源并讨论。

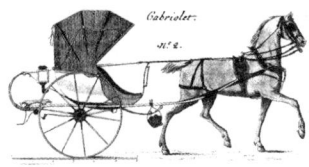

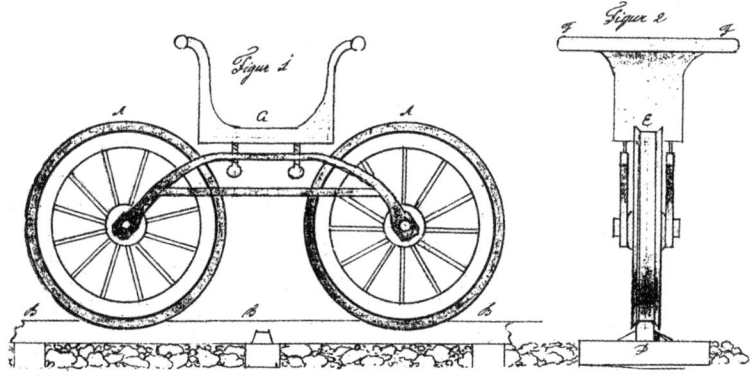

图2.3 上:最早提到的"Bicycle"(别名"Cabriolet")和"Tricycle"(*Journal des Artistes*,1828年7月6日)。中:格林兄弟编纂的《德语词典》中"Schnellfusz"的条目(1854)。下:1837年伯纳德的铁路"draisine"专利图

其中一个可信的来源是美国第 59,915 号专利,这项专利在 1866 年 11 月被授予了名为皮埃尔·拉勒芒的法国移民和他的美国合伙人詹姆斯·卡罗尔。一个相当模糊的消息来源是,一名 25 岁的学生乔治·德拉布格利斯提出申请,希望在 1867 年的巴黎世界博览会上展出他的两轮脚踏车。这项申请于 1865 年 10 月 6 日提出,但遭到了拒绝,其中并没有提到踏板。规定的尺寸大小为 1.8×1.1×0.2 米,空间只够放置脚趾托,不够安装踏板。我们不能排除一种可能性:布格利斯当时正在申请展示一种类似于现代的德莱斯机式脚踏车,有 1 米长的实心辐条轮,以及在蛇形车架上的车座,尽管有人猜测他想要展示一辆曲柄两轮车(Kobayashi 1993, 92;Lessing 2007)。一份美国的材料(Pratt 1883)证实,法国的德莱斯机式脚踏车"在 1868 年被完全取代之前一直徘徊不前,没什么改进"。

在创造谎话的 19 世纪 80、90 年代,在 J. 汤森 - 特伦奇写给《爱尔兰骑车人》编辑的信件中,他声称,在 1864 年 7 月访问巴黎时,从铁匠皮埃尔·米肖那里买了一辆曲柄两轮车。汤森 - 特伦奇非常渴望被公认为是第一位将曲柄脚踏车引入不列颠群岛的人(另一个信件作者也做了同样声称),所以他自费出版了自行车的草图。其实汤森 - 特伦奇可能只是参观了 1867 年在巴黎举办的世界博览会(Lessing 2007)。

一幅最近发现的以 1∶10 比例绘制的脚踏车绘图,是巴黎人公司创始人之一艾梅·奥利维耶在 1863—1864 年上学期间在笔记本上绘制的。该图现在被解读为巴黎人公司的曲柄脚踏车最早原型(Herlihy 2001)。但图中并没有曲柄,只是将一个 1∶10 比例的人体模型放置在车座上,说明这是一辆类似于德莱斯机式的脚踏车,通过双脚接触地面来推动。此外,同德莱斯机的平衡板一样,图中向后倾斜的车把可以起到支撑腋下的作用。(人体模型无法展开肘部。)将一只脚踩在虚拟踏板上,这会导致大腿疼痛的加剧(Lessing 2002)。所以结论是,在 1863—1864 年间,奥利维耶首先制作了一辆类似德莱斯机的脚踏车,也许是作为一个初步尝试,也许只是为了学习如何保持平衡。另外,假如后轴上还有一个轮子,这幅图也展示不出来,所以这也可能是用脚推进的三轮车。相关的计算提到杉木制作的轮子,而且车轮辐条有 10 毫米厚。在 1864 年 10 月奥利维耶父亲朱尔的一篇名为"脚踏车前叉"(Reynaud 2008)的日记中,有一个前叉的草图,但并不清楚前叉的设置有两个车轮还是三个。它显示的是 23 毫米宽的脚趾托,而不是曲柄臂上的踏板(见图 2.5)。

在 1862 年的伦敦世界博览会上,伦敦参展商 J. 拉罗什和 J. 米休的目录中有一个条目写道:"脚踏车,管状铁的所有铁制品。"这可能意味着从一辆类似德

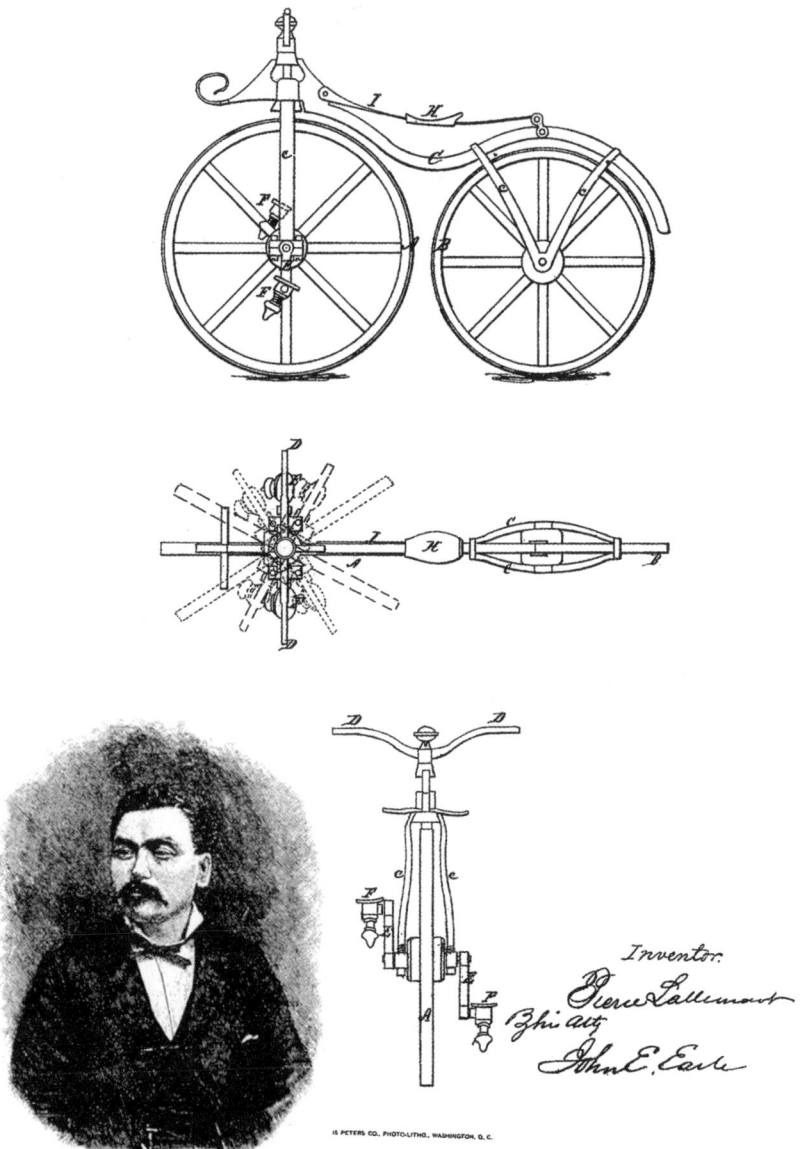

图2.4　皮埃尔·拉勒芒和他1866年的美国专利（肖像选自Outing and the Wheelman，1883年10月）

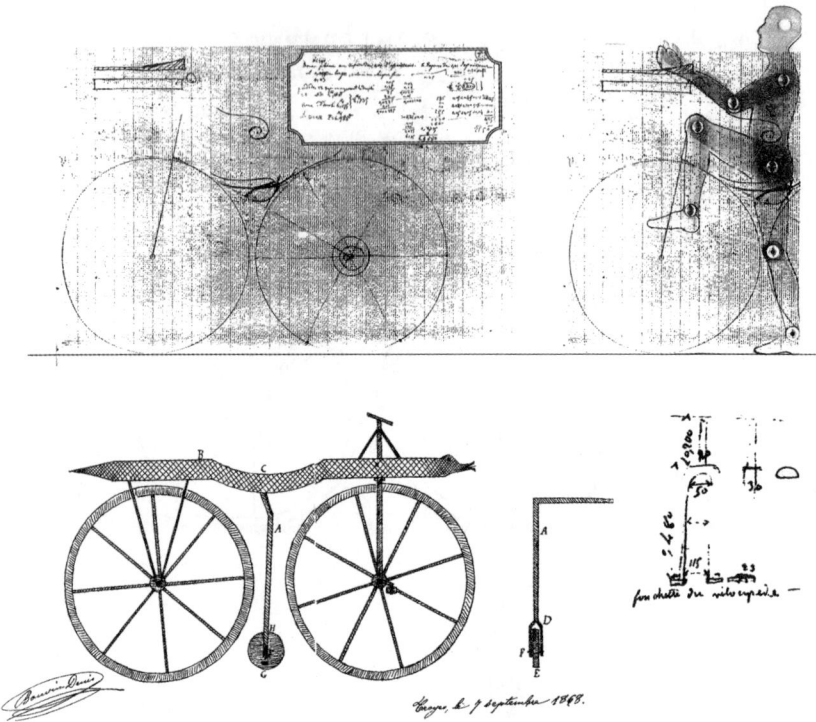

图2.5 上：艾梅·奥利维耶于1863或1864年在笔记本上画的一幅画，配有笔记和人体模型。这个人体模型证明机器具有可靠的德莱斯机人体工程学。左下：1868年的脚踏车/德莱斯机专利图，图中展示了脚趾托和起动轮。右下：1864年，朱尔·奥利维耶的一项笔记，展示了一个前叉和一个脚趾托（选自桑德瓦尔绘画作品集，克劳德·雷诺摄）

莱斯机的两轮车到一辆杠杆驱动的四轮车中的任何一种。20年后，一本杂志这样写道："这是对过往产品进行了显著改进，因为它具有真正原理的萌芽——个通过曲柄作用工作的旋转轴。这台机器有三个轮子，前面有一个大轮子，后面有两个小轮子。"（*One and All*，1880年4月17日）这种描述不排除将杠杆应用于后轮之间的曲轴上（德莱斯已经在他的驱动机器2号上使用了这样的曲轴），10年之后，赛车手转行当记者的莱西·希利尔对其解释如下：

　　所有早期的"自行式马车"都是由杠杆推动的，但一开始将曲柄运动应用于脚踏车的很可能是一家英国公司。来自切尔西的米休先生在1862年的展览中展示了一辆三轮脚踏车，和现代自行车或旧式花花公子马一样,这辆车是前轮转向,另外两个轮子更小一些,并排放置在后面——这台英国造的机器为前轮配备了一对曲柄。(Hillier 1891)

这个说法应该被谨慎看待。伦敦国际博览会时,希利尔只有 6 岁。他的描述在 1928 年被总结为:"切尔西的米休先生在博览会上展示了一辆三轮车,它的前转向轮上装有一对曲柄。"(Lightwood 1928)我们需要一张拉罗什与米休脚踏车的图片(据说也在博览会展示过)以证实它的前轮上的确安装有带踏板的曲柄。

这项发明的事后记述

一种思想学派认为,单个前轮带有曲柄的三轮车起源于 1855—1860 年左右,在这基础上,1862 年第一辆带有曲柄的两轮脚踏车才开始出现(Clayton 2006b)。另一个学派则认为,脚踩两轮脚踏车比比皆是,应该是在其中的某辆车前轮上安装有踏板曲柄。

这些疑惑依然有待解决,最好的方法是按照时间顺序排列相关记述,从记述中挖掘出证据。实际上有四种书面记述,其中两种可以追溯到民族主义优先权狡辩还不为人知的时代。即便如此,申请优先权或专利是迷惑顾客和威慑竞争对手的手段,就算申请不属实,也不会承担任何法律后果。

记述 A(皮埃尔·拉勒芒,1866)

最早的记叙来自从法国移民美国名叫皮埃尔·拉勒芒的车匠,他与美国合伙人詹姆斯·卡罗尔一起获得了名为"改良脚踏车"的专利(1866 年美国专利第 59,915 号)。该专利申请开头是这样的:"我的发明包含两个轮子,一个直接放在另一个的前面,结合一个驱动轮子的装置,还有一个导向装置,它可以使骑车人在两个轮子上保持平衡。"该专利图展出了一辆与第一代米肖脚踏车的后期图片惊人相似的脚踏车。1869 年 2 月名叫卡尔文·威蒂的纽约马车制造商,1879 年大亨艾伯特·波普先后买下这项专利,拉勒芒-卡罗尔的专利才变得重要起来。拉勒芒专利的通用性让威蒂和波普不仅可以向国内竞争对手,而且可以向每个从国外进口自行车的个人,收取专利使用费。在没有国际专利协议的情况下,法国制造商很容易忽视这一美国专利,但可能正因为这项美国专利的存在,法国才不会授权相同的专利。

波士顿律师查尔斯·普拉特代表波普为拉勒芒(拉勒芒曾在巴黎尝试制造脚

踏车，失败后从巴黎返回）在波普的公司提供了一份工作。在他的笔记本中，有一份专利脚踏车制造商 P. 拉勒芒的英文价目表，标明 P. 拉勒芒是"原始专利权人和制造商"而不是"发明者"。1882 年，在波普对决麦基和哈灵顿的纠纷官司的法庭证词中，拉勒芒说：1863 年夏天，他在巴黎为名叫施特罗迈尔的马车制造商工作，其间他废弃了第一台不满意的脚踏车原型机；1865 年，他开始为新雇主雅基耶制造第二台原型机，并最终在美国完成。早前，他在一家玩具店里看到过一匹机械马，在他长大的南希看到过一辆德莱斯机。在回答检察官针锋相对的问题时，他承认曾听说过类似的设计：

> 问：你敢发誓，当时没有人曾经对你提过关于带曲柄的任何其他脚踏车吗？
>
> 答：在制作那辆脚踏车之前，我的确没有见到或听到任何关于带有曲柄的脚踏车。我没有把机器放在口袋里捂着，而是放在了大街上，所有的人都看到了。确实有人说过，他们之前看到过类似这样的东西。（美国巡回法院，纽约，引自《轮车手杂志》，1993 年 5 月）

基于拉勒芒专利优先权的相对性，波普选择与对手麦基和哈灵顿进行庭外和解（Sauvaget 2000），而拉勒芒自认为的原始发明人身份在美国还是受到人们的质疑（*Wheel World*，1881 年 6 月）。

记述 B（皮埃尔·米肖，1868）

一张可追溯到 1868 年的广告宣传单将米肖（他通常省略自己的名字）描述为"带踏板脚踏车的发明者和制造商——专利 S.G.D.G（无政府担保）"。图中的曲柄脚踏车有两个轮子。声明仅详细描述了带踏板的脚踏车，没有暗示米肖也造了三轮车。据推测，这次宣传是由勒内·奥利维耶（艾梅的兄弟）资助的。1868 年，以米肖的名义，一份基于奥利维耶设计想法的专利申请被提出。1867 年，法国报刊上出现过没有附加脚踏的相同的短广告。实际上，当时皮埃尔·米肖根本就没有脚踏车的专利，他只有一个铰接式剪刀的专利（1855 年法国专利第 23,576 号），图片中的奖牌似乎与该发明有关（Herlihy 1994）。也许，后来勒内·奥利维耶和亨利·米肖陈述说皮埃尔·米肖在 1855 年就已经开始制造脚踏车，旨在获得相关专利。从 1868 年，勒内·奥利维耶开始资助米肖，显然是因为他需要一名代言人来完成他的计划。1868 年 5 月，勒内与他的兄长艾梅和马里于斯一起以"米肖公司"这个名字注册了一家公司。对这一程序的一种解释是,只有当儿子们的风险企业不使用家族的名字时,他们的父亲朱尔·奥利维耶(拥有里昂附近一家化学工厂),才会为他们提供资金(Herlihy 2010)。据推测,勒内和艾梅的岳父让-巴蒂斯特·帕斯特雷(马赛的一家船厂的所有者)提出了同样的条件,帕斯特雷的投资更多。事后看来,奥利维耶兄弟的婚姻是很有战略性的,因为很快帕斯特雷的造船厂开始锻造奥利维耶第二代脚踏车的车架。

米肖家族参与成员名单如下:

父亲 皮埃尔·米肖(1813—1883),铁匠,巴黎

儿子 埃内斯特·米肖(1842—1882),铁匠,巴黎

儿子 亨利·米肖(1845—19??),制造商,巴黎

富裕的南方人名单如下:

父亲 朱尔·奥利维耶(1804—1885),化学家,阿维尼翁

儿子 马里于斯·奥利维耶(1839—1896),工程师,维勒讷沃

儿子 艾梅·奥利维耶(1840—1919),工程师,1866年与帕斯特雷的一个女儿结婚

儿子 勒内·奥利维耶(1843—1875),工程师,1867年与帕斯特雷的另一个女儿结婚

岳父 让-巴蒂斯特·帕斯特雷(1803—1877),船业巨头,马赛

表兄 雷蒙·拉迪松(1831—1903),化验师,里昂

还有一位,他不是亲戚,而是勒内·奥利维耶的同班同学——乔治·德拉布格利斯(1842—1911),工程师。

记述C(勒内·奥利维耶,1869)

到1869年,心不在焉的奥利维耶兄弟和他们事实上的工头皮埃尔·米肖之间出现了裂痕。奥利维耶的朋友乔治·德拉布格利斯从矿业学院学习休假回来,开始设计生产工具。1869年6月,奥利维耶家族解散了米肖公司,新成立了巴黎人脚踏车公司。这家新公司的口号是:"时间就是金钱。"乔治·德拉布格利斯在这里工作没有薪水,但获得了5%的利润,后来又回到矿业学院完成他的学业。据说他对投资毫无兴趣(Olivier 1869)。皮埃尔·米肖将所有股权出售给新公司,然后与合作伙伴共同创立了米肖父子公司,并继续生产米肖脚踏车。奥利维耶家族随即起诉皮埃尔·米肖。在一张给律师的便条中,勒内·奥利维耶叙述了他对曲柄脚踏车起源的看法:

几年前，一名工人想象将曲柄安装到过去的脚踏车上。我不知道米肖先生的儿子是否了解这个情况。可以肯定的是，他手里有一辆三轮车（三个轮子的脚踏车），车的前轮装上了曲柄，他把它拆了，将它改装成了一辆自行车。那是他曾经做过的唯一的发明，也就是将一辆带曲柄的三轮车改装成带曲柄的自行车。（译自 Olivier 1869）

在这里，转动曲柄以保持平衡是以前的脚踏车所没有的，特别之处并不是曲柄本身。皮埃尔·米肖的儿子是埃内斯特·米肖，这个版本的记述和他弟弟亨利·米肖 30 年后的记述 E 完全不同（见下文）。但就在 5 年后，一本书中出现了相同的内容：

我们听说，有一天，其中一辆这样的三轮车被带到米肖家去修理。几年前，这里还不怎么出名。米肖的儿子捣鼓着这个玩意。该车不是三个轮子，而是只安了两个轮子，他用脚踏使前轮转动起来。他尝试着，

图 2.6 勒内·奥利维耶（如照片所示）让皮埃尔·米肖做他的代言人来掩饰他的生意（克劳德·雷诺摄）

车动起来了，又跌倒了。他又重新开始，逐渐变得更加稳定了。每次跌倒都会激起他的勇气。（译自 Deharme 1874）

为了寻找一个貌似可信的发明故事，勒内·奥利维耶显然想到了巴黎人公司的三轮车。其中一辆车的后叉足够长，可以容纳一个后轮，一旦骑车人获得了信心，就可以将三轮车改装成两轮自行车。其他三轮车的叉又宽又短，不会采用大的后轮；如要改装，只能用一个更小的车轮，改装后的外观就会很笨拙。在前面提及的给律师的便条中，勒内声称"所有这一切大约发生在1854年或1855年"（Olivier 1869）。这个时间点似乎太早了，因为那个时候埃内斯特·米肖只有12到13岁。

记述D（路易·博德里·德索尼耶，1891）

1890年，德国自行车杂志呼吁人们捐赠，以将卡尔·德莱斯的遗骸移至卡尔斯鲁厄的新公墓，并为他竖立墓碑。这在法国引起了各种复杂的反应，当时的法国刚刚在1869—1870年间普法战争中战败。名叫路易·博德里·德索尼耶的记者迅速出了一本名为《脚踏车历史》的小册子（Baudry 1891），他在里面为卡尔·德莱斯创造了一个虚构的法国对手——西夫拉克伯爵。据说，早在1791年，他就先于德莱斯骑上了一辆不太灵活的两轮车（一辆只能由马戏团演员骑的无法操控方向的两轮车）。

博德里记录米肖在1855年修理过一辆德莱斯机，并且试图给它增加一个驱动系统。第一次的尝试据说涉及一根单手操作的杆，它被连接到后轮的木制轮辐上。这是一种至今未知的方法，即使在多轨道脚踏车上也未见过，它与现代蒸汽机车的驱动系统倒很相似。博德里描述说，接下来的一次尝试仍然涉及手动杆，但是这次是在前轮上驱动一个曲柄。为了不让脚闲着，最后一步是用脚踩踏板来驱动曲柄。据说米肖画了一幅涂鸦作品，对其进行了图解说明，并被一本名为《德国评论》的刊物引用过。但该刊物根本不包含任何图片，也没有这个报道。另一个线索则指向一封写给柏林《每日评论》编辑的信——1890年8月31日发表，大标题是"谁发明了脚踏车？"——信中只提到了1784年特雷克斯勒的四轮车（马蒂亚斯·基尔魏因，个人通信）。因此，我们又可以初步假设，是博德里自己画的这幅涂鸦（见附录A）。

记述E（亨利·米肖，1893）

在皮埃尔·米肖的出生地巴勒迪克，一个委员会计划在1893年为他和他的儿子建造一座纪念碑。如前所述，这是对德莱斯在卡尔斯鲁厄的陵墓和纪念碑的回应。以亨利·米肖为代表的米肖家族被要求发表一份关于这项发明的声明，亨利在与委员会协商他的故事之后，在一份杂志期刊上发布了下面的声明，很显然，他不知道记述C的内容：

> 1861年（而不是1855年）3月，来自韦纳伊尔街的制帽匠布吕内尔先生把他的德莱斯机带给我父亲，要求父亲帮他修理前轮。当天晚上，我19岁（而不是14岁）的哥哥埃内斯特骑着它在蒙田大道试了一下。他回来告诉父亲："我尽量让自己保持平衡，但保持双腿抬起和脚踩地面一样累人。"当时我也在场。父亲对他说："在前轮上装两个小脚垫，再开始蹬车，等到你能保持平衡了，你的腿就能休息了。或者更好的做法是：把一个曲轴装到轮毂上，像转动磨刀石一样让它转动，双脚可以放置到曲轴上。"（译自 *L'Eclair*，1893年3月23日）

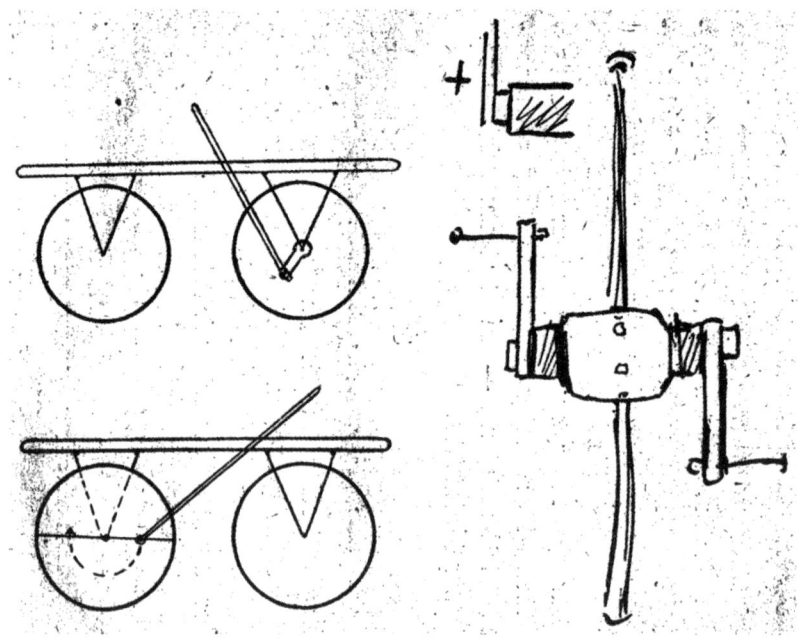

图2.7　据称是米肖的潦草涂鸦绘图（Baudry 1891）

所以并不是三轮车，而是一辆类似德莱斯机的两轮车被安装了曲柄。（1861年亨利·米肖 16 岁。）从 1819 年约翰逊的脚踏车开始，脚垫就已经为人们所知。或许在 1855 年左右，米肖就确实已经开始制造类似德莱斯机式的两轮车了，拿来维修的是其中之一。1869 年 4 月 1 日第一期的《脚踏车插图》报道了更加现实的 1861 年。

记述 F（雷蒙·拉迪松，1900?）

1975 年，一本被推测为战前家族史手稿的打印副本被发现，并于 2010 年发表。里面有一个章节，题为"雷蒙·拉迪松的回忆"（Reynaud 2012）。其作者是里昂的一位金银化验师。其中的内容如下：

> 1854 年，前往瑞士购买碎金后，我在卡鲁日看到了一场节日庆典。其中吸引人的是一场 12 岁以上儿童参加的骑车比赛，赛车是用木头制成的小型机器，两个轮子用一个横梁连在一起，前面的轮子可以用一个"T"形杆来操控方向。通过双脚蹬地面，孩子们可以使车迅速向前行进，当到达斜坡的顶端，他们就抬起双腿顺坡滑下——最终只有两个孩子很好地操控车子完成了比赛。我立即明白这个装置能够有什么用途，如果能够驱动其中一个车轮，那么即使没有斜坡也可以保持车轮转动。一回到家，我就开始打造一辆前所未有的脚踏车。

作者接着写到，他还没有驾驭好这个装置，就把它放在里昂的校园中进行展示。第二天就得到人们基于科学依据的评论，说他尝试的是一件不可能的事情。但他坚持了下来，最终他说服了持怀疑态度的人。然后，他把第二辆样品车展示给在蒂兰居住名叫米歇尔·佩雷特的叔叔，佩雷特要求拉迪松为他的外甥马里于斯·奥利维耶也造一辆：

> 简而言之，马里于斯·奥利维耶和他的兄弟安德烈（他意思是艾梅）在巴黎建立一家工厂制造和出售这种车子，但由于管理不善，工厂经营得并不成功。一位爱好者改变了它的施力系统，将其转移到后轮（在我的系统中，是前轮提供动力），并给新机器命名为"自行车"，该名现在已被普遍使用。但这都是从我的自行车演进出来的版本。

上述记述对当时的法国全貌进行了描述，但没有提到任何外国先驱，如卡尔·德莱斯或者约翰·肯普·斯塔利，这两个人都是当时知名的自行车行家。为了排除后来的沙文主义者对档案的干预，我们应该找到据称是 1900 年的手写原件，并将其与拉迪松的笔迹进行比较。1854 年，奥利维耶兄弟——马里于斯、艾梅、勒内，当时分别是 15 岁、14 岁、11 岁。这个日期恰好与记述 C 一致，并且恰好比 1893 年德国针对米肖纪念碑提出的菲舍尔自行车声明早了一年（见附录 A）。

比较这 6 个关于曲柄应用的记述，我们不禁认为，没有一个叙述者有第一手的资料可以表明这项发明是如何真实发生的。他们中的大多数人用看似合理的过程来解释它是如何发生的。甚至在这些记述中指定一个最为可能的候选记述，我们都还需要更为详尽的证据。在我们的印象中，乔治·德拉布格利斯作为最初项目的技术策划者值得给予更多的关注，当他被要求出资进行投资的时候，因为没有钱，于是他就离开了，或者说不得不离开（Olivier 1869）。

未来的研究应该集中在其他先驱上，包括巴黎的马车制造商查尔斯·萨尔让。"大约 1864 年，"勒内·奥利维耶在给他的律师的报告中写道，"其中一辆脚踏车被我送到了里昂；有人（意思是我）开始复制这个模型，因为米肖先生根本就没有获得专利（萨尔让先生和梅布先生在香榭丽舍大街建造了这些）。"（译自 Olivier 1869）萨尔让也获得了双人自行车的专利（1868 年法国专利第 80,091 号），并且在附录中还获得前部曲柄和前链轮之间链条的专利（Reynaud 2008，206）。自行车摩托车博物馆现在还保存着一辆萨尔让脚踏车。

法国脚踏车及其系列产品

1867 年后，仅法国就有大约 150 家脚踏车制造商，其中大多数是工匠出身（Reynaud 2008）。他们大多模仿巴黎主流的脚踏车制造商。这些主流厂商先后为：

米肖（？—1868 年 4 月）（第一代脚踏车）

米肖公司（1868 年 5 月—1869 年 3 月）（1,860 辆第一代和第二代脚踏车）

巴黎人公司（1869 年 4 月—1874 年）（2,940 辆第二代脚踏车）。

有些公司虽然短命，但不应该被误认为是由米肖家族和皮埃尔·拉勒芒公司经营的，这些公司包括：

E. 米肖儿子公司（?—1868 年 4 月）（四轮脚踏车）

米肖老爸公司（1869 年 6 月—1870 年 3 月）（324 辆第二代脚踏车）

P. 拉勒芒专利脚踏车制造厂（巴黎，1869 年）（第二代脚踏车）

H. 米肖自行车公司（圣克劳德，1894 年）（安全自行车）

米肖自行车汽车有限公司（巴黎，1894 年）（安全自行车）

（以上列表中，脚踏车数目来自 Kobayashi 2008。）

第一代米肖脚踏车

1867 年的米肖脚踏车和德莱斯机很相似，它已经有了踏板和一个连接到前轴的曲柄。车架或车杆的外形是蛇形的。由于轮子的尺寸较大，它的"压痕"必须比老式的约翰逊脚踏车的深得多，这样骑车人才能用脚够到地面。骑它像骑德莱斯机一样，可以轻松学习平衡。从这么低的位置踩踏板肯定比骑后来的车型更难。皮埃尔·米肖用 D 型可延展铸铁制作车架，与他用于马车的配件材料相同。它比木头或铸铁更牢固，但不如锻造钢牢固。铸件在装满赤铁矿的箱子里被加热 5 到 12 天，这样碳含量就降低到相当于锻铁的水平。轮子是用木头制成的。车把通过一根皮带和一根金属杠杆操纵，在车架中心附近铰接，将一个刹车压在后轮的铁胎上。最早的车子在前轮上有一个腿架，以便下坡时腿可以架在旋转的踏板上方（见图 2.10）。

这台车子在当时的名称是"vélocipède Michaux"。（现今的收藏家使用了一

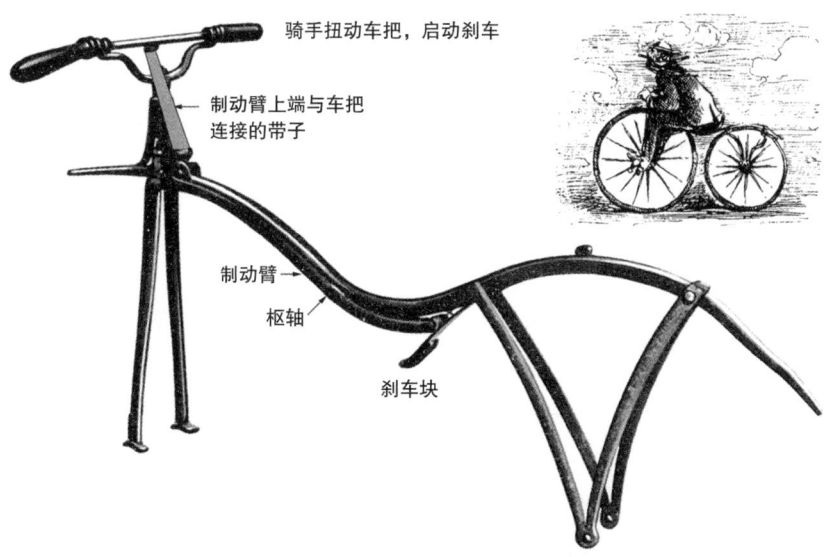

图2.8 米肖第一代蛇形车架（托尼·哈德兰德画）让骑手可以双脚着地（来源：*La Vie Parisienne* 1867年3月28日）

图2.9 米肖公司在1868年制造的第二代曲柄脚踏车,必须使用脚板才能骑上去(艾伦·奥斯巴尔)

个新词"Michauline",这是错误地将其与20世纪20年代米其林公司制造的气动轮车"Micheline"相类比;见 *The Boneshaker*,168。)贡比涅博物馆就保存了这样的一辆车子,重48.5磅,只比一辆标准的德莱斯机重3.5磅。第二代车型的重量至少为64磅,而竞争对手的车子的重量则高达88磅。

奥利维耶家族的第二代脚踏车

1868年4月,米肖公司被授予一项脚踏车设计专利(法国专利第86,037号),该设计融合了奥利维耶兄弟的想法。在1869年的一份名为《奥利维耶兄弟先生们起诉米肖先生的说明》的手稿中,勒内·奥利维耶把这些想法归功于他的兄长,并宣称其他的想法也出自自己一方:

照明灯、带滑轮组刹车块的绳动制动器(艾梅·奥利维耶)

锻造铁代替可锻铸铁(艾梅·奥利维耶)

包含后叉的斜型车架(艾梅·奥利维耶)

长度可调节的开槽曲柄(勒内·奥利维耶)

自动润滑轴（勒内·奥利维耶）
带内置储油器的自动复位踏板（乔治·德拉布格利斯和艾梅·奥利维耶）

  实际上，斜型车架早期是用于卡多脚踏车和萨尔让脚踏车（见上文）。新的车架设计适合熟铁锻造的工艺，而勒内和艾梅刚刚联姻进入的帕斯特雷家族在马赛拥有大型的锻造厂。皮埃尔·米肖当时是55岁。尽管奥利维耶家族对他很尊重，但他们认为他的营销和制造方法过时了，并且因为他坚持使用可锻铸铁和蛇形车架结构而发生争执。这只是他们决定断绝合作伙伴关系的原因之一。
  第二代脚踏车的新的车架结构在机器操作上发生了决定性的变化。米肖第一代脚踏车的购买者可以像骑德莱斯机一样学习如何平衡，而第二代的购买者起初需要一些帮助，因为骑车人坐得太高，无法用脚踩到地面。从人体工程学角度看，从高处踩踏板确实更容易些，但是必须有旁人或教练扶住车子才能帮助骑车人骑上去。有报道说，街头男孩靠做这个工作挣些零钱。大多数自行车学校让初学者一开始使用低座训练机进行学习。
  启动车和上车尤其令人紧张。在停车时，骑车人让机器向旁边倾斜，直到他的一只脚能够到地面，就像今天骑自行车的人一样。如果用与停车相反的动作骑上车，会发现没有用，因为车子太重，仅靠脚踩踏板的压力很难克服车子的惯性。前轮不断摩擦骑车人的小腿，这就要求骑车人穿高筒靴。在欧洲和美国的一些城市涌现出很多骑术学校，较小的城镇则由旅游学校来提供骑行训练服务。
  大胆的脚踏车爱好者有时喜欢痛苦的过程，在下面这两段话中能够得到解释：

>   脚踏车动起来时，骑手跳上车座上车：抓住横杆的引导手柄，与车子一起向前跑，直到速度平稳下来，就跳上车座，把脚放在踏板上，然后可以自己用脚推进。当骑车人可以非常熟练地跳上车座时，即使他的脚够不到地面，他也可以使用更大的脚踏车，不过这样做总是有一点危险。（Muir 1869）

>   当骑手更好地了解了他的车子后，会跟着车跑上三四码[1]，然后跳上车座。当然，对于初学者来说，这样的上车方式等于自杀，而且肯定会以狼狈失败而告终。（Firth 1869）

---

[1] 长度单位，1码约为0.91米。——编者注

图2.10　第二代脚踏车的各种上车方法及骑行方式（Steinmann 1870）

米肖公司清楚地意识到这个新问题后，他们为海外客户提供了一种"弹簧片"，使初学者可以像骑第一代的德莱斯机一样坐低一些。该公司的手册《脚踏车使用说明》引用了一封写给中南半岛客户的信：

> 因为你那里既没有老师也没有训练车，我已经申请给你发了两个可拆卸的弹簧片，可安装在车座上。其中一个弹簧片足够低，这样车座就够低，可以让你在学会骑行前让脚着地帮助维持平衡。另一个不怎么弯曲的弹簧片则是给实践者使用的。（译自 Bouglise 1868）

1868 年 11 月，格勒诺布尔的制造商阿尔弗雷德·贝吕耶为带弹簧的侧撑和上车踏板申请了一项专利，当脚踏车转动起来后，侧撑和上车踏板就会缩回去（1869 年法国专利第 83,303 号）。贝吕耶在他的《车手手册》中描述了这个装置（Berruyer 1869）。在法国有 18 项专利都被授予了辅助启动装置，其中 8 个是固定在座位下方，3 个在前叉上，还有 2 个是在后轴上。在 5 项平衡轮专利中，4 个放在靠近车架中心的位置，1 个放在前轮车轴附近（Kobayashi 1993，150）。在 1869 年底左右，一种可以固定在后叉或后轴上的上车踏板被引入。1870 年 3

月17日的《脚踏车插图》第一次提出了脚踏的设计，这要归功于考文垂机械师有限公司（Coventry Machinist Company Ltd. 简称CMC）的詹姆斯·斯塔利，尽管法国制造商卡多早在一年前就已经提供了一个这样的踏步装置。后来巴黎人公司又提供了一个脚板，可以安装在车架左侧的中心附近。

学习骑自行车的最舒服的方式是使用前轮安装有曲柄的三轮车，当骑车人足够自信时，可以换成两轮脚踏车。巴黎人公司发布的一份价目表告诉潜在买家，只要把两个后轮去掉，将长的后车轴换成短轴，并在后叉上安装一个单轮，就可以把一辆巴黎人三轮车变成一辆两轮车（Reynaud 2008，107）。1869年，米肖公司提供的三轮车价格是350法郎[1]起，两轮脚踏车的价格是270法郎起。可以想象前面提及的记述C是起源于这种学习骑车的方法。

在踏板曲柄与前轮毂之间的飞轮将解决上述许多问题。事实上，供两轮车使用的第二个飞轮在法国获得了专利。塔拉尔的制造商A.伯夫在广告中提到它的一些优势："不再有危险的学习，下坡时不用再做无用的动作，无须使用腿架。"尽管巴黎制造商朱尔-皮埃尔·苏里用一台配备飞轮和轴承的脚踏车赢得了比赛，但是飞轮却用了30年的时间才得到普遍采用。大概是为了避免支付版税和更多的制造问题，巴黎人公司的价目表上并没有提供飞轮。

像今天骑自行车一样，当时并没有对骑乘者的具体规定。乘客坐在骑手后面狭窄的弹簧座上是不太可行的。可以选择一个多功能旅行皮箱绑在弹簧片上，作为临时座椅。也可以选择双轮双座自行车，但是它们重达150磅。

脚踏车的前轮轴必须容易转动，但又要足够紧，以抵抗踏板的扭动压力。起初，米肖使用的是轴承盖托住的滑动轴衬。第二代模型成为抄袭者模仿的原型，它铸造了铜制轴承壳，通过楔形键固定在叉的两端。这使得骑手能够通过在轴承壳中的摩擦蹬动自行车。后轮则在一个带轴衬的固定轴上松散地转动。

法国早期的自行车公路赛车引入了对滚珠轴承的试验。最初的滚珠是手工打磨的。1869年11月，詹姆斯·摩尔骑着一辆前轮配备滚珠轴承（由朱尔-皮埃尔·苏里制造）的自行车赢得了巴黎-鲁昂大奖赛的冠军（Duncan 1928）。朱尔-皮埃尔·苏里是第二项法国滚珠轴承专利（1869年法国专利第86,680号）的持有人。但早期的滚珠轴承不太容易调节磨损。

脚踏车沿用传统马车的轮子，采用的是有铁箍轮胎的木轮。这意味着脚踏车在铺面道路上骑行会很嘈杂，偶尔还会发生侧滑。到1869年，制造商开始提供

1　法国货币单位。——编者注

橡胶或皮革覆面（已经在花园敞篷车上被使用）用于铁轮辋，有些甚至为轮辋提供通道以稳定坚固的橡胶轮胎。未来的航空先驱克莱芒特·阿代尔是第一个获得"橡胶轮"专利（1868年法国专利第83,112号）的人。1869年9月6日，巴黎人公司在其86,016号专利的附录中也效仿采用了橡胶车轮。这种橡胶车轮的价格是20法郎。

米肖的第一个制动设计使用了一个长双杆，中间铰接在车架上，通过固定在旋转车把上的皮带拉动。1868年，法国第86,037号专利引入了艾梅·奥利维耶的想法：采用一个更小更轻便的杠杆，由车把手柄通过绳索穿过一个滑轮组来操作。几乎所有的制造商都采用这种刹车方式，但显然都没有支付专利费。这一时代的脚踏车刹车基本达到了目标，我们很少发现有刹车失灵导致事故发生的报道。

1870年之前法国的革新

法国的150家脚踏车制造商都是谁？今天，他们当中的很多人只能通过行业杂志《脚踏车插图》上的广告为人们所知。他们中的大多数似乎与马车制造业有关，也有一些是小型的炼铁工人，还有一些是年轻的自行车爱好者，就像奥利维耶家族，他们喜欢这项运动，并且可以从分包商处购买到必要的零件。通常情况下，脚踏车产量是很小的——甚至是在巴黎人公司的巅峰时期，每天也只能生产15辆车。整车的制造跨越整个欧洲，甚至覆盖到美国——也就是说，所有的零部件都需要归档、装配，并且通常在拆卸喷漆之前进行编号，然后再重新组装。

1868年，法国授予了61项与脚踏车相关的专利，1869年128项，1870年20项（Kobayashi 1993，149）。在新总裁让-巴蒂斯特·戈贝尔（勒内·奥利维耶的同学）的领导下，巴黎人公司在舒适性方面进行改进并获得了多项专利（1869年法国专利第86,016号，1870年的增补）。此外，勒内·奥利维耶在美国获得"脚踏车改进"的专利（1869年美国专利第97,683号），这项专利实质上与法国专利覆盖的条目相同。

其中提到了前轮的三种悬挂系统：第一种是辅助叉，它在外叉内滑动，并且被车头碗组内的螺旋弹簧阻尼；第二种是被前轴下方（或者前轴上方）的弹簧片阻尼；第三种是在轴上方的外叉两端有凸状的橡胶弹簧。实际上，该公司的价目表为已有脚踏车的弹簧升级提供了4种变型（命名为A到D），买家需要额外支付100到230法郎（见图6.18）。最便宜的是变型A，它可以用公司目录中的一幅图画来描述，在车头碗组和一个简易的前叉之间放置一个发夹弹簧片（Reynaud 2008，124）。此外，车把是带弹簧减震的，以防止颠簸。所有这些表明了一种

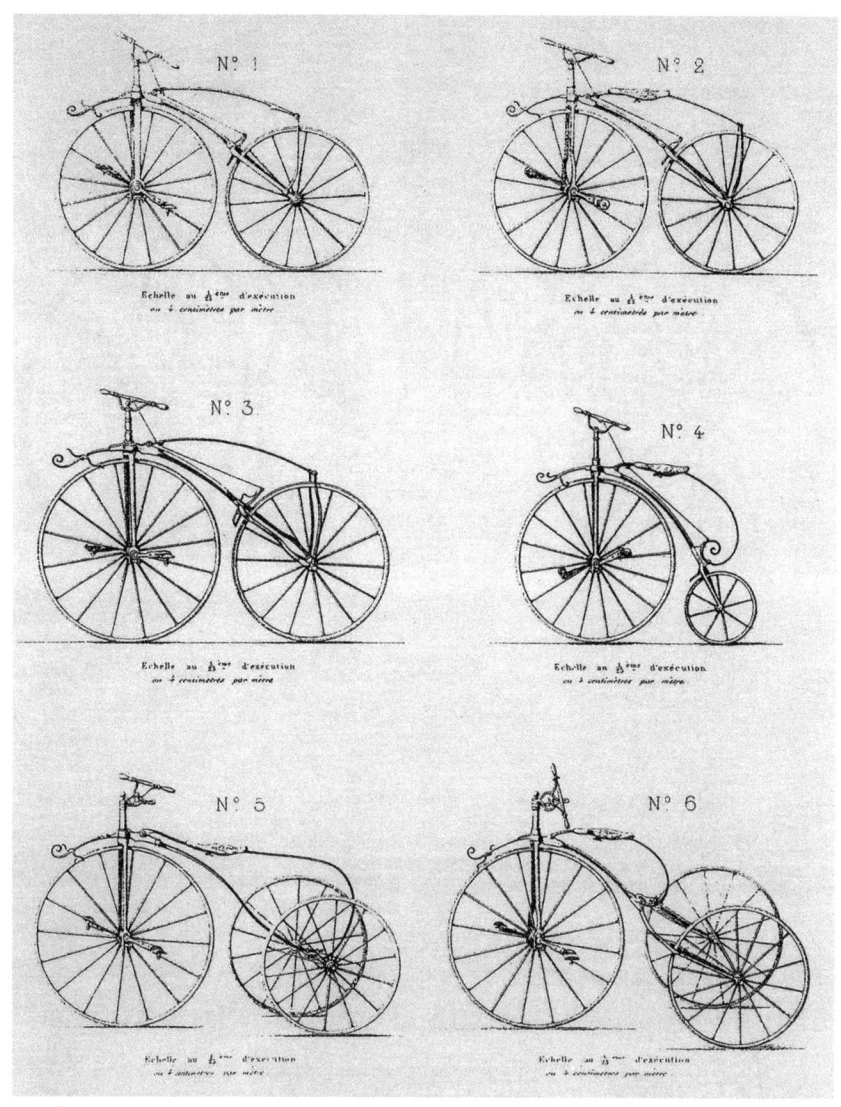

图2.11 来自拉维耶和施米特未注明日期的"自行车价格"图解（转载自Besse and Henry 2008）

迫切的愿望，为那些在童年时没有骑过车的人提供更方便的脚踏车。

为了便于在斜坡上骑行，骑行时可以选择改变曲柄长度，价格为100法郎。通过车把上的锁销，一个100毫米的曲柄的长度可以增加到200毫米，从而在爬坡时，需要腿部提供更多动力的时候，能够提供更强的杠杆作用（见图7.10）。

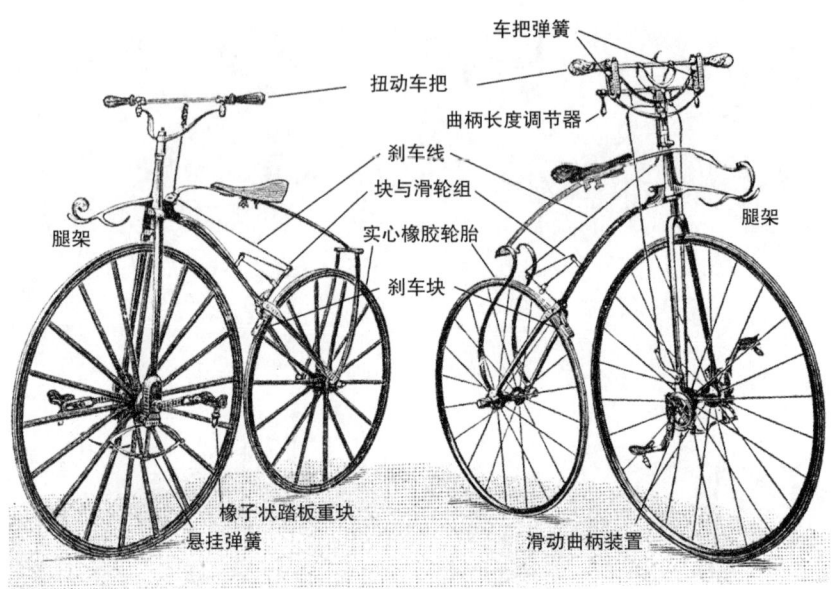

图2.12 两辆1870年的巴黎人公司的脚踏车,其中一辆是木制辐条,另一辆是金属辐条(Olivier 1892)

这是一种对更重的可变齿轮传动系统的替代设计思路,现实中已没有这种曲柄长度可调节的机器了,但还是留下了一张图片(Reynaud 2008,125)。

1869年出品的橡胶轮的后轮胎在刹车块的作用下会迅速老化。巴黎人公司在9月为它的86,016号专利提交了一份附录,描述了一种可以压在地面上的蹄式制动器,当靠近把手的杠杆被驱动时,后轮会抬起。可以预料,没有一种带有这样装置的自行车能够幸存下来。众所周知,带有后轮制动的两轮车很难保持平衡。

1870年4月的附录之后,巴黎人公司又申请了金属辐条车轮的专利。该公司一直处于技术的前沿,主要为高端运动员和赛车手提供服务。在市场的另一端,一些公司正在生产下层工人阶级可以买得起的机器,有些只标价150法郎。这意味着脚踏车精品时代的结束。到1869年底,法国对自行车的热情正在减退,而出版只有一年的《脚踏车插图》(法国国内第一本自行车期刊)暗示,未来可能会取决于三轮车的发展。在某些地方(例如,1869年夏天的特鲁瓦)骑脚踏车是被当地法令禁止的。可以举行假面舞会和其他社交活动的旱冰场抢尽了脚踏车的风头。一本关于轮滑的小册子宣称:"轮滑是一种时尚";"它已经成功取代了脚踏车"。(Mouhot 1876)但是在1870年8月,争论还没有结束,普法战争就

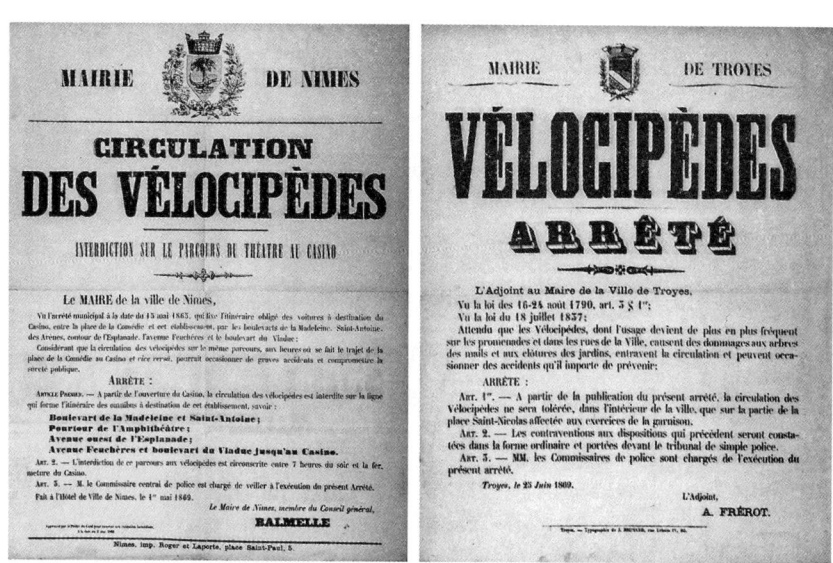

图2.13 两条1869年的禁止骑脚踏车的禁令,一条来自尼姆,另一条来自特鲁瓦(来源:多马藏自行车摩托车博物馆,克劳德·雷诺摄)

爆发了。自行车竞赛停了,巴黎的自行车工厂被征用,英格兰(尤其是考文垂)成了新的自行车发展中心。

向欧洲和美国的传播

1867年,巴黎博览会的国际参观者将报告(和一些脚踏车)带回他们的祖国,对脚踏车的狂热迅速蔓延到世界各地。这是一个比50年前的德莱斯机热更为壮观的现象,主要是因为人口和城镇数量已经显著增加。

脚踏车在北美洲的发展

纽约是首批被热情感染的城市之一。1868年春夏,骑术学校兴起。受《科学美国人》杂志的鼓舞,当地制造商在两年内申请了50项改良专利(Sanderson 2009)。新奥尔良的亨利·劳伦斯获得了可伸缩稳定轮的专利(1869年美国专利第92,462号)。纽约马车制造商和企业家卡尔文·威蒂买下了法国移民皮埃尔·拉勒芒1866年的美国专利,并申请了一项限制贸易的措施,要求制造商支付专利许可费,甚至私人进口也不例外。所有权轮番易手之后,拉勒芒专利控制美国的自行车贸易超过10年。(据我们所知,1866年以后,皮埃尔·拉勒芒和他的搭档纽黑文的詹姆斯·卡罗尔就不再从事自行车生意了。）

> **专栏2.2　脚踏车的理论**
>
> 　　1869年8月，《工程师》杂志刊登了格拉斯哥工程学教授威廉·约翰·麦夸恩·兰金关于自行车理论的系列文章中的第一篇。翌年，兰金的文章以"脚踏车的理论"为题在法国发表（Rankine 1870）。他得出德莱斯也曾经提过的结论：为了保持平衡，人应该向脚踏车开始倾斜的一侧转向。他还观察到，这也有助于操控重心下的连接线（连接车轮与地面接触点的线）。另外，他还得出这样的结论：脚踏车不是直线滚动，而是有着波浪形的轨迹。在另一系列的文章中，巴黎人公司总裁让-巴蒂斯特·戈贝尔对此进行了进一步的阐述，并得出结论：脚踏车的悬架减少了滚动阻力（Gobert 1870）。1873年，采矿工程师阿方斯·马什盖发表了他的《自行车理论及实际试验》（Marchegay 1874）。它分三部分论述了自行车的动力学（即保持平衡）、应用力学（可测量的阻力）以及人体力学（骑车人需求）。
>
> 　　从兰金、戈贝尔和马什盖的时代开始，有一定数量的思想家开始试图理解骑车者是如何保持稳定的。（最近的一次历史回顾，参见Meijaard et al. 2011。）一位美国作家坚持认为，自行车之所以能够直立，只不过是把支撑点放在车底下（Warring 1891）。然而，代尔夫特的一个研究小组使用的25型参数模型（van Dijk 2007）预测，速度超过0.7公里每小时时，离心效应总是大于支撑点的移动效应。沃林强烈地否认车轮陀螺效应对保持直立的重要性。这从代尔夫特研究人员的模型中显然能够得到证实，即使没有骑手，只是一个惯性质量很小的小轮子，也能保持稳定。
>
> 　　技术文献中真正的精品是阿奇博尔德·夏普的《两轮车和三轮车：关于它们的设计和构造的基本论述》（1896年，麻省理工学院出版社1977年再版）。夏普是南肯辛顿中央技术学院的工程学设计教师，还是一位专利专家，他的一些发明使他名声大震。一本类似的书籍——《自行车科学》，作者是弗兰克·罗兰·惠特（英国化学工程师）和戴维·戈

登·威尔逊（麻省理工学院机械工程学教授）——在 1974 年出版，现在是第 3 版（Wilson 2004）。

在简化场景下，在平坦道路上，自行车前轮锁直，忽略普遍存在的风和滚动阻力，自行车的运动方程可以不用计算机即可求解（Liesegang and Lee 1978）：

$$加速度 = \frac{d^2X}{dt^2} = \frac{RFp(b/B)}{MR^2+2I} = \frac{F(p/R)(b/B)}{M+2I/R^2} = \frac{有效推力}{有效质量}$$

其中：

F = 踏板力，

P = 有效踏板臂长度，

b = 链轮齿半径，

B = 牙盘半径，

R = 车轮半径，

M = 骑车人加自行车总质量，

I = 车轮惯性的力矩

按照牛顿定律（力 = 质量 × 加速度），以上可以看作是有效推力 F(p/R)(b/B) 除以自行车和骑车人的有效惯性质量 $(M+2I/R^2)$。

如果将质量 M 分成 M^*+2m，其中 m 是轮辋加轮胎的质量，M^* 是总质量减去轮辋和轮胎质量，将车轮惯性力矩代入，

$$I = mR^2$$

可以得到总有效惯性质量

$$有效质量 = M^* + 2m + \frac{2mR^2}{R^2} = M^* + 4m$$

结果是轮辋加轮胎的质量恰好变成 4 倍（每轮各 2 倍）。因此，更轻的轮辋和轮胎需要更少的动力来加速。

马戏团表演者汉隆兄弟，在法国脚踏车上的特技表演引起了人们的兴趣，并在第一代米肖脚踏车基础上申请了一项非常基础的机器专利（1868 年美国专利第 79,654 号）。卡尔文·威蒂（他已获得拉勒芒的专利）和其他一些纽约的马车制造商进入了这项新的行业，并试图改进法国的设计。

1869 年的美国第 86,235 号专利授予了费城的威廉·劳巴克博士，该专利提出了一种轴心式车架，这样在转弯时前轮的轮圈就不会磨伤驾驶者的腿。劳巴克

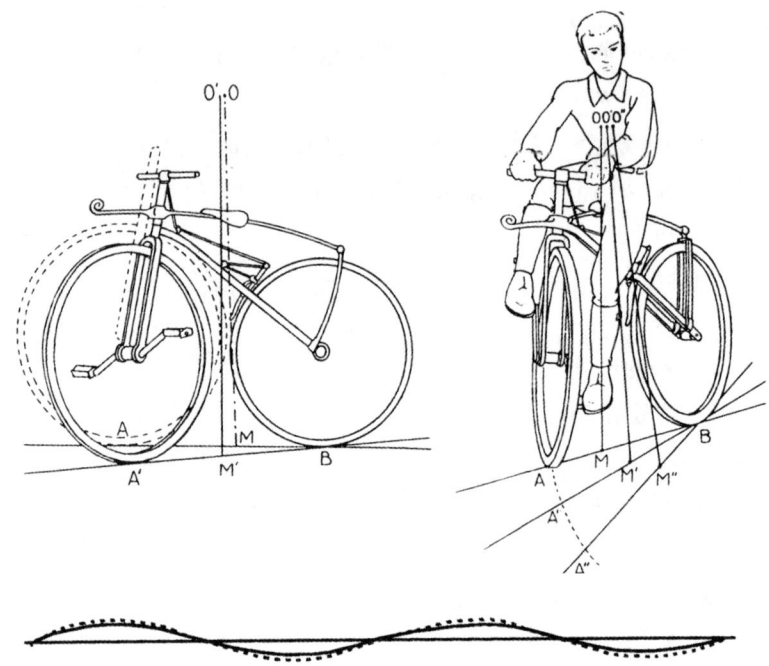

图2.14 如果重心O倾倒到M'上的O',往同一方向转向,通过M'重新调整直线A'B(Baudry 1925)。下:两个轮子的摆动轨迹(Rankine 1870)

声称,他的车架非常坚固,他的机器配备直径3英尺的轮子却只有50磅重。座位悬挂在一个螺旋弹簧上,足够低,让骑车人可以轻松地将脚放在地上。劳巴克把这个专利卖给了皮尔索尔兄弟,他们经营着纽约第一所也是最成功的脚踏车学校。用30万美元资本,他们成立了一家生产劳巴克专利自行车的公司。现在至少有一台机器被保存在史密森学会(Oliver 1974)。

纽约的马车制造商,皮克林与戴维斯公司的托马斯·皮克林为"改良型脚踏车"(1869年美国专利第88,507号)的骨架和轮叉引入了煤气或蒸汽管道。这减轻了车的重量,前叉的空腔就成了连续润滑前轴的储油罐。商标名称为"美式自行车"的产品模型在座椅的弹簧片末端有一个刹车块,骑车者可以通过将身体重心后移来驱动它。皮克林比奥利维耶兄弟早3个月申请了三角形踏板的专利。现存的皮克林脚踏车至少有9辆(Pickering 2009)。

约瑟夫·欧文是纽约马车制造商德马雷斯特公司的转让人,他提供了一个45度的转向柱,这使得安装一个直径达50英寸的前轮成为可能(1869年美国专利第 89,149 号）。一名骑在 45 英寸德马雷斯特车上的骑手达到了每小时 33 英里的速度（Sanderson 2009）。前制动器和腿架随前轮偏转而一起移动。座位足够低，可以让骑车人的脚触到地面。这种改进的美式脚踏车显示了最明智的方式，避免了第二代法国脚踏车的上车和操作问题。

威廉·瑞西通过将两个脚踏车平行连接在一起，使上车更便利，骑车更加社交化（1869 年美国专利第 90,302 号）。这个想法时不时会重现，但"单身机器"的理想已开始盛行。

威廉·范·安登获得了在前轮毂内使用飞轮的专利（1869 年美国专利第 88,238 号），这种飞轮使骑乘者单脚踩在踏板上就能骑上车（见图 7.2）。这种设计被用于德克斯特制造的机器上，史密森学会就保留了一台。

1869 年，据说纽约有 16,000 辆脚踏车（*Galaxy Magazine*，1869 年 4 月）。然而，就像 1820 年一样，1869 年的城市法令禁止人们在纽约和东海岸其他地方的人行道上骑脚踏车（Dunham 1956，111）。一些工匠在加拿大制造曲柄脚踏车，但没有一家制造商大批量生产它们（Norcliffe 2001）。

对脚踏车的狂热在北美和法国于 1870 年左右同时结束。然而，1879 年，底特律的约翰·希雷被授予了一辆木制机器的专利，在人体工程学上类似于德马雷斯特自行车（1879 年美国专利第 216,231 号）。现存至少两台这样的机器。

脚踏车在英国

在 1868 年底，曲柄脚踏车跨越海峡来到英国。也许英国公众第一次听说它是在 1869 年 2 月 19 日《泰晤士报》的一篇报道中，它讲述了三名年轻男子从伦敦骑车到布莱顿——随后这个故事在当地 300 家报纸上被陆续发表。三人之中的罗利·特纳是乔赛亚·特纳的侄子，乔赛亚是考文垂缝纫机有限公司的经理，罗利也是该公司在巴黎的缝纫机代理商。他的提议使公司转向脚踏车制造，有效地开启了考文垂长期参与自行车生产的业务。

罗利·特纳曾经在巴黎帕斯科体育馆学习骑车，他计划让考文垂闲置的工程能力为他的新代理商特纳公司供应脚踏车，并以"美式脚踏车"之名在市场上出售。在英国，脚踏车需求激增，诸多新的公司（在 Clayton 1987b 中列出）进入市场。1868 年 11 月，特纳将第二代 C.P. 模型带到英国，这种模型的斜型车架由奥利维耶家族申请了专利，成为诸多英国抄袭者的模仿对象。

1869 年，英国第一项脚踏车专利于 1 月 2 日登记注册。到同年 9 月，已经有 100 多项与脚踏车有关的专利申请被提交。令人惊讶的是，这些新想法并没有让脚踏车变得更加实用,它仍然是运动型中产阶级年轻男性的休闲玩具。由于重达80磅,它不适合休闲、商务或在路面坑洼的道路上骑行。

或许曾受到3个月前引进的美国劳巴克脚踏车的启发,一种改良的脚踏车"幻影",其设计被伦敦的雷诺兹与梅斯公司申请了专利(1869年的英国专利第1,216号,法国专利第85,885号)。

关于自行车贸易的法国报纸将其描述为:

> 两个车轮的车轴由一个不规则的菱形车架连接,车架的两个钝角可围绕垂直轴水平移动。该轴将菱形分成两部分或不等三角形,它们在共同的基部上旋转,并且可以相互折叠,两个轮子甚至可以平行对齐。(译自1869年7月26日《脚踏车插图》)

"幻影"是英国第一台带有金属辐条轮子的机器。(直到1875年,纽约的贝克与坎迪什公司才生产出带有木制轮子的"幻影"。)

尽管有超过100家的供应商涌入市场,但在1869年底,这股新的热潮已经在全国范围内逐渐消退。1870年的春天,《曼彻斯特晚报》不再刊登脚踏车广告,而在前一年的春天,它刊登的广告还超过200条。

和法国一样,赛车的改进最终挽救了这个时代。英格兰没有卷入普法战争。此外,这次英国当局没有采取什么措施来禁止骑脚踏车。

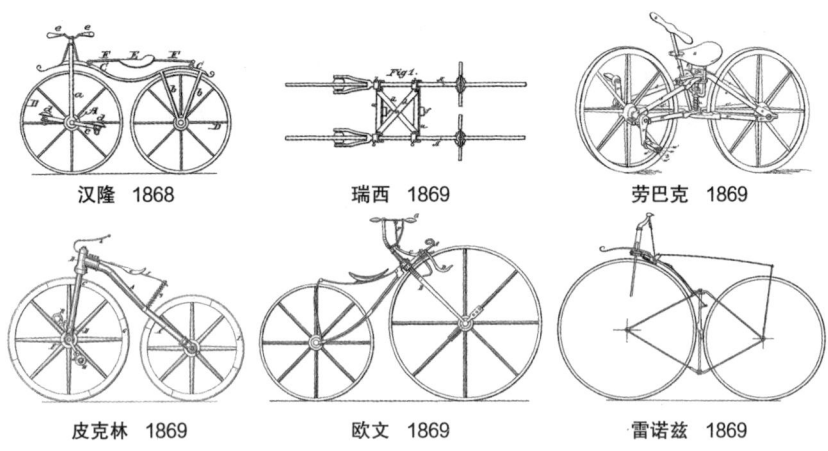

图2.15　美国和英国脚踏车的专利图

脚踏车在奥地利、德国和荷兰

在荷兰，有几家制造商开始生产米肖脚踏车的复制品。在1868年秋天，阿姆斯特丹的J.T.斯科尔特开始制造脚踏车。亨德里克斯·布格斯是代芬特尔的一名铁匠，在同伴范·德贝鲁特的帮助下，他于1869年也开始复制米肖脚踏车（Moed 2008）。40辆曲柄脚踏车在荷兰被保存下来。

两位负责促进贸易的官员，一位来自巴登大公国，一位来自符腾堡王国，他们在巴黎国际博览会期间订购了脚踏车。这些订单被刊登在行业杂志上，脚踏车也在行业博物馆内进行了展示，以此鼓励当地的贸易商开始制造这些脚踏车（Lessing 2010）。事实上，大约30位德国制造商中的第一位是卡尔·弗里德里希·穆勒，他的工厂于1868年在符腾堡首都斯图加特开业（Kielwein 2010）。在曼海姆，使用斯图加特制造的脚踏车，汽车先驱卡尔·本茨自学骑车两周。在后来的采访中，他说骑脚踏车令人兴奋的体验改变了他的计划：他将制造轻型脚踏车作为机动化个人交通工具，而不是用于集体运输的街道蒸汽机车（Lessing 2010）。另一个为人所知的脚踏车制造商，是不伦瑞克的海因里希·比辛，他在1869年生产了脚踏车旋转木马。

在大城镇，人们成立了一些脚踏车俱乐部，以对抗当局的阻挠和对骑车的完全禁止（从1870年至1895年，科隆市一直禁止骑脚踏车）。这些地方还修建了几条脚踏车道，不仅是为了比赛，也是为了让人们在室外可以使用他们的机器。由于受到阻挠、禁止以及轮滑竞争的影响，所有德国制造商在普法战争爆发前就倒闭了。在维也纳，弗里德里希·穆勒曾经推销和出售米肖脚踏车，后转而开始推广轮滑（Norden 1999）。

为什么不是驱动后轮？为什么不使用蒸汽动力或电力？

专利概念有时会远远超出其现实中落地的可能性。随着脚踏车狂热的迅速消失，有两种类似的想法出现。

后轮驱动脚踏车

由于带踏板的前轮会摩擦骑车人的腿，转向时脚也会从踏板上滑落，所以显然驱动后轮是一个好主意。随处可见的脚踏式缝纫机，特别是带有两个踏板通过连杆转动曲轴的那一种变体，是一个典型例子（Merki 2009, 48）。

名叫K.J.温斯洛的发明家设计了第一个用于脚踏车的后轮驱动装置（1868

年英国专利第 258 号）。踏板会从后轮的圆筒上松开绳索，并且会被印度橡胶制成的弹簧拉回来。（此处和下文，除非特别说明，我们假定没有这样的机器被制造出来。）另一位发明家，圣艾蒂安的克劳德·蒙塔涅把枢轴安装在车架上，以便可以用双杠杆或单杆来驱动后轮（1868 年法国专利第 82,885 号）。取得拉勒芒专利的纽约马车制造商卡尔文·威蒂，在半年后又获得了用杆操作式脚踏车的专利（1869 年美国专利第 87,999 号）。专利图要求骑手将他的膝盖抬到他的下

图2.16　一张未注明日期的传单，宣传一家德国脚踏车制造商（曼海姆技术博物馆/档案）

巴位置，但这仅仅是个示意图。纽约的本杰明·劳森将连杆枢轴安装在转向柱上，这就需要减小前轮的尺寸（1869 年美国专利第 90,563 号）。T. 伯恩的专利被佩顿与佩顿公司用于在伯明翰制造改进的自行车（1869 年英国专利第 1,871 号）。1869 年 10 月 30 日，他们在《五金商》杂志上的广告吹嘘其有 6 大优点，但一辆幸存下来的机器骑起来要比一辆巴黎脚踏车更笨拙（Radford 2010）。斯图加特的约翰·弗里德里希·特雷夫茨建议在悬挂器中安装踏板曲柄，通过连杆驱动后轮轴上的两个曲柄（1870 年符腾堡专利）。特雷夫茨经营着一家女子私人健身中心，当他移民到智利的时候，这项专利随之失效（Lessing 1995）。这张专利图在 1870 年 3 月 5 日的《时代画报》上刊出后，开始变得广为人知。

1871 年，来自都灵的意大利驻法国南斯总领事埃米尔·维亚伦戈·德福维尔获得了下列专利：

> 1869 年，法国专利第 87,869 号，"改进并完善旧系统的一种新脚踏车系统"（一种弹簧悬挂的脚踏车，后轮由一个连杆驱动）。
>
> 1871 年，法国专利第 92,811 号，提出了一种"脚踏车系统，被称为弹簧自行车，具有均匀的运动和可变的速度和完美的旧系统"（一种低架式车架脚踏车，带有踏板曲柄吊架，后轮由连杆驱动，双齿轮和双轮悬挂）。
>
> 1874 年，法国专利第 101,848 号，适用不同的悬挂方式，非 180 度曲柄用于避免上死点问题，链驱动。
>
> 1895 年，英国专利第 23,313 号，"自行车驱动轮的变速装置，通过交替啮合具有两个独立链条的链轮齿来实现"。

除了这些专利，法国专利局还提供了 6 台机器的照片，这些机器实际上是 3 辆男式车和 3 辆女式车的模型。根据发表在 1895 年 5 月 9 日一期的《脚踏车杂志》上的一篇采访，福维尔允许这些机器由名叫路易斯·吉莱的当地制造商来制造：

> 这项发明的消息传到法国巴黎。米肖先生的儿子亨利研究了我的发明，并提出要将它引入英国为人们所知。事实上，他确实带着 6 台机器去了英国：3 辆女式车和 3 辆男式车。关于那次英国之旅我只听说了这些。（译自 Reynaud 2010）

不清楚是什么原因，人们对福维尔的自行车兴趣并不大。或许是还没有足以驱动轮子的好链条，或许是热衷比赛的高轮车爱好者对更加便捷实用的车子并不感兴趣。

法国更早以前就有过后轮驱动的专利，从波尔多的查尔斯·迪博的三轮车专利开始（1868年法国专利第80,106号）。1868年4月16日，《英国机械师》杂志发表的一封信中提出了链条驱动的三轮车设想。查尔斯·德斯诺斯-加迪萨尔是巴黎中央理工学院的一名工程师，他获得了一个现代外观的"使用皮带或其他方式"的后轮驱动的专利，这里使用的是相当大的皮带轮（1868年法国专利第82,082号）。

维克托·穆格尔的脚踏车（1869年法国专利第86,676号）看起来有点像后来的高轮车，有巨大的后轮和较小的前轮。链齿轮上的链条几乎和轮子一样大。可伸缩的稳定轮帮助骑车者骑上车座。1869年7月30日，弗雷德里克·希林在《英国机械师》杂志上提出的诺福克自行车已经使用了不同尺寸的皮带轮来提高速度。福维尔获得链式驱动专利一年后，蒙彼利埃的商人路易斯·马扎斯获得了一项"三轮脚踏车变体"的专利。专利显示这是一辆两轮车，带曲柄的大皮带轮驱动着脚踏，被认为是第三个轮子（1875年法国专利第110,680号）。马扎斯的机器，其传动通过两根绳索，和大多数踏板缝纫机一样，大概是由皮革制成。马扎斯还考虑通过使用不同直径的皮带轮来改变齿轮。一年之后，亨利·贝特获得了用更大的曲柄皮带轮作为皮带驱动的专利（1876年法国专利第114,717号的补充）。它要求机器比标准尺寸要长，并且要有一个小前轮，前轮上有从车把上进行操控的系带（连杆）。虽然不知道是否有现存的皮带驱动或者链条驱动的脚踏车，但是伦敦的科学博物馆保留了一辆机器，由格洛斯特的托马斯·舍戈尔德制造。它的诞生年代是1877年，是根据《格洛斯特公民》上没有配插图的广告制作的。尽管它有橡胶轮胎，但其余部分却没有达到英格兰高轮车的艺术水平，它更接近巴黎的脚踏车技术水平（Roberts 1991）。

因为注册日期无法被证实，另外两辆后轮驱动的车子在这里并没有被提及。法国移民亚历山大·勒菲弗的连杆驱动脚踏车，现保存在加利福尼亚自行车博物馆，据说早于米肖脚踏车，它有一个直车把和其他与米肖有关的设计元素（Graber 2002；Ritchie 2002）。一辆所谓的链式驱动后轮的吉尔梅-梅耶尔脚踏车现存于巴黎的工艺美术博物馆（Clayton 1991；Reynaud 2008）。它的设计很粗糙，与伟大的欧仁·梅耶尔不相符。因为它的车架是焊接的，所以一定是在1892年以后制造的，那时焊接技术在法国才开始为人们所知（Palmieri 2007）。

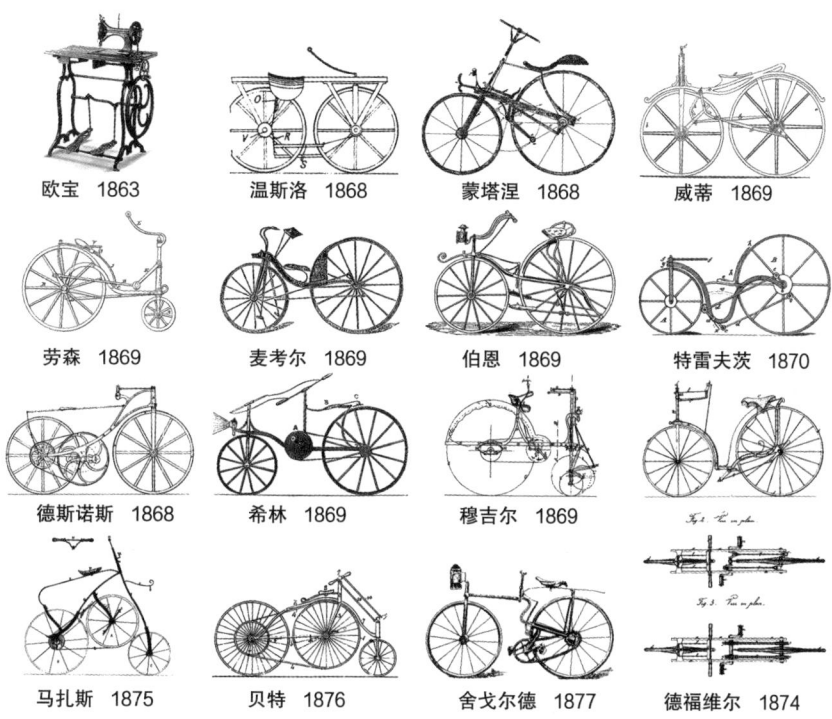

图2.17 1863—1877年间的专利和杂志插图，描绘了自行车后轮驱动的想法，一些用杆驱动，一些用链驱动（照片©通用公司）

早期的蒸汽和电动脚踏车

英国漫画曾在1819年就讨论过驾驶蒸汽动力的德莱斯机。（理查德·特里维西克早在17年前就制造了一辆蒸汽动力的马车。）

1863年，西尔维斯特·罗珀是马萨诸塞州波士顿的一位崭露头角的发明家，他最终获得了15项专利，据说他驾驶过一辆四轮蒸汽马车。史密森学会有一辆罗珀制造的两轮蒸汽动力脚踏车，制造时间大约是1869年（Oliver 1974）。因为罗珀的同事奥斯汀有时会展示一下这辆车，所以它也被称为奥斯汀脚踏车。唯一提到由罗珀开发的蒸汽脚踏车（这辆脚踏车是单缸，而在史密森学会的那辆是双缸）是1870年4月27日的《美国工匠》杂志（Reynaud 2008，378—379）。罗珀脚踏车有一个长轴距，以适应骑手身后带烟囱的火管锅炉。扭动车把不仅可以启动刹车，还能控制节流阀。两个气缸在烟囱两侧运转，活塞杆直接作用在后轮的曲柄上。(据报道，罗珀安装了一辆带有单缸蒸汽发动机的哥伦比亚安全自行车，可达到每小时 40 英里的速度。)

巴黎的路易斯 - 纪尧姆·佩罗（1816—1889）对机动脚踏车的记载更为详细，他是一位多才多艺的发明家，精密仪器的制造商，并著有两卷本的作品《宇宙法则 – 创造原则》（Paris，1877）。

他获得了以下与脚踏车相关的专利（Reynaud 2003，59—74）：

1869 年，专利第 83,691 号，飞轮可以通过车把与前轮上的齿轮相啮合，在骑行下坡时可以收集能量并在之后将其缓慢释放。

1869 年 12 月增补专利，铝材料的使用和空心部件，管状辐条和飞轮。

1870 年 5 月增补专利，使用电池驱动的电动机，通过齿轮、金属辐条和两个油箱润滑来驱动后轮。

1871 年 6 月增补专利，一种高速的蒸汽脚踏车，车座下方带有酒精燃烧器的单缸蒸汽引擎，通过双皮带驱动后轮。

1872 年 3 月增补专利，为更好地放置燃烧器和锅炉，一种新的飞轮设计，在前轮增加踏板曲柄，类似于带式刹车的方式通过踏板驱动前轮，通过控制烟囱的开口照亮道路，还有一辆带有蒸汽引擎的三轮车，可以调整引擎位置给司机的脚取暖。

1872 年美国专利第 124,621 号，带有飞轮的蒸汽脚踏车和各种改进。

1873 年 4 月增补专利，一种改进加热器。

1885 年法国专利第 167,774 号，用于低压下制造干蒸汽。

佩罗将他的企业命名为"佩罗，高速循环蒸汽脚踏车"。

他建造了几台机器，其中一台是重达 135 磅的蒸汽自行车，据说在预热 10 分钟后达到了 9 英里每小时的速度（其中一台机器幸存了下来）。

早期法国电动脚踏车专利包括第 85,499 号专利（于 1869 年 4 月授予巴黎的约瑟夫·马里耶设计的一种磁电脚踏车，由马蹄形磁铁环绕在后轮上的圆形金属环提供动力）和第 85,901 号专利（1869 年 6 月授予德洛里埃和莫兰一种"电动脚踏车"，它的电机可用于加速和减速）。

这两种设计似乎都不可行。甚至连巴黎人公司也尝试过电力的想法，但结果都是徒劳："巴黎人公司试图将电动马达用于脚踏车上，该项目有望取得好的效果，但是半成品就已经达到了不可接受的重量，公司不得不放弃这种想法。"（Deharme 1874，271）

图2.18　上：罗珀的蒸汽动力脚踏车和佩罗的电动脚踏车。下：佩罗的蒸汽动力自行车和三轮车

专栏2.3　1872年以前的非虚构出版物

法国

Bellencontre, Paracelse-Élie-Désiré. *L'Hygiène du vélocipède.* Paris: Le Petit Journal, 1869.

Benon. *Notice sur les vélocipèdes à deux et trois roues et moyens d'apprendre à s'en servir en quelques heures.* Sixth edition. Paris: Guérin, 1869.

Benon. *Origine du vélocipède, le vélocipède actuel.* Paris: Guérin, 1869.

Berruyer, Alfred. *Manuel du Véloceman ou notice, système, nomenclature, pratique, art et avenir des vélocipèdes.* Grenoble: Prudhomme, 1868.

Berruyer, Alfred. *Caducêtres ou jambes-étrières brevetées SGDG pour vélocipèdes.* Grenoble: F. Allier, 1869.

Desmartis, Télèphe Poytevin. *Sur l'hygiène du vélocipède.* Bordeaux, 1869.

Journal de la société pratique du vélocipède, statuts, notice, rapport, procès verbaux des séances. Paris: Brière, 1869–?.

Favre, Alexis-Georges. *Le Vélocipède, sa structure, ses accessoires indispensables, le moyen d'apprendre à s'en servir en une heure.* Marseille: Barlatier-Feissat & Demonchy, 1868.

Lamon, Rémy. *Théorie vélocipédique et pratique, ou manière d'apprendre le vélocipède sans professeur.* Paris: Lamon, 1872.

Le Grand Jacques (Richard Lesclides). *Manuel du Vélocipède.* Paris: Librairie du Petit Journal, 1869.

Le Vélocipède. Journal humoristique. Gazette des Sportsmen et des Velocemen (Grenoble), bi-weekly, no. 1 (March 1, 1869)–no. 6 (May 15, 1869)

Le Vélocipède Illustré. Moniteur de la vélocipédie. Journal bi-hebdomadaire de sciences et d'arts mécaniques (Paris). Editor: Richard Lesclides. Bi-weekly, then weekly, April 1, 1869–August 1871. Reappeared as *La Vitesse. Vélocipédie, sports, aviation* (July 16, 1871–August 13, 1871), then as *Le Vélocipède Illustré* (May 1872–October 1872).

NN (Georges de La Bouglise). *Note sur le vélocipède à pédales et à frein de M. Michaux, par un amateur.* Paris: Lainé/Hayard, 1868.

Rankine, W. J. Macquorn. *Théorie du vélocipède.* Paris: Gauthier-Villars, 1870 (translated from The Engineer).

美国

Goddard, J. T. *The Velocipede, Its History, Varieties, and Practice. With Illustrations.* New York: Hurd & Houghton, 1869. (Reprinted as National Cycle Archive Publication 9.)

The Velocipedist (New York, monthly, February 1, 1869–?) (facsimile reprints available from La Vélocithèque, Pomeys).

德国

de Wesez, Hippolyt (Friedrich Maurer). *Erste deutsche illustrirte Vélocipède Brochüre.* Vienna: Friedrich Maurer, 1869. Pirated translation of Lesclides'

Manuel du Vélocipède. Facsimile reprint: Edition libri rari, Hannover, 1995.

Steinmann, Gustav. *Das Vélocipède. Seine Geschichte, Construction, Gebrauch und Verbreitung*. Leipzig: J. J. Weber, 1870. Reprint: Hyperion-Verlag, Neufahrn, 2008.

英国

B.J.F. [Bottomley, Joseph Firth]. *How to Ride a Velocipede: Straddle a Saddle*, Then Paddle and Skedaddle. London: Simpkin Marshall, 1869. Second edition: *The Velocipede, Its Past, Its Present and Its Future*. Reprint: National Cycle Archive Publication 8.

Davis, Alexander. *The Velocipede and How to Use It*. London: A. Davis, 1868. Reprint: National Cycle Archive Publication 7.

Muir, Andrew. The Velocipede: *How to Learn and How to Use It, with Illustrations, Prices etc*. Salford: Andrew Muir, 1869. Reprint: National Cycle Archive Publication 5.

NN. *The Modern Velocipede: Its History and Construction, and Its Use on Land, Lake, River, and Ocean Practically Explained and Profusely Illustrated by Engravings of Elevations and Constructive Details. Compiled by a Working Mechanic*. London: George Maddick, 1869. Reprint: National Cycle Archive Publication 10.

NN. *The Velocipede: Its History and Practical Hints on How to Use It. By an Experienced Velocipedist*. London: J. Bruton, 1869. Reprint: Cyclists' Touring Club, Godalming, 1972.

NN. *The Velocipede, with Instructions How to Use It, and Descriptions of the Principal Velocipedes Invented Since 1779*. Glasgow: William Love, 1869. Reprint: National Cycle Archive Publication 6.

NN. *Bicycle, or the Wheel and the Way*. London: Phantom and Veloce Car Wheel Company, 1870. Facsimile reprint: Engaging Gear Ltd., Billericay, 2008.

Spencer, Charles. *The Bicycle, Its Use and Action. With Twelve Practical

Illustrations. London: Frederick Warne, 1870.

The Velocipede or The Velocipede Rider's Magazine, 1869–? (according to Bartleet 1931, 147; yet untraced)

Velox [Tom Burgess]. *Velocipedes Bicycles & Tricycles—How to Make and Use Them. With a Sketch of Their History and Progress*. London: Geo. Routledge & Sons, 1869. Reprint: Scholar Press, East Andsley, 1971.

Villepigue, M. *Velocipedes, how to learn without a master*. London: Auth 1869. Villepigue, F. F. The Veloce. London: The Veloce Company, 1869.

第3章
金属轮

采用张力金属辐条的轻质车轮，该发明大力推动了自行车的发展。大约过了半个世纪，金属辐条自行车所代表的新思想才被应用于建筑等其他领域。（在20世纪20年代，R.巴克敏斯特·富勒开始发展和推广"张拉整体"的设计策略，见 Krausse and Lichtenstein 1999。）张力结构与压缩结构相比，所需材料更少，因此更加轻便。

高轮车的演变

车轮越大，滚动阻力越小，可以通过最佳踩踏节奏使车达到更快的速度。19世纪50年代，有着巨大驱动轮的克兰普顿机车就是一个典型样例。

压缩轮

轮匠拥有制造木制马车车轮的手艺。脚踏车制造者倾向于使用弯曲木制车轮（也称专利轮），这种车轮有一整块木制轮辋。弯曲木制轮依靠零件的完全拟合以及压缩来黏合，没有使用胶水。其薄弱点在于轮毂，理想的做法是使用带有条纹的榆木以防断裂。然而，轮毂还是要通过小铁箍才能连接起来。要想精确凿出辐条上的孔，刻度盘是首选工具。白蜡木的辐条削得比孔洞大一点，末端在火上加热，把两头钉进孔洞里。加热可以赶走水分，辐条末端便会略微收缩。辐条一旦安装到位，就会从空气中重新吸收水分，水分使末端膨胀，从而提供了完美的过盈配合。可以使用同样的方法将辐条的另一端塞入木制轮辋里。铁箍的直径造得比木箍直径小一点，用火加热使其膨胀，然后环绕固定在木箍四周。当冷却时，铁箍收缩，将木制部件压紧，这样就形成了耐用的车轮轮胎。此外，还须将钉子和螺丝钉钉入铁箍外表面，将钉子的上端钻入圆锥孔内，防止铁箍从轮毂上滑落。

由于空气湿度每天都会变化，车轮的各个部件迟早会因路面颠簸而松动。

在炎热干燥的天气里，修理已经松动的车轮需要拆卸车轮以替换磨损的部件，并重新安装热铁箍。不拆卸则没办法修理零部件。名为"vélocifères"的法国特快列车经营者们认为车轮是消耗品，行驶 3,000 公里或 42 小时后，就需要更换新的车轮，旧车轮则被用在更为轻便的交通工具上，用于当地运输。（Ginzrot 1830，第 4 卷，55）

车轮越大，辐条越长，车轮的横向稳定性就越差，因为辐条对过盈配合施加的杠杆作用更大了。木车轮也会变形。与现代自行车一样，如果安装两排碟形辐条，车辆会更加稳定，但这就需要使用更大的轮毂，不会被额外的钻孔削弱强度。为实现相似的三角测量以及更好的横向稳定性，像早期德莱斯机一样，辐条须交替分布在轮毂上。有些问题可以通过使用金属轮毂来解决，金属轮毂不会开裂，也不会因潮湿而变形。金属轮毂一经采用，人们紧接着采用了金属压缩轮辐。19 世纪 60 年代，6 项相关法国专利（Kobayashi 1993,161）如下：

> 1867 年 4 月 29 日，授予路易·戈内尔公司的第 76,455 号专利（马车车轮）。
>
> 1868 年 6 月 24 日，授予亚历克西斯-乔治·法夫雷等人的第 81,584 号专利。
>
> 1868 年 7 月 14 日，授予路易·里夫的第 81,635 号专利（装有弹簧片的自行车）。
>
> 1868 年 8 月 27 日，授予夏尔·德斯诺斯的第 82,178 号专利（改良版脚踏车）。
>
> 1868 年 12 月 29 日，授予奥古斯特-阿道夫·德吕埃勒的第 83,700 号专利。
>
> 1869 年 2 月 17 日，授予艾蒂安·拉格朗日的第 84,464 号专利。
>
> 1869 年 7 月 7 日，授予戈内尔的第 76,455 号的增补专利。

显然，戈内尔最初的专利是应用在四轮马车上，而其他专利申请者已经将金属轮辐应用于脚踏车上。因此，戈内尔觉得很有必要将它的专利扩展到脚踏车领域。然而，巴黎人公司购买了戈内尔的专利，这使他的专利变得声名狼藉。后来，巴黎人公司不再使用戈内尔的专利，转而盗用了梅耶尔的专利。

戈内尔所描述的辐条是由直径 10 毫米的硬管制成的，这些硬管必须被切割成精确的长度，两端配有螺纹以将其拧入轮毂和轮辋。他称这些为张力轮辐，由于它们的刚度较强,这些轮辐在受压下依然可以正常工作。另外有人试图通过制作弯曲而又有弹性的轮辐来制造一种悬架车轮(Kobayashi 1993,164)。装有这种车轮的车今天依然存在,以下 3 项专利为人所知:

> 1869 年 2 月 26 日,授予欧仁·迪弗特雷勒的第 84,369 号专利。
> 1869 年 7 月 17 日,授予埃米尔·鲁的第 85,202 号专利。
> 1870 年 4 月 2 日,授予皮埃尔 - 雅克·卡米安的第 89,515 号专利。

在 1808 年的一幅草图中,航空先驱乔治·凯利爵士用绳索轮辐代替木制轮辐,以获得更好的舒适性。理查德·爱德华·霍奇斯为马车发明了类似的设计,并获得了专利(1854 年英国专利第 761 号)。这种设计需要在张力状态下使用印度橡胶辐条,以获得轮辋和轮毂之间的弹性。

或许,最为成功的早期悬挂轮是英国纺织工人威廉·斯特拉特的设计。1814 年,他将铁制张力辐条安装应用于两辆马车上。(Forbes 2013)

梅耶尔的悬挂轮

在几个省举办展览之后,巴黎于 1869 年 11 月在前卡特朗地区举办了一场脚踏车展览会。巴黎人公司的半官方机构《脚踏车插图》发布了一份热情澎湃的报道:

> 梅耶尔先生展示了极度轻盈和雅致的钢轮,以及使用这种车轮的脚踏车。很难想象有什么能比这些抛光的脚踏车更耀眼。这些车轮的辐条被用铜螺帽拧进轮毂里。这种自行车看起来就像珠宝,而不是交通工具。另一个奇迹是儿童三轮车。梅耶尔先生对他发明的自行车充满信心,他毫不犹豫地将其用于速度赛和距离赛中。他是法国最聪明的制造者之一(引用翻译自 Clayton 1992)。

欧仁·梅耶尔是出生于阿尔萨斯的一名巴黎机械师,作为有线张力轮和高轮车的发明者,他被人们长期忽视。120 年来,因为他的名字"Meyer"一直被错印为"Magee",所以人们查询不到他(Kobayashi 1993,145)。为减少全金属车轮的重量,梅耶尔采用的是金属线的张力,而不是大量的轮辐的压缩力(1868 年法国专利第 86,705 号)。因此,金属轮辋能够被造得更轻,它的结构稳定性也是通过张力辐条实现的。梅耶尔在他的专利申请中描述了其基本原理:

图3.1 上：19世纪50年代，一辆克兰普顿机车（维基共享）。下：一辆1869年的维特斯自行车，带有一个100英寸长的车轮（Baudry 1891）

由于所有的金属轮辐都被拉伸，这种轮辐不会发生弯曲。压力总是垂直并向下施加在轮毂上。只有当车轮旋转，且这些轮辐转到穿过其中心的水平线上方时，金属轮辐才会受到影响。因此这些辐条不会被压断。

原则上讲，张力辐条轮可以被视为悬挂在轮辋上的上行辐条上，而压缩辐条轮则是立在巨大的下行辐条上（见图3.2）。然而，在负载下，轻的轮辋会膨胀，因此就需要也处于张力状态下的水平轮辐。不过，轮辋的底部仍然会变平。

通过额外的下行辐条会抑制这种膨胀。因此，通过使用大量能够抗张力的下行辐条，施加在车轮中心的载荷可以被传递到地面，就不会造成轮辋边缘的明显变形（Sharp 1896）。梅耶尔的车轮由于张力不足，很快就以失败告终。

梅耶尔的专利插图展示了一个T字形铁轮辋，其辐条位于轮辋腹板上，在靠近辐条头部的位置弯曲90度。辐条的另一端是螺纹状的，通过径向钻孔进入轮毂的法兰盘，并用单独的螺母拧紧。因此，从轮毂末端取下盖子后，可以通过旋转螺母单独调节辐条。（如今，情况正好相反：轮毂处的头部弯曲，轮辋处的辐条螺母弯曲。）由于梅耶尔后来发明的机器都采用橡胶轮胎，直到19世纪80年代，这些车轮使用的都是U形轮辋和直头轮辐（见图3.4）。

巴黎人公司追赶时髦

梅耶尔车轮出名后，巴黎人公司（Compagnie Parisienne，简称C.P.）从梅耶尔手中买了一打轮胎，希望能在C.P.机器上采用他的设计。每制作一对轮胎，C.P.就需要支付一笔佣金。自1869年，梅耶尔的一位负责商业领域的生意合伙人拒绝了这笔交易。于是，C.P.在专利局做了一些研究，发现戈内尔的专利比梅耶尔的专利要早两个月。因此C.P.获得了戈内尔专利的使用权，但是C.P.从未使用过这一专利来制造车轮。1872年，这一专利过期，同时也毁掉了戈内尔。相反，C.P.改善了梅耶尔的专利。根据一份当时的报道，C.P.的领班博克提出了C.P.专利的想法（Steinheil 1892）。辐条的外端通过V形轮辋固定，而里端先穿过螺纹接头，也呈头状。该头部通过将旋转接头拧入轮毂法兰中以保持施加张力（见图3.4），而无须拆除任何零件。

梅耶尔忙于造高轮车，没有就侵犯其专利一事起诉C.P.。但是，1878年，C.P.销声匿迹后，他起诉了两个巴黎的制造商——勒菲弗和普莱。他们伪造了梅耶尔的车轮，梅耶尔首次要求没收他们的产品。由于戈内尔的专利（及其附加专利）已经过期，他的对手坚持认为：张力轮在公开场合早就为人所知。不幸的是，裁判们不懂压缩轮和张力轮的区别，最终要求梅耶尔支付500法郎给其对手，并支付该案件的费用（Reynaud 2011，53）。

英美金属轮

制造商们没有采用的早期金属轮创意有（Clayton 1997）：

> 1866年7月7日，埃德蒙·泰德曼在《英国机械师》刊物上的一则通告，

描述了一项为脚踏车制造一对"蜘蛛轮"的简单计划。

1868年12月21日，E.A.考珀获得的英国第3,886号专利（可能是代表一位法国委托人申请的），"带空心钢、铁或黄铜轮胎的车轮……通过牵引的硬钢丝辐条作用于悬浮原理，连接到车轮中心"。

1869年4月17日，《科学美国人》上的一则通告描述了一种新型脚踏车，其车轮完全由金属制成。

1869年5月13日，维克托·德斯坦斯获得的英国第1,463号专利，用"相应数量的金属……牵引力作用"代替"压力"作用的轮辐。

1869年6月12日，《科学美国人》上的一则通告，描述了一种采用金属轮的改良型自行车，由弗吉尔·普赖斯发明。

伦敦的雷诺兹与梅斯公司提出了一项成功的专利申请，用于改进脚踏车和其他轮式车辆（1869年4月21日英国专利第1,216号，1869年法国专利第85,885号）。直到1872年10月，他们才生产出带有连接车架的金属轮曲柄脚踏车：幻影脚踏车。他们生产的车轮依旧是弯曲的木制轮辋，金属轮胎收缩在上面。这些车轮采用双辐条，连通轮辋上的U形钉，末端被夹在轮毂上。然后，轮毂法兰被迫分离并拉紧辐条。一年内，幻影都是场地上最受欢迎的脚踏车。它的无螺纹辐条虽不会断裂，但是也不能被单独拉紧以调整车轮。这一点再加上幻影脚踏车的铰接车架使得转向成了一种艺术，这赋予了其独特性，但也带来了极其严重的缺点（*The Field*，1872年10月5日）。

威廉·亨利·詹姆斯·格劳特是来自沙德韦尔地区的脚踏车制造者，他申请的轮辐专利颠覆了巴黎人公司的几何结构。在每一个辐条外端都有眼状接头（1870年英国专利第3,152号）。即使在今天，接头仍然是如此放置。只做了轻微的改动，格劳特便将这一方法用于他发明的高轮车上，持续时间长达10年之久。

高轮车在法国的开端

不同于人们的普遍看法，高轮车在普法战争前就已经在法国发展起来。1868年，来自图卢兹的制造商路易·里夫获得了法国第81,635号专利，他发明了一种前轮为35英寸、后轮为16英寸的机器，当时大多数曲柄脚踏车的前后轮直径差距仅为4到8英寸。里夫设计的车轮采用金属辐条，但保留了木制轮辋。拉维耶和施米特设计了一款类似的脚踏车，车座位置很靠后，如前面的图2.11所示。小后轮的一个优势在于抑制转动加速度的惯性力矩较小。在1868年的夏季比赛中，这种脚踏车是赢家之一（Kobayashi 1993，176）。

在卡塔兰举办的一场重要的脚踏车车展上，一位不为人知的男子因其"大自行车"得到《脚踏车插图》1869年11月18日刊载的"喝彩"：

> 亚历山大·穆瓦永先生是好意，我们很乐意对他所展示的大自行车说些积极正面的话，但我们必须看到它的运行才行。穆瓦永先生因一些

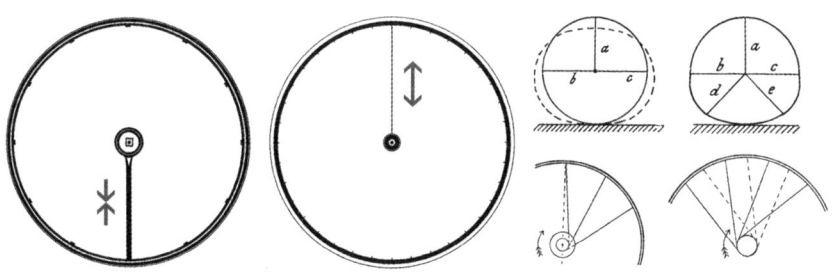

图3.2 马车车轮依赖于压缩力（左）和金属轮的张力（中），但需要安装额外辐条以防轮辋膨胀（右上）。径向辐条传输变形后轮毂的旋转，切向辐条（右下）更好（Sharp 1896）

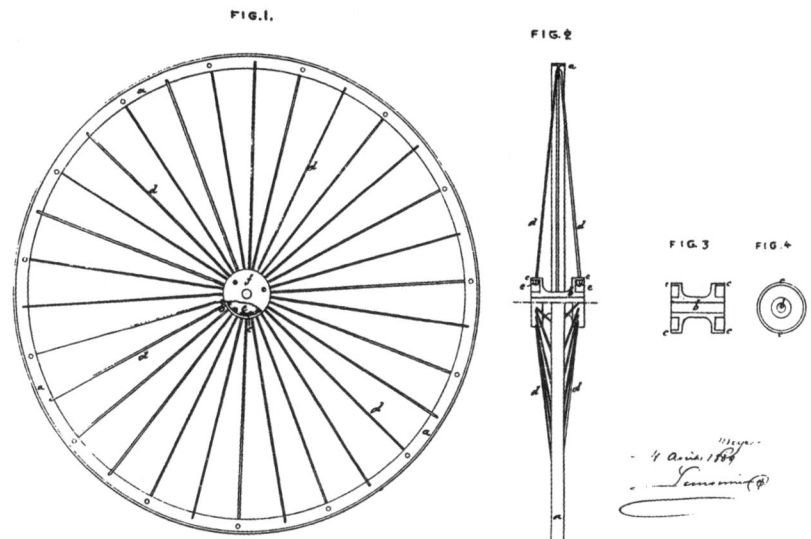

图3.3 1868年，梅耶尔的法国专利图，展示径向轮辐，专利号为86,705

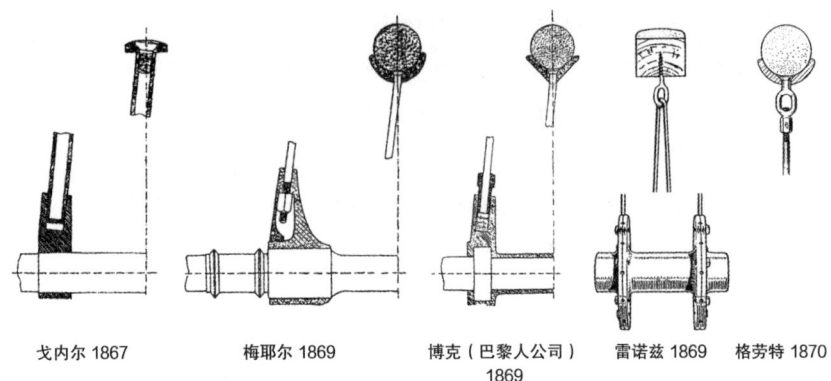

戈内尔 1867　　梅耶尔 1869　　博克（巴黎人公司）　　雷诺兹 1869　　格劳特 1870
　　　　　　　　　　　　　　　　1869

图3.4　金属轮金属辐条的紧固方法（Steinheil 1892；Bartleet 1928）

有趣的发明而出名，他可能会有一些好的想法，但是这一次却错得离谱。我们不禁怀疑，一个人能否骑这辆车达到非高轮车的平衡和速度。

尽管欧仁·梅耶尔没有因任何"大自行车"（高轮车在法国的叫法）被提及，但他设计的精美的低坐自行车却很出名。穆瓦永被认为是高轮车的发明者，可惜没有更多关于他的信息。他的名字很难在专利文献中查到，或许他和许多其他的发明家一样，无法在商业领域生存。鉴于《脚踏车插图》杂志反对脚踏车前轮越变越大的观点，该期刊给出的相关批评也就是理所当然的了。该杂志倾向于在前轮毂上安装齿轮以提高速度。谈到技术，威廉·奥斯勒爵士先生有句名言："在科学界，荣誉应授予说服世界的那个人，而不是第一个提出想法的人。"这就意味着一位发明家还要具备企业家的才能。所以，荣誉应属于欧仁·梅耶尔，而不是里夫或穆瓦永，正是梅耶尔让高轮车变得切实可行并广为人知。

欧仁·梅耶尔通过亲自参加比赛以推广他的自行车。因此，他已经意识到需要更轻便的车轮和车架。例如，他曾参加1869年11月的巴黎-鲁昂赛，排名第10，冠军是詹姆斯·穆尔（Kobayashi 1993，380）。在1869年获得蜘蛛轮专利后，梅耶尔在他制造的所有机器上都采用了轻型金属辐条轮，并且开始采用更小的后轮。遗憾的是，关于他的系列机器的生产手册没有被保留下来。因此，高轮车在他的工厂的演化过程，只能根据《脚踏车插图》杂志的一些小广告以及幸存的机器进行重构（见后文图3.19）。

从标准的第二代脚踏车向高轮车的转变可以追溯到1869年底。冠军赛车手

图3.5 左：1869年左右，里夫的自行车，采用木制车轮（Robert Sterba）。右：1869年左右，梅耶尔的全钢自行车（Keizo Kobayashi）

詹姆斯·穆尔后来只骑梅耶尔独家制造的高轮车。1870年8月，在伍尔弗汉普顿的莫利诺公园举行的自行车冠军赛中，穆尔骑着一辆前轮为43英寸的梅耶尔自行车，与英国最好的老式脚踏车进行比赛。在6周后的第2场比赛中，他的对手也骑了一辆英国高轮车（Clayton 1997）。当时，考文垂机械师有限公司已经仿效了里夫、拉维耶和施米特的高轮车，模仿了考文垂自行车和美式脚踏车，尽管它们仍然采用木制车轮。巴伯龙和默尼耶的专利图（法国专利第86,459号，1870年增补）展示了当时法国的脚踏车时尚。该图展示了一辆座位靠近车把手的钢制高轮车。梅耶尔的工厂在普法战争以及之后巴黎公社的混乱中幸存了下来。他的高端高轮车仍然供不应求。渐渐地，他开始改用较轻的圆形或椭圆形横截面管来做车架骨架。一张未注明日期的宣传卡（图3.6）展示了一辆价格为375法郎（抛光版）或350法郎（油漆版）的高轮车，"脚垫、刹车、胯部保护、钢制轴承在任何情况下都能保证不出问题"。一直到1883年，梅耶尔持续在为他的机器做广告。1891年左右，他退休去了埃松省布吕努瓦，在那里去世，享年63岁。对他的隐退，人们给予了赞扬。下面为一个例子：

> 梅耶尔先生是一位机械工，一个才华横溢的人，他隐退到自己的工厂里。即便是在1869年，他也从未制造过木制脚踏车。他只用金属，在金属脚踏车上，他也有许多改良：车架脊骨不再由尖锐的铁杆形成，而采用圆形铁管；铁丝制成的辐条取代了木杆制作的辐条。他是个能工

巧匠，但他也会忧心忡忡，他担心脚踏车会像裙衬一样只是一时的风尚。他的机器精巧、轻便而又结实，阳光反射在铮亮的铁上，他像一位哲学家一样等待着指示（译自 Baudry 1891，120）。

詹姆斯·斯塔利和切线轮辐

在詹姆斯·穆尔骑着梅耶尔的蜘蛛轮脚踏车在伍尔弗汉普顿获胜后的第 3 天，詹姆斯·斯塔利以及威廉·希尔曼申请了一项专利，内容是"主要用于脚踏车的车轮结构改进，以及此类车的齿轮驱动"（1870 年英国专利第 2,236 号）。尽管诸如此类的齿轮机器没能保存下来，但名为阿里埃尔的没有前齿轮的车轮模型却广为人知。阿里埃尔拥有第一个可商用的悬架车轮，采用切线辐条，被生产了 9 年。最终，斯塔利成了 19 世纪 70 年代最活跃的车轮改良者。

梅耶尔系统和 C.P. 系统的使用年限长达 10 多年。它们的缺点是辐条呈放射状排列，这意味着在驱动车轮时，每一次踩踏，辐条都会弯曲然后展开（见图 3.2）。这种弯曲使辐条很容易断裂。相反，切线辐条则与实际作用力互相平行。

阿里埃尔车轮有两个严重缺陷：首先，辐条不能被单独拉紧，这样轮子就不

图 3.6 梅耶尔的自行车和一张 1872 年的广告卡（Helge Schultz），以及梅耶尔唯一的照片（Gardellin 1941）

能被校准；其次，虽然在骑手向前骑行时辐条能完美耐抗，但当骑手在后踏时，例如下坡时，辐条会受到压缩，车轮可能变得松弛。这种情况令人不安，如果车轮被用错误的方式安装进前叉，拉杆被拖住，车轮甚至可能会崩塌。斯塔利和希尔曼很快就离开了 CMC，并成立了自己的公司。

斯塔利的下一个车轮专利是切线车轮（1874 年英国专利第 3,959 号）。螺纹辐条穿过轮毂法兰插入小钢螺柱的两端，产生了一个在两个方向都是刚性的切线辐条轮，但是轮毂只能容纳一定数量的螺柱。斯塔利的专利还包括两辆采用这种车轮的自行车。

女式阿里埃尔脚踏车允许侧骑的骑行姿势。为此，车座和小后轮被移动到了左边，在前轮平面外，两个踏板都在前轮毂的左侧工作，如图 3.8 所示（这是塞缪尔·韦布·托马斯早些时候提出的，不过他安装了第三个小的"稳定器"车轮）。由于侧面摔倒会十分危险，这一设计变得相当不切实际。另一种设计(应该没有被制造出来)是为两个骑手并排骑在两个车座上而提出的，在前轮毂的两侧各有一对曲柄。

1876 年，詹姆斯·斯塔利、约瑟夫·杰弗里斯以及海恩斯兄弟签署了一项协议，斯塔利同意将专利独家授权给他们，并以每对 5 先令[1]的价格制造切线轮。他们每

图3.7　左：1872年，阿里埃尔脚踏车的专利图。右：一张詹姆斯·斯塔利的照片（国家自行车图书馆）

1　英国旧辅币单位，1英镑=20先令，1先令=12便士，在1971年英国货币改革时被废除。——编者注

制造一辆完整的脚踏车，斯塔利就能得到 10 先令，而他不愿意自己制造自行车。因此，斯塔利提前结束了自己的造车生涯，不过他仍然持续提出了一些新的想法和发明。1880 年，海恩斯、杰弗里斯与拉奇合并后，切线轮自行车被抛弃，但它的前轮却被应用于流行的拉奇考文垂三轮车上。

19 世纪 70 年代，大量的轮辐系统为大型和小型制造商提供了卖点。当时主要的讨论方向集中在：一个给定尺寸的车轮，若要兼顾实用与美观，其最佳辐条数量应该是多少。1878 年，车轮的辐条数量激增。萨里机械师的无敌型号达到了顶峰，它有 300 根辐条。骑手们很快发现，这样的轮子很难清洗，不可能在辐条之间放置轮毂灯，在轮毂灯就位后也难以进行照明。到了 1880 年，大多数制造商都采用了直接将辐条拧入轮毂的方式，以避免轮毂断裂，并使用"辐条数等于英寸数"的方法——例如，一台 54 英寸的机器有 54 根辐条。

在 19 世纪 80 年代，人们在改良和减轻车辆重量方面的投入有所减少。但在 1883 年，带状钢琴线辐条有过短暂的流行。最终的版本出现在 1885 年的斯坦利展览上，它是由圣乔治工程有限公司制造的新型快速真切线轮（1885 年，C.A. 帕尔默的英国专利第 15,451 号）。头部辐条固定在轻质轮毂法兰上，横跨 90 度，

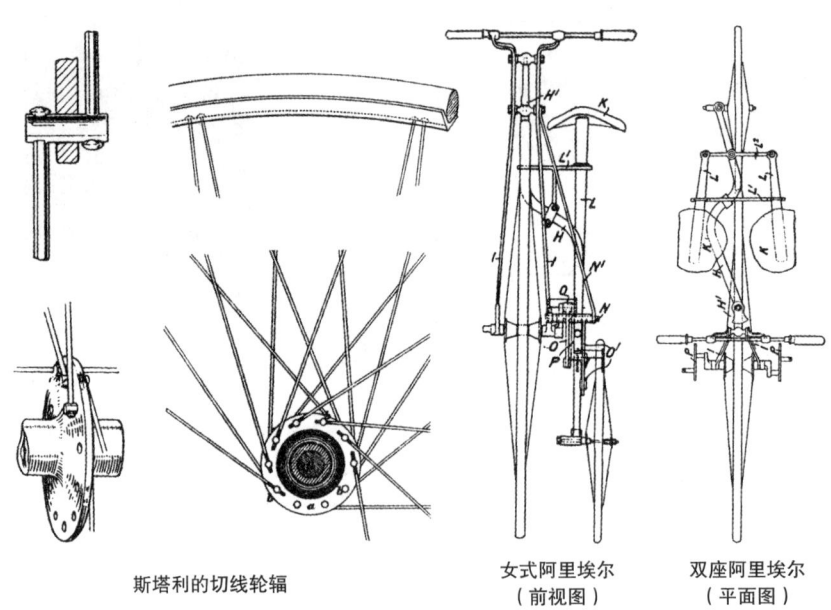

斯塔利的切线轮辐　　　　女式阿里埃尔　　双座阿里埃尔
　　　　　　　　　　　　（前视图）　　　　（平面图）

图3.8　斯塔利的第2项辐条轮专利以及为非赛车手设计的自行车（专利图纸复制于Bartleet 1928）

有 5 个交叉口，接到轮辋上的辐条螺母上。（辛格和其他人生产了复制品；亨伯坚决拒绝走切线轮路径。）但这些影响都很小。在 1885 年的同一场展览上，约翰·肯普·斯塔利推出了首辆罗弗安全自行车，不再采用大型辐条式车轮。

高轮车

大型前轮出现后，英国的自行车发展从暂时的低迷中恢复过来，并在接下来的 30 年里实现了稳步增长。只有不到 10% 的脚踏车制造商仍在从事自行车交易，而当时的自行车行业需要的是机械师或枪匠的技能，而不是马车制造商或铁匠的。公司变得更加专业化。许多新工厂的老板自己就是骑手，所以从测试原型车到投产的过程可能很短。

"普通自行车"一词是在早期高轮自行车时代时使用的，以区别其他类型的自行车。然而到了 1891 年，人们用一种怀旧的方式使用"普通"这个词，就像"伟大的老普通"一样。在英国，流行的昵称是"便士法新"，源自两种大小相对的英国硬币。

自行车俱乐部开始出现，先是伦敦，然后是各大学和各省。到 1875 年，这场运动达到顶峰。1876 年，出现了《自行车新闻》《自行车杂志》和重新发行的《自行车》，使得订阅者可以就自行车的问题交换意见，并了解各种产品的优点和缺点。19 世纪 70 年代的后期，高轮车被改进成一种美观、轻便、实用的休闲工具。

1871 年的自行车在 1874 年被彻底改造，到了 1878 年又再次被改造。可以说，到 1880 年，高轮车已经很完善了。亨利·斯特米在《1879 年不可或缺的自行车手手册》的进步导言中写道："上一季，人们几乎会认为自行车是一件完美的作品，它是如此强劲、迅速、好看和栩栩如生，而且在未来的许多年里也不会有什么变化。"

1883 年，哈里·格里芬在他的《年度自行车》一书中推测："自行车的结构已经十分完美，几乎没有进一步改进的空间。"19 世纪 70 年代，有数百项专利申请被提交。其中有一些具有开创性的设计、技术和原理，在接下来的几年内成为自行车和汽车行业的标准。其中包括：滚柱轴承（1871，约翰·基恩）、管状车架（1872）、空心叉（1874，朱尔斯·特吕福）、可拆卸曲柄（1876，约翰·肯普·斯塔利）、捕鼠器式踏板（1876，约翰·基恩）、可调滚珠轴承（1877，丹尼尔·拉奇与威廉·鲍恩）、空心轮辋（1878，考文垂机械师公司）、可拆卸把手（1878），以及赛车把手（1879）。

图3.9　1879年，一辆贝利斯与托马斯的55英寸的复式精益自行车（艾伦·奥斯巴尔）

1880年的自行车确实是公路之王，那些年轻健康且有钱购买一辆的人可谓非常幸运。骑高轮车的运动比骑后来的安全自行车更令人兴奋。一位作家这样描述：

> 骑手的位置可以保持很好的平衡，感觉几乎是在一个轮子上骑。类似独轮车的时尚，被推动的车轮不会阻挡视野。自由、起伏、滚动的运动，使骑行拥有自己独特的魅力。那些享受过这些经历的人，认为这是他们生命中最美好的时刻。（Porter 1898）

滑行会带来一种独特的快乐。可行的滑行方法是把腿挂在车把上，但是底部的路面一定要清晰可见。这种做法并不像看上去那么危险，除非出现机械故障或意外事故，比如轮胎脱离轮辋。在不幸的情况下，骑手是被推离了自行车，而不是离心式地撞到路面上。

骑手们并非没有意识到速度是以危险的代价换来的。10年来，人们一直在谈论"安全自行车"。但骑行的危险也给这项运动增添了趣味与活力，自行车刊物出版商也乐意收到并刊印那些骑车摔倒又幸运的自行车爱好者的来信。

"俯摔""栽跟头"或"摔倒"问题，被行家们称为"车把上的坠落"，与令人满意的刹车系统的开发密切关联。有关这方面的更多信息，请参见专栏3.1和第8章。

防栽跟头的方法

当一些发明家忙于发明新的刹车时，另一些发明家试图克服过度使用现有刹车所造成的后果。有许多防栽装置被申请了专利。

当危险袭来时，有一些装置试图迅速改变骑手的处境。翻越前轮的骑手可能会被车把困住，身体被缠住。潜在的受害者认为，如果车把不在那里，或者当车轮被障碍物挡住时，轮叉不会超过车轮，那么结果就没有那么可怕了。这些人就像那些思考永动机（永动机是当时流行的一个概念）的人一样，有人甚至推测，如果一个骑手快要但没有从车把上跌倒，这将会增加向前的推进力。

1879年，几款能在下坡之前快速将车座向后移动几英尺的装置获得了专利（Sturmey 1879）。但因为这种装置会增加车辆重量和复杂性，而且很难快速上手，所以没有被广泛采用。

作为调节车座位置方式的另一种思路，有一些装置是通过调整前叉偏移量，要么通过铰链后轮叉，使后轮向上或者向后移动，要么在方向盘下方安装一个离心器，以增大前叉偏移量。事实证明，这两种方法都很难在运动中良好运行。查尔斯·安托万·福尼尔的英国专利（1876年第2,720号）是此类设备的第一项专利。

制造可拆卸车把或后置车把的目的不是为了防止栽倒，而是为了提高栽倒后的幸存能力。剑桥大学自行车俱乐部成员J.S.沃顿（飞翔的剑桥学生）设计了一些从骑手大腿下方或四周穿过的把手。安装有这种把手的自行车，骑手只能在车静止时骑上车。虽然后来一些三轮车安装了沃顿车把，但是这种想法并没有流行起来。C.W.弗朗西斯（1882年英国专利第141号）、R.C.汤普森以及W.斯彭斯（1883年英国专利第5,199号）设计了类似的装置并获得专利。另一位乐观的专利申请人R.J.约翰逊（1881年英国专利第3,272号）建议："为了防止栽跟头，转向手柄固定在转向叉上，同时可拆卸，这样当骑手感觉自己要被甩出座位时，就可以将把手拆下向前跳到地面上。"

1886年富特的防摔装置（1886年英国专利第843号）以及1887年费希尔的防摔装置（Sturmey 1887）来得太晚了。前者的方法是一旦轮叉要超过车轮，就会在前轮和轮叉之间塞一个滚轮，后者是在轮毂上安装棘轮棘爪。（这项专利还没有被查询到，但是 1885 年 J.W. 斯摩曼的第 3,596 号专利包含了类似的想法。）一位验证者骑着一辆装有所谓防摔装置的自行车安全地在 8 英寸的路缘上骑上骑下，这给《自行车新闻》的代理人留下了深刻的印象（重印版见 The Boneshaker 1959 年第 15 期）。但是，有人怀疑这种装置对于在山区驾驶失控的自行车而言没有什么用。

在 1886 年的斯坦利展览上，一位名为 J. 迪尔洛夫的伦敦制造商推出了一款"合理"自行车。它的设计理念是在不牺牲速度的情况下增加舒适性和安全性。跟标准高轮车相比，它有更厚的橡胶轮胎，更大的后轮，更窄的胎面以及更多的偏移量。两年后，大多数制造商的产品目录中都有了"合理"型号。

在一个技术和时尚瞬息万变的激烈市场中，荒诞的想法是不可避免的。但是，对于轮辐系统、轴承和管材的新想法却带来了持久的进步。

在 1889 年以前，钢管是一种昂贵的商品。自 1825 年起，英国就开始生产火焊钢管，从 1854 年起开始从空心块中冷拔钢管，主要应用于煤气管道或水管。在 19 世纪 90 年代中期的自行车繁荣时期，冷拔管的制造就像制造滚珠轴承一样成为一个巨大的产业，其成功主要归功于自行车工业的需求。（更多信息请参阅第 5 章。）

滚珠轴承

1817 年的德莱斯机主要是在车轮上使用普通黄铜衬套，然而在托马斯·斯蒂芬斯·戴维斯 1837 年的"关于脚踏车"演讲中，他回忆说："木制轮的轴在盒子里转动会产生摩擦力，很大程度上阻碍了运动，虽然有时能通过采用摩擦辊减少这种危害。"

图 3.10　使用脚垫骑上高轮车（国家自行车图书馆[1]）。左：运转中的防戴装置（Der Radfahrer，1887 年 10 月 1 日）

1　指位于兰德林多韦尔斯的自行车图书馆。——编者注

由于驱动前轮也需要侧向约束，因此曲柄式脚踏车存在一个新的问题。法兰青铜外壳轴承一般用于前轮，采用锥形销固定在前叉的末端，可以调节磨损。这些技术被用于早期的高轮车上，但车轮越大侧扭矩就越大，要求更自由的运行和更牢固的约束。

1869年，詹姆斯·穆尔骑一辆带特制滚珠轴承的自行车赢得了巴黎-鲁昂公路自行车赛（Duncan 1928）的冠军。在英国的高轮车中，滚柱轴承比滚珠轴承更受欢迎。到1878年，人们开始使用许多种设计，包括各种各样的圆锥轴承。在那一年，丹尼尔·拉奇和约瑟夫·亨利·休斯获得了英国的单列球轴承专利，这种专利易于调节磨损（拉奇获得第526号专利，修斯获得第4,709号专利）。后来，当拉奇的专利被出售时，就产生了法律上的争议。最近，密封轴承被投入使用，在这之前，带螺纹的锥形的单列滚珠原则仍然是车辆轴承的基础。自行车工业孕育了一个巨大的新兴产业：钢珠制造业，这得益于制造工艺的进步。起初，这种钢珠是在自动车床上单独打磨的，但在19世纪80年代中期，西蒙兹滚压机使人们能够以每天约18,000件的速度生产精密的钢珠（Kanigel 1997）。西蒙兹滚压机（美国制造，美国专利第466,444号）很快进驻英国和欧洲大陆的轴承工厂。

高轮车设计的一个关键元素是车架脊骨顶部的前端，前叉被安装在枢轴上。这一未获得专利的斯坦利前端（以斯坦利普通命名，由谢菲尔德的海兹与威格富尔生产）被到处仿制。车架脊骨末端是一个垂直的外壳，里面有一个主轴，主轴的锥形顶点在锥形轴承中转动，其上部由螺钉固定起来。这类枢轴必须经常涂油，以免在震荡后凝固。当大量生产的轴承滚珠可用时，圆锥主轴尖端被放置在两个滚珠环中，这种设计被称为雷金特滚珠轴承头（见图3.11）。不久之后，又出现了更多的有特定变体的滚珠轴承。

踏板

上高轮车时需要用一个小踏板。标准程序是将一只脚放在踏板上，跳几下，站起来，跨到座位上。1868年底，詹姆斯·斯塔利仿制的巴黎人公司脚踏车没有小踏板，整个1869年，脚踏车依然没有踏板。在1869年末或1870年初，可能是为了克服自己在上车时遇到的困难（Street 2000），斯塔利设计了他的考文垂模型，装有一个C形弹簧和一个外加的上车踏板。这个设计是由CMC公司的巴黎代理商罗利·蒂尔内于1869年在法国获得专利的（*Cycling*，1915年7月22日）。

也有其他人被认为是踏板的发明者，但是斯塔利在早期就被认为是该专利的发明者。CMC是当时英国最著名的自行车制造商。从1870年初开始，大多数

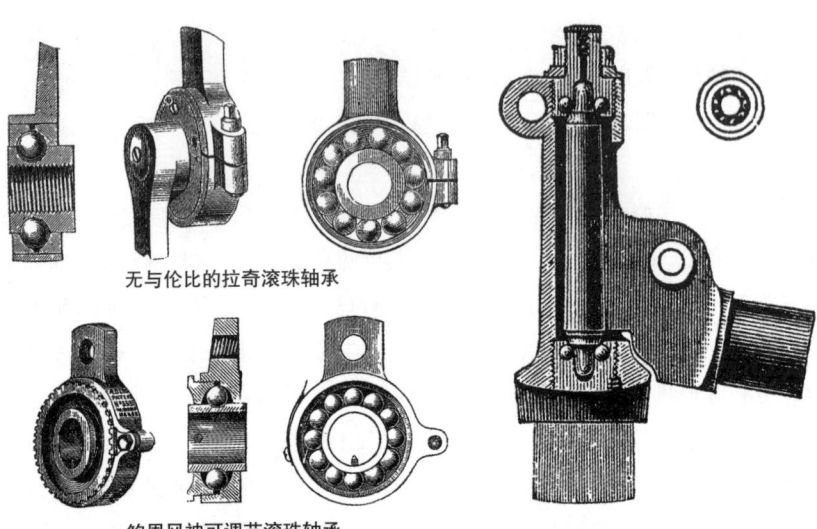

无与伦比的拉奇滚珠轴承

鲍恩风神可调节滚珠轴承

图3.11 左:两个领先的前轮轴承(Sturmey 1885)。右:雷金特滚珠轴承头(Griffin 1886)

自行车都安装了踏板,直到19世纪末飞轮成为标准之前,踏板仍然是对普通自行车和安全自行车的要求。在后来的样式中,踏板变成了一个轮轴外延物,通常在后轮的一侧,但有时在前轮上。在20世纪的最后25年,小轮车(Bicycle Motocross,简称BMX)特技车手采用轴延伸踏板后,轮轴外延踏板再次出现,这时的踏板有时是在两个轮子的两侧。

在高轮车的年代里,有蘑菇状踏板、锯齿状的踏板、橡胶踏板、安全踏板、骨架踏板,以及许多获得专利的可调节踏板。到了1887年,亨利·斯特米把锯齿状的踏板看作是"最普遍的"踏板。不过,他也描述了其他8种风格的踏板(Sturmey 1887)。

海外的高轮车

在美国,法律规定禁止在人行道上(当时,人行道是唯一适合骑行脚踏车的场所)骑曲柄脚踏车,以至于在1870年后所有厂商都停止了脚踏车的生产。1876年,在费城世界博览会上,高轮车被引入美国。考文垂的海恩斯和杰弗里斯公司制造的5辆阿里埃尔车被巴尔的摩的一家公司引进并展出。有一位特别感兴趣的观察者,波士顿的科洛内尔·艾伯特·波普,他是鞋扣和空气手枪的制造商。他决定要为精英阶层引进新的玩具,他先学会骑车,然后去英国找一个可以作为原型使用的模型。他选择了复式精益自行车,由考文垂的贝利斯托马斯公司生产,该公司是继考文垂机械师公司、辛格公司和海恩斯与杰弗里斯公司后,英国第4大制造商。随后,波普让哈特福德的威德缝纫机械公司仿照该模型制造高轮车。制造的过程比预想的要困难得多。复式精益自行车的前叉偏移量可以调整,轮叉可以完全直立,甚至可以在爬坡时向前倾,下坡时向后倾。制造头部需要5个锻模,其中最大最精细的一个制作成本超过500美元。在第11次冲程中,钢模断裂,不得不重新制造(Epperson 2010,31)。在接下来的10年里,波普买下了威德缝纫机械公司,并将哈特福德变成了他的哥伦比亚品牌的制造中心,新设工厂以生产管子和轮胎。之后哥伦比亚高轮车简化了头部。在一场针对拉勒芒专利的专利战之后,波普获得了这项专利和其他许多专利,他试图垄断美国自行车市场,竞争对手每生产一辆普通自行车就要向波普支付10美元的许可费。

波普提出了一些对当今汽车购买者来说很熟悉的营销创新。他建立了一个全国性的代理网络,以固定的零售价格出售他的自行车。他为全国制定了标准的运价,为消费者提供售后保障,并建立了广泛的销售队伍。

此外,波普还将他的营销天赋应用于自行车上。他创立了"美国骑手联盟",该组织游说华盛顿和各州首府改善道路状况,但却遭到了纳税农民的反对,这些农民认为这对他们没有任何好处。道路改善运动的小册子被印刷出来发给了政治家。波普创办了一本杂志《骑行画刊》,后来和他的另一本杂志《外出旅行》合并了。波普花了一大笔钱在道路改善运动上,并与反自行车法令进行抗争。他捐赠了6,000美元,鼓励麻省理工学院建立一个公路工程系,这是美国第一个完整的公路工程系。强调在公共道路上骑行,使美国骑手联盟远离了比赛。密歇根州法律部门的首席领事表示:"骑手联盟的自行车比赛,还不如家禽协会上演的斗鸡比赛或奶业协会的斗牛比赛有意义。"(Epperson 2010,93)

在拉勒芒的专利到期后,美国有7家公司生产高轮车,但是只有一家公司顺应了人们对更安全自行车的需求,这就是新泽西H.R.史密斯制造公司。

它制造了"美国之星"自行车,该车看起来就像是向后倒退的高轮车。骑手们注意到,它在下坡滑行时很有优势,但上坡时必须小心,因为它往往会后倾,如果踩得太用力,前轮就会从地面上抬起来(Kron 1887,370)。直到19世纪90年代,德累斯顿德国埃尔斯特星自行车有限公司在授权下才开始生产这种美国之星自行车。

海因里希·克莱尔是一名机械师的儿子,曾在达姆施塔特理工学院学习工程学,他的职业生涯与波普类似。他在波士顿发现了高轮车后,便开始在法兰克福

图3.12 托马斯·史蒂文斯在1884—1886年环绕地球所骑的50英寸专家哥伦比亚车（制造商目录）

以"阿德勒"（德语意为"鹰"）的品牌来生产它们。他在法兰克福创立了一家自行车俱乐部，还在那里建造了一个赛车场并举行比赛，他也参加了一些其他赛道的比赛，以促进这项新的运动。后来，他的大型阿德勒尔公司也生产打字机、摩托车和汽车（直到1958年，该公司一直在生产自行车）。德国26家高轮车制造商中，最早的一家是迪塞尔和普罗尔公司，随后的两大公司是欧宝公司和NSU（名称起源于所在城市内卡苏尔姆）公司（Seyfert 1912）。

在法国，阿道夫·克莱门特的机器种类繁多，包括一些从英国进口的机器。来自瓦朗蒂涅的莱斯·菲斯·德珀若·弗雷尔曾为衬裙和其他商品生产过钢箍，1885年，他决定开始制造高轮车（Reynaud 2011，156）。欧洲大陆的高轮车、三轮车与英国的十分相似，因为在欧洲大陆，从英国订购自行车零件既方便又实惠。

高轮三轮车

人们认为高轮车是不安全的，因为上车和下车的难度很大，特别是在城市交通中，而且骑高轮车的人容易被甩过车把。解决这些问题主要有两种方式：一种是建造"合理普通自行车"，这种自行车的座位较低，而且离前轮车轴的距离更远；另一种方法是添加第三个轮子。

从骑自行车早期开始，大多数人都害怕用两个轮子保持平衡，人们认为三个轮子稳定性更好。从 1817 年开始，三轮车和自行车就一直共生发展。1870 年，以及 1880 年左右，骑行媒体认为未来的交通工具可能是三轮车，而不是自行车。

1860 年以前，四轮车比三轮车更受欢迎（见第 1 章），但这两种设计都有一个共同的缺陷：两个驱动轮在同一个轮轴上，导致车轮在转弯时或在粗糙路面上行驶时会刮擦轮胎。一种解决方案是让其中一个轮子在轴上自由转动，通过另一个轮子驱动，不过这减少了牵引力，并且会使转向系统产生跳动。还有一些制造商（例如索耶）宁愿把两个轮子固定住，让金属轮胎在松散的路面上滑动。

1870 年，三轮车成为焦点，从巴黎到圣日耳曼的比赛只能使用三轮车和四轮车。一位名叫威廉·杰克逊的参赛者因其三轮车受到赞誉，他是一个居住在巴黎的英国人，他的三轮车被誉为"在阳光下像钢铁宝石一样闪闪发光"，"每个人都羡慕它的简单、优雅的改进"（*Le Vélocipède Illustré*，1870 年 7 月 7 日）。当时有一台名为杰克逊的机器，在那个时代可谓非常先进，它被收藏于奈梅亨的维罗拉玛。这款轻便的三轮车，配备了梅耶尔金属轮，看起来并不逊色于 12 年后威廉·托马斯·伊兹在伯明翰推出的皇家三轮车（Clayton 1999）。唯一的区别是，皇家三轮车是双棘轮驱动，而杰克逊自行车是单轮驱动。

1870 年 8 月之后，由于普法战争，法国的自行车生产被迫中断，三轮车和自行车之间的平衡被打破。三轮车热在《脚踏车插图》杂志的文章中表现得很明显，但当交易中心转移到考文垂时，这股热度却未能跨越英吉利海峡。在英国，制造商只生产了少量的三轮车，都是木制的轮子。带钢辐条和管状车架的三轮车在不列颠群岛起步较晚，1876 年出现了前转向的都柏林三轮车和侧转向的考文垂三轮车。都柏林三轮车只比考文垂三轮车早 14 天申请专利。

前转向后驱动机器

当两个前轮同时转向时，内轮的行驶距离比外轮短，半径更小。因此，理想情况下，内轮必须急转弯。查尔斯的祖父伊拉斯谟·达尔文在 18 世纪 60 年代发现了这个问题，并找到了解决方案。慕尼黑的马车制造商格奥尔格·兰肯斯佩格的转向轴（1816年巴伐利亚的一项特殊权利）也可以有效地解决这一问题。伦敦的鲁道夫·阿克曼曾是一位德国的车座制造商，后来成了马车设计师，他与兰肯斯佩格（1818年英国专利第1,412号）一起获得了一项专利，规定穿过每个前轮轴的理论线应该与内后轮的中心相交（Lankensperger 1818）。然而，"阿克曼转向"并没有被铁轮马车（Eckermann 1998）、早期的铁轮四轮车或三轮车普遍采用。一辆三轮车，安装一个前转向轮，在驱动轴上安装松散的车轮，是一个合理的妥协方式。

威廉·宾登·布拉德是爱尔兰戈尔韦皇后学院工程系的一名教授，也是一位脚踏车骑行者。他设计了装有中央后驱动轮的都柏林三轮车。该车的转向通过将前轮安置在前叉内达到了阿克曼角，而不是通过转向轴实现（1876年英国专利第4,250号）。这个系统与阿克曼1818年的专利不一样，但遵循了同样的原始思路。亨利·斯特米详细地描述了它：

> 原理非常简单，由从每个前叉向后直伸约12英寸到18英寸的杆组成，然后再由第三根两端弯曲的杆连接起来。这些杆与两个车轮的轮叉连接。当一个杆子通过齿条齿轮或直接通过手柄转动时，另一个也会转动。不仅如此，每一个连杆的角度也是一样，这样就能根据它们在转动时是在内还是在外，描述两个不同大小的圆弧，从而避免跳跃、刮擦或轮胎撕裂（Sturmey 1881）。

现在，阿克曼转向首次成了一些三轮车的标准特征。在1888年，林利和比格斯公司使用转向轴将阿克曼转向应用于惠比特双转向车上。奥林匹亚，一辆双转向双座三轮车，由马里奥特和库珀公司制造，据说是现代三轮车中最成功的一种。它也具备配有转向轴的阿克曼转向特性（Sharp 1896）。在美国，波普制造公司生产了一种单座式带转向轴阿克曼转向的惊喜哥伦比亚三轮车，并允许骑手在骑行时将轮距从34英寸减少到30英寸，显然是为了更方便通过较窄的通道。英国制造了各种不同类型的"压缩"三轮车，其目的是使机器能够通过标准的门道（Hadland and Pinkerton 1996, 3—7）。另一个转向轴的应用是1889年获得专利的拉奇四轮车。他们的说法是："人们必须通过两条轨道而不是三条轨道来克服滚动阻力。"拉奇设计的三人同骑的四轮车也是在这一思路下制造的，创下了每小时26英里的纪录。因此，在被汽车制造商广泛采用之前，阿克曼转向就已经在被使用并广为人知了。

图3.13 左上：兰肯斯佩格的转向轴和阿克曼的专利图（Eckermann 1998）。右上：1876年，布拉德的都柏林三轮车（科学博物馆知识共享）。左下：1889年，波普的惊喜哥伦比亚三轮车（制造商目录）。右下：1889年的拉奇四轮车（制造商目录）

侧转向及后转向机器

如前所述，考文垂是英国自行车工业的中心，詹姆斯·斯塔利在这里生产了最成功的三轮车系列。他的突破性设计——1876年的杠杆驱动考文垂自行车（后来被称为考文垂杠杆三轮车），以他的儿子詹姆斯和侄子约翰·肯普·斯塔利（1876年英国专利第4,478号）的名字申请了专利。据报道，这种三轮车是衍生于阿里埃尔脚踏车。它原来的舵柄转向很快就变成了一个单铁铲式手柄，它可以通过齿条和齿轮转动两个小轮子。

在1879年末或1880年初推出的链条驱动版本被称为考文垂旋转三轮车。斯塔利三轮车最初是由斯塔利兄弟公司销售，后来由坦根特和考文垂三轮车公司销售，该公司于1880年被拉奇收购（Roberts 1991，41）。

斯塔利的"考文垂杠杆"和"旋转三轮车"借鉴了普通自行车上的一些技术特征，包括金属辐条和中空管。考文垂杠杆或考文垂旋转三轮车，在左侧有一个大轮子，在骑手的座位右边有一对较小的转向轮，一个在前一个在后。1877年，斯塔利制作了一个双座的版本，骑手们可以并排坐在一起，第二大的车轮在右边骑手的右侧。这种四轮的二人车被市场称为"萨尔沃四轮车"。它的特殊意义在于，以平衡、双驱动或差动齿轮著称，这能够使两个驱动轮在转弯时可由单一动力驱动。之前的尝试要么是每个车手驱动自己的车轮（这需要几乎无法达到的协调性），要么是驾驶一个单轮（这导致了牵引力变差，在左右转弯时需要不同的操控方式，并且容易被拉到一侧）。

差动齿轮的概念并不新鲜。几个世纪以前，在中国有一种军用战车，它的指向器总是指向同一个方向，这在尘土飞扬的战斗场景或不容易看到地标的情况下可能十分有用。其核心是一种差异机制。以前的麦卡诺模型的爱好者们可能记得"法老的战车"也是基于同一个原理建造的。第一个为差动齿轮申请专利的人可能是昂西波尔·佩克尔（1828年法国专利第6,840号）。一个叫理查德·罗伯茨的英国人也很快申请了专利。

差动齿轮可以采用各种形式，这里解释了一个简单的差动齿轮是如何运作的：两个驱动轮分别在不同的驱动轴上，在差动齿轮套管里相接。在该套管内，每个轮轴的内侧末端有一个锥齿轮，我们称其为左旋斜面和右旋斜面。两个斜面中的每一个都以90度角与一个驱动斜面相啮合，锥齿轮固定在一个旋转框架内，或与差动套管整合，由动力源（例如链条）驱动。当车辆直线行驶时，在驱动框架内的伞齿轮将两边的伞齿轮均匀地拉动。如果车辆右转，右边的驱动轮由于处于旋转圈的内侧而处于减速状态，而左侧的驱动轮则因为在旋转圈的外侧而加速。驱动斜面自动允许旋转和扭矩按比例分配，根据锐度转弯。如果一个轮子是静止的，而车辆"原地转向"，则该车轮的斜面也将是静止的。驱动斜面与之相反，将自动分配所有的旋转和转矩到另一个车轮。（为了平稳运行，习惯上使用多个驱动斜面。）

在一些两轮驱动的三轮车上使用的系统更简单，两个驱动轮装有飞轮，安装在同一个驱动轴上。这使得当三轮车向前直行时可以同时驱动两个轮子。在转弯时，没有驱动力传递给在转弯内侧的车轮，因为它的旋转速度比驱动轴慢。这种系统的效果没有使用差速器的效果好，因为转弯时只有一个轮子在转动，但比单轮驱动要好，当驱动轮在转弯的内侧时，单轮驱动的性能很差。

詹姆斯·斯塔利似乎是从零开始发展出了自己的"平衡装置"（1877年英国专利第3,388号）。它的重要性体现在后来几乎所有汽车和卡车都普遍使用了差速器。斯塔利继续生产一系列技术先进的萨尔沃三轮车，装有前转向、链传动和"平衡装置"。

到19世纪80年代末，安全自行车的出现让那些胆小的人们开始重新骑上双轮车。大约 80% 的三轮车都是直接转向式的，这种设计是由未获得专利的亨伯克里普车首创的（图 3.14）。亨伯克里普，该车名取自于罗伯特·克里普斯这位车手的名字，他使用这种设计的机器赢得了很多比赛。早期三轮车是齿轮齿条式转向，而克里普车有一个倾斜的转向头，在前叉和后弯的把手之间有一个连接。1887 年后，三个轮子的直径都在 28 到 30 英寸之间。这种设计上的相似性使得经销商可以保持更少的车辆库存，不过在那时整个三轮车市场都在萎缩，经销商们不得不储备越来越多的安全自行车。

图3.14　上：1884年的亨伯克里普三轮车（R.约翰·韦）。下：1877年的考文垂杠杆三轮车（艾伦·奥斯巴尔）

奥托自行车和韦尔奇双轮车

在那些只有两条车轨的脚踏车中,例如考文垂三轮车,出现了一种两轮并排的设计。早在 1819 年,出现了一个新想法,即由两侧车轮支撑一个奔跑的人,而不是直线排列的车轮。例如来自布里斯托尔的豪厄尔的行人战车和西维尔的专利行人马车就是证明(Street 2011)。这一想法在 1869 年再次浮出水面,例如 J.J. 怀特的美国专利第 88,930 号。1879 年,汽油机名人尼古劳斯·奥托的兄弟(Boys 1884)爱德华·卡尔·弗里德里希·奥托,再次使它复活(英国专利第 1,274 号)。

在奥托的设计中,曲轴通过两个意大利橡胶麻绳带(后来被钢带取代)独立驱动两个轮子。转向是由铲形手柄压缩弹簧张紧器,从而使皮带松弛,使与该皮带相连的轮子减速。如果需要,在 5 英尺的范围内,通过铲形手柄中的手指握杆制动车轮,就会使机器转动得更灵活。人们必须学会平衡而不倾倒的艺术。小车轮尾部刹车预防了向后倾斜,而通过加速或采取最后的措施,即把脚放下能够防止向前倾倒。奥托在会议室的桌子上展示了一台车子,并说服伯明翰轻武器(Birmingham Small Arms,简称 BSA)公司为他生产车辆,BSA 公司制造了 953 台最高品质的车辆。

在 1886 年,考文垂机械师公司向金斯顿俱乐部提供了并轮自行车,这是由金斯顿·韦尔奇设计的一种链式驱动的竞争性产品(并轮自行车的两个轮子在同一个轴上,而不是一前一后)。因为它侵犯了奥托的专利,所以被撤销了。奥托把他的机器换成了中央链式传动系统,用一个差速器来处理转向。之后,它被称为奥托并轮自行车,面临着来自新型安全自行车的竞争,因为安全自行车的价格只有原来的一半。奥托安全自行车公司不久就倒闭了。1887 年的斯坦利展览见证了这种并轮自行车最后的亮相,该车配备有波状辐条和通过奥托的专利工艺连接的轮胎。该专利工艺在很大程度上被行业广泛采纳,包括辛格,他将其应用到所有的机器上(Sturmey 1887)。

查尔斯·弗农·博伊斯在皇家学会的一次演讲中,把女款奥托车放在了显要位置(Boys 1884)。一份时尚杂志曾提道:

> 女款奥托——除了使用 50 英寸的车轮以外,在所有的技术细节上与男款车都是一样的,但整体更加轻便,还提供了护衣装置等。奥托是女士自行车完美的典型,安全、方便、敏捷,我本想用快速这个词,但是这个词可能会被误解。对于女性来说,骑奥托自行车是一项令人愉快的运动,比原本就庄重的三轮车还要低调,相比走路露出更少的靴顶。
>
> (*The Bazaar*,1882 年 2 月 15 日)

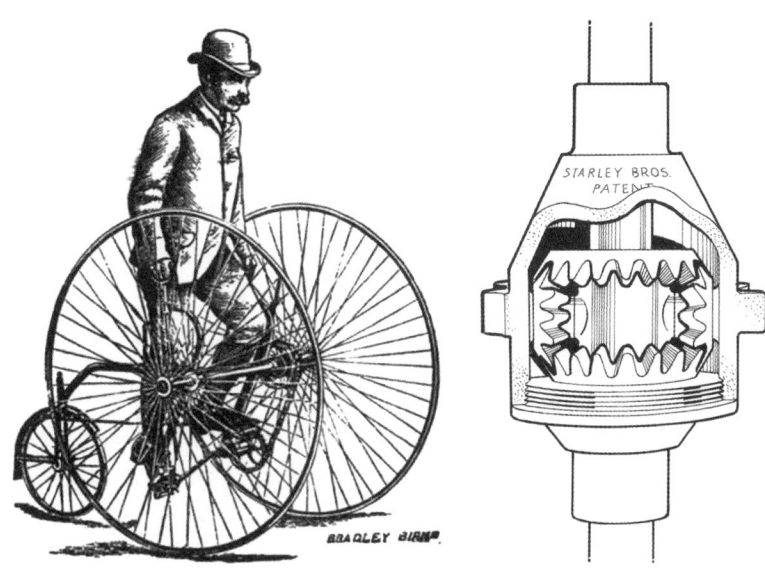

图3.15 左：1884年的斯塔利与萨顿·罗弗三轮车（国家自行车图书馆）。右：斯塔利的差速器或"平衡装置"（R.约翰·韦）

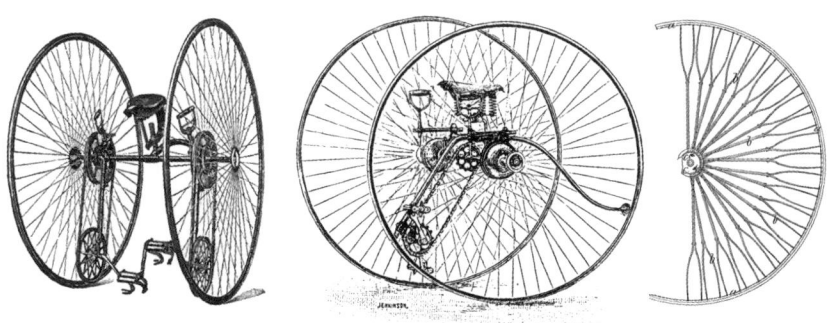

图3.16 左和中：1879年和1886年的双车轨自行车。右：奥托安全自行车公司的轮辐专利（宣传册和专利图纸）

三轮车拓扑

1880年10月，从自行车联盟脱离出来的三轮车联盟成立。《三轮车骑手》杂志于1882年发行。随着普通自行车的发展接近尾声，三轮车随着季节的变化而飞速发展。又一次，人们认为三轮车可能成为未来的个人交通工具。在1883年的斯坦利展上，三轮车的数量超过了自行车。骑行作家哈里·休伊特·格里芬（Griffin 1884）评论道："三轮车的构造有了巨大的进步，对它们的需求也大大增加。无论是在制造还是普及方面，三轮车都让自行车相形见绌。"

阿奇博尔德·夏普是一名专利律师，同时也是一名工程设计讲师。他后来出版了一份分类表，以描述各种各样的机器种类（见图3.20）。他区分了前转向、侧转向和后转向，以及前驱动和后驱动机器，并为侧驱动的考文垂自行车增加了一个类别。此外，他还区分了齿轮传动和无齿轮传动的机器，即链条驱动的机器和直接踩踏板或用杠杆推动的机器。"单驱动"和"双驱动"指的是驱动轮的数量。

萨尔沃是第一辆装备链式传动的三轮车。此后，三轮车不再需要大轮子，可以非常简单地装备起来（Starley 1898）。

M.道布尔迪和托马斯·亨伯发明了一种由两个前轮驱动操控的三轮车，并获得了专利，骑手坐在后车架脊骨上，就像坐在一辆高轮车上一样（1878年英国专利第3,126号）。虽然骑亨伯自行车很容易摔跟头（骑高轮车也是），但事实证明它速度很快，成了赛车手的最爱。在19世纪90年代，带有3个28英寸轮子的克里普配置成为所有安全车制造厂商的标准三轮车配置，并由迪翁伯爵将其机械化，制造成微型车。巧妙的折叠式转向柱使前骑手更容易接触到座位，尤其是对女性而言；其他类型则由放在骑手旁边的铲柄控制。

早期三轮车的大部分都是单驱动后转向式，其中一个大轮子松散地装在驱动轴上。它们很快就被改进，使用前轮驱动，通过使用滚轴和凸轮的离合器（后来飞轮的预兆）使轮子可以超速运转。沃金厄姆的T.巴特勒发明了奥姆尼三轮车（1879年英国专利第1,909号）（后来由辛格制造），能以三种速度爬坡。它的驱动杆装有皮带，皮带穿过固定在车轴上的节段，通过棘轮作用进行工作。这些节段的金属顶部可以被改变成三个不同的圆弧，弧度最小的匹配最小的齿轮。斯特米（Sturmey 1881）认为它"造得非常好，完全是在可互换系统上进行的构造"。

1882年，在英国小镇克赖斯特彻奇，一个名为威廉·琼斯的钟表匠建造了一辆双人三轮车，它有两种运行速度。左轮或右轮通过齿轮驱动，而未被驱动的车轮则是自由转动（Street 1979）。

虽然从一开始人们就认为三轮车比自行车更安全，但还是发生了可怕的事故。

一些制动控制，如在自行车中，是通过在固定的驱动器上反踩来实现。勺式制动器压在大轮子的轮胎上，由制动杆操作，通过在差动套管或五通上的作用机制来实现，可以在不松开手柄的情况下使用。

1889 年的拉奇双座三轮车 1 号在曲轴上有一个带式刹车，车把上有一个停车用的"刹车支架"。

三轮车的商业用途不应被忽视。据报道，在 1886 年，辛格推出了 20 种不同类型的自行车，而罗弗则推出了"派遣"，这是一种考文垂椅子的变体，旨在运送货物。三轮车是稳定的且装载量相当大。1886 年的委托运载公路自行车装有一个 19×19×14 英寸的盒子。沃里克后来制造了许多年的运载三轮车。

一种货运自行车，爱德华·伯斯托的中心自行车（1880 年英国专利第 4,707 号），是结合了自行车和三轮车的最佳特性而设计。它有 1 个 52 英寸的大轮子和 4 个 18 英寸的小轮子（位于每个角落），固定在一个框架内，可以抬起或倾斜。1882 年，马丁·吕克尔制造了一批中心自行车。他是一位有趣的人物。两年后，他推出了一款同样不可思议的双人自行车，配备两个排成一行的 56 英寸的车轮。霍舍姆邮局经营着一个小型的中心自行车车队，每辆自行车的两边都配有邮袋。但是吕克尔的生意在 1885 年失败了，这台机器在一般商业领域并没有被使用。

有许多制造商都生产三轮车：到 1879 年，仅考文垂就有 20 家制造商。在 19 世纪 80 年代，对于那些想要一种更安全的人力出行方式的人来说，三轮车是高轮车流行的替代品。尽管三轮车很受欢迎，机械也很精良，但随着更安全的自行车的出现，三轮车很快被推到了一边。

三轮车在任何情况下都比自行车更沉、更贵、更累赘，而且第 3 个轮子给了它更高的滚动阻力。

机动脚踏车

到 1881 年，曾体验过曲柄自行车速度快感的卡尔·本茨在曼海姆制造了静止的汽油发动机。在那里，他为 1886 年的奔驰一号开发了一款 0.75 马力[1] 汽油机，这是一款具有长条座椅的前转向三轮车（图 3.18）。金属轮和管状底盘是由海因里希·克莱尔的阿德勒公司在法兰克福制造（本茨的合伙人马克斯·罗泽管理着克莱尔在曼海姆的特许经销）。可以认为这是最早的成功以汽油为燃料的汽车（1886 年德国专利第 37,435 号、英国专利第 5,789 号、1888 年美国专利第

---

1 马力是工程技术上一种计量功率的常用单位，1 马力等于 0.735 千瓦。——编者注

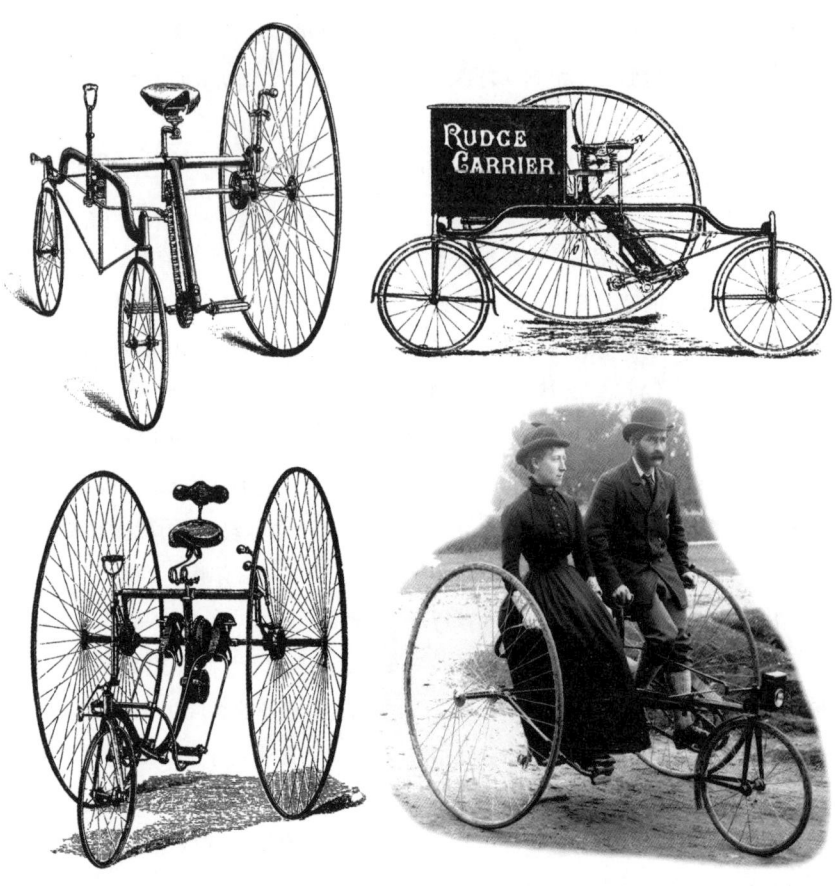

图3.17 上：拉奇的考文垂旋转自行车和货运三轮车（来自制造商手册）。下：辛格的奥姆尼车（来自制造商手册）和1883年的斯塔利与萨顿"流星"车（罗杰·斯特里特摄）

386,798号）。卡尔·本茨是汽车从自行车技术和自行车文化演变而来的主要见证者。汽车历史学家詹姆斯·弗林克这样说：

> 没有任何一项创新，甚至包括内燃机，对汽车的发展起到了自行车那样重要的作用。来自自行车行业的关键汽车技术要素，包括钢管车架、滚珠轴承、链式传动和差动齿轮。需要特别提到的一个创新是充气自行车轮胎……自行车工业还利用特殊的机床、钣金冲压和电阻焊接等技术开发了批量生产技术，这些技术将成为汽车批量生产的基本要素。许多更重要的早期的汽车制造商起初都是自行车制造商……在早期汽车行业中，相当一部分工程人才来自自行车领域……然而，自行车的最大贡献

在于，它创造了人们对个性化、长距离运输的巨大需求，而这种需求只有通过汽车的大量使用才得到了满足。（Flink 1988，5）

纳粹的宣传否认了本茨汽油三轮车传承自英国的自行车技术（Lessing 2010），并称赞它为典型的汽车设计："确实存在多种多样的汽车，但它们都不适合任何机械推进。因此，它们必须被重新塑造：底盘和动力源必须成为一个整体。"（Rauck 1943）根据这一点，踏板三轮车都没有机动化。

1884年或1885年，在亚利桑那州的凤凰城，卢修斯·戴·科普兰用一台小型蒸汽机和一台锅炉装备了一辆星高轮车，并成功地操控了这台机器。1886年，他申请了一项蒸汽动力汽车的专利（1887年美国专利第360,760号）。该专利是新泽西州卡姆登的诺斯罗普制造公司为科普兰制造的三轮车原型的基础。1890年在费城成立的机动车制造公司购买了科普兰的专利，并在1891年之前，生产了一辆带有4马力发动机的蒸汽汽车，名字叫辉腾机动车（Oliver 1974）。在蒸汽积聚5分钟后，它可以达到每小时10英里的速度。根据未经证实的消息来源，该公司建造了200辆。

更早些时候，马萨诸塞州诺思菲尔德的乔治·朗发明了一种以汽油为燃料的三轮蒸汽汽车（1883年美国专利第281,091号）。这台机器最终由史密森学会重新组装。

1888年，斯塔利与萨顿公司的约翰·肯普·斯塔利测试了一款基于考文垂椅的电动汽车，并将其改装为一种派遣货运车。后轴上的柳条筐装满了蓄电池。这辆三轮车被送到法国布洛涅进行测试，因为英国红旗法案规定了每小时4英里的速度限制（Pinkerton and Roberts 1998）。

很多汽车先驱都是在独立地工作，并不知道其他人的成就。波普机动货车部门的一名汽车开发人员海勒姆·珀西·马克西姆在他的自传中说："我们很多人几乎同时开始工作，却丝毫没有意识到其他人也在研究同一问题，真是令人惊讶。"（Flink 1988，7）

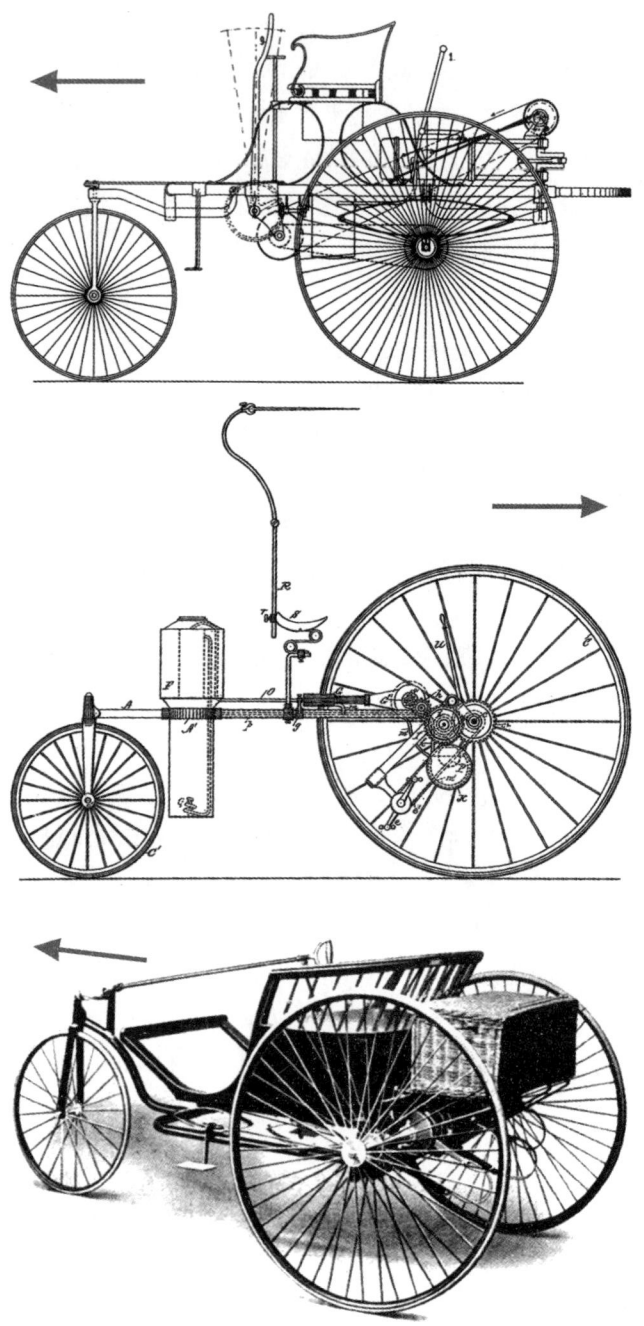

图3.18 上：1886年，本茨的汽油机动脚踏车（奔驰一号）（专利图）。中：1887年，科普兰的辉腾机动车（专利图）。下：1888年，斯塔利的电气化的派遣三轮车（遗产信托）

专栏3.1　关于摔跤的信件

一名骑手摔到了铁钉上，其中一根刺穿了他的下巴、脸颊和眼睛，令人高兴的是，他最终康复了。（*Icycles Christmas Annual*，1880）

H.A.维纳布尔斯先生在下山时骑车摔倒，受了重伤。他的颅骨骨折，下巴脱臼，再加上脑震荡，这使他几乎绝望。他被送进了盖伊医院，凭借一名骑手旺盛的生命力，他苏醒过来了，我们很高兴他快乐地康复了。（*Icycles Christmas Annual*，1880）

在迪斯伯里和洛杉矶地区十分著名的P.G.赫布思韦特的弟弟在约克郡的加洛比山上摔得很严重，他试图骑一辆没有刹车的卡弗车下山，他的伤势严重，不过恢复得比较顺利。（*Icycles Christmas Annual*，1880）

弗雷德·克兰普顿摔得很严重，打破了轮毂灯。哈里·斯温德利从里普利出发，摔倒在水沟里。T.考埃尔·巴林顿被狗绊倒摔了跟头，手臂上的肌肉受到了严重的损伤，可能还受了很多轻伤。（*Icycles Christmas Annual*，1880）

一提到阿里埃尔杠杆自行车，我朋友便悔恨不已。在他的第一次旅行中，他骑着这款车，沿着一条乡间小路，骑得很顺利，但前轮的橡胶轮胎突然脱落，并卡在辐条和车架之间，自行车完全翻倒，他摔倒在路边的水沟里，手和脸被割伤，衣服被撕破，自行车也坏了，不能再骑回家。（*The Field*，1871年11月22日）

当琼斯欢快地骑着他的车，欣赏着他的车灯灯光时，他从坡上摔了下来，车灯瞬间消失了，他很快发现车灯是被卡在一根辐条和自行车的前叉之间。撞到地面的不是一根木头，而是琼斯的头骨上部。（Card 2008）

车架样式	详情与地址	车架横切面	大概日期
	梅耶尔 经典脚踏车（带脚垫） 巴黎瓦格朗大街35号	◆	1869年9月30日之前
	梅耶尔公司 经典脚踏车（带脚垫） 巴黎瓦格朗大街35号	◆	从1869年9月30日起
	E.梅耶尔过渡性脚踏车 后轮较小（不带脚垫）	◆	1869—1870
	大自行车 实心菱形截面车架骨架 （没有商标）	 ◆	1870—1872（？）
	E.梅耶尔 大自行车，实心圆形截面 车架骨架 巴黎金合欢泰尔讷大街7号	●	1873—1881 （来自街道指南）
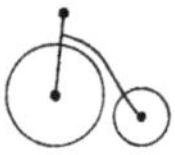	E.梅耶尔 过渡性脚踏车 巴黎金合欢泰尔讷大街7号	◆	从1874年1月10日起
	E.梅耶尔 大自行车，圆截面管状车架骨架 巴黎金合欢泰尔讷大街7号， 巴黎拉普大街33号	 ○	1872—1883 拉普大街 从1882年起 （《自行车运动》 1882年9月27日）
	E.梅耶尔 大自行车，椭圆形截面管状车架 骨架 巴黎拉普大街33号	 0	1882年到最后

图3.19　1869—1890年的梅耶尔产品，根据收集的机器重建（Reynaud 2011）

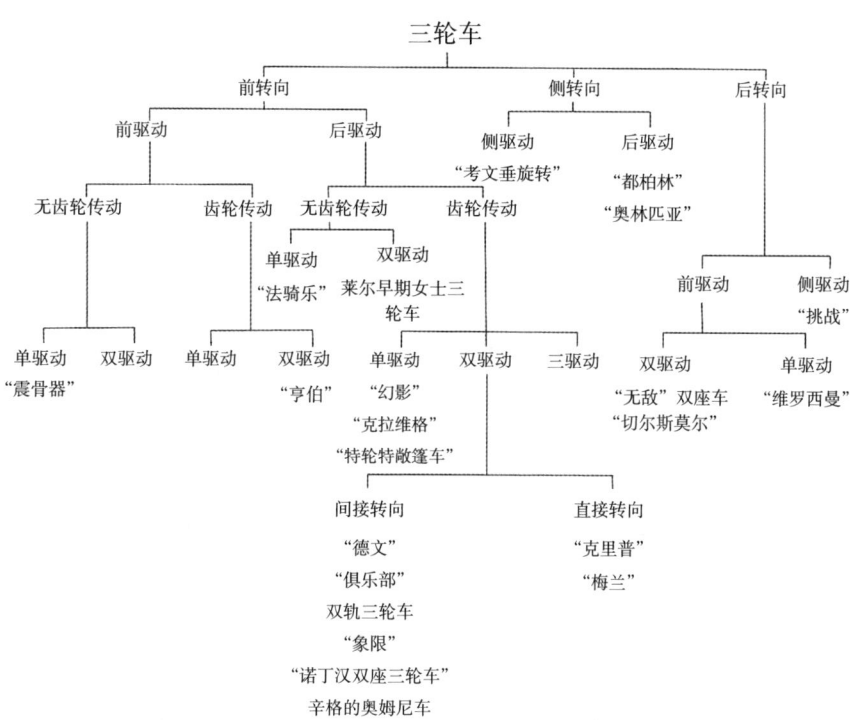

图3.20 阿奇博尔德·夏普的三轮车拓扑（Sharp 1896）

第4章
间接驱动

随着自行车技术的进步和道路的改善，骑车人的双腿每推动一次，自行车应该在平地上行驶约 16 英尺。要实现该目标，曲柄直接固定在驱动轮上，需要一个直径约 60 英寸的前轮。骑一辆这么大轮子的自行车会很困难。因此配备一个更小、更易于控制的驱动轮的主驱动系统才是最理想的。

人们试验了各种不同的系统，有些采用杠杆和曲柄，一些使用皮带和滑轮，或用旋转驱动轴，还有一些用啮合正齿轮，也有用链条和链轮。在这一章中，我们来回顾这些备选方案，并展示链条是如何作为间接主驱动的方式取得了主导地位。关于变速齿轮传动的相关内容将在第 7 章中介绍。

杠杆和曲柄驱动

因为骑车人的腿不需要支撑身体的重量，所以骑一辆德莱斯机比行走更有效率。然而，即使骑车者的重量被支撑，腿部的加速和减速也需要能量。而这些能量不能被有效地回收，因为必须使用肌肉来减速和摆动腿。但是圆形的曲柄运动或踏板运动使得能量回收成为可能。当一条腿减速时，动能被传递给另一条腿，因为左右驱动器是刚性连接的。

机械驱动具有一个更大的优势：它可以在较低的肢体速度下更有效地施加更大的力，因此骑车者可以更快地行驶。力和速度之间的关系被优化以实现最大功率。在肌肉运动中，最大力发生在零速度时，而零有效力发生在最大速度时。最大的功率输出则介于这两个极端之间。

19 世纪的工程师们对杠杆和曲柄的驱动很熟悉，已在蒸汽机、工业机械以及铁路制动系统中使用了几十年。这样的驱动器被应用于高轮车的衍生物中，以生产更容易上车且骑车人被甩出车把风险更低的自行车。在 1869 年的脚踏车热潮中，在美国为杠杆操作后驱动自行车申请的专利，分别有：布鲁克林的约翰·史密斯（专利第 89,695 号）、纽约的本杰明·劳森（专利第 90,563 号）、马萨诸塞州费尔黑文的托马斯·莫尔斯（专利第 92,991 号）和康涅狄格州梅里登的查尔斯·戴顿（专利第 96,208 号）。

大多数的杠杆驱动系统是阿奇博尔德·夏普所描述的"4 连杆运动链"。这 4 个连杆是固定在轮毂上的曲柄，一个围绕固定中心摆动的杠杆，一个连接曲柄端部和摆动杆上一点的连接杆，由自行车车架构成的固定连杆。骑车者踩下固定在摆动杆上的踏板，使车轮转动。

辛格"超越"车有一个杠杆和一个曲柄，它的轮子相对同类机器略小，并且骑坐的位置也更低更靠后。直接连接到前轮轮毂的曲柄，也连接到一个几乎垂直的杠杆上。杠杆的顶部通过一个短的旋转连杆连接到前叉的上部。杠杆的下端弯曲到轮毂的下后方，以支撑踏板。"超越"车由乔治·辛格设计（1879 年英国专利第 4,265 号），辛格有限公司制造。

法骑乐是另一种高轮车的衍生物，带有杠杆和曲柄驱动。在机器的每一侧，前叉从轮毂的前下方延伸出，为驱动杠杆提供了一个支点，驱动杠杆近似水平。一个连接杆将曲柄连接到驱动杆的中间部位。为了使杠杆作用最大化，踏板被装在了杠杆的后端。后来，法骑乐传动杆驱动系统被用在后轮驱动自行车上。轮毂中的行星齿轮用于法骑乐的前驱和后驱车型，使每次踏板推动可以更快地驱动车轮转动。法骑乐是由约翰·比尔设计（1878 年英国专利第 33,225 号），埃利斯公司在 19 世纪 80 年代前半段制造法骑乐，披头士与斯特劳公司在 1892 年之前一直在生产它们。（Clayton 2012b）

另一款由杠杆和曲柄驱动的后轮驱动车是克拉维格。后轮轮毂的两侧各有一个曲柄，曲柄与弯曲的杠杆相连接。踏板在杠杆的前端，位于两轮中间。一个长的连接杆将杠杆的中部连接到自行车车座下面的车架下管。

克拉维格系列的自行车在 1887 年被投放市场。威廉·戈尔丁的 212 页专利（英国专利第 11,990 号）是关于"运动的转换、修改、调节和传输的改进方法"。该专利只简单提及自行车，但在 1886 年和 1887 年之间，戈尔丁获得了 4 项关于自行车的英国专利，并在比利时、法国和德国获得了其他几项专利。1887 年，他在美国申请了一个综合专利，专门关于自行车，其中包含了早期专利元素（1889 年美国专利第 400,204 号）。到 1889 年，这种设计显示出没有商业前景（Clayton 2001）。

摆动杆和线性驱动

上述这些驱动系统都需要踏板做旋转或椭圆运动。一些杠杆驱动器则需要更线性的踩踏动作。这样做的缺点是,骑车者的腿和脚必须在急速动作中反复加速和减速。

到 1869 年,名为 J. 考克斯的人申请了一项专门用于自行车的摆动杆驱动专利(1869 年英国专利第 834 号)。在典型的摆动杆或踏板驱动器中,自行车两侧的杠杆悬挂在车架的一个点上,并且在其下端有一个踏板。因此,踏板只能沿弧线来回移动。在早期设计中,例如考克斯的设计,以及 19 世纪中期由约翰·特雷夫茨、托马斯·麦考尔和维亚伦戈·德福维尔等人提出的设计,摆动杠杆都是通过连杆驱动后轮轴上的曲柄。(在考克斯的设计中,有一个可选的辅助垂直杠杆,可以绑在骑车者的身上,使他能够摆动身体来产生更多的能量——不出意料,很少有人能接受这个想法。)

后来的一些踏板系统工作原理不尽相同。连接在摆动杆或踏板上的是一段驱动链条,它缠绕在后轮上的飞轮链轮上。链条的末端被螺旋弹簧紧固。当骑车者推动踏板时,杠杆拉动链条,从而转动链轮和驱动轮。当行驶到达极限,骑车者就会在螺旋弹簧的作用下让踏板回到静止位置。由纽约州史密斯维尔地区的威廉·凯利设计的美国之星的第 2 个版本,有一个特别复杂的踏板驱动系统,用皮带代替链条(1885 年美国专利第 321,819 号)。

后来的几个设计有多种传动链的附着点,有时候是附着在钟形曲柄上。可变杠杆作用于变速齿轮。1892 年的斯维亚车,由斯德哥尔摩的弗雷德里克和比耶·永斯特伦兄弟构想,由阿尔弗雷德·诺贝尔资助(Hult 1992),就拥有这种驱动系统。在 1894 年和 1896 年之间,比耶·永斯特伦申请了 3 项与踏板驱动有关的英国专利(随后申请的美国专利是 1896 年第 556,545 号、1896 年第 571,197 号和 1899 年第 631,219 号)。这些机器是瑞典、英国和法国制造的。这种斯维亚车似乎启发了类似的同时代的英国机器阿莱尔特,它用的是钢缆,而斯维亚用的是链条(Street 2010)。

在 1895 年至 1905 年期间,这种杠杆驱动的自行车在法国兴盛起来。1905 年的特罗特自行车,一种许可建造的斯维亚车,通过 12 个换级触点提供了 1—10 的变速挡位范围。

杠杆和曲柄系统时常被重新设计,但从未在商业上取得大范围的成功。J-拉德是 20 世纪 20 年代早期的斜躺式车型,由踏板驱动。在 1937 年,欧根·韦尔

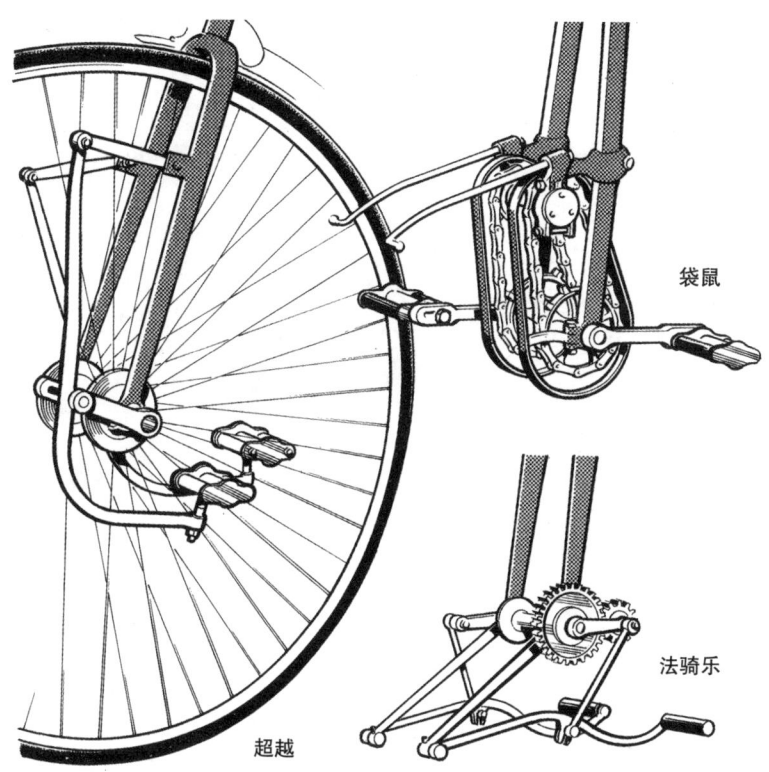

图4.1　早期降低前驱自行车骑乘位置的3种方法（R.约翰·韦）

纳在费尔巴哈（斯图加特郊区）的工厂生产润滑泵，却在大部分西方国家获得了自行车杠杆驱动系统的专利（1939年德国专利第675,648号、1939年英国专利第499,002号、1939年美国专利第2,168,110号）。韦尔纳也想为自行车设计一个带有倒刹轮毂的附加杠杆驱动装置（1937年德国专利第654,364号），但是第二次世界大战阻挡了他的计划（Grützner 2009）。

更近的一个例子是在1985年，来自纽约罗契斯特的马恩·索尔发明的特兰斯巴自行车，它由阿勒纳克斯公司生产了约3年时间（1986年美国专利第4,630,839号）。它的驱动系统和1892年的斯维亚非常相似。

20世纪90年代晚期，荷兰兄弟兰贝特和德克·泰斯发明了一种有趣的线性缆绳驱动器（2000年世界专利第00/12378号）。没有用很长的自行车链条，它采用的是钢缆包裹着后轮上的锥形槽（一种被钟表修理匠称作"均力圆锥轮"的

图4.2 左：1936年，一本韦尔纳杠杆驱动自行车的小册子。右：韦尔纳自行车的轮毂内部细节，来自一本未标日期的小册子

技术）。均力圆锥轮的发明者把它叫作"斯内克"，带有一个钟表弹簧，以使其能够在每次拉动缆绳之后自动回卷。缆绳一部分通过由踏板推动的滑架拉动，另一部分通过转动车把拉动。由于骑车者的推进动作与划船相似，在斯内克基础上制造的斜躺式自行车被称为划船式自行车。

斯内克缆绳驱动的一个创新，是变速器装置允许缆绳的冲程开始于均力圆锥轮圆锥体的不同部分，以此产生更高或更低的挡位效果。这种驱动系统在斜躺自行车比赛和纪录尝试中取得了一些成功（Wilson 2004，335）。

皮带和皮带轮

皮带驱动在19世纪初被广泛应用于工业机械中，后来开始应用于农业机械。皮带驱动的工业应用一直持续到20世纪。许多皮带是由巴拉塔树胶（一种来自南美树木上的无弹性橡胶）制成的，当然也有一些用皮革和绳子制成。

B.斯迈思在1819年设计的"英国促进者"三轮车要求使用双速皮带驱动（这样一台机器实际上是否被造出来还不确定）。1869年，诺福克的弗雷德里克·希灵设计了一种后轮带有皮带驱动的自行车。他声称已经建造了3台机器（Ritchie 1975，122—123）。同样在1869年，法国的阿方斯·巴伯龙和约瑟夫·默尼耶为一种 3 速皮带驱动系统申请了专利。原理上类似于已经在工厂使用了几十年的阶梯轮滑系统，它是变速器的前身。巴伯龙和默尼耶是否销售其皮带驱动系统（1869 年英国专利第 2,626 号）还不得而知。

在自行车商业生产中使用柔性驱动带的一个罕见早期实例是 BSA 制造的奥托双轮车，在前面章节中曾讨论过。爱德华·卡尔·弗里德里希·奥托，一位生活在萨里郡的英国人，在英国和美国为他的皮带驱动系统申请了专利（1880 年英国专利第 1,673 号）。当时的大多数驱动带是用帆布或者皮革制成的，但是奥托的驱动带是用钢制成的。它运行在滑轮上，覆盖着印度橡胶、硬橡胶或者皮革，以便有更好的抓力。2011 年，戴维·戈登·威尔逊试验了一种现代不锈钢传送带，发现它所需要的高张力会导致自行车的车架产生断裂（Wilson 2004，326）。

正如阿奇博尔德·夏普所指出的（Sharp 1896，396）："用传送带所传递的力是皮带松紧两边的张力之差。因此，可以传递的最大力取决于最初的松紧度。""如果速度……比较低，"夏普补充说，"传递一定能量所需的张力相对较高，在这种情况下，皮带在光滑的皮带轮上获得的摩擦力太低……"因为当时的扁平驱动带是依靠摩擦，所以皮带驱动在自行车发展初期几乎没有取得进展。

20 世纪 70 年代，人们对皮带驱动的关注已经复苏。在麻省理工学院，戴维·戈登·威尔逊用一条普通的工业齿形带将一辆 20 世纪 60 年代的莫尔顿自行车改装成了皮带驱动（Whitt 1978，131）。自 20 世纪 60 年代以来，齿形带已经变得更加耐用和高效，这是因为使用聚氨酯等作为皮带和齿的材料，使用芳纶纤维作为拉伸增强材料。但由于皮带通过链轮时会发生弯曲，齿形皮带通常不如润滑性好的滚子链条那样有效。在极端张力的情况下，皮带的拉伸也可能造成轻微的效率损失。此外，即使在正确调节张力的情况下，自行车上的驱动带有时也会跳齿，例如，当车静止的情况下较重的骑车者突然大力加速。另一方面，齿形带不需要润滑，比润滑不良的链条效率更高。

到 1985 年，普利司通公司推出了一种折叠车型"野餐车"，称这是世界上第一辆系列生产的皮带驱动自行车。普利司通也为其他自行车制造公司生产皮带驱动，比如 2012 年的德国克罗 B 驱动城市自行车上的皮带传送带。

市场上不时会出现其他皮带驱动自行车，大多是短程或通勤车型。其中最著名也最持久的是速立达，一种折叠式小轮车。它是由英国设计师马克·桑德斯设计，自 1987 年以来一直处于生产或停产状态。

1911 年，在丹佛成立的盖茨公司，成为许多不同应用领域驱动皮带的市场领导者。从 20 世纪 80 年代起，盖茨公司设计和制造了用于速立达上的皮带驱动。

这些皮带驱动器经专门改进后供自行车使用。盖茨必须要克服芳纶拉伸热膨胀的问题，同时也重新设计了带齿，以尽量减少跳齿现象。盖茨公司在 21 世纪初引入的轻量级碳纤维驱动带和链轮系统专门用于自行车，使用的是碳纤维和尼龙套聚氨酯齿。皮带背面与链条长度成 90 度角，以减少弯曲阻力。碳驱动在赛车运动中取得了一定的成功。2009 年，英国车手詹姆斯·鲍索普使用碳驱动在当时世界上最快的自行车上骑行。此外，在 2007 年 9 月进行的一项独立的第三方测试中，发现碳驱动与链条驱动一样有效（Microbac 2007）。

20 世纪 90 年代后期，德国图恩系统使用 V 形截面齿带和超大塑料后链轮，这也是一个内齿环。这个环与后轮毂上的塑料齿轮啮合。随着皮带拉动"浮动的"后链轮，其内齿与齿轮的啮合使后轮毂转动。图恩系统应用在特别版亚历克斯·莫尔顿·本特利自行车上，被证实易出故障（典型的是后链轮失效），很快就停产了。

20 世纪 70 年代，纽约东洛克威的温弗雷德·伯格发明了速度 E 柔性驱动器，它有一条类似链条的皮带和一对钢绞线，通过与链轮齿啮合的聚氨酯按钮桥接在一起。这种轻型系统在人力飞机上使用时效率极高，比如游丝信天翁号，但在自行车上使用时就不够可靠（Wilson 2004, 324）。

将皮带驱动应用到大多数自行车设计的一个问题是，需要使车架的一部分可拆卸。驱动带不能像链条那样被分开，所以除非自行车有一个悬臂式后叉，否则通常需要"打破"后三角来安装或更换皮带，甚至更换轮胎或内胎。通常，必须

图4.3　盖茨碳驱动系统。请注意，为更换皮带而将后上叉与车轮叉脚分开的规定（盖茨公司，罗伯特·格布勒摄）

拆除后上叉的一部分，或者可以在后下叉和后上叉之间断开某处使用改良的叉脚。这种改变增加了自行车的成本，并且可能出现弱点。尽管早在1869年就有发明家进行了许多尝试（其中包括巴伯龙和默尼耶），但没有一款成功的变速器式齿轮被用于皮带驱动。因此，用户一般被限于使用单速传动、轮毂齿轮、支架、牙盘齿轮或者这些的组合。此外，关于皮带驱动装置在停停走走的城市交通中的耐久性仍然存在疑虑——传闻有证据表明，皮带可能会过早失效。因此，大多数情况下，皮带驱动仍然是少数便携式和通勤自行车制造商的利基选择。

在两级驱动的斜躺式自行车中，皮带和链条可以一起使用。在戴维·戈登·威尔逊将莫尔顿车改装成皮带驱动的40年后，他制造了一款从曲柄到五通的皮带驱动斜躺车，以及传统的链条和变速器式驱动的斜躺车。因为没有足够长的自行车专用皮带，所以他再次使用了标准的工业皮带（勃朗宁齿轮皮带2400-8M.20）。

轴驱动

使用轴和锥齿轮完成从踏板到后轮的驱动力的传动是一种视觉和技术上都很优雅的方式。1881年，美国密歇根州的伊弗雷姆·谢伊为一种轴驱动机车的

图4.4　威尔逊的斜躺式自行车，采用勃朗宁皮带和传统链条驱动（戴维·戈登·威尔逊）

创新理念申请了专利（美国专利第 242,992 号），用在带有枕木的轻木铁路上，这有利于将机车牵引力分布在许多轻载车轮上。这无疑有助于推广锥齿轮轴传动的概念。

轴驱动被用在托马斯·穆尔的奥比奇三轮脚踏车上。同年，谢伊获得了他的专利。那时俄亥俄州的利马机车工厂已交付轴驱动机车好几年了。奥比奇在驱动轴两端的充油圆球体中使用了锥齿轮。这意味着驱动装置有良好的润滑，且不受水、灰尘和砂粒的影响，尤其是与当时广泛采用的链条驱动相比。据说穆尔的轴驱动器已经获得专利，但我们却查不到。它可能仍处于专利申请的待定或暂行阶段。

1891 年，位于曼彻斯特附近米德尔顿的帕丁顿自行车有限公司将理查德·肯特·哈特利的手旋动力装置应用于自行车和三轮车的制造中，使用的是轴驱动或链条驱动（1889 年英国专利第 14,045 号）。这种特殊的辅助性前轮驱动系统，使在商业自行车（有别于三轮车）上首次应用轴驱动成为可能。

1890 年，伦敦实达自行车公司在斯坦利展览会上展示了一种无链式的安全自行车，但是它从未获得过专利。据说 A. 费尔黑德先生（他的生意注册在伦敦市霍尔本的格雷酒店路小詹姆斯街）同年申请了自行车轴驱动的专利，但我们没有找到可靠的证据。然而，《骑行》杂志在 1891 年 10 月 3 日的一期报道中说，费尔黑德在那年秋天曾展示了一辆轴驱动自行车。1892 年 1 月，一位《CTC 月刊》的记者表示："无链安全自行车对我来说毫无吸引力，我认为它永远不会受欢迎。"

1896 年，当时英国最杰出的自行车设计技术作家阿奇博尔德·夏普写道：

图4.5 一辆谢伊轴驱动机车（维基共享）

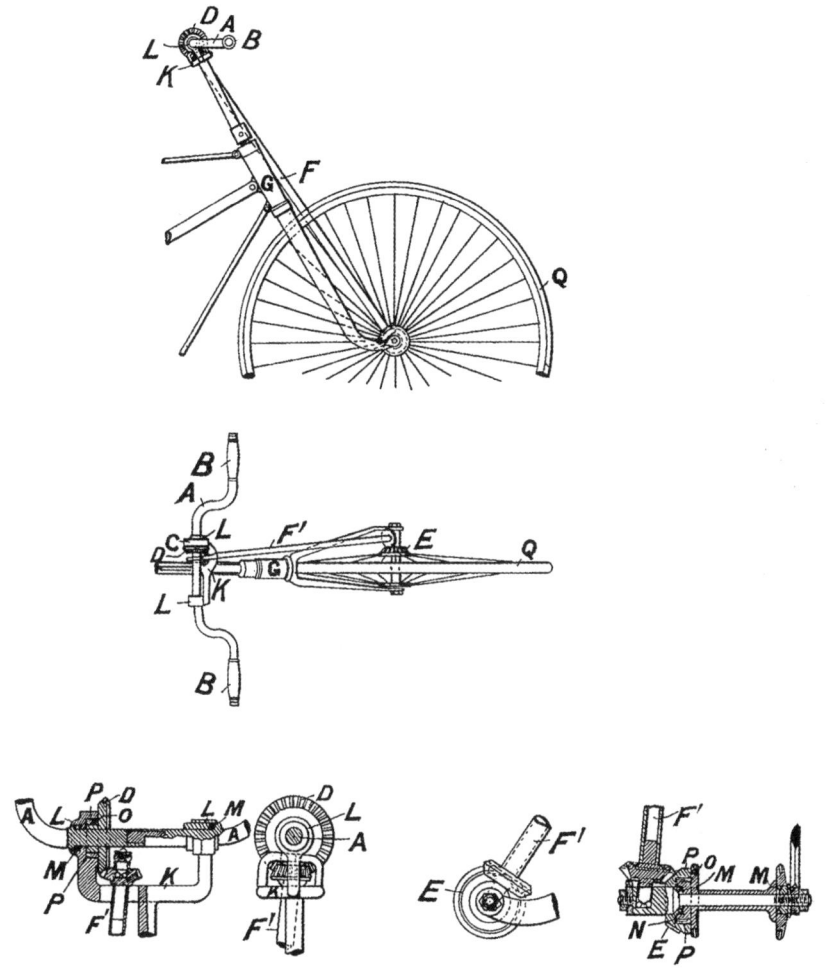

图4.6　哈特利设计的手动前轮轴驱动（专利图纸）

费尔黑德齿轮是一种锥齿轮，分别固定在曲柄轴和轮毂上，并通过一个封闭在下部车架管（后下叉）内的轴进行齿轮传动。如果锥齿轮能够被机器准确而廉价地切割，则这种齿轮在相当大程度上有可能取代链条驱动齿轮。但是锥齿轮的齿不能被精确研磨这一事实是其实际成功应用的严重障碍。（Sharp 1896，461—462）

在费尔黑德发明他的轴驱动装置前后，新泽西州克洛斯特的小沃尔特·斯蒂尔曼申请了一项类似系统的专利（1891年美国专利第456,387号）。斯蒂尔曼的驱动轴在后下叉下面。另一个美国设计，由马萨诸塞州斯普林菲尔德的西德尼·格兰特完成，和费尔黑德的设计一样，驱动轴在后下叉里面。尽管格兰特的设计（1893年美国专利第509,079号）要求在曲轴和后轮毂卜使用传统锥齿轮，但驱动轴两端的齿轮是旋转辊，而不是铣齿。1899年，布法罗的弗雷德里克·舍恩塔尔设计的轴驱动（1900年美国专利第653,968号）使用了类似的方法，1899年奥弗曼·维克托的无链自行车也是这样。

马萨诸塞州沃尔瑟姆制造公司生产的东方轴驱动自行车在整个传动系统中都使用了旋转辊，而不是锥齿轮，也不是锥齿轮和旋转辊的混合。沃尔瑟姆公司所使用的传动设计是由纽约罗切斯特的詹姆斯·亨利·塞杰完成的（1898年德国专利第100,180号、可能是1898年加拿大专利第60,484号）。著名的自行车赛车手梅杰·泰勒骑沃尔瑟姆东方轴驱动自行车打破了许多项纪录（Wilson 2004，333）。在英国，伯明翰的沃尔特·约翰·劳埃德为他的交叉滚轴驱动申请了专利，在整个驱动系统中同样使用了旋转辊（1897年英国专利第6,345号）。英国象限轴驱动自行车使用了劳埃德的交叉辊轴驱动器。

相比英国，轴驱动在美国和法国被更热切地采用。哈特福德联合自行车公司于1892年开始生产轴驱动自行车，该公司后来被并入科洛内尔·波普的公司。1897年，为了给美国即将消亡的自行车热潮注入活力，波普推出了一系列新的轴驱动哥伦比亚自行车。一直到1920年，哥伦比亚都在继续供应轴驱动车型。第一辆哥伦比亚自行车价格很高，相当于同类链驱动自行车价格的两倍（Herlihy 2004，286—290）。19世纪90年代后期，大多数其他美国制造商也在生产轴驱动机器。

1897年，洛杉矶的威廉·考恩设计了一种有趣的锥齿轮轴驱动的改进方案，在轴的两端各安装一个万向节（1899年美国专利第633,753号）。考恩的目的是使轴的校准不那么严格，从而可以使用更轻更便宜的车架结构。

一些三轮车驱动系统会使用万向节（也被称为万向联轴器、U形接头、卡丹节头或胡克接头），如19世纪80年代早期的折中驱动系统。一个单一的万向节活动不稳定，同轴上一对相位相差90度的万向节可以实现几乎恒定的速度。

法国主要的轴驱动自行车制造商大都市，从1895年至1907年推出了阿卡特（法语意为"无链"）自行车。阿卡特自行车有一个锥齿轮轴驱动装置，法国奥贝维利埃的保罗·马利塞和欧仁·布兰申请了专利（1894年英国专利第18,122号）。和许多其他的轴驱动系统一样，轴在后下叉的内部。

到 1897 年，亨伯在英国获得许可后开始制造大都市阿卡特车。尽管威尔金森剑公司（1898 年前后）为自行车制造商提供了"打包"的轴驱动系统，轴驱动的影响力仍旧比较小。

一种有趣的锥齿轮轴驱动器是由前法国炮兵上尉奥克塔夫·罗贝尔开发的。早在 1899 年，他就获得了相关专利，随后又获得了两项修改证书。罗贝尔试图改善当时的轴驱动系统，如在阿卡特上使用的轴驱动系统，提供一个易于拆卸和可调节的小锥齿轮，并在曲轴和大锥齿轮之间加装一个弹簧加载连杆。曲柄与斜面之间的弹簧钢连杆在加速时提供了弹力。这是否有什么真正的优势，值得商榷，

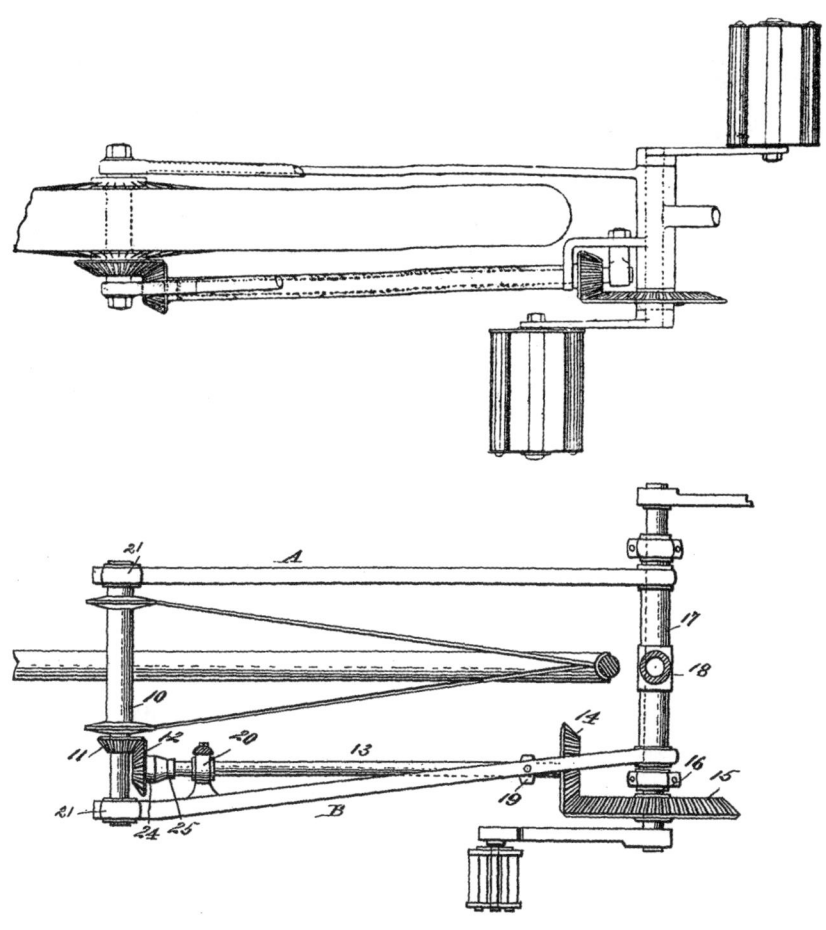

图4.7 上：费尔黑德的轴驱动（国家自行车图书馆）。下：斯蒂尔曼的轴驱动（专利图）

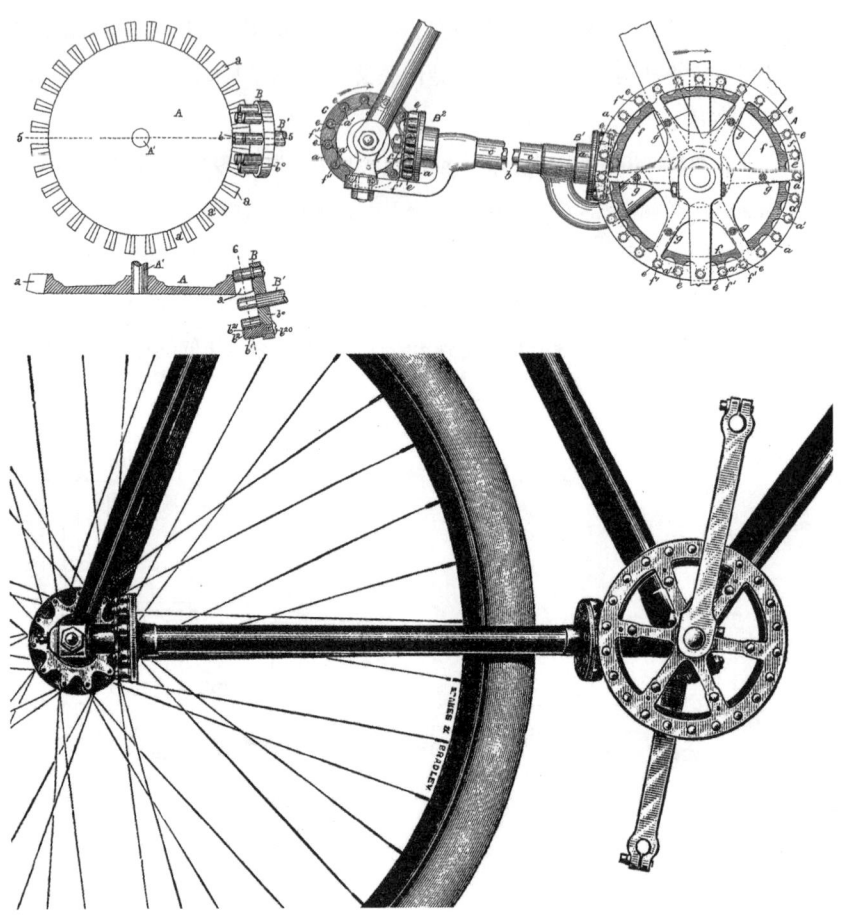

图4.8　上：塞杰的旋转辊轴驱动（左）和劳埃德的交叉滚轴齿轮（右）的专利图纸。下：1897年的象限轴驱动自行车（国家自行车图书馆）

但这种设计相对比较成功。它被用在拉派科特车上，这是一辆由圣艾蒂安制造商朱西于1901年在巴黎自行车沙龙上推出的无链式自行车，随后在1903年至1912年间由标致公司在市场上进行销售（Chaussinand 2010）。

这一时期，其他国家的轴驱动自行车制造商包括：捷克斯洛伐克的街头兄弟、比利时的国家工厂、奥地利的格拉齐奥萨和诺里库姆。1900年左右，德国掀起了一股无链式自行车的热潮（Grützner 2008）。德国的轴驱动品牌包括：法兰克福的阿德勒（使用的是塞杰旋转滚轮系统）、勃兰登堡的兰牌、比勒费尔德的杜克普、杜尔拉赫的格里茨纳、开姆尼茨的普雷斯托和德累斯顿的漫游者（Grützner

2009）。

英国工程师阿瑟·约翰·巴特斯比（1892年加拿大专利第41,259号）申请了一种轴驱动专利。该专利有些独特。后轮两侧的轴与后轮毂上的短曲柄连接。每个轴的前端连接到由正齿轮驱动的曲轴上，正齿轮与踏板曲柄轴上的内齿齿圈啮合。因此，这种轴是往复式连杆，而不是旋转驱动轴。

在更近的时期，轴驱动被周期性地推出，但很少取得商业上的成功。卡利兹系统从1995年到1997年在市场上有销售。2005年推出的韩国塔拉无链自行车不久就消失了。截至2012年，一家名为Biomega的丹麦自行车制造商一直在生产两种轴驱动机器，名字分别是阿姆斯特丹和哥本哈根。

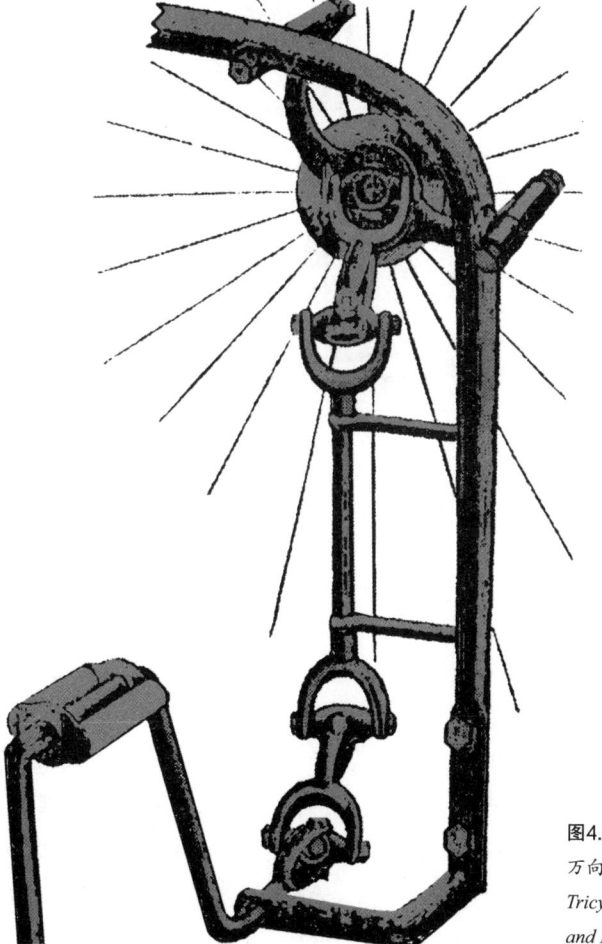

图4.9 折中驱动系统，有3个万向节（亨利·斯特米，*The Tricyclists' Indispensable Annual and Handbook*，大约1882年）

图4.10 上：阿卡特大都市车，大约1897—1898年（黑尔格·舒尔茨）。中：阿卡特车的驱动系统，来自1897年的英国目录（国家自行车图书馆）。下：马利塞和布兰的轴驱动（专利图）

早期的轴驱动自行车通常是单速机器。后来的一些车将轴驱动与变速轮毂齿轮结合起来。在可行的配置中，轴驱动器不能与变速器一起使用。

轴驱动存在两个主要的典型问题。首先，为了有效地工作，锥齿轮的制造必须非常精准且精确对准，即使如此，轴驱动的效率通常还是低于链条驱动。其次，由于轴驱动上锥齿轮的半径比较小，锥齿轮就会比链传动中的相应部件承受更多的压力。此外，驱动轴中的扭转力会降低效率。除此之外，耐用且高效的轴驱动器制造成本很高，并且需要自行车具有非标准的车架。

图4.11 提供轴驱动套件的威尔金森剑公司的小册子（国家自行车图书馆）

正齿轮传动

另一种将动力从曲柄传递到后轮的方式是通过正齿轮传动。链轮和牙盘被正齿轮（小齿轮）取代，与它们啮合的另一个小齿轮形成了传动系统。1897年，费城的卡罗尔无链自行车公司推出了一台带有这种驱动的机器。准确地说，这种自

图4.12 德国的阿德勒自行车有塞杰的专利轴驱动（席费尔德克1900）

行车被称为齿轮对齿轮（1898年加拿大专利第59,038号）。另一个与卡罗尔的设计非常相似的例子是乔治·马奇勒自行车（大约1900年）。然而这些机器并没有获得多少追随者。

在19世纪90年代，一些前驱自行车的后挡板制造商开始采用正齿轮传动。高轮车的这些后代保留了前轮上的旋转曲柄，但是使用了正齿轮，使较小的前轮在曲柄每次转动时会旋转得更远。最成功和最简洁的设计是在轮毂上使用单速行星齿轮。

第15章中的克里普托班塔米特自行车就是一个经典的例子。在一些三轮车上也使用了正齿轮传动装置，例如1882年的迪阿尔三轮车。

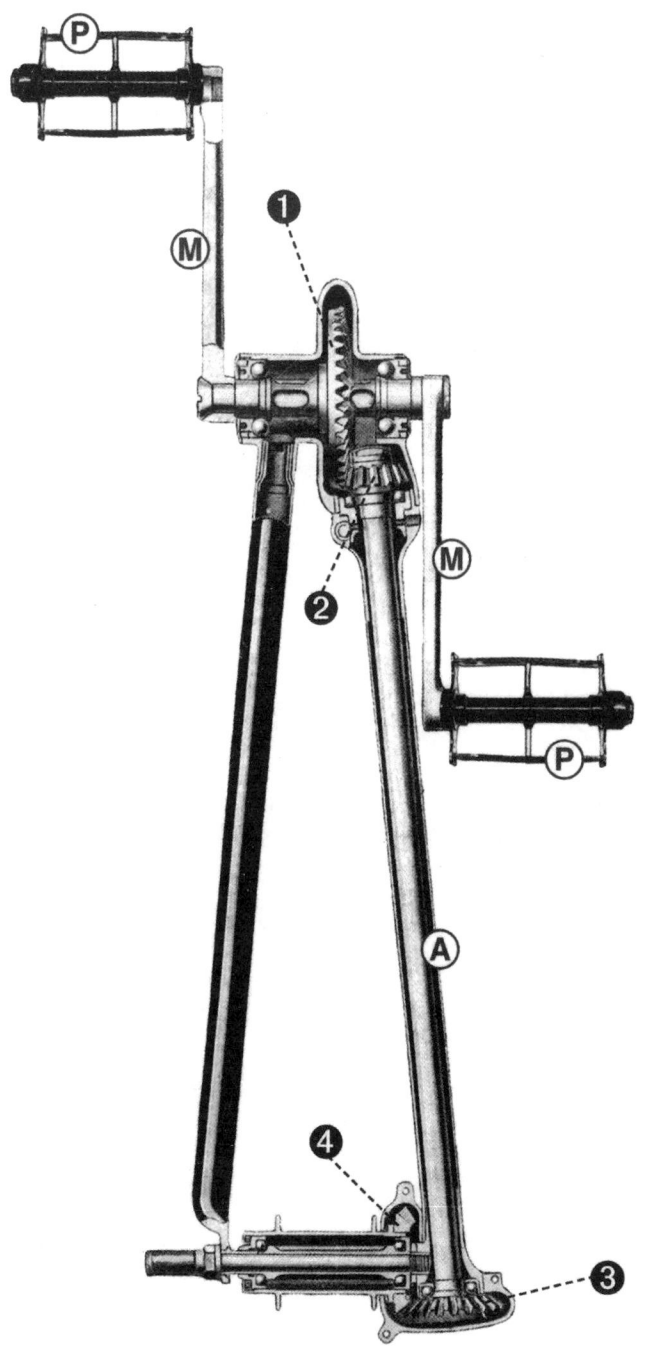

图4.13　国家工厂（简称F.N.）轴驱动（©Ars Mechanica Foundation）

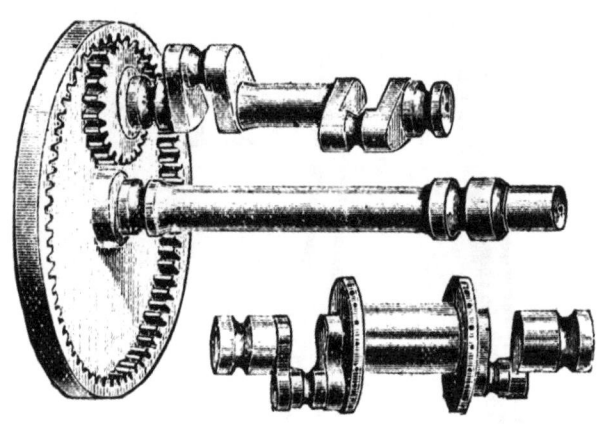

图4.14　阿瑟·约翰·巴特斯比的轴驱动（国家自行车图书馆）

有人建议在自行车上使用电驱动和静液压驱动装置，但都不可行。事实证明，链条驱动是最佳选择。

链条驱动

在理想状态下，链条驱动非常有效，它不需要很大的张力，不会在潮湿环境下打滑，而且比轴驱动更便宜。链条驱动在某种程度上是一门已知的艺术——早在1843年，伊桑巴德王国的布鲁内尔曾经用4根巨大的倒齿链条，把"大不列颠"号蒸汽船的4缸蒸汽机传送到传动轴上，功率高达1,000马力。

19世纪60年代中期，英国技术出版社就讨论过用链条把人力传递给自行车驱动轮的想法。1869年，牛顿·威尔逊获得一项英国的临时专利（第1,248号）（Roberts 1991，62）。在法国，在1870年普法战争导致自行车产业崩塌之前，至少有3位发明者申请了链式自行车的专利：迪博（1868年法国专利第80,106号）、德斯诺斯-加迪萨尔（1868年法国专利第82,082号）和穆格尔（1869年法国专利第86,676号）。1870年，由萨尔让设计的一种法国机器有一个由链条驱动的大前轮（直径约55英寸）。

尽管有其他驱动系统的竞争，随着从直接前轮驱动转向间接后轮驱动，以及安全自行车的到来，链条驱动变得司空见惯。链条驱动也被用在一些晚期的前轮驱动自行车上，如袋鼠车（Clayton 2012），以获得降低的骑姿（见图4.1）。

图4.15　一辆1882年的带有正齿轮的迪阿尔三轮车（*The Tricyclist* 1，1882—1883，24）

大约在 1885 年之后,简单的块链(通常称为亨伯链)成为最受欢迎的类型。它具有硬质的实心钢块,与成对的侧板相互交替。每对侧板都是通过穿过实心钢块上的通孔的销钉铆接在一起。铆钉销肩以确保侧板之间的正确间距。链轮齿只能通过每隔一个的链环侧板之间的空隙与链条啮合。因此,链轮齿和牙盘之间有较大的间隙。这些链条的制造成本很低,并且坚固耐用。

尽管赛道运动员使用块链至少有 60 年,但在几乎所有的非比赛用车中使用的都是套筒滚子链。汉斯·雷诺在 1885 年发明了块链,却没有申请专利。不过,早在 5 年前,他就已经获得了套筒滚子链的专利。

在套筒滚子链中,块链被去除,被一对内侧板代替。内侧板可以在铆钉销上旋转,并且具有衬套(空心铆钉),在它上面滚柱能够自如运行,从而为链轮和牙盘齿提供一个大的、自由旋转的轴承表面。

汉斯·雷诺于 1852 年 7 月 31 日出生于瑞士,是一位面包师的儿子。18 岁那年,他进入苏黎世理工学校学习工程学,然后在军队服役(Tripp 1956)。1871 年,他在巴黎从事重建工作。1873 年,他在曼彻斯特的机器出口商费尔伯-尤克尔谋得一份工作。随后与卡尔弗特先生在同一行业建立了短暂但并不成功的伙伴关系。1879 年,雷诺在索尔福德买下了一家小型破产企业。这是詹姆斯·斯莱特(原名为斯莱特与斯蒂尔公司)的公司,这家公司曾为一些制造厂和采石场制造过各种链条。斯莱特自 1864 年起就拥有碗链和套链的专利(Clayton 1993)。

雷诺无法预见即将到来的自行车的繁荣,但他选择的时机被证明是无可挑剔的。早期的三轮车是由杠杆驱动,带有曲柄轴。1878 年,詹姆斯·斯塔利的萨尔沃三轮车是第一辆使用链条驱动的车。链条驱动的一个优点是可以轻松地改变传动比以适应客户需求。约翰·斯塔利后来说,他的叔叔詹姆斯不知道哪里可以买到合适的链条,在从雷诺的曼彻斯特公司购买普通滚子链(基于斯莱特的专利)之前,他自己制作了最初的几根链条。约翰·斯塔利声称,当汉斯·雷诺把这种链条带到考文垂给斯塔利看时,他就提出了套筒滚子链的设想。根据斯塔利(Starley 1898)所述,雷诺后来为他使用的所有链条支付了版税。无论如何,雷诺还是于 1880 年 3 月获得了他的基本专利(英国专利第 1,219 号)。

尽管专利链条(正如人们所知)解决了内链板与销钉之间的磨损问题,但链轮齿的磨损仍然是个问题,因为这可能会导致磨损的链条跳齿。当意识到他的产品依赖于恰当设计的链轮齿后,雷诺为用户提供了技术图纸,甚至合适的铣刀。他的钢带是从谢菲尔德的阿瑟·李那里得到的,他发明了用于生产链条的专用机器。他的儿子,查尔斯·雷诺爵士最终接管了公司,这家公司直到今天仍然很活跃。

尽管大多数实心轮胎的安全自行车都装备了块链，但雷诺的一英寸节距的专利链通常是三轮车大链轮的首选。（链的节距是任何两个相邻销钉的中心之间的距离。）一段时间，雷诺坚持认为，他的专利链不可能被做出令人满意的更短的节距。直到 1894 年专利到期后，他的竞争对手证明了他的想法是错的。佩里公司开始生产半英寸节距的链条，而雷诺最终也在 1899 年开始效仿。很快半英寸节距的套筒滚子链条就成了世界标准。

但是，随着节距变成标准尺寸，越来越窄的链条被推出。随着变速器飞轮上的齿数从 2 个或 3 个增加到 12 个，更窄的链条可以适应更薄、更紧密排列的链轮。在 20 世纪 80 年代初，人们引入了没有套筒的链条，这些链条更加灵活（关于链条技术发展的更多信息，请参阅第 7 章）。

道路上的泥土与灰尘会导致链条堵塞和磨损。这是 19 世纪 90 年代人们为什么对轴驱动如此感兴趣的主要原因之一。自斯塔利的萨尔沃三轮车面世以来，骑手们被鼓励给链条上油润滑，并在恶劣的天气后对车进行清洗。但这并不容易，一个润滑良好的链条往往会把油污蹭到骑手的衣服上。1886 年首次提出的一种解决方案是 J. 哈里森·卡特获得专利的油密链润滑器和齿轮盖（1886 年英国专利第 9,283 号，1888 年专利第 9,157 号对其进行了改进），这是著名的小型油浴齿轮箱的前身。卡特是一家铣床润滑箱的制造商。他的自行车设计开启了一种配件的使用，至今仍在沿用。在 19 世纪 90 年代，大多数主要制造商为他们更好的车辆提供了链条箱，不同款式的优点在自行车杂志中被大量讨论。"如果使用了安全链，就不能安装哈里森·卡特的链条盒"，哈里·格里芬建议（Griffin 1892），"最初的成本将以额外的舒适性和运行的方便性而得以补偿。"链条箱在女士自行车上尤其受欢迎。

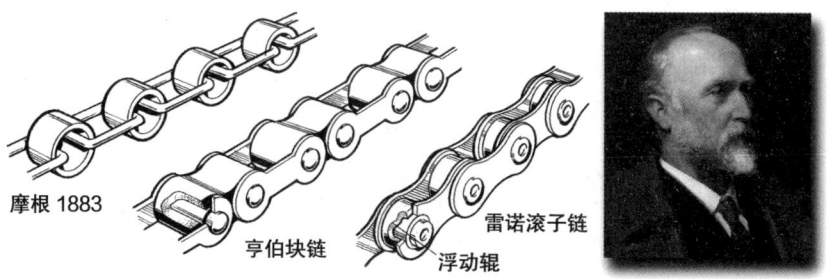

图4.16 左：19世纪晚期的3种链状结构（R.约翰·韦）。右：汉斯·雷诺的肖像（版权所有：雷诺德有限公司 2012）

不对称的牙盘

当曲柄位于冲程的顶部和底部，并且没有来自骑行者脚的有效切向力时，会产生"死点"。链条驱动使得设计师能够重新考虑踏板通过"死点"的问题。到 19 世纪 90 年代初，一些发明家认为一个非圆形的牙盘可能会有所帮助（例如 1894 年美国专利第 513,589 号和第 515,449 号）。从那时到今天，人们已经进行了各种尝试来使用非对称的牙盘——卵形、椭圆形或更复杂的非圆形。这个想法来了又去了又来，前后历经了 100 多年的时间。例如，在 20 世纪 70 年代早期，罗杰·德拉姆推出的椭圆形牙盘，在美国赛车和旅行使用中曾短暂流行（1975 年德拉姆的美国专利第 3,899,932 号，涉及通过在较短直径上使用较长的齿来改善链条保持力）。通常的想法是在曲柄处于水平位置时使用较大的直径，以提供最大的杠杆作用力，而在死点附近则用较小的直径，所以它可以更快地克服死点。因此，随着曲柄的旋转，有效挡位会不断波动。

反对不对称牙盘的理由是，在一个冲程的动力阶段，额外的杠杆力会刺激骑手过度用力，从而导致膝盖损伤。由长野正士（1985 年美国专利第 4,522,610 号）发明并于 1983 年推出的禧玛诺 Biopace 牙盘，旨在将膝盖的负荷减少到低于一个传统的圆形牙盘所带来的负荷。它是通过在曲柄水平时具有较小的直径，而在垂直时具有较大的直径来实现的。这个想法是，在最大杠杆作用（曲柄水平）期间，较低的档位使得腿部加速更快，因此腿部获得的动量会携带踏板通过死点位置。这个想法是源于对腿部和曲柄的运动和动量的广泛研究和分析而得来的。Biopace 牙盘不是简单的椭圆形，而是更复杂的形状，节奏较慢时效果最好。经过 1983—1992 年的大力推广，其竞争对手制作了授权复制品或类似的椭圆环，之后他们却悄然停产了。

不对称牙盘时有复兴。从 1988 年开始，20 多年里，克里斯·贝尔在他位于威尔士的工作室里生产了定制的椭圆形环，椭圆度在 10% 到 30% 之间。1994 年，两位法国工程师米歇尔·萨西和让-路易·塔洛设计了他们的第一个 O 型对称齿盘，它的两条曲线在一个点上对称（1996 年美国专利第 5,549,314 号）。使用 O 型对称齿盘，布拉德利·威金斯在 2012 年环法自行车赛的两项个人计时赛中获胜。

另一个解决死点问题的办法是用杠杆将曲柄连接到一个圆形牙盘上。这样做的目的是通过改变圆环相对于曲柄的转动速度，以达到使用不对称牙盘相似的效果。这种类型的装置获得了多项专利（例如，1957 年的瑞士专利第 359,050 号）。2000 年，巴勃罗·卡拉斯科·贝尔加拉的设计可能是这些设备中最成功的，这些设备由西班牙转子公司制造（世界专利 02/28680 和后来的专利）。贝尔加拉之后获得了不对称牙盘的专利，它的可调节装置使其能够在传统牙盘和 Biopace 牙盘之间进行微调（2010 年美国专利第 7,749,117B2 号）。

无论有什么优点，大多数的替代驱动器均由于各种原因而失败。提供大范围的挡位可能是困难的、昂贵的，或不可能的。关键是大多数替代系统不能被改装到标准自行车上，而链条驱动已经有 100 多年的历史了，很难被取代。

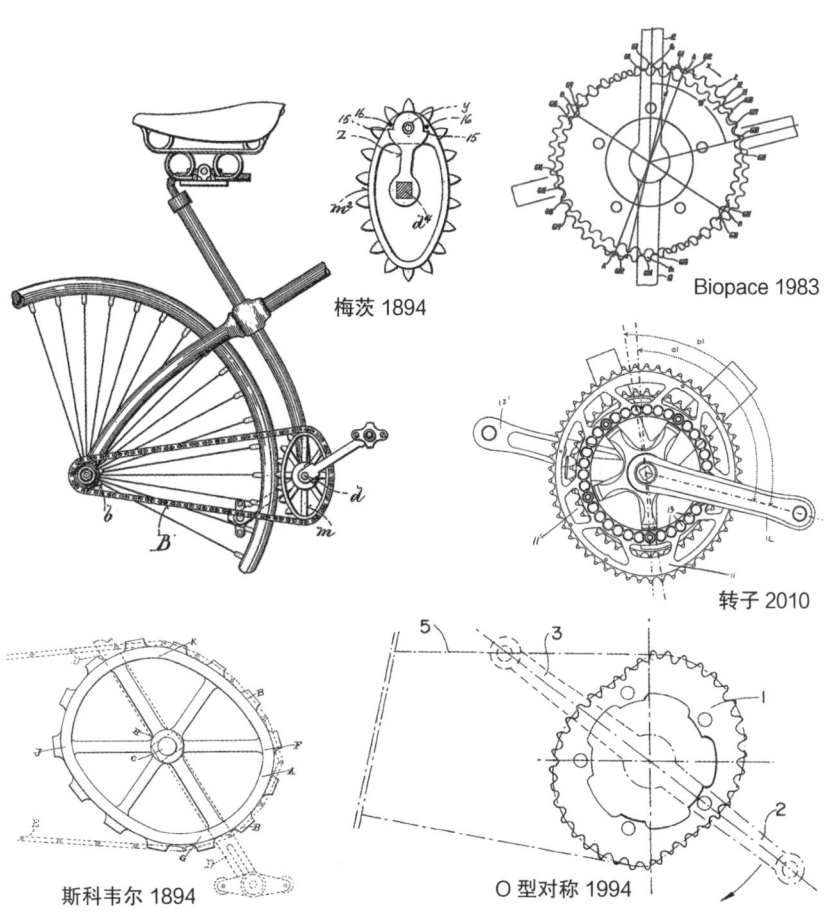

图4.17 新旧不对称牙盘（专利图）

第5章
安全自行车

高轮车简单、高效又优雅，但却是一个进化的死胡同。到1880年左右，它已达到顶峰。在英国，"普通"这个名字被迅速采用，以区别于新型安全自行车，这证明了它已经变得非常成熟。今天的普通大众最熟悉的名字"便士法新"是英国俚语。正如在第3章中所提到的，它指的是车子前后轮之间的比例差异，并将它们类比为当时的硬币——便士和法新（四分之一便士）。

大量技术的发展促进了安全自行车的演变发展。其中最重要的是间接驱动系统，我们在第4章中已经讨论过。在那一章中，我们也注意到一些尝试，通过降低车座并将其移回轴距的中间，使高轮车更加安全。在法骑乐车和超越车中使用的是杠杆驱动，"袋鼠"车用的是链条驱动。本章，我们研究随着对安全性追求的不断深入，安全自行车车架的早期演变过程。在了解经典的钢管菱形车架如何演变之后，我们继续追踪主流自行车车架的发展，包括摆脱经典解决方案的尝试。

早期生产安全自行车的尝试

在安全自行车的发展中，一个重要想法是一个轮子驱动而另一个转向，而不是尝试（如米肖风格的脚踏车和高轮车）驱动和转向都在同一个车轮上。一个早期的例子是托马斯·怀斯曼在1869年设计的前轮驱动系统，它有一个较小的后轮，通过座位下方的连杆进行转向。这种结构允许在轴距中部附近有一个较低的骑乘位置。骑乘位置越低越舒适，被抛出前轮的危险也少了很多，但仍然可以使用一个相对较大的驱动轮（Ritchie 1975，122）。

在怀斯曼宣传他的机器时，另一个英国人弗雷德里克·希林也已经推出了他的"诺福克"自行车。虽然它没有被大规模生产，但希林后来声称已经制造了三辆样车。和怀斯曼一样，希林也将驱动和转向分开，他的方式最终成了世界标准，用后轮代替前轮进行驱动。此外，正如前一章所述，他使用的是皮带驱动。

在 1868 年和 1869 年，其他设计师，如穆格尔、迪博和德斯诺斯 - 加迪萨尔都提出了后轮链条驱动。正如在第 4 章中提到的那样，1870 年，一名叫萨尔让的法国发明家制造了一辆自行车，它有一个大的链轮驱动的前轮和一个较小的可转向后轮（Roberts 1991，63）。

许多设计师试图使自行车变得更安全，这是从已有的高轮车开始的。例如，亨利·约翰·劳森和詹姆斯·莱克曼 1876 年的设计似乎是一辆前后颠倒的高轮车。小轮子在前面，而且是可转向的。骑车人坐在车轮之间较低的位置，通过踏板操作杠杆和曲柄系统来驱动巨大的后轮（在早期的样车中直径为 84 英寸）。在早期的版本中，后轮的支撑完全依照高轮车的模式，没有太大的优势。车架的"脊骨"部分形成一个四分之一圆，并直接终止于后轮轴的上方（1876 年英国专利第 2,649 号）。到 1877 年初，这种自行车已被投入生产。1877 年末，劳森宣传一种更实用车架的半赛车版本，这是他自己在布莱顿制作的作品（随后，他成为切线与考文垂三轮车公司的经理，后来又成为拉奇公司的经理）。当时，劳森自称是唯一的专利权人和发明人。詹姆斯·莱克曼的角色仍然模糊不清，但他可能是一名投资者，而不是工程师。有趣的是，这台机器的注册名是"安全"（Roberts 1991，58）。

劳森的第 2 个设计（1879 年英国专利第 3,934 号），被称为"鳄鱼"，是辆极其出众的机器。高轮车的传统和影响依然很明显，40 英寸的前轮过于大了。但是车架非常实用，从转向头到后叉顶部有一根主梁，支撑着 24 英寸的后轮。垂直座管向下延伸到支撑踏板曲柄组件的轭架。轭架通过细后下叉支撑在后叉的末端，形成一个三角形。转向是间接的，通过一个拉杆连接。

劳森在巴黎开了一家配送中心，发现"安全"这个词在法国人心中已经没什么威望了，于是将自己的产品改名为"Bicyclette"，最终成为法语中"自行车"的通用词。到 1886 年春，他推出了一个改良后的菱形车架版本，更像一辆现代自行车。劳森的美国专利申请包含了修订版的图解，该申请直到 1886 年 3 月才提交，比相应的英国专利滞后了 6 年多。（1886 年他被授予美国第 345,851 号专利。）

在一些更新更安全的设计中，高轮车的影响仍在继续。例如，"美国之星"实质上是前后倒置的高轮车，直接操纵小前轮，并用杠杆驱动大后轮。其发明者是新泽西州哈蒙顿的乔治·普雷西（1880 年美国专利第 233,640 号）。

亨伯曾考虑过制造"美国之星"，但最终决定放弃。事实上，普雷西最初的设计并不成功。然而，5 年之后，新泽西州史密斯维尔的威廉·凯利，获得了一项改进版本的专利（1885年美国专利第321,819号），它保留了普雷西的原始布局，但具有更精细的工程设计（凯利的专利比普雷西的专利长11页）。"美国之星"的第2版由新泽西州伯灵顿的H.B.史密斯公司生产制造，这一次获得了成功。著名的美国赛车手A.A.齐默尔曼和特技车手考夫曼和麦肯尼骑的都是"美国之星"自行车（Bartleet 1931，42—43）。

1884年的"麦卡蒙安全"是另外一个清晰显示高轮车影响的设计。由继承的"脊柱"作为座管，不需要单独的下管或头管，因此该机器适合穿裙子的骑行者（Clayton 2010a）。

图5.1　上：1876年的劳森"安全"自行车（艾伦·奥斯巴尔）。下：1879年的劳森"Bicyclette"自行车（艾伦·奥斯巴尔）

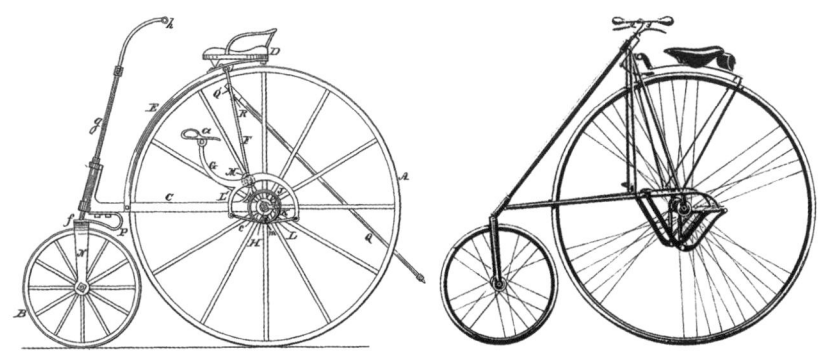

图5.2　左："美国之星"的第1版（专利图）。右：之后的"美国之星"完善版本（R.约翰·韦）

图5.3　1884年的"麦卡蒙安全"（艾伦·奥斯巴尔）

菱形车架后驱安全自行车

1885年是英国所有主要自行车制造商生产后驱安全自行车的第一年。他们的产品在1月底和2月初一年一度的斯坦利展览会上被展出，该展览会在伦敦黑衣修士桥附近的泰晤士河堤上的一个帐篷里举行。各种车架的自行车——主要是十字形和菱形设计——在这里被展出。大多数新设计可能是在1884年开发的，但它们通常被确定为1885年，在那一年，它们被首次向公众展示。

"菱形车架"这个名字有点误导性。从正面看，很少自行车的车架是真正的"菱形"或"斜方形"，即一个四边相等的四边形。就目前而言，"菱形"车架可以被定义为具有以下特征：

1. 连接转向头和座位支架的上管
2. 连接转向头和五通（曲轴壳）的下管
3. 连接五通和后轮叉脚的后下叉
4. 连接座位支架和后轮叉脚的后上叉

关于是谁推出了第一个菱形车架，一直有很多争论。如果将以上定义精炼为只包括上述元素的机器，那么看起来G.L. 莫里斯的"裁判员"是第一部，而斯塔利兄弟的"超能"紧随其后。不过早期的所谓菱形车架通常至少有一些弯曲的管子。我们应该记住，直到19世纪80年代后期，"菱形车架"或"菱形式车架"才被广泛使用，当时它被用来区分有问题的车架和十字形车架以及其他用于安全自行车上的设计。

一个重要的早期菱形车架模型是亨伯的1884年"矮人公路车"。它有一个相对较大的链条驱动的后轮和一个非常小的带悬架的直接转向前轮。转向管相当倾斜。像许多早期菱形车架自行车一样，1884年的亨伯车缺少一个从五通到座位支架的座管。换句话说，它的车架是一个"开放的菱形"（一个带有全长座管的菱形车架被称为"封闭菱形"）。

1885年推出的最著名的后驱安全自行车是罗弗车，它是由约翰·肯普·斯塔利（老詹姆斯·斯塔利的侄子）和威廉·萨顿在考文垂制造。这是一系列成功的罗弗自行车中的第一辆。它非常成功，以至于波兰语中自行车一词用的是"rower"，其中"w"发音像英语的"v"。在它诞生11年后，阿奇博尔德·夏普将早期的罗弗车描述为"第一辆广受喜爱的后轮驱动自行车"（Sharp 1896, 153）。但是第一辆（也是短命的）罗弗车似乎仍然对刚刚过去的设计心存依恋。它的前端主要由前轮和大轮的骨架组成，不过尺寸略有缩小，上面还连接了一个更小的链式驱动的后轮和一个细长车架支撑的车座，通过一个拉杆进行转向，因此第一辆罗弗车就像是劳森自行车的凌乱版。

1885年晚些时候，罗弗自行车推出了性能更好的第2版。尽管前轮依旧比后轮大，但车轮之间的直径差别却不太明显。转向是直接方式，斯塔利与萨顿模仿了亨伯的倾斜转向器。因为车把更靠近骑车人，所以不需要转向连杆。这种设计给方向盘带来了脚轮效应，最终成了世界标准（Clayton 2010b）。

1886年秋天，乔治·史密斯骑着第2代罗弗自行车打破了百英里的世界速度纪录（Ritchie 1975, 130）。虽然新纪录只保持了一个月，但它显示了新的设计并不逊色。这进一步加速了高轮车的消亡。

其他制造商很快发现了菱形车架的优点。例如，哈里·劳森在1886年的设计中就采用了这种车架，它的特殊之处是具有同等大小的车轮（1886年美国专利第345,851号）。在接下来的两年里，类似于封闭菱形的车架开始出现。亨伯、G.L.莫里斯和伍德黑德与安戈伊斯（罗利的前身）是第一批插入向下延伸到五通

图5.4　1884年的亨伯安全自行车（国家自行车图书馆）和一幅托马斯·亨伯的肖像（约翰·塔林）

的座管的制造商,从而使车架在垂直面上更加坚固。在1886年的莱斯特展会上,伍德黑德与安戈伊斯展出了一辆罗利安全自行车,它的曲轴箱是车架的一个组成部分,而不是用螺栓固定在上面。这是另一个即将成为世界标准的特征(Hadland 2012, 13)。

早期的菱形车架安全自行车的轴距较短,这是阻碍直下管和整体五通被应用的一个因素。大部分的曲轴箱都在后轮的前面。因此,座管必须要绕着车轮弯曲(如莫里斯的裁判员)或者与座杆前方的上管相交(如1888年的伍德黑德、安戈伊斯和埃利斯罗利车)。大约在1890年,自行车的轴距变长了一些,后轮和五通之间有了几英寸的间隙,解决了这个问题。亨伯是这方面发展的领导者(Sharp 1896, 157—158)。

上管使穿裙子的女士无法骑菱形车架的自行车。许多制造商采用的显著解决方案,就是将上管从头管顶部向下倾斜至五通上方几英寸的座管上的一个点。这使得车架不完全是三角形,且扭力减弱。在许多情况下,倾斜的上管几乎与下管平行。然而,一些设计师将上管与座管的连接处做得更高或更低。一个较低的接合点使得穿裙子的骑车人更容易跨过去,但使车架的扭力更弱。较高的接合点使车架更坚固,但踏上车子就会更困难。

生产一种结实的、跨杆比较深的女士车架更昂贵的方式,是使用带有弯曲上管的环形车架,这允许上管和座管的接合点相对比较高。在它们最接近之处弯曲的上管和直下管几乎接触,它们常常在此处被焊在一起以增加硬度。

一些设计师只使用一根单独的下管。这给了车子一个非常低的跨步高度,但扭转刚度就比较差。这种类型的一个例子是1889年女士罗弗安全自行车。这样设计的车子在20世纪之后仍在被继续生产。

伦敦北芬奇利的查理斯·威廉·布朗采用了一种更复杂的方法来设计女士车架。他1894年的设计在英国和美国都获得了专利(1895年美国专利第538,232号),这项专利提供了在五通周围另外的三角形组合。布朗的专利也涵盖了一款让女士坐在前面的双轮双座车。这项专利被转让给了亨伯。基于布朗设计的三角形车架也是由半人马公司和科格斯韦尔与哈里森公司制造。虽然布朗的设计提供了很大的纵向和横向强度,但五通的支撑不如传统车架(Bartleet 1931, 90)。它的制作复杂且昂贵。

十字车架后轮驱动安全自行车

菱形车架在安全自行车发展的早期并非没有竞争对手。它的主要竞争对手是

图5.5 第一辆斯塔利·罗弗自行车(1885)和一幅1886年的来自罗弗目录中的约翰·肯普·斯塔利肖像(*CTC Monthly Gazette*,1885年5月;约翰·塔林)

十字车架。十字车架之所以得名,是因为它通常有一个主梁(将方向盘连接到后轮)与座管(向下延伸到曲轴箱)相交约90度。由于其开放式的设计,十字车架制造商不必为男士和女士制造单独的车型。然而,与大多数女款菱形车架相比,主梁的高度对于穿裙装的骑车人来说是一个更大的障碍。

1879年,劳森的自行车就有一个十字车架。大约4年后,出现了更多的十字车架自行车:1883年的漫威、1884年的先锋、1885年的BSA安全自行车。1886年,考文垂希尔曼公司、赫伯特与库珀公司推出的普勒米耶自行车更加复杂,其设计元素获得了专利(1886年英国专利第1,775号)。转向可以通过弹簧自动居中,链条松弛度则是由拉紧连接五通和主梁的支架来调节。普勒米耶流行了好几年。

与其他大多数早期的安全自行车相比,丹·阿尔伯恩在普勒米耶之后不久推出的艾维尔自行车,在"不用手"的风格下,骑起来相当容易。1886年,工程师兼运动员乔治·皮尔金顿·米尔斯在一辆艾维尔上打破了50英里和24小时的纪录。米尔斯在加入亨伯和后来的罗利之前为阿尔伯恩工作。

1888年,斯塔利与萨顿曾短暂制造过一台十字车架的自行车,不过没有取得

图5.6　1885年，一则"突破性机器"的广告：第2代罗弗自行车

商业上的成功。次年，M.A.霍尔拜因骑着一辆希尔曼、赫伯特与库珀公司的十字车架自行车，打破了24小时的纪录，行驶了324英里（RRA 1965, 40）。而那个时候，威廉·希尔曼的菱形车架已经获得了专利（1888年英国专利第16,736号）。更坚固、更完整的三角菱形车架已经崭露头角，十字车架自行车开始从制造商的目录中消失。

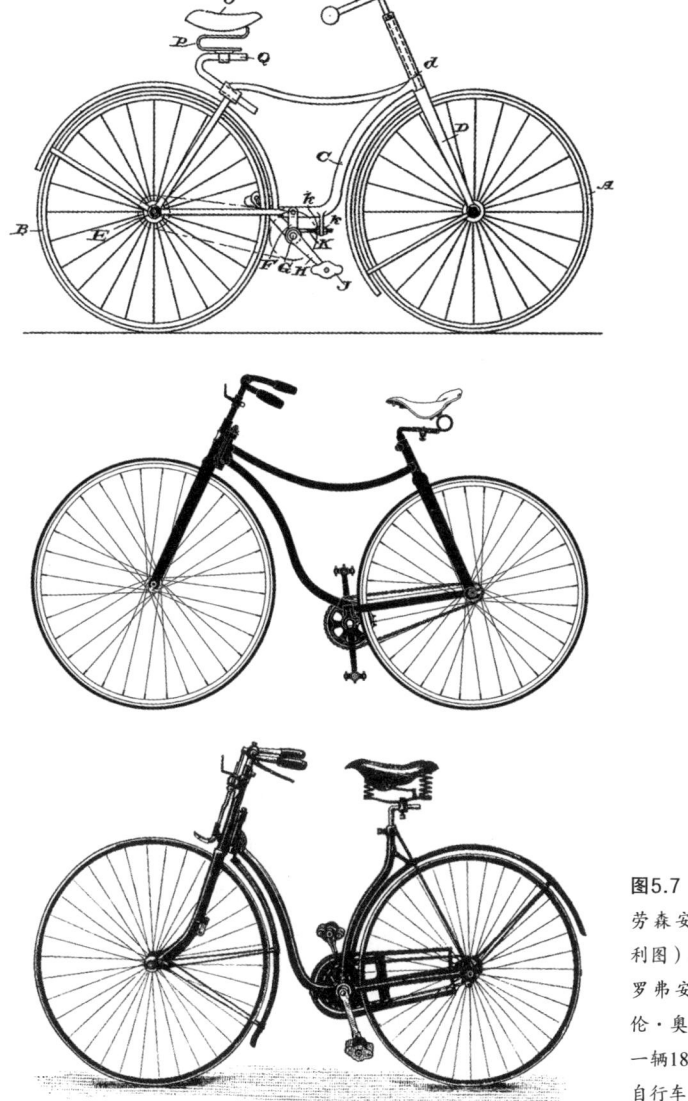

图5.7 上：1886年的劳森安全自行车（专利图）。中：1888年的罗弗安全自行车（艾伦·奥斯巴尔）。下：一辆1889年的女士罗弗自行车（目录图片）

一些"半菱形"设计将十字车架的元素与菱形相结合。其中一个就是1889年的斯塔利与萨顿的通用罗弗，按照该公司标准，这是一辆相对便宜的安全自行车。像一个封闭的菱形，它的车架是由座管、后下叉和后上叉组成的一个后三角。但就像一个十字车架，它在座管和转向头之间有一根主梁。与艾维尔一样，它在主梁前部和五通之间有一条细的系带。

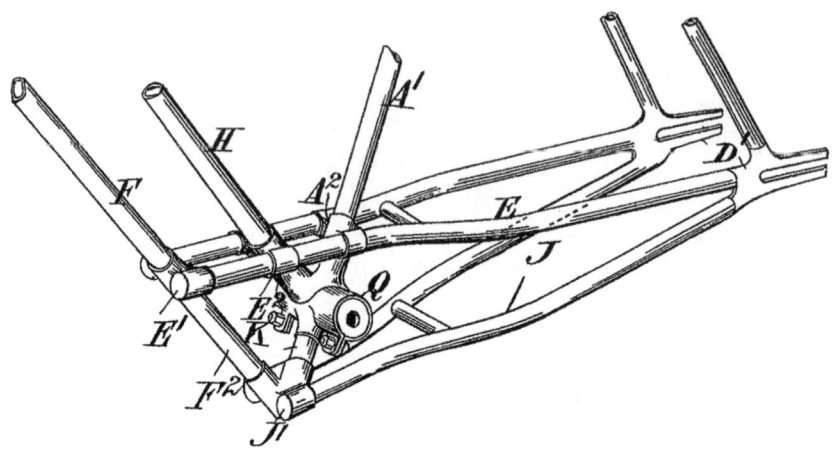

图5.8 1894年，布朗女士自行车的三角形车架的下半部分（专利图）

有时，十字车架又会卷土重来。1937年，由纽约的艾伯特·里彭拜因设计的美国康帕（1940年美国专利第2,211,164号）有一个十字车架，20世纪40年代末、50年代初的几种设计也是这样，其中一种是法国迪乐塔生产的，另外两种是由英国自行车机械师杰克·劳特瓦瑟制造的原型（因战后钢铁短缺引发），以及由航空工程师阿利奥特·弗登·罗爵士（阿夫罗和桑德斯-罗航空公司的创立者）制造的一款广为人知的原型。1958年左右，德国推出了大力士HK车，它有一个铸铝十字车架。所有这些机器都有常规尺寸的轮子。然而，从20世纪60年代开始，十字车架和其他开放式车架设计在小轮自行车上的商业应用比在大轮自行车上更成功。一些开放式设计（例如罗利20系列的H型车架）有一个标准的后三角，带有后上叉和后下叉。以早期的莫尔顿为代表的懒人式F型款，它的主梁很低，以至于五通就直接安装在它下面。在这两种情况下，"十字车架"这个名称就不太合适了，因为座管和主梁不会在很大程度上交叉。也有许多U型车架，用一根弯曲的管形成座管和主梁。（1895年，德国的赖希施泰因兄弟公司和英国的亨伯公司生产了女式U型车架自行车。）许多开放式的车架设计——十字车架、H型车架、U型车架、懒人F型车架——使用撑板、支柱或撑杆将主梁支撑在头管或座管上。

19世纪80年代简单的十字车架，比如那些艾维尔和普勒米耶的十字车架，不应该把它们与之后更为复杂的设计——也称为十字车架——相混淆，后者更像是加强版的菱形车架。后者最出名的例子是乔治·皮尔金顿·米尔斯在离开亨伯加盟罗利之后创建的罗利 X 型车架。虽然罗利早在几年前就已经生产了类似的东西，但从 1901 年直到 20 世纪 20 年代，该公司的广告宣传中都显著地突出了 X 型车架。米尔斯观察到，由于头管的长度，一个大的男式菱形车架没有完全三角化。他的 X 型车架设计弥补了这一点，通过将上管向前倾斜与向下倾斜到下管和头管相交的点，引入了一个附加管将五通连接到头管顶部，并且使附加管与倾斜的上

图 5.9 上：一辆 1887 年的带拉杆转向的十字车架拉奇自行车（艾伦·奥斯巴尔）。中：一辆十字车架的艾维尔车（R.约翰·韦）。下：一辆 1889 年的通用罗弗车（目录图片）

管相交。

罗利的大部分 X 型车架自行车都使用了"华美模特"这个名字。许多其他制造商都开始复制这种设计。还有一个女式版本，它保留了女式菱形车架的一贯跨步特征，没有下管上方的通常倾斜的上管，而是使用了两个交叉管。根据夏普教授的说法，X 型车架"比通常的菱形车架要明显坚硬得多"。但是它们更重，也更昂贵。

矮小的前驱自行车

正如第 4 章中所提到的，行星齿轮被用于之后的一些前轮驱动的自行车上，以允许使用一个更小、更易于操作的前轮。齿轮有时可以和杠杆传动一起使用，例如在带齿轮的法骑乐车中的使用。使用普通曲柄的机器被归类为"齿轮普通机"。

19 世纪 90 年代，前驱的支持者发起了一个后挡板行动。例如，在 1893 年，罗利提出了一个"齿轮前驱动器"，这是一个简单的、充气轮胎式齿轮普通机。在那年 11 月的伦敦斯坦利展览会上，肖和西德纳姆展示了一种更激进的方法。他们的第 1 代克里普托 F.D. 安全自行车（"F.D."代表前轮驱动）是一个紧凑型的机器，车轮尺寸从 22 英寸到 24 英寸不等，齿轮尺寸可以达到 60 英寸到 66 英寸。

图5.10　一辆1903年的"华美模特"车（罗利）

第 2 年，这款机器被宣传为"矮脚鸡"。它有一个水平主梁和一个几乎垂直的后叉，用细带支撑在主梁的下面。最著名的"矮脚鸡"版本是 1894 年推出的第 2 代。它有一个较小的后轮和一个弯曲的脊柱，这两个特征让人想起一辆高轮车，但它比罗利的齿轮高轮车更紧凑。1895 年，一款女式矮脚鸡诞生。两年后，"阿尔法矮脚鸡"车被推出，它有大小相同的轮子、平行的上管和下管，以及一个悬臂式后叉。但到了 1898 年，矮小前驱的时代即将结束。

菱形车架的胜利

到 19 世纪 90 年代后期，菱形车架已经演变成一种几乎在所有方面都与现在主导了一个多世纪的设计极其相似的形式。它主要由直钢管组成，采用现代技术进行钎焊或焊接。较长的轴距允许使用直座管。一个整体的五通封装曲轴箱。它通过滚子链来驱动后轮，转向是直接的，具有脚轮效应。轮子大小相同，轮胎是充气式的。

十字车架在很大程度上已成为历史。矮小前驱也很快就消失了。

偶尔会出现一些有价值的新车架设计。1893 年，在"克里普托矮脚鸡"发布几周前，米卡埃尔·彼泽森获得了一项得称赞的新设计专利。与矮小前驱不同，它是少数非菱形车架设计之一。虽然从未实现广泛的普及，但它却有足够的优点来吸引持久的追随者。在 20 世纪之后，这种设计的自行车在不同时期和不同地点都还在小批量生产。

钢作为一种车架材料

19 世纪材料制造方面的改进也同时促进了自行车设计和制造的改进。英国国家自行车档案馆的创立者安德鲁·米尔沃德称：

> 从 19 世纪 60 年代末开始，英国制造商开发自行车的一个突出特点是在不牺牲强度的情况下减轻机器的重量，特别是在结构中使用钢，而不是铁和木材。虽然从早期开始，新材料的试验是在专门的竞赛机器上进行，但在 19 世纪 70 年代和 80 年代，钢制造成本的降低让其在自行车上被更广泛地使用，并且机器性能的普遍提高也激发了人们对自行车的进一步兴趣。（Millward 1999, 87）

在皮埃尔·米肖 1868 年的专利（法国专利第 80,637 号）中包括了对管状钢

图5.11　一辆1894年的克里普托矮脚鸡2号（国家自行车图书馆）

车架的权利要求，尽管没有人认为这种车架是由米肖制造的。然而，纽约的皮克林与戴维斯公司在同一天左右将液压管用于车架和车叉，将液压管钎焊成黄铜耳。两年后，英国高轮车制造商开始使用空心脊骨，使他们的机器更轻。早在1872年，迈耶高轮车和阿里埃尔自行车就有管状脊骨（*The Field*，1872年4月20日）。中空管与轻盈的高强度联系在了一起。图尔的朱尔·特吕福（他用的是刀鞘）和伍尔弗汉普顿的S.托尔曼于1874年第一次尝试将管材用于前叉（1880年考文垂机械师公司目录）。东安格利亚的J.C.加伍德于1876年获得了空心叉自行车的专利（1876年英国专利第3,875号），到1878年考文垂机械师有限公司和其他大公司都在制造空心叉。中空管材的使用随后蔓延到后叉、车把、车轴和轮辋。诺丁汉的詹姆斯·卡弗通过他的新型中空辐条自行车（1877年英国专利第616号）将其推向了极致。

这些进步因钢铁生产的重大发展而得以实现。美国的威廉·凯立和英国的亨利·贝西默爵士从高碳生铁中生产大量低碳钢，创造了类似的气动熔炼过程。英国冶金学家罗伯特·福里斯特·马希特使之具有了商业可行性。他改进了凯立和贝西默的技术,首先烧掉杂质和碳,然后加入镜铁(一种锰铁合金),以一种精心控制的方式重新引入锰和碳(1857年美国专利第17,389号)。贝西默和凯立工艺在马希特技术的推动下,相对锻铁降低了钢的价格。然而,早期英国自行车车架中使用的大部分钢材是从瑞典进口的低碳钢(Millward 1999,88)。

军火工业率先设计出制造更好钢管的新方法。J.D.M.斯特林1854年的专利(编号472)是一个重要的早期发明,该专利通过冷拉中空钢铸件形成无缝钢管。其他发展随之而来,改进的制管技术进入了自行车行业。一家重要的早期制造商是克雷登达冷拔无缝钢管有限公司,成立于1882年的伯明翰(Millward 1999,90)。

19世纪80年代中期,在雷姆谢德(杜塞尔多夫南部),赖因哈德和马克斯·曼内斯曼兄弟正致力于利用三辊斜轧机改进开口销的硬度。在研究过程中,他们发现这道工艺可以在钢中产生一个中心空洞。他们的顾问弗朗茨·勒洛教授解释说:"这就像一只拉了皮遮住耳朵的狐狸。"曼内斯曼夫妇于1887年获得美国第361,954号专利,1888年获得美国第389,585号专利。1892年,他们增加了"皮尔格"或"分步"工艺,这是一个众所周知的想法,于1841年在英国获得了专利。"皮尔格"一词的意思是"朝圣者",源于碾磨机动作与一种前进两步后退一步的游行方式之间的相似性。

第一次,实心钢筋可以在几秒钟内变成无缝钢管。到1887年,曼内斯曼技

图5.12 完美的菱形车架的样例:一辆1907年的"金色阳光"(艾伦·奥斯巴尔)

术在威尔士斯旺西附近的兰多尔西门子钢铁厂得到了应用。曼内斯曼兄弟很快就买下了兰多尔工厂，并成立了一家庞大的工业公司，总部设在杜塞尔多夫（Boore 1951）。当一位前雇员，名为拉尔夫·施蒂费尔的瑞士工程师前往美国后，曼内斯曼家族失去了美国市场。他成为宾夕法尼亚州埃尔伍德市新城一家生产无缝钢管工厂的主要股东和总经理。后来，这家工厂成了谢尔比钢管公司的一部分。施蒂费尔的工艺流程变体（1895年美国专利第551,340号）规避了曼内斯曼兄弟的专利。

  直到19世纪90年代初，美国才真正开始生产无缝钢管。在那之前，美国的大部分自行车车管都是从英国进口的。虽然这会导致英国管材时而短缺，但它刺激了无缝钢管行业的发展。到1896年，英国已经有了十几家公司在制造钢管。到那时，制造通用无缝管的公司，如俄亥俄州的谢尔比钢管公司，已经在美国成立，美国基本上实现了自给自足（Millward 1999，92—93）。1896年，艾伯特·波普建立了自己的管材工厂，原本它是一家叫作波普 - 曼内斯曼公司的合资企业（Epperson 2010，113—117）。

  在19世纪90年代，许多与钢管有关的专利被授予。其中包括约140个无缝

图5.13 一辆佩德森自行车，1893年被授予专利（艾伦·奥斯巴尔）

管专利以及其他用于钎焊、焊接、对接、椭圆形和 D 形截面管的许多专利（Marks 1903，134—153）。

在更好、更轻、更便宜的钢管发展的同时，也出现了越来越复杂的冲压钢组件。扁平钢板经过一系列冲压操作，生成复杂的三维部件，包括五通、前叉肩盖、车架套管、牙盘、链轮和自行车踏板。以前，这类产品通常由铸铁件或锻造冲压件制成，必须经过机械加工才能达到要求的精度和外观。压制钢消除了许多这样的工序，生产出更轻、更便宜、更整齐的组件。该项技术于 19 世纪 80 年代在德国开始使用。在 19 世纪 90 年代，美国工业家使它进一步发展。芝加哥西部车轮厂由名叫阿道夫·舍宁格的移民创建，成为主导制造商（Hounshell 1984；Lessing 2008）。到 1900 年，由罗利为首的英国自行车制造商开始采用这项技术，并引进美国的专业知识和工具。罗利长期以来的口号是"全钢自行车"，因为它采用冲压钢件代替铁或有色金属部件（Millward 1999，140—141）。

随着无缝钢管和冲压钢车架组件的发展，出现了连接这些部件以形成车架的新方法。液态钎焊将组装好的车架浸入熔钎焊中，节省了劳动力，减少了材料浪费，并有助于避免脆弱的接头。这项技术最先在美国被使用，后来在英国被广泛采用。另一项美国创新是电焊，它在美国制造商中很受欢迎，他们倾向于使用比英国同行更重等级的管材（更适合这种技术）。在英国，拖拉和钎焊结构是常态。然而，到 19 世纪末，电焊在英国开始被用于钢冲压（Millward 1999，141—142）。

关于钢车架后来的发展，见第 12 章。

其他的车架材料

木材当然是第一种被用于自行车车架的材料。19 世纪 90 年代中期，当新的钢车架技术发展达到顶峰时，一种有机车架材料再次出现：竹子（一种草）。1895 年，内布拉斯加州滑铁卢的奥古斯特·奥伯格和安德鲁·古斯塔夫森提出了一项菱形车架的竹制自行车的专利申请（1896 年美国专利第 565,783 号）。他们把硬木塞在竹管的末端，然后小心地将管子的外侧做成锥形，使其紧紧地嵌入钢制的套管中。然后用一个钢销穿过套管、竹子和硬木，以防止接头松动。

19 世纪 90 年代中期，伦敦竹制自行车有限公司销售竹制自行车已达数年之久。根据 1895 年的一则广告宣传，这家竹制自行车公司的产品"比钢铁更好"和"受到贵族青睐"。爱德华·斯宾塞·丘吉尔勋爵称，他骑着他的竹制自行车骑行了 1,500

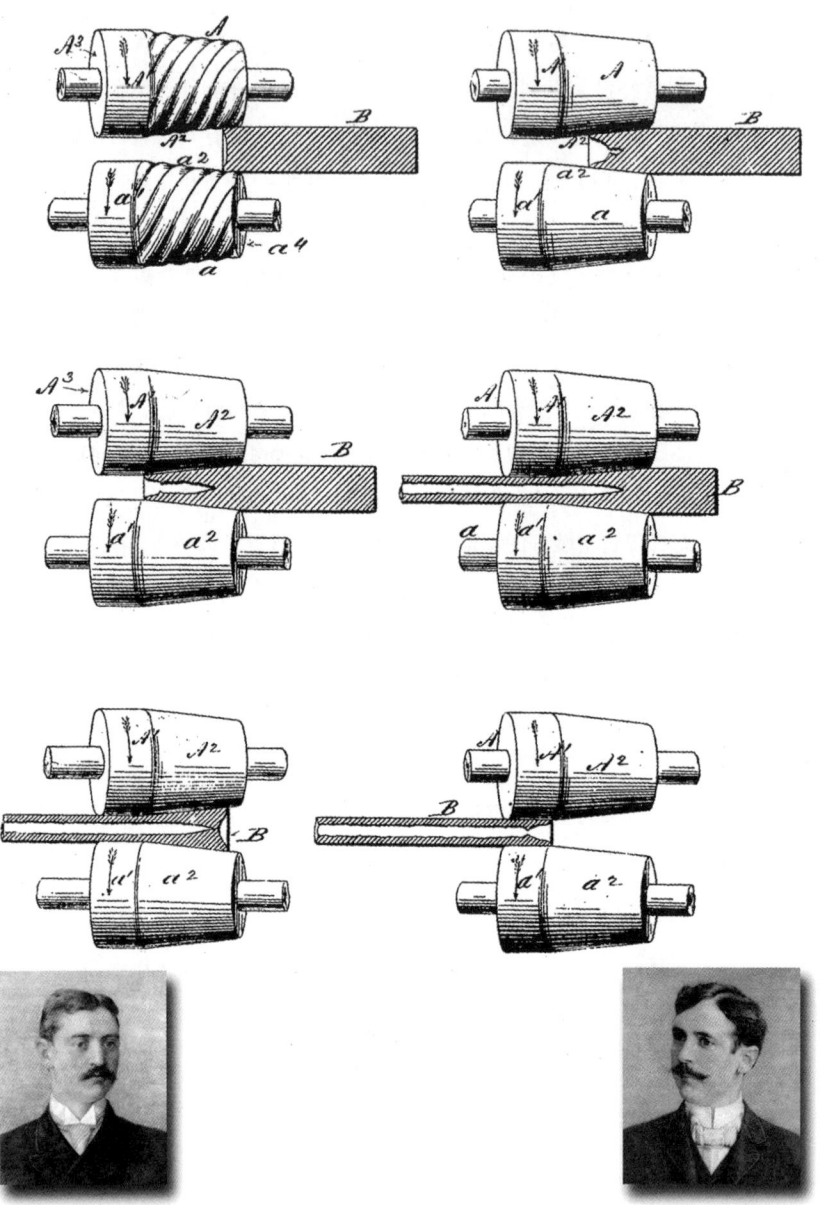

图5.14 上：曼内斯曼管的生产阶段（扎尔茨吉特公司/曼内斯曼纳克希尔公司，鲁尔河畔米尔海姆）。下：赖因哈德（左）和马克斯·曼内斯曼

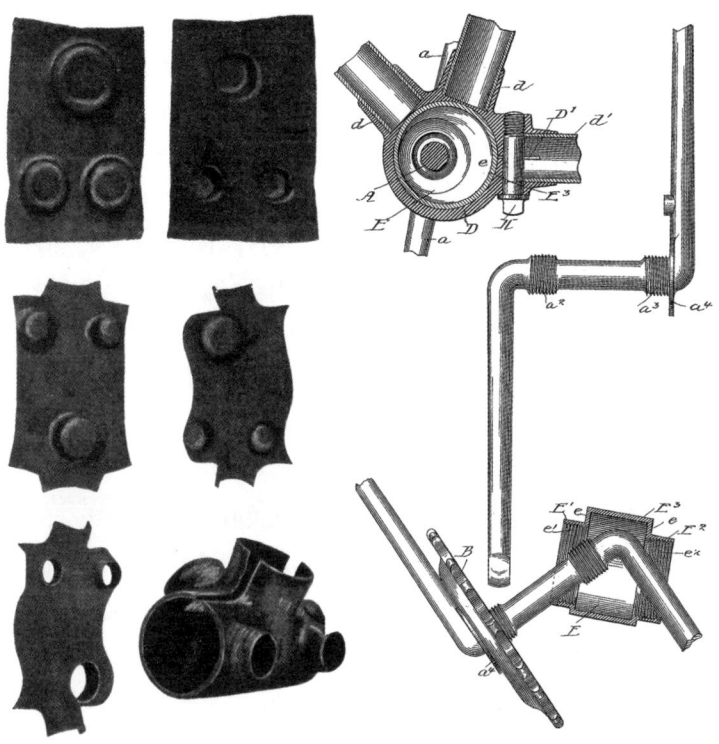

图5.15 左：通过分阶段压制扁平钢板形成的五通（*Polytechnisches Journal* 304，1897，269）
右：威廉·福伯的一体式曲柄装置，设计于1897年（美国专利第624,636号）

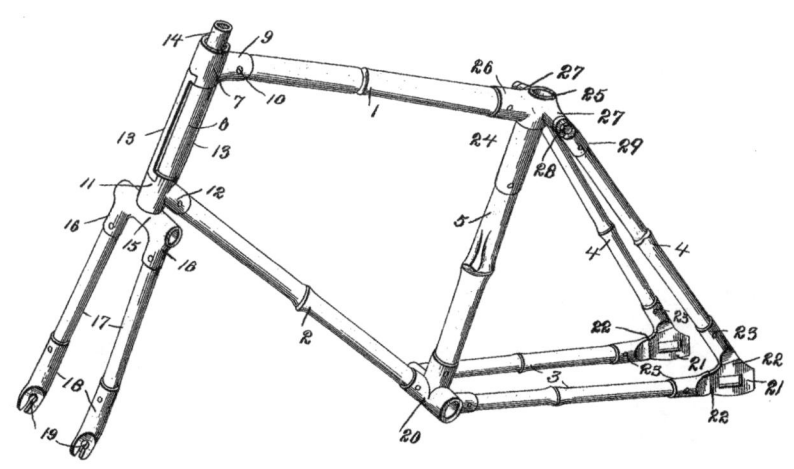

图5.16 奥伯格和古斯塔夫森的竹制车架（专利图）

英里,他说这是"我所骑过的最适合爬坡的自行车"。竹制自行车公司 1897 年的宣传册反映了钢钎焊车架的平行发展,该宣传册宣称"制造接头的改进和专利方法"使它们"远比钢制钎焊接头更可靠"。

随着金属的可用性和成本的变化,人们对竹子或木材制成的自行车的兴趣不时地复苏。一个例子是由意大利弗拉泰利维安宗公司制造的维安宗木制车,该公司用弯曲的木头制造滑雪板和其他各种产品。1935 年秋天意大利入侵埃塞俄比亚后,国际联盟对其实行经济制裁,造成意大利钢材短缺。维安宗公司设计了一款主要由木材和铝制成的优雅的自行车,这两种材料都很容易获得。在 1938 年到 1956 年间,维安宗公司大约生产了 250 到 300 台这样的机器,其中包括一个开放式车架的女士版。它们的菱形车架主要是由各种木制的蒸压层板组成,并配有铝制配件,甚至座杆和踏板踏块都是木制的(Lawrence 2005a)。

在 21 世纪的头 10 年,大量与竹制自行车相关的专利申请被提交,其中许多是在远东。B2O 是一款由安托万·弗里奇和维维安·杜里索蒂设计的带有层压十字车架和前叉的自行车,赢得了 Prix GEO 2009 环境设计比赛奖项。两年后,在牛津布鲁克斯大学,由史彭德·葛古里和詹姆斯·布劳顿领导的学生团队设计并建造了一个符合欧洲安全标准的概念车架。这两位学者骑上这种车架的山地自行

图5.17 一辆维安宗木制自行车(托尼·哈德兰德)

车，成功参加了为期 8 天的 400 英里的阿尔卑斯山赛，全程攀登了 21,000 米。

木材和竹子的一个主要缺点是，它们的纹理使它们在某一个方向上具有相当大的强度，但在其他方向上强度几乎为零。交替方向层压木材（如胶合板）在两个方向上都有很好的强度，但在第三个方向上强度很小。另一个缺点则是由木材或竹子制成的车架组件难以连接。即使使用套管或套筒，也很难生产出耐用的纯机械接头。粘胶只会粘住木材或竹子的外层。五通的应力对木材或竹制车架的设计师来说是一个特别的问题（Burrows 2000，54）。

在非洲，自制的木制自行车有简单的三角形车架和小实心木轮，长期被儿童使用。这种类型的自行车通常缺少驱动系统，骑车人就像是骑德莱斯机一样快步行走。

第二次世界大战后，人们对使用玻璃增强聚酯（glass-reinforced polyester，简称 GRP）和其他模塑塑料作为自行车车架材料的兴趣开始增加。最著名的例子是利明顿矿泉市的汽车工程师本杰明·鲍登设计的一个车架。1946 年秋，鲍登为他的自行车车架申请了英国专利，两年后又在美国申请了专利。他的美国专利（1951 年第 2,537,325 号）覆盖了一个中空的硬壳车架，由互补金属冲压件或塑料模塑件组成，"沿着车架的中心平面彼此固定"。1946 年秋天，伦敦维多利亚和阿尔伯特博物馆举办了一场展览，展出了一个铝制轴驱动样机。该展览由工业设计委员会组织，旨在促进英国的生产能力，展览口号为"英国能行"。但是，战后财政拮据的英国并没有生产本·鲍登的自行车。

鲍登后来搬到了美国，1960 年，他设法将他的机器投入生产。生产的原型，其车架由 GRP 制成，称为"太空着陆器"，只生产了 522 辆，生产停止后，市场上还出现了一些未经授权的复制品（Dixon 2007）。1965 年，鲍登获得了另一项硬壳式车架设计专利（1965 年美国专利第 201,605 号）。三年后，鲍登明显受到了莫尔顿自行车的影响，采用自己的 GRP 硬壳式方法，他设计了一种全悬浮的小轮车（1968 年美国专利第 3,375,024 号），它从未被商业化生产。鲍登的"太空着陆器"有时会和 1959 年在英国上市的埃尔弗克-霍珀斯库佩德车相混淆。它由莫里斯·莫斯设计，类似于一辆摩托车，面向通常不骑自行车的人。它有一个传统的钢车架（不像太空着落器），外面包裹着 GRP。但斯库佩德在商业上的成功程度甚至不如太空着落器，仅制作了 36 辆（Land 2010，142—143）。

其他自行车公司间歇性地试验 GRP 材料。1970 年左右，罗利尝试用 GRP 生产儿童自行车，并制造了一个原型（RSW11 小轮车的衍生品）。车架的中间部分由 GRP 制成，像"太空着落器"一样，由两个部分成型。后来，罗利建造了

图5.18　1965年，本·鲍登的硬壳设计（专利图纸）

一个部分 GRP 版本的乔巴高层自行车原型。但是，用切短的 GRP 纤维团塑成型比用传统的劳动密集型方法制作自行车要困难得多。传统方法是手工铺设 GRP 板，并在每一层涂上树脂。事实证明，工艺流程过于昂贵，罗利从未大量生产使用 GRP 材料结构的自行车。碳纤维同样是劳动密集型，但这种材料最终被用于昂贵的高档运动赛车中，其利润率高于大众市场的自行车。

不时地，特别是在 20 世纪 70 年代，各种塑料自行车被提出。1979 年，在巴黎自行车沙龙上展示的乐斯佩洛车，几乎投入了生产。菱形车架、轮辋和刹车由玻璃填充聚酰胺（glass-filled polyamide，简称 GFPA）制成。一个集成的部分后挡泥板取代了传统的座管。可分离的前叉便于装载进汽车后备厢中。法国卢瓦尔自行车公司想制造一个版本，但是乐斯佩洛从来没有被大规模生产过。

成功吸引媒体和公众注意力的是怡特拉自行车，它是由瑞典汽车制造商沃尔沃的设计团队于 1978—1980 年开发的。男女通用开放式车架的组件由丙烯腈 - 丁二烯 - 苯乙烯共聚物（acrylonitrile butadiene styrene，简称 ABS）模制而成。而

图5.19 一辆埃尔西克-霍珀斯库佩德车(奈杰尔·兰德)

图5.20 1979年,一辆塑料斯佩洛预生产原型车(雷娜特·B.莱辛)

乐斯佩洛使用的是 GFPA 轮辋和传统的钢辐条，怡特拉的车轮是由 GFPA 模制而成，每个都有 8 根完整的辐条和一个轮毂壳。虽然乐斯佩洛是一个运动款，但怡特拉是针对上班族：它有集成照明、内置锁和行李架。其设计和材料都不足以达到预期的目标。车架缺乏刚性消耗了骑行者的精力，并使某些组件变得疲劳，特别是早期生产车型中使用的塑料把手。后来，怡特拉也有了钢制把手（Lawrence 2005b）。怡特拉在 1982 年开始销售，引起了极大的关注。但仅仅 3 年后就停产了，总共生产了大约 3 万台，有工会蓄意破坏的谣言。此后的几年里，怡特拉成为牛津大街上熟悉的景象，那里的一家租赁公司大概以很高的折扣获得了一批货。在那之后，怡特拉非常罕见，在博物馆外很少看到。"为大众塑造"的廉价塑料自行车仍难以实现。

铝、镁和钛车架将在第 12 章讨论。其他金属，包括镍合金、不锈钢和铍偶尔也被使用。

自行车催生了飞机

19 世纪 90 年代的自行车海报上经常出现飞翔的鸟儿。在德国，6 日赛的选

图5.21　一辆1982年的怡特拉通勤自行车（拉尔斯·萨穆埃尔松）

手称自己为"飞人"。美国、法国和德国的第一批飞行员，以前大多数都是自行车赛车手（Kyle 2007）。奥托·利林塔尔是当今所谓的悬挂式滑翔（1893年德国专利第77,916号）的先驱。他热衷于骑自行车，在1894年柏林工程师大会上的一次演讲中，他将滑翔比作自行车：

> 渐渐地，一个人获得了很大的安全感，就像一位训练有素的自行车手，但练习仍然比指导一辆两轮车骑行要困难一些。这种装置不仅需要通过改变一个人的重心向右或向左转向，还需要向前和向后。因此，人们可以把飞行比作骑独轮车。（译自 Lilienthal 1894）

利林塔尔死于一股强风，但骑自行车的人仍然相信通过肌肉驱动的飞行即将到来。发明家们正在测试肌肉动力飞行自行车的原型，并参加由标致、迪布瓦和米其林赞助的比赛。不过，如果要吸引参赛者加入，必须减少往返飞行33英尺这样的最初标准要求（Schulze 1936）。

19世纪90年代，奥维尔·莱特和威尔伯·莱特在俄亥俄州代顿市经营一家印刷厂。1892年，奥维尔买了一辆新的安全自行车（一辆带有充气轮胎的哥伦比亚车），而威尔伯在拍卖会上买了一辆鹰牌安全自行车。同年，他们开了一家自行车商店。奥维尔在基督教青年会体育公园参加自行车比赛，威尔伯担任首发，并赢得了几枚奖牌。在参观了芝加哥的世界哥伦比亚博览会后，他们开始生产两个品牌的自行车：范克利夫和圣克莱尔。1894年出版的《麦克卢尔杂志》刊登了一篇关于奥托·利林塔尔和奥克塔夫·沙努特飞行机器的插图文章，这篇文章将莱特兄弟的注意力转向了飞行器（Fisk 2000）。

当然，莱特兄弟后来凭借他们的汽油发动机飞行器（1903年美国专利第821,393号）赢得了世界声誉。关于自行车对早期汽车的技术影响的说法也适用于早期的机动飞机：铁路技术本就过于沉重。

图5.22　1905年，莱特飞机上使用的自行车零件：插图最初发表在菲斯克和托德 2000（弗雷德·C.菲斯克）

第6章
舒适度

本章，我们介绍有关轮胎、车座弹簧支撑、弹簧车把和车轮悬架的技术发展。

轮　胎

自行车轮胎设计的进步可以减少行驶中的阻力、提高抓地力、提供更大的牵引力和更安全的刹车，同时也可以大大提高骑行舒适度。轮胎可以极大地提高舒适度，有助于将骑行者和机器与路面不平整而引起的颠簸和冲击隔离开来。然而，早期的轮胎对提升骑行者的舒适度毫无帮助。

铁轮胎

由德国发明家卡尔·德莱斯设计的机器采用了木制辐条车轮。木制辐条从木制轮毂辐射出来，连接到木制圆形轮辋上，整个装置被用铁轮固定在一起。当时的铁轮胎由扁平的长条形成，焊接成一个圆环，然后通过高温加热安装在轮辋周围，最后用水冷却收缩以适应轮辋。铁轮胎不仅把车轮固定在一起，也为车轮提供了耐磨的运行表面，但这种轮胎没有减震效果。

在光滑坚硬的路面上行驶时，这种铁轮胎的骑行效果挺好，但正常路面一般不会如此理想。松软的路面一经铁轮胎的碾压就会形成凹槽，这不仅消耗骑行者的能量还会降低骑行速度。骑手的能量也会因为路面的不平整而逐渐消耗。正如阿奇博尔德·夏普所说（Sharp 1896，487）："在第一批由木制车轮和铁轮胎制成的自行车中，有的车座上甚至连弹簧都没有。整辆车的重量（与轮胎刚性连接）包括车轮、车架（占相当大比例）和骑行者。骑行者在自行车行驶过程中的最主要的任务是为行驶提供能量，而这一能量由于路面的颠簸冲击而受损。"

实心橡胶轮胎

天然橡胶遇冷会变硬，遇热则变黏软，硫化有助于克服这些特性。通过加入硫元素使天然橡胶发生硫化的工艺从1839年开始发展起来，最著名的是美国的查尔斯·古德伊尔和英国的托马斯·汉考克（"硫化"一词的创造者）。汉考克对古德伊尔制造的一些防水靴进行认真研究，发现了硫元素的存在，并获得了专利。斯蒂芬·莫尔顿，自行车设计师亚历克斯·莫尔顿的曾祖父，将古德伊尔的生产工艺引入英国，并与汉考克的优先权要求进行斗争，但没有成功（Dodds 2001，105）。

到米肖脚踏车出现时，橡胶工业在世界主要的工业国中已经建立起来。很快，宽约0.75英寸、横截面呈圆形的实心橡胶轮胎便被安装在脚踏车的车轮上。夏普评论道：

> 如果车轮的轮胎被做成弹性的，那么在通过障碍物时其形状就会发生改变，车轮中心的运动不会受到明显影响，只有接触点附近的一小部分轮胎会受到冲击影响。因此，在普通道路上使用橡胶轮胎可以大大减少在机器震动中浪费的能量，而且橡胶是有弹性的，在软路面上也不会陷下去，而是被压平。轮胎与地面的接触面积越大，单位面积所承受的压力就越小，凹槽的深度就越浅。所以，橡胶轮胎的使用可以大大减少车轮下沉时所损失的能量（Sharp 1896，487）。

夏普指出，假定路面完全光滑，橡胶轮胎的滚动阻力要比铁轮胎大（这就是橡胶轮胎在铁路机车车辆上很少被使用的原因）。然而，如果在正常道路上行驶，橡胶轮胎可以抵消路面的轻微不平所带来的阻力。

在1868年9月到1869年4月制造的一辆米肖脚踏车上，发现一个早期使用的实心橡胶轮胎（Reynaud 2008，91）。这种轮胎通常被固定在槽形截面的木轮辋上，有些轮胎的外侧具有薄的金属面（Reynaud 2008，279）。

在19世纪80年代，缓冲轮胎的推出给骑行者带来更大的舒适度，一度大受欢迎。缓冲轮胎的胎体由硫化橡胶制成，胎体空隙由可压缩的材料填充，如空气、软木和生橡胶。此种轮胎在19世纪80年代享有一定的知名度，但很快就过时了。几年后，由于充气轮胎的穿孔很难被修复，缓冲轮胎又重新被采用。（缓冲轮胎将在本章详细讨论。）

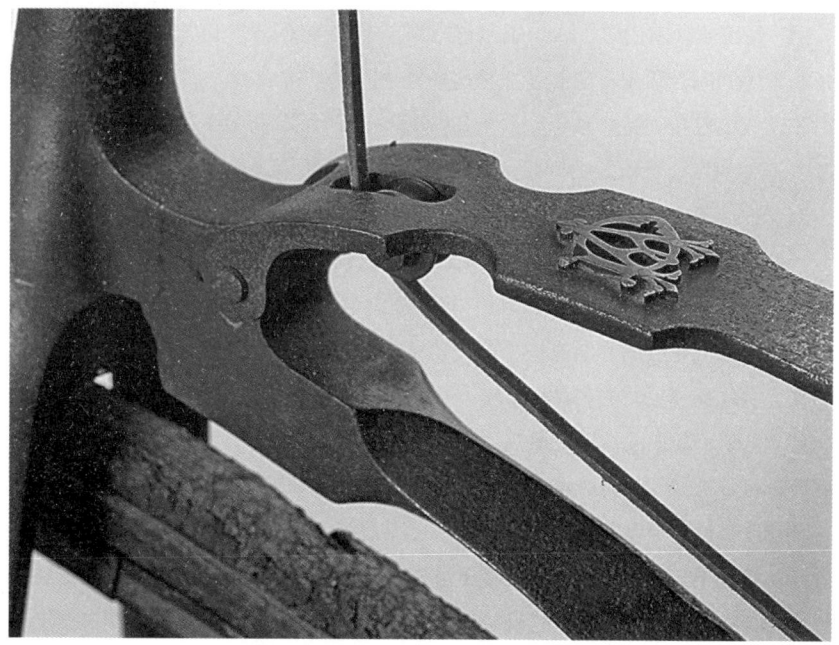

图6.1 上：1868年或1869年的一辆带橡胶轮胎的米肖脚踏车（让-皮埃尔·普拉代尔）。下：一个轮胎的特写，一根皮革刹车线和车主的姓名花押字（圣艾蒂安艺术与工业博物馆）

充气轮胎

1845 年，名叫罗伯特·威廉·汤姆森的苏格兰人在英国获得充气轮胎专利，该专利主要用于火车车厢（1845 年英国专利第 1,099a 号）。虽然汤姆森的轮胎被用于一些马拉的车辆，但它在商业上并不成功，也没有被用到脚踏车上。另一个苏格兰人约翰·博伊德·邓洛普，是一名居住在爱尔兰贝尔法斯特的兽医，在 1887 年重新发明了充气轮胎，并于次年申请了专利（1888 年英国专利第 10,607 号）。邓洛普轮胎最初是被用在他儿子的三轮车上，后来很快被骑自行车的人采用。它的效率在 1889 年之后的自行车比赛中得到了证实。

虽然邓洛普本人有一段时间担任以他名字命名的公司的技术总监，但他并不是个商人。企业的活力是由都柏林人威廉·哈维·杜克罗带动，他在 1896 年之前一直是邓洛普充气轮胎有限公司的唯一执行董事。杜克罗牵头组织新公司生产和推广充气轮胎。邓洛普的专利于 1890 年作废，因为当时英国专利局意识到汤姆森已经获得了这一概念的专利。杜克罗当时完全致力于充气轮胎，奉行购买竞争产品和兼容专利的政策。

早期的邓洛普轮胎必须在工厂里进行安装，但由于其他公司复制和开发充气轮胎，情况很快就变了。C.K. 韦尔奇修订了 1890 年英国第 14,563 号专利，解决了修理轮胎时必须先将轮胎卸下来这一棘手问题。到 1891 年时，邓洛普公司先后成功收购巴特利特的珠边轮胎（1890 年英国专利第 16,783 号）、伍兹的自行车气门嘴和韦斯特伍德的管状边自行车轮辋（1890 年英国专利第 2,102 号）等专利。在接下来的 10 年里，该公司一直在法庭上为其知识产权辩护。

爱德华·米其林的可拆卸轮胎（1891 年法国专利第 216,052 号）很快被更简单的设计所取代。

随着充气轮胎的不断改进，这种轮胎很快被广泛使用。例如，在 1891 年的时候，英国阳光公司的产品目录中，除了一款自行车可选择充气轮胎外，其余都只能选择实心轮胎或缓冲轮胎。而到了第二年，除一款自行车外，其余的阳光自行车都可选择充气轮胎。到 1898 年时，就只提供充气轮胎自行车了。

轮胎设计分为以下几类：

单管轮胎（轮胎本身由单根管子组成）在英国和许多其他市场很快失宠。但在美国，很长一段时间内，这种轮胎仍然被使用，美国橡胶在美国市场占据主导地位。弗兰克·施文把美国橡胶公司生产的几乎无法修复的产品描述为"一根装有气门嘴的美化了的花园软管"（Crown and Coleman 1996, 32）。

缝合或管状轮胎（内胎由薄薄的外胎包裹，沿着内管缝合，并将其粘在浅的

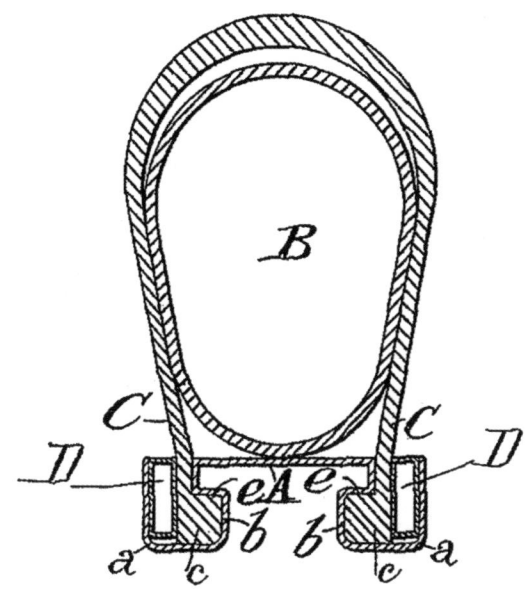

图6.2 需要特殊轮辋的爱德华·米其林可拆卸轮胎专利图

轮辋上),成为正式比赛的规范。

联锁或珠边轮胎,如开口胎,通过外罩边缘的脊固定在轮辋上,这些脊被气压压入轮辋钩状边缘的凹槽中。

然后是带钢丝的轮胎,在外胎边缘处镶有钢丝。一些早期钢丝轮胎的钢丝是可以调整的,但这种设置很快就被废弃。钢丝轮胎也是通过气压的作用压在轮辋上。轮胎边缘的钢丝使轮胎在膨胀时周长保持不变,因此不需要将脊边锁在轮辋凹槽上就可把钢丝固定在轮辋上。

尽管珠边轮胎多年来一直被使用,但简单的不可调节的钢丝轮胎,如可拆卸邓洛普轮胎,成为正常使用的世界标准。邓洛普公司的钢丝轮胎所使用的专利是由查尔斯·金斯顿·韦尔奇研发的 1890 年英国第 14,563 号专利。

尽管最初的开口胎并不是由钢丝做的,不管最初的制造商是谁,钢丝轮胎还是被普遍称为开口胎。开口胎是最早的靠气压将其固定在轮辋上的轮胎。与其他通过机械手段固定在轮辋上的轮胎不同,开口胎在刹车或牵引时不会相对于轮辋滑动。

钩边自行车轮胎在 20 世纪末又卷土重来。21 世纪初,大部分好的轮辋都有略微呈钩状的内侧边缘(这有助于更好地固定钢丝轮胎的胎圈),而且一些钢丝轮胎也是有钩边的。从 20 世纪 70 年代末开始,一些高档轮胎内使用的是凯夫拉

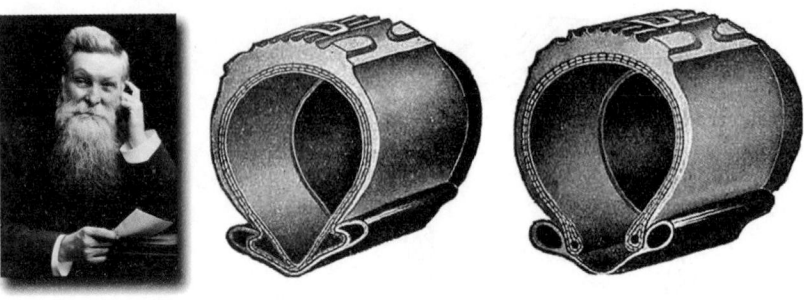

图6.3 左：约翰·博伊德·邓洛普（维基百科）。中：20世纪早期的邓洛普公路车珠边轮胎（英国邓洛普轮胎）。右：相同轮胎的钢丝轮胎版本（英国邓洛普轮胎）

尔缆绳而非钢丝。

1896年，夏普注意到，一个圆形横截面约为2英寸的充气轮胎，其大部分位于浅轮辋之外，可以很顺利地翻过1英寸高的石头，"不怎么影响车轮的运动，不过前提是速度要快"，并且"这种轮胎（比实心轮胎）可以更完美地应对在崎岖道路上行驶所造成的能量损失"。"再说一遍，"夏普继续说道，"轮胎直径（横截面）越大，轮胎与地面的接触面积就越大，此时轮胎因陷进一般硬度的路面而导致的能量损失几乎为零。"（Sharp 1896，488）他还指出，充气轮胎的滚动阻力非常低：

> 车轮行驶时，弯曲轮胎前部所做的功比恢复其原形时所做的功稍微大点。充气轮胎唯一可感知的阻力可能是由于这两种力之间的差异。弯曲轮胎所做的功越大，轮胎的弯曲度就越大。轮胎充气最足时其弯曲度最小，因此在平稳的路面上行驶时充气轮胎最好尽可能地充足气。（Sharp 1896，489）

1913年，罗利董事长弗兰克·鲍登写道：

> 我可以打包票地说，骑着现在的充气轮胎自行车上缓坡，要比骑19世纪80年代的直径为0.5英寸到0.875英寸的实心橡胶轮胎自行车容易3到4倍。（Bowden 1913，5）

人们对早期充气轮胎自行车的胎体结构做了大量实验。像现在一样，当时的胎体是通过在帆布外面覆盖橡胶制成的。早期的充气轮胎胎体采用子午线轮胎设计，帘线横向和周向延伸（Sharp 1896，492）。然而，人们发现斜交帘布层或交叉帘布层的设计（帘线交叉层沿胎面对角线延伸）更好，并成为设计标准。子午线轮胎还时不时被重新推出，如20世纪80年代的松下公司、玛吉斯公司的拉迪阿莱，在写作本书时，这种轮胎已经上市。子午线轮胎与斜交轮胎相比更容易发生侧滑，因此许多骑车人不喜欢它（Wilson 2004，298）。

19世纪90年代，30英寸的车轮被淘汰，轮胎尺寸随之固定下来。现在大部分自行车前后轮均为28英寸。为矮小骑行者和运动车型设计的车轮为26英寸。由于商业原因，北美、英国、法国、荷兰、意大利等国的轮胎尺寸大小都不一致。美国和英国在自行车行业早期处于主导地位，所以世界各国的轮胎直径尺寸都是基于英寸为单位。然而，它们在关键尺寸上有所不同，如胎圈座直径。更令人困惑的是横截面还在逐渐缩小。今天，一个标称为28英寸的轮胎，如广泛使用的法国公制格式700C（700毫米，28英寸的四舍五入转换，是原始直径，C表示原始横截面），实际外圈直径只有26.3英寸。虽然胎圈座直径不变，但横截面已大大减小。

有时候，制造商会生产一些新型"非系列"轮胎。20世纪30年代末，由于担心法国的700C轮胎会被引进到英国，邓禄普公司研发出一种27英寸的轮胎，胎圈座直径比700C的轮胎大8毫米。值得注意的是，人们不用调节制动卡钳，就可以用一个带有管状（缝合）轮胎的28英寸冲刺车轮替换一个带有钢丝轮胎的700C车轮。20世纪60年代，亚历克斯·莫尔顿效仿这种方法，研发了一种新型钢丝轮和与之相匹配的轮毂。这样，18英寸的带有管状轮胎的冲刺车轮用户，可以很容易用更耐用的钢丝轮胎车轮进行替换。

20世纪上半叶，尤其是在法国和英国，28英寸车轮逐渐被26英寸车轮取代。弗兰克·鲍登（Bowden 1913，55）认为："较轻的轮胎和较小的车轮，在最显眼的车轮外圈处减轻了重量。"和韦洛乔一样，鲍登也喜欢"开放式"或"软边式"轮胎。因为这些轮胎帆布侧壁的橡胶涂层很少，虽然容易裂，但骑起来更轻松。韦洛乔更进一步，提倡直径更小的宽断面轮胎。法国采用了26英寸中等宽度的650B半气囊轮胎，这足以见证韦洛乔的实际影响。到写该书时，650B轮胎在山地自行车骑手中略有复苏。

随着德国汉诺威大陆公司生产的低压轮胎的出现，宽断面轮胎又开始受到欢迎（低压轮胎定义为设计用于相对低气压的宽截面充气轮胎）。大陆公司于1923

年开始为汽车生产低压轮胎、1925年为摩托车、1926年为德国兰牌自行车公司和德国胜利自行车公司生产低压轮胎。1927年初，28×1.75英寸和28×2英寸的低压轮胎首次出现在德国大陆公司的价格表上。1928年，28×2英寸的低压轮胎出现在德国大陆公司的竞争对手精益公司的产品目录中（Euhus 2003）。

德国大陆公司为低压轮胎发明了一种新的气门嘴。普遍使用的伍兹气门嘴（有时也叫英式气门嘴或邓洛普气门嘴）是由弗雷德里克·伍兹于1891发明的，该气门嘴上有一个管子，上面有橡胶保护套，末端密封。管子的一边有个洞，打气时把橡胶保护套拿下来，来自打气筒的气压通过气孔压入内胎，如果气压太大无法打进去，橡胶保护套会突然闭上，将空气密封入内胎。要想把气打进内胎需要费很大力气。德国大陆公司的新气门嘴用一个在细金属杆上自由移动的橡胶活塞替代了原先的阀门橡胶，使给自行车轮胎充气变得更容易。

大约与此同时，施泰夫的子公司德国短吻鳄公司，申请了类似的但外观不同的气门嘴专利。短吻鳄易打气气门嘴于1930年进入市场。20世纪60年代，邓洛普公司也出售一款叫作易打气的气门嘴。该气门嘴与德国大陆公司的气门嘴更相

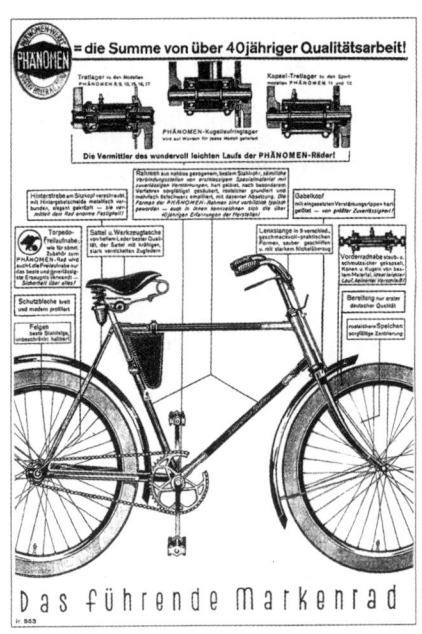 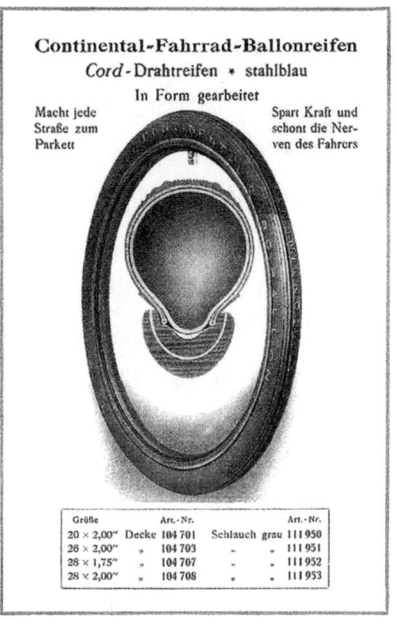

图6.4 左：一张1930年的现象低压轮胎自行车的传单。制造者的广告语是"使轮胎气压足够高以避免轮辋接地"。右：一个德国大陆公司的低压轮胎（公司宣传册）

似,并不像短吻鳄气门嘴。最初为伍兹气门嘴设计的边缘孔大小为 8.3 毫米,今天,匹配这个尺寸的气门嘴在市场上变得越来越少。然而,在某些地区人们仍然可以买到带有可替换橡胶套的原始的伍兹气门嘴。

1932 年,施文自行车公司创始人的儿子弗兰克·施文去德国探亲,购买了一些低压轮胎样品带回美国。他声称要进口德国轮胎,迫使美国橡胶公司为他生产低压轮胎。1933 年,施文推出了 B10E "超低压轮胎自行车",它的低压轮胎宽为 2.125 英寸。1935 年,施文生产了 100,000 多辆低压轮胎自行车。宽胎成为美国普遍使用的轮胎(Crown and Coleman 1996, 32 and 33)。低压胎的胎侧柔韧,胎面相对光滑,今天也可以买到。例如,施瓦尔贝大苹果轮胎的横截面高达 2.125 英寸。

21 世纪初期,几家阿拉斯加车架制造商生产了雪路上专用的超宽轮胎山地自行车。2005 年,总部位于明尼苏达州的 Surly 自行车公司大规模生产一款叫作帕格斯利的宽胎自行车。另一家明尼苏达州公司萨尔萨紧随其后生产了类似的产品。到写本书的时候,4.25 英寸宽的宽胎自行车已经被投放市场。

随着低压轮胎的出现,喜莱德气门嘴(最初用于汽车)成为北美自行车的标准。

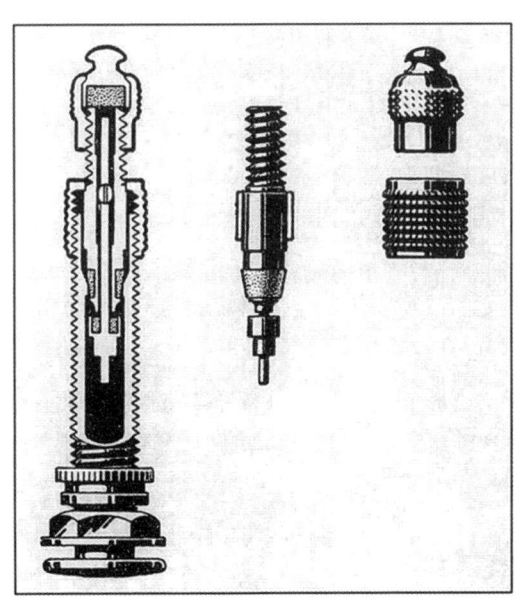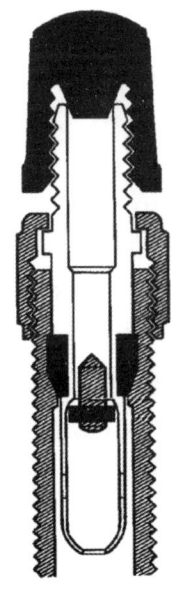

图6.5　左:德国大陆公司改进后的轮胎气门嘴和改装后的用于汽车泵和航空公司气门嘴(公司宣传册)。右:竞争对手短吻鳄气门嘴(公司宣传册)

图6.6　20世纪50年代的施文幻影自行车（美国自行车博物馆）

到20世纪50年代，运往美国的英国自行车都安装有喜莱德气门嘴。喜莱德气门嘴的使用逐渐遍布整个欧洲，同时也被广泛用于世界各地大多数类型的自行车上。（赛车长期以来一直使用Presta气门嘴。）喜莱德气门嘴的两大缺点是：它需要在轮毂上开一个9毫米的孔（这使它不适合窄轮毂）；由于气门嘴活塞是弹簧加载的，打气时需要比短吻鳄和Presta气门嘴更用力。

法式气门嘴（也称为Presta气门嘴或Sclaverand气门嘴）和短吻鳄气门嘴在操作上相似，都有不带弹簧的活塞。不过，Presta气门嘴直径稍小点（只需要在轮毂上开一个6.8毫米的孔），它的优势是空气密封用手就能拧紧。

低压轮胎在德国流行时间不长，到1937年就结束了。与此同时，在英国，轮胎不是变得越来越宽而是越来越窄。公路自行车的标准轮胎宽度为1.375英寸，赛车为1.25英寸。

轮胎材质不断改进。20世纪60年代，弹性好且耐腐的合成纺织绳（如尼龙）变得普遍，合成橡胶技术和生产也取得了很大进步。填充剂如二氧化硅经常用作提高抓地力和减小滚动阻力的折中方案。有些轮胎同时使用几种不同的橡胶化合物，以使胎面、胎侧和胎肩（从胎面到胎侧的过渡，在转弯时很重要）的整体性能达到最佳。

丁基橡胶比纯乳胶更能保持空气密封，成了内胎材料的标准。一些赛车手更喜欢乳胶，因为它的滚动阻力很低，而且技术上也有了改进，可以在乳胶内胎上加一层微观涂层，以改善空气密封性。例如，1978年，罗利为一种将聚氯乙烯应用于乳胶内胎的工艺申请了专利。

一些轮胎还使用了先进的防穿刺保护层（一种古老的思路），使用的材料包括凯夫拉纤维、天然橡胶或两者混合而成的材料。

到2000年的时候，无内胎轮胎受到自行车骑行者的欢迎。这种轮胎取消了内胎，而是在轮辋上做了气密密封。最有名的无内胎轮胎是通用无内胎系统（Universal System Tubeless，简称UST），由轮胎生产商哈钦森和米其林以及车轮制造商马维克率先在法国推出，该轮胎为山地自行车设计且不需要轮辋衬带。UST可以设置为较低的气压，在崎岖道路上行驶不用担心内胎夹紧而被刺破。传统的车轮和轮胎可以转换为无内胎轮胎使用，方法是用特殊的胶带密封螺纹孔，并在充气前向轮胎中注入填充空隙的乳胶液，以形成气密性密封。公路自行车的无内胎系统也已经问世。

在结束充气轮胎这个话题之前，我们想就标准无钩边胎圈的钢丝轮胎谈一点看法。为安全着想，轮胎的胎圈和轮辋之间的配合必须相对平整紧密。如果不是这样，胎内的气压可能会在轮胎一周的某个点将轮胎提起，产生一个鼓包，这可

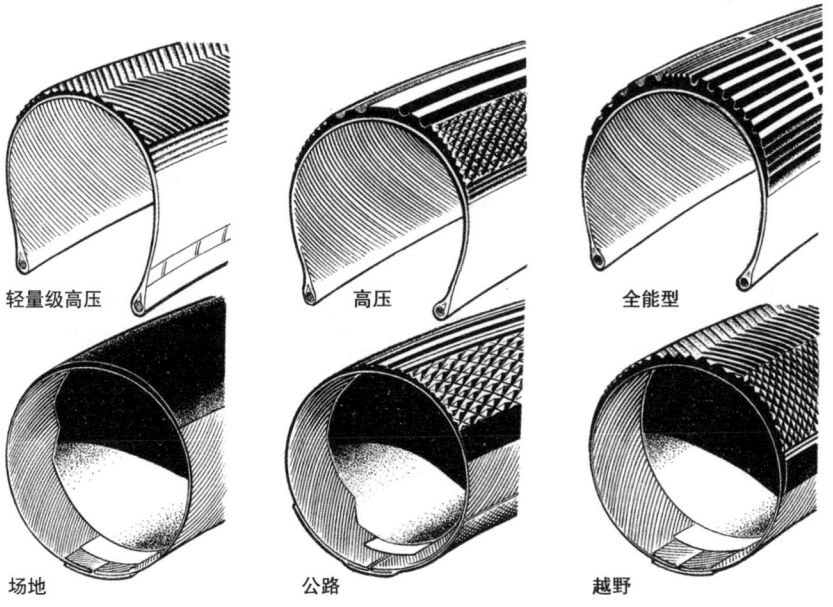

图6.7　20世纪60年代后期的运动型和比赛型自行车轮胎（R.约翰·韦）

能会导致轮胎卡在车架上,或者被戳破,或者两者兼有,带来灾难性的后果。参考线围绕自行车轮胎的侧壁模制,以便于正确安装。这些线应该与轮辋等距,在充气轮胎的周围,在车轮的两侧。此外,如果前轮胎胎圈与轮辋胎圈座之间的配合松弛,则前胎爆胎可能会导致危险的产生。轮胎的紧密贴合可能会使安装或修理变得困难,但它带来了稳定性的巨大差异(Wilson 2002,13,17—19)。

缓冲轮胎

早期的充气轮胎修理困难,这使得人们对缓冲轮胎又有了兴趣,这种兴趣持续了好几年。缓冲轮胎种类繁多,有的有好几个气囊(如梅策勒的巴伐利亚轮胎),有的(如麦克唐纳轮胎)由软木和橡胶或海绵橡胶混合制成。其舒适度介于实心轮胎和充气轮胎之间。这种轮胎不需要充气,即使是有多个气囊也不容易被刺破,但它的滚动阻力比充气轮胎大。因此只有在充气轮胎修理困难的情况下缓冲轮胎才受欢迎。夏普在他关于轮胎的章节中并没有提到缓冲轮胎,在他的书中只有一处索引参考(Sharp 1896)。尽管如此,缓冲轮胎直到1950年还一直被用在一些载货自行车上,现在还时而出现在市场上。罗利对它的Cairfree轮胎寄予厚望(1972年提交了专利申请),但事实证明,因滚动阻力大并不适合成人自行车。由于格林缓冲轮胎整胎使用了微孔聚氨酯,所以比较成功。格林轮胎的大部分产品都出口外销,许多被用在轮椅和独轮手推车上,其自行车轮胎也多种多样。

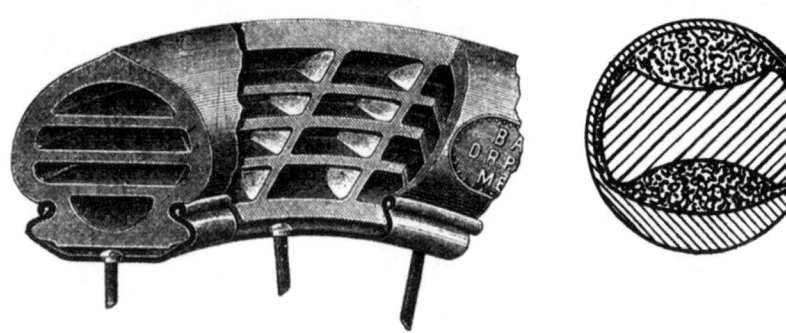

图6.8 左:梅策勒的巴伐利亚缓冲轮胎,带有气孔。右:麦克唐纳缓冲轮胎剖面图,上下为软橡胶的软木内芯,硬橡胶胎面和胎体(*Polytechnisches Journal* 296,1895,205和204)

图6.9 第二代德莱斯机的悬挂车座（汉斯-埃哈德·莱辛）

车座弹簧支撑

即便是第一代德莱斯机，上面已经安装有软车座。为提高舒适度更符合人体工程学，德莱斯为他的第二代机器配备了一个呈香肠形、皮套外表面的悬挂车座，且高度可调节。

为进一步提高舒适度，后来人们又在车座下面装上了弹簧装置。到1818年，法国脚踏车的车座后部是悬挂在两个弹簧片上。这在欧内斯特·德哈姆1874年出版的书《运动的奇迹》中有被提到。

19世纪60年代，米肖风格自行车的车座是安装在一个长长的弹簧片上。弹簧的两端由枢轴固定，一个在头管的后面，另一个连接到从车架后面升起的一对支架的顶部。高轮车的几何形状使得像米肖自行车那样的长板簧有些不实用。较短的弹簧片也被尝试过，但更实用的解决方案是将弹簧纳入车座本身，并将车座直接夹在机器的主干上。

随着安全自行车的到来，弹簧座杆（有时被称为座销或座柱）开始被使用。鹅颈弹簧座杆由有弹性的细钢棒制成。这种座杆被插在座管里，然后水平延伸几

图6.10 一辆1818年的法国自行车,带有钢板弹簧悬挂车座(Deharme 1874)

图6.11 一辆基于米肖式自行车风格的德国三轮车,车座下装有单叶片钢板弹簧(R.约翰·韦

英寸，再向上弯曲 180 度，再次水平延伸。车座安装在"鹅颈"的"喙"上。这种结构的弹性比较大，需要一个较低的车架，使骑手能够骑上车座。另外，由于"鹅颈"的弯曲，车座在加载时下垂得比较厉害。

更好的办法是使用伸缩弹簧座杆。1895 年，新泽西的哈罗德·瑟雷尔设计的座杆（1896 年美国专利第 562,203 号）内有螺旋弹簧，就是早期的一个例子。通过调节座杆底部的螺纹栓可以适应不同骑行者的体重。车座安装在固定于座杆上的横杆上，通过凸轮作用于座杆里的弹簧。

密歇根州的查尔斯·利特尔提出了另一种方法（1897 年美国专利第 584,944 号），将 C 型弹簧的一端拧在自行车车架上，另一端装在标准座杆上。但是，直到 20 世纪 90 年代山地车重新引起人们对悬挂系统的兴趣后，弹簧座杆才获得商业上的成功。一家名为终极运动工程的英国公司在 1990 年推出了第一款"震惊杆"。

虽然弹簧式"折叠"平行四边形和其他设计已经被尝试过，但今天的悬挂式座杆几乎都是伸缩式的。悬挂由座杆内的弹性体、螺旋弹簧或者压缩空气提供。

悬挂式座杆是最容易被改装的悬挂形式（除了安装在车座上的那种），但有两大缺点：第一，整车重量（除车座外）没有弹簧支撑；第二，因为装有弹簧车座，当座杆相对于五通上下运动时，骑行者的膝盖会不由自主地弯曲。

19 世纪 90 年代，当自行车行业选择了适用于所有自行车的标准车座时，英国的丹麦发明家米卡埃尔·彼泽森围绕他的"吊床"车座设计了一辆自行车（1893 年英国专利第 18,371 号）。彼泽森是一位技艺高超的骑手，据说他一年骑行达 5,000 英里。他写道："这种自行车最不好的地方是它的车座。"他这样描述他的解决方法：

> 我设计的车座和你将要看到的一样，由不同张力的绳子从既定宽度的横钢条的前面绕到后面。为使宽度和形状达到要求，绳子交织在一起。车座悬于两个相距 2 英尺的支撑点之间。为提供所要求的弹性，从横钢条后支撑点都使用了螺旋弹簧。我们可以看到，这个车座（一些人称之为"吊床"，另一些人称之为"网络"车座）在任何时候都不会变得太硬或太宽，尽管相对其他车座它给骑乘者提供了更多的空间。此外，由于它面向各个方向，重量分布总是均匀的。它的重量不超过 4 盎司[1]，而普通车座的重量约为 3 磅。（Evans 1978，10）

---

[1] 质量单位，1 盎司约为 28.35 克。——编者注

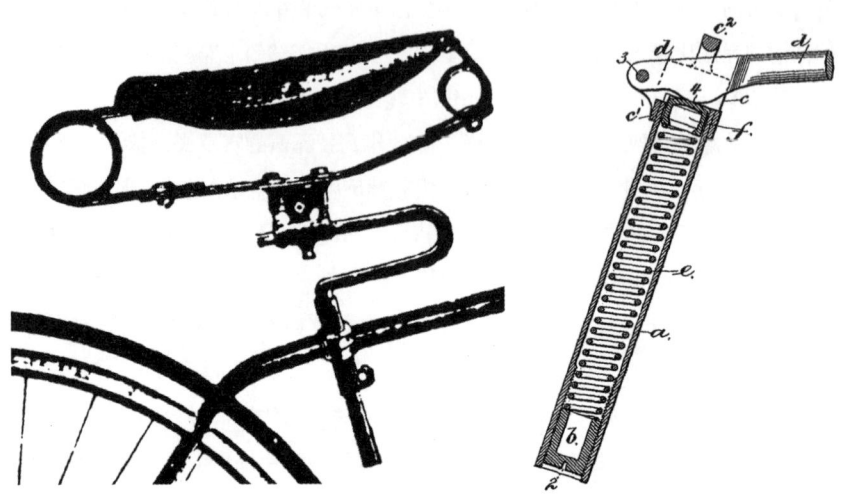

图6.12 左：大约1890年的一根弹性鹅颈座杆（国家自行车图书馆）。右：1895年的瑟雷尔弹簧座杆（专利图纸）

彼泽森自行车在商业上比较成功，直到今天它还有自己忠实的热爱者。这种自行车分别在1897年到1914年、1920年到1922年在英国被生产。从20世纪70年代到今天，在英国、丹麦、德国和捷克，很多小规模的和专业制造商多次生产彼泽森自行车的复制品和衍生品。

20世纪90年代，另一个提供增强型车座悬架的尝试以一种特别设计的车架而告终。这就是奥尔索普横梁，由华盛顿州贝灵汉的詹姆斯·奥尔索普和大卫·卡洛普设计（1990年美国专利第4,934,724号），后来以"软骑"的品牌销售了各种版本。这种车座安装在近乎水平的悬臂梁的末端上，由碳纤维做成，呈扁平的S形，在头管后面的某点垂直平面上旋转。横梁装在枢轴点后几英寸处的支点上。弹性梁使得车座悬挂简单有效。支点可以调节，以改变横梁的倾斜度和车座的高度。

奥尔索普/软骑系统是这种车座悬挂系统中最成功的，直到2006年还在被生产，在极限马拉松和铁人三项运动中，特别受骑手的欢迎。它在1999年被UCI禁止，UCI规定自行车只能使用传统的座管。

尽管软骑车座最初被认为适合改装到传统的菱形车架上，但事实上它可能会导致车架损坏，尤其是对薄壁对接的上管而言。一些自行车制造商，尤其是佳能戴尔公司警告说不要使用这种悬挂系统。这种悬挂系统在专门为其设计的车架上

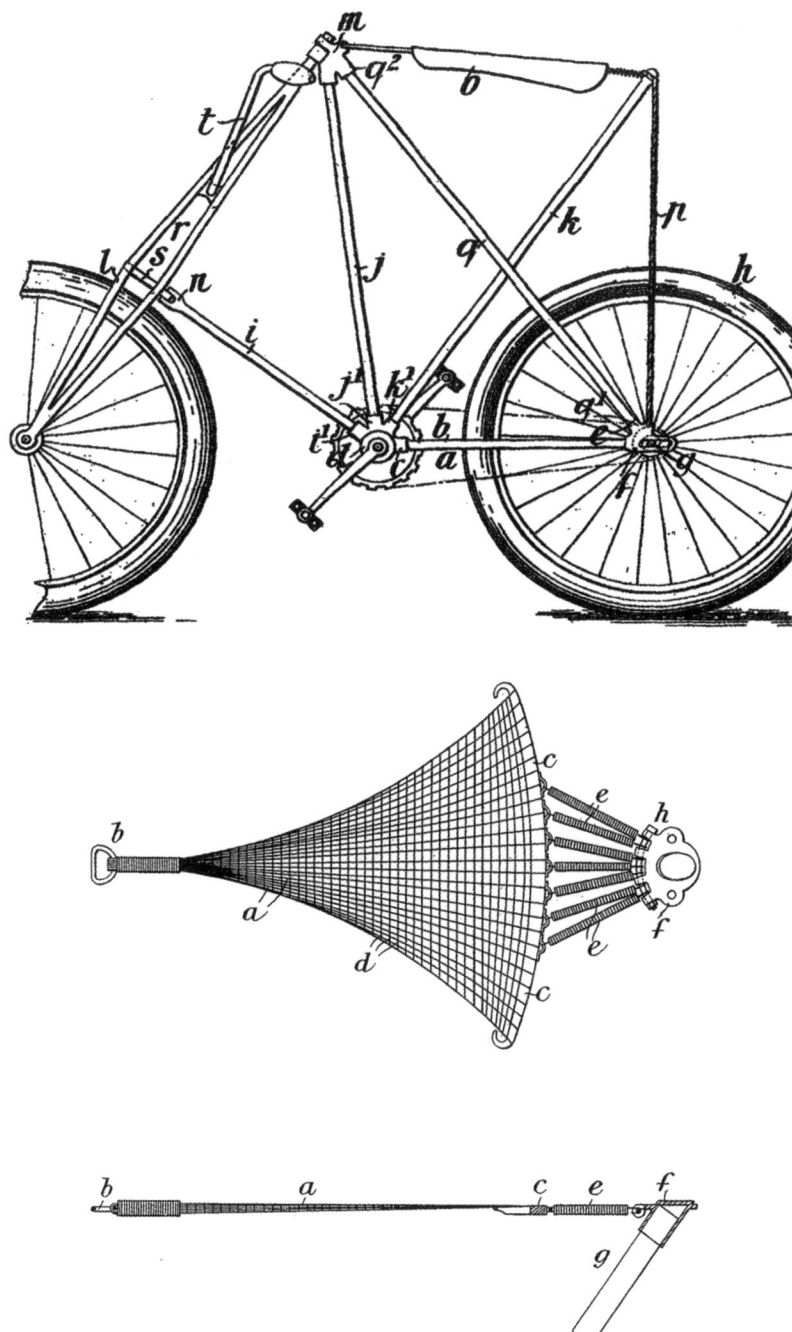

图6.13 一辆彼泽森自行车和它的"网络"或"吊床"车座(专利图纸)

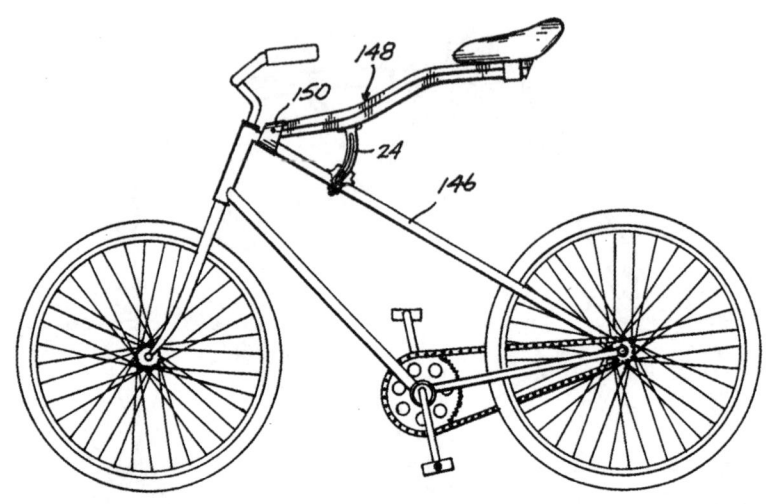

图6.14 奥尔索普/软骑横梁(专利图纸)

使用最佳,但这使它的吸引力和市场都受到了限制。这种悬挂系统有一个令人不安的特点,横梁不仅会上下移动,而且在一定程度上会从一边移动到另一边。

1992年,澳大利亚山地自行车骑行冠军罗德·埃文斯使用软骑和一种特殊车架的自行车参加比赛,穿越澳大利亚内陆,在未铺设路面的道路上从澳大利亚西海岸骑行2,200英里到达东海岸。比赛中途该车车架断裂,在另一辆软骑自行车从悉尼空运过来之前,埃文斯改骑传统山地自行车。之后,骑着新换的软骑自行车,他完成了比赛的最后1,000英里。

20世纪90年代,或许是受到软骑自行车成功的启发,俄勒冈州的"自行车星期五"制造商推出了两款折叠自行车(空中星期五和空中滑行),采用悬臂式钛梁悬挂车座。"自行车星期五"没有用倾斜横梁来调整车座的高度,而是使用传统可调节座杆,它装在一个截短的座管中,并夹在横梁的末端。

有关车座的发展及其整体弹性见第9章。

弹簧车把

人们尝试了各种不同类型的弹簧车把。19世纪80年代中期的惠比特自行车,它的车把、车座和曲柄用弹簧连成一个整体。1887年,康涅狄格州的詹姆斯·科普兰申请了橡胶弹簧车把的专利(美国专利第367,368号)。1889年,俄亥俄

图6.15 一辆林利和比格斯惠比特自行车（R.约翰·韦）

州的查尔斯·科林斯为左右车把申请了专利，它们与车把立管的连接处通过弹簧连接（美国专利第 409,143 号）。1896 年，纽约的吕西安和查尔斯·巴恩斯获得了一种车把专利，这种车把可以靠车杆中的螺旋弹簧旋转（美国专利第 568,082 号）。1897 年，伊利诺伊州的亨利·克里斯蒂申请了车把把套专利（美国专利第 583,457 号），该专利用螺旋弹簧把车把和把套分开。1941 年，诺顿骑车公司和埃德加·弗兰克斯申请了英国专利号为 531,716 的另一项自行车车把专利。

尽管上述专利在商业上都没有取得成功，弹簧车把的想法在 20 世纪 90 年代初期还是获得了短暂的流行，尤其是受到山地自行车骑手的短暂亲睐。最简单也最成功的是由罗布特·格文于 1988 年发明的"弯曲车把立管"（1990 年美国专利第 4,939,950 号）。这种把手不仅价格低、易安装、结实耐用，还能够有效降低因路面不平而引起的冲击和震动。和 1887 年的科普兰设计一样，这种车把使用了橡胶弹簧作为主弹簧和回弹弹簧材料。

在自行车的大部分历史中，骑行者为增加一点舒适度只是简单地使用各种各样材质的车把把套，如木材、实心软木、橡胶、皮革、硬质塑料、聚乙烯、布胶带、软木胶带、塑料胶带、泡沫橡胶和泡沫塑料。

关于车把的发展概况见第 9 章。

图6.16 左：科普兰的人造橡胶弹簧车把（专利图）。右：一个格文弯曲车把立管（目录插图）

车轮悬挂

关于悬挂的一般观点

正如夏普（Sharp 1896，487）所说，在追求舒适的过程中，应尽量减少机器和骑行者的非簧载重量，以尽量减少因冲击造成的前进动力损失。

车轮悬挂不仅仅是在车架和车轮之间插入一个弹簧。减震系统使悬挂系统对车辆震动迅速做出反应，并在不产生震荡的情况下恢复其正常位置。预紧力（即弹簧被压缩以考虑到骑手的体重）可能能够预防骑行者上车时产生的悬挂过度下垂现象。同时，应采取措施尽量减少粘滞摩擦，因为它损害了悬挂系统的平稳运行。早期的悬挂系统设计师并没有考虑到所有这些因素。

一些早期的悬挂系统都有内部阻尼。例如，多片钢板弹簧通过片间摩擦形成的阻尼。但单片钢板弹簧没有阻尼，如米肖风格脚踏车。如早期的宾利汽车一样，悬挂系统枢轴上装有摩擦片，通过收紧或放松来调节阻尼。在20世纪60年代，这种简单而高效的悬挂系统被用在一些莫尔顿自行车的后叉上，从20世纪80年代开始，被用在一些莫尔顿自行车的前叉上。在一些较好的山地自行车的悬挂系统上，阻尼是由气体或流体通过阀门时产生（如大部分汽车和飞机上的减震器一样）。弹性体弹簧本身带有阻尼，因此有时不需要额外增加阻尼就能够使用，如布朗普顿折叠自行车的橡胶后轮悬挂。

骑行者施加力量时产生的震荡是自行车悬挂系统设计师要解决的一个特殊问题。激情澎湃的骑行者在踏板上又唱又跳，使得自行车弹来弹去，浪费掉了本应转化为前行动力的能量。因此，悬挂系统尤其是前轮的悬挂系统有时有"锁定"的功能，使骑行者可以随意关闭（全部或部分）悬挂。当骑行者坐在车座上平稳地踩踏板时，悬挂系统性能最佳。

使用弹簧悬挂系统时要避免各种谐振动。不仅骑行者踩踏板会产生谐振动，自行车前部不稳定的负载也会导致谐振动的产生。例如，早期的立体车架莫尔顿自行车（比如，1983 年推出的 AM7 型号），会因前置行李架上的负载引起前轮摆动进而引起振荡。20 世纪 80 年代晚期，前轮悬挂的主要连杆都被加固，1933 年以后开始使用更硬的前叉（Hadland 1994）。

自行车悬挂系统的发展

使用实心橡胶轮胎后，一些自行车制造商试图通过增加车轮悬挂进一步提升骑行舒适度。安装了板簧的车座的舒适度会大大提高。下一个要考虑的主要问题是骑行者的手，之前没有考虑过因路面不平产生震动而对手造成伤害的问题。

1869 年，欧仁·迪弗特雷勒获得法国的专利保护，该专利为两种使用板簧的双叉前悬挂系统。车轮被固定在内叉中，内叉可以相对于外叉上下移动，外叉腿和转向器中的滑轨将其连接到外叉上。巴黎人公司曾刊登广告出售这种特殊的脚踏车。在里昂和圣艾蒂安博物馆里还保存有留下来的样品。另一种刊登在巴黎人公司目录上的前悬挂，装有伸缩式转向装置，叉肩上有一个"发夹"弹簧（Reynaud 2008, 124ff）。

巴黎人公司的创始人勒内·奥利维耶获得四种脚踏车前轮悬挂专利（1869 年美国专利第 97,683 号）。和迪弗特雷勒一样，奥利维耶使用了弹簧内叉，他把它叫作"辅助补偿叉"，可以在主叉里滑动。这四种悬挂的主要区别在于弹性介质不同。

奥利维耶的第一种前轮悬挂系统是在轮轴下方使用了半椭圆形板簧；第二种在轮轴前后使用有张力的印度橡皮筋；第三种在紧挨轮轴的上方使用透明橡胶或其他弹簧；第四种在转向头里使用一个螺旋弹簧。他的专利还包括同样使用弹簧方法的后轮。

一些设计师认为高轮车的后轮应该悬挂，因为小轮易陷进凹坑里，在凹凸不平的路面上颠簸得更厉害，除非使用弹簧，否则骑行会很困难。康涅狄格州的亨利·凯洛格设计了一款先进复杂的能够自动调节的伸缩式后轮空气悬挂系统（1883 年美国专利第 283,612 号）。但实际上，高轮车的骑行者完全不受后轮的上下颠

图 6.17 一辆1869年的巴黎人公司制造的板簧前悬挂脚踏车(法国国家汽车和旅游博物馆,孔皮埃涅宫/卡泰林工作室)

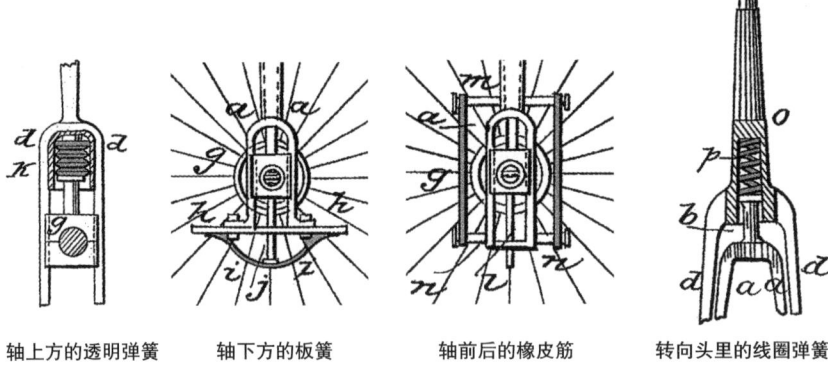

轴上方的透明弹簧　　轴下方的板簧　　轴前后的橡皮筋　　转向头里的线圈弹簧

图6.18　奥利维耶的悬挂类型(专利图纸)

簧的影响，大前轮使得骑行相对平稳，因此这种悬挂系统并没有流行起来。

实心轮胎安全自行车引发了悬挂系统的创新热潮。许多类型的悬挂系统都获得了专利，有些是前轮，有些是后轮。其中一些在商业上取得了成功，如前面我们已经提到过的林利和比格斯的惠比特自行车。1887年之后的几年里，美国维克托（男士）和维多利亚（女士）自行车的主要特点就是使用了维克托弹簧叉。

哥伦比亚公司推出了一种前叉螺旋弹簧主连杆悬挂系统。在英国，拉奇发明并生产了一种"非振动弹簧叉"，这是另一种螺旋弹簧主连杆悬挂系统，并申请了专利。包括罗利在内的一些其他制造商生产的自行车装有伸缩式转向管，在转向管的叉肩顶部和头管底部之间有一个螺旋弹簧。亨伯提供的产品的其中一款装有弹簧车架主连杆前悬挂系统，另一款装有悬臂式后叉，两款都带有螺旋弹簧。他的专利减震器（1885年英国专利第12,491号）是一个复杂的伸缩式前叉。该前叉有3个螺旋弹簧：短行程硬弹簧、长行程软弹簧和回弹弹簧。

1889年，南威尔士布莱纳文的雨果·奥古斯特·贝克尔发明了一种双悬挂自行车（1890年美国专利第439,095号）。这种后悬挂的特点是，后轮两侧装有旋转式后下叉和后上叉，两个叉的末端之间装有一个短的旋转连杆。座管、后上叉、连杆和后下叉构成一个枢轴四边形。后下叉和后上叉之间安装有张力螺旋弹簧。后轮向上移动时，螺旋弹簧被拉长。贝克尔的前悬挂也使用了有张力的螺旋弹簧。他的双前悬挂专利更先进，在悬挂前叉和头管之间有一个弹簧枢轴四边形联动装置。这个联动装置本质上和贝克尔的后悬挂类似，但更紧凑。由于前叉悬浮在头管前面的悬挂联动装置上，所以前叉转向必须通过拉杆系统连到车把转向上。贝克尔的设计显然不够可靠，而且他似乎没有意识到阻尼器的使用。因此，他的自行车未能被投入生产就不足为奇了。

芝加哥的查理斯·麦格林奇发明了一款更实用的双悬挂自行车（1891年美国专利号第465,599号），它有刚性的短行程压缩垂直螺旋弹簧。它的后悬挂有悬臂式拖曳叉，带有集成的五通，从五通前几英寸处的车架的最低点转动。螺旋弹簧直接安在五通的正上方，作用于座管背面的支座上。麦格林奇的前悬挂在前叉上装有短连杆，作用于短行程螺旋弹簧，弹簧的张力可以调节。但该设计在商业上没有取得成功。

19世纪90年代中期，一些早期投入生产的悬挂设计仍然可用，但随着充气轮胎越来越多地占据市场，它们很快就变得稀少了。

在充气轮胎被普遍应用后，人们仍不时地发明各种不同的自行车悬挂系统。由于充气轮胎的高效简单，以及20世纪上半叶西方国家路面的迅速改善，悬挂系统在商业上并不算成功。在本章剩余部分，我们会重点介绍一些 20 世纪初值得注意的悬挂系统。

空气悬挂的想法首次在凯洛格 1883 年的专利中被提到。这种空气悬挂通常是用一个小的充气垫作为弹簧。后来，这种想法偶尔也会卷土重来。1900 年，爱丁堡的约翰·斯图尔特发明了一款前后轮上都装有空气悬挂装置的安全自行车，并获得了专利（1900 年英国专利第 17,515 号）。它由发明者自己的公司波尔沃思自行车制造公司投入生产（Campbell 1903）。

1920 年，纽约切斯特港的小乔治·W. 塞奇设计了一款简单易安装的双伸缩式（滑动柱）前叉（1922 年美国专利第 1,429,107 号）。伸缩式叉片上端使用了短行程螺旋弹簧。在自行车上使用伸缩式悬挂并不新鲜。如前所述，在 19 世纪 80 年代有几款单伸缩式系统。但塞奇有可能是第一个为踏板式自行车双伸缩式前叉申请专利的人。70 年后，双伸缩式前叉成为最被普遍采用的自行车前悬挂，到本书写作的时候，依然如此。

在少数情况下，作为原装设备被安装在自行车上的悬挂，通常是为吸引那些对摩托车技术感兴趣的年轻人。例如，施文在二战后的几年里，为一些巡逻车安装了粗糙的"斯普林格"叉（1939 年美国专利第 2,160,034 号）。在 20 世纪 60 年代，

图6.19　一辆安装凯洛格后轮自动调节空气悬挂的高轮车（专利图纸）

图6.20 左：维克多弹簧叉（*The Data Book*，范德普拉斯，2000）。右：亨伯的三圈螺旋弹簧前悬挂（国家自行车图书馆）

在一些克拉特高层自行车上也有安装。（这是一个糟糕的设计，因为车轮更多的是不停地来回移动，而不是上下移动。）

一些轻型自行车制造商偶尔也会提供悬挂系统。例如，在20世纪30年代，英国制造商卡尔顿推出了一款弹簧前叉。

20世纪40年代末和50年代初，大型欧洲国家自行车展上展出了各种带有整体悬挂和附加装置的自行车。伯明翰的H.C.韦布公司在1952年的英国自行车展上推出一款精心设计的自行车。类似于摩托车，它有一个平行四边形的悬挂，转向管里装有螺旋弹簧。与此同时，伦敦的帕尔科公司推出了一种可用于任何自行车前轮或后轮上的附加悬挂装置。该悬挂装置轻便、可调节、易安装，到20世纪50年代中期还在销售。帕尔科悬挂的缺点是，当它对颠簸做出反应时，轮辋相对于刹车片会上下移动。然而，制造商声称该产品提高了刹车性能、减少了打滑、消除了辐条断裂的可能、减少了轮胎磨损，且能有效预防车灯过早失效。帕尔科元件确实受到一些好评，《自行车手》的编辑F.J.卡姆的评价就是其中之一。

到1960年，英格兰东北部达灵顿地区的年轻人都骑上了"博格轮"，这是一种自制的越野车，前轮悬挂是从轻便摩托车上取下来的。在美国，20世纪60年代及之后，丹·亨利试骑了自己设计的悬挂自行车。但是，以上发明对自行车

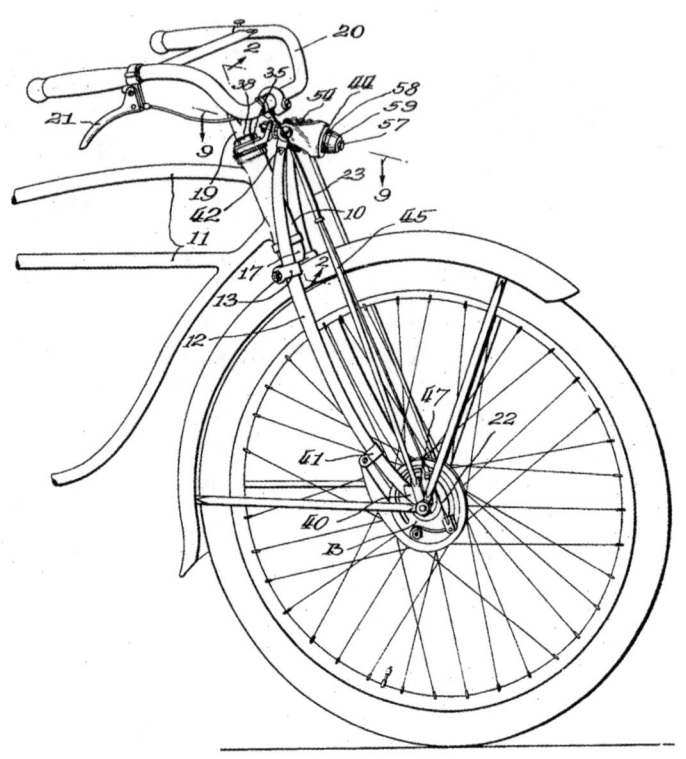

图6.21 弗兰克·施文的"斯普林格"叉（专利图纸）

市场的影响都不大。

1963 年，莫尔顿小轮车开始出现在英国的自行车商店里。这是供成年人使用的第一款双悬挂自行车，其销量相当可观。最初的莫尔顿伸缩式前悬挂被巧妙地隐藏在转向管里。它的中心是一个橡胶柱（主弹簧），被钢制螺旋弹簧环绕。悬挂的压缩使橡胶在钢弹簧线圈之间膨胀，从而阻尼悬挂。独立螺旋弹簧专门用以应对回弹。后悬挂使用简单的拖拽臂，带有一个巧妙设计的橡胶弹簧，能够同时在切变和压缩状态下工作。这使得弹簧劲度系数增加，所以自行车负载越重，弹簧硬度越高。因此，后悬挂从某种程度上讲可以根据负载进行自动调节。通常情况下，需要做的唯一维护就是偶尔更换轴承。

尽管莫尔顿自行车对英国自行车行业产生了重要影响，但它并没能引发自行车悬挂的复兴。自行车悬挂的复兴是与山地自行车的发展相伴而生的，将在第 14 章中进行讨论。

第 6 章　舒适度　185

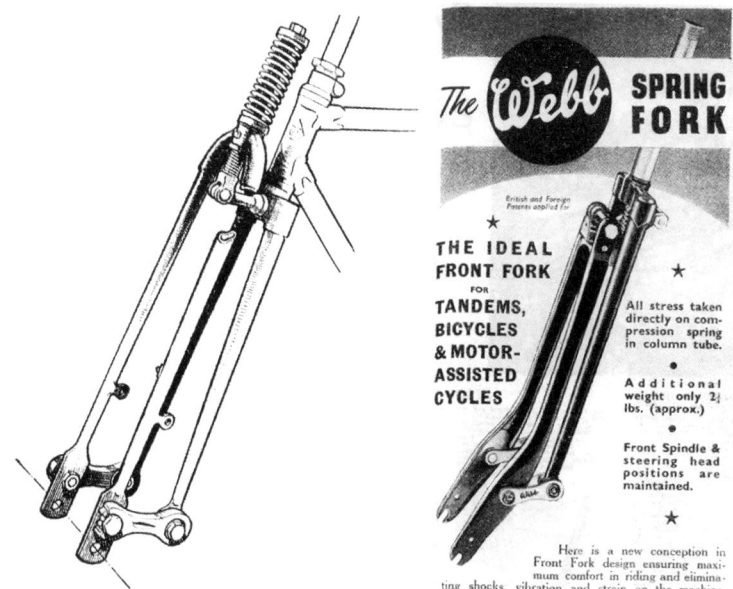

图6.22　左：一个20世纪30年代的卡尔顿弹簧叉（国家自行车图书馆）。右：一个1952年的韦布弹簧叉（广告）

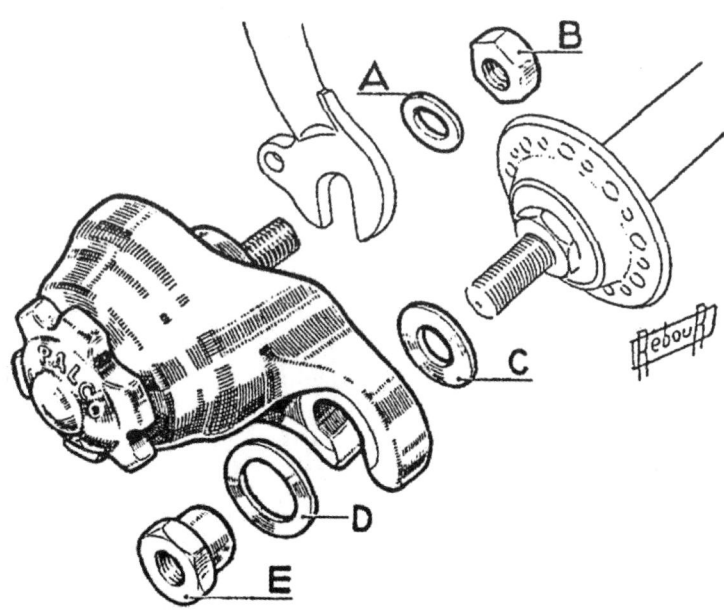

图6.23　一组帕尔科悬挂元件（国家自行车图书馆）

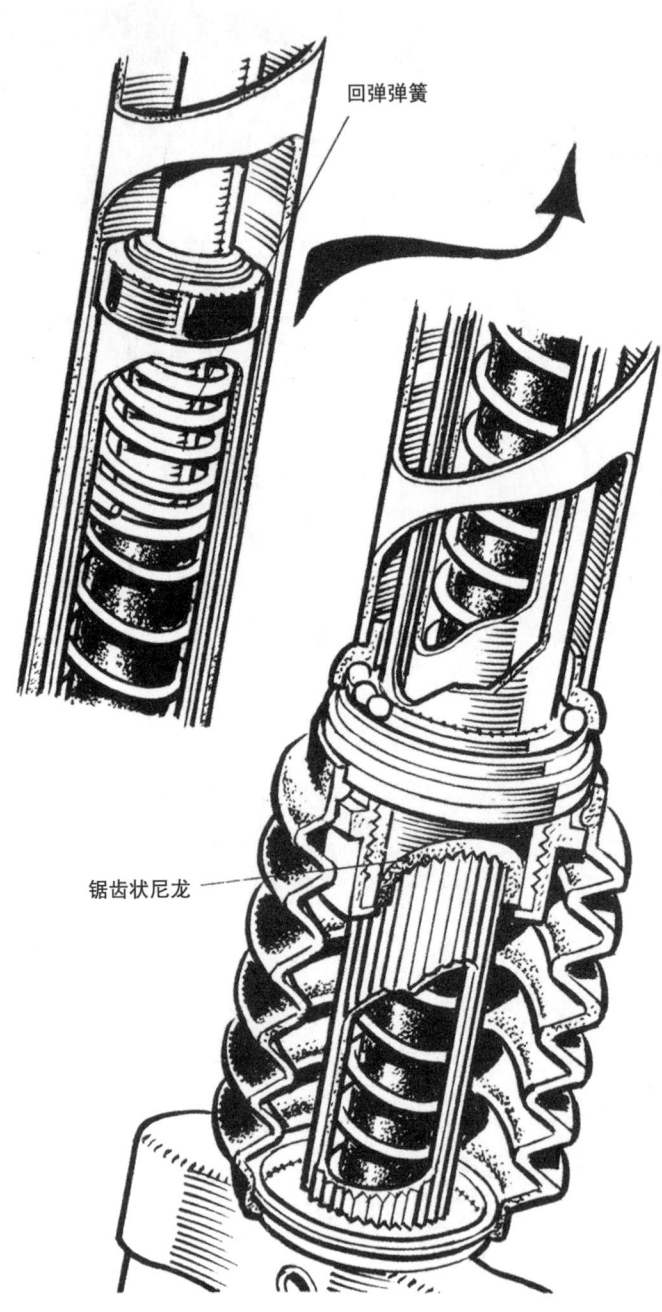

图6.24 1962年推出的安装在莫尔顿自行车转向管里的前悬挂（R.约翰·韦）

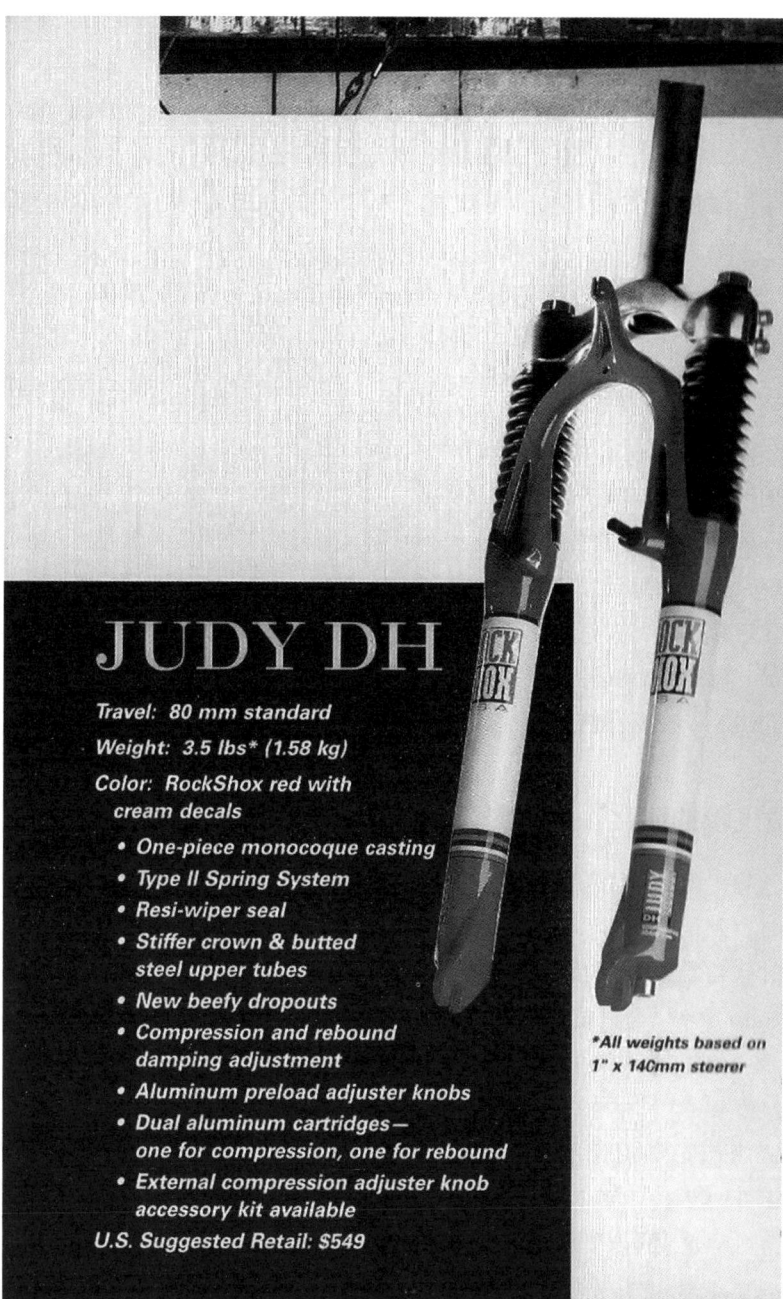

图6.25 RockShox悬挂叉（1997年的SRAM公司目录）

第7章
提升传动

我们在第4章讨论了主驱动系统的演化。这一章，我们研究两种可以更有效提高传输效率的方式，通过考虑坡度和风向等因素，以使骑手的有限功率输出与期望的行进速度相匹配。

一种方法是多速齿轮传动。正如1903年《骑行》杂志所写，当遇到山坡或逆风时，选择较低的挡位使骑手能够"克服因牺牲速度而导致的较长时间内持续能量流动所增加的阻力"。

另一种传动技术——自动飞轮，它是如此普遍以至于被认为是理所当然。但其演化却是一个漫长而复杂的过程。

自动飞轮的演化

飞轮的概念可以追溯到自行车运动的早期，但直到刹车和齿轮得到完善，飞轮才得到普及。1821年，刘易斯·冈珀茨试图用骑手的手臂通过一个扇形齿轮和小齿轮装置驱动前轮，以改进丹尼斯·约翰逊的脚踏车（Gompertz 1821; Bowerman 1993）。冈珀茨机器、机器轮毂的详细图纸都没有幸存下来，但显然它涉及一种自动飞轮或单向离合器。这种装置在绞盘和其他机械上很常见，如手表上的发条。

在曲柄脚踏车时代之前，三轮车和四轮车通常都有固定的驱动装置。当两轮车重新开始流行，创新头脑又开始拾起关于驱动的主题。汤姆·伯吉斯在其1869年关于如何建造自行车的说明中包含了安装"棘轮钩"的计划（Velox 1869）。在美国，威廉·范·安登在1869年3月发明了一种带有单簧棘轮的飞轮（美国专利第88,238号）。两个月后，法国塔拉尔的弗朗索瓦·尼科莱的飞轮装置获得了专利（法国专利第85,439号）。很快，塔拉尔一个名叫A.伯夫的人开始在广告中宣传带有飞轮的脚踏车：

自行车有了分开的踏板或在休息时可以使用的尼科莱系统,无论在山地或平地骑车都同样轻松。在下坡时,当腿部停止运动时脚无须离开踏板……只须按一个简单的按钮,踏板就能够在一秒钟内再次被固定。

1869年12月,名叫W.E.盖奇的伦敦专利代理人代表伯夫和尼科莱获得一项专利(英国专利第3,570号),但我们没有找到飞轮脚踏车在英国的销售记录。脚踏车骑手们似乎更喜欢保留固定轮,以便更好地控制他们的机器。在骑车下坡过程中,他们把腿放在腿架上,而不是空转的脚踏板上。

第一批高轮车的脚垫是从前叉悬臂上伸出,并且/或由前叉头部支撑。将骑手的腿放在这些地方,会在不当的地方增加相当大的重量,并且更有可能栽跟头。威廉·亨利·詹姆斯·格劳特在1874年获得了可缩进趾托的专利(英国专利第1,173号)。趾托的重量轻得多,使骑手的重量更靠近车轴,趾托变得迅速流行起来,

图7.1 1821年的冈珀茨脚踏车,在前轮毂上有棘爪和棘轮飞轮(*Polytechnisches Journal*,1821年6月)

直到人们开始听说骑手在寻找趾托时将脚卡在辐条上而栽了跟头。到了1878年，趾托被完全放弃。

用飞轮替代脚垫或趾托来滑行是一个吸引人的概念。朱尔-皮埃尔·苏里和欧仁·梅耶尔，两位重要的法国制造商，制造了带有飞轮的高轮自行车（Kobayashi 1990）。（样品存于巴黎工艺博物馆和圣艾蒂安的艺术与工业博物馆。）由于当时的刹车系统不够可靠，大多数高轮车骑手在下坡时喜欢用固定轮来控制速度，所以飞轮在当时未流行起来。

高轮三轮车的刹车比高轮自行车的刹车更有效。三轮车的制动是用一只手臂的全部力量，有时也用脚跟。大多数车型都没有向前翻倒的危险。J. 蒙蒂思的杠杆驱动三轮车至少有一个车轮装有飞轮（1876年英国专利第2,436号）。1879年，弗雷德里克·沃纳·琼斯在他的德文三轮车上安装了飞轮（1879年英国专利第3,086号）（Roberts 1991，14；Scholes 2011，38）。1881年，考文垂机械师公司的切尔斯莫尔三轮车也装有飞轮。这种飞轮不是棘轮装置，而是在曲轴末端形成的锥形腔内装有钢球，在钢球周围安装了曲柄。这些空腔的一端是圆形的。由于球在腔内是松动的，如果骑手停止蹬踏，曲轴也可以自由旋转。但是当曲柄转动的时候，钢球就会紧紧地卡在腔体较窄的锥形部分，将曲柄锁定在轴上（1881年英国专利第512号）。而切尔斯莫尔三轮车也有一种单独的装置可以手动锁定驱动装置，以实现后踏制动。

其他两链三轮车也采用了类似的飞轮。如果每一对驱动轮都有自己的飞轮，一个轮子在转弯时可以比另一个轮子旋转得更快。双飞轮驱动三轮车不时出现，它是一种比差动齿轮更简单、更便宜的驱动方式（见第3章）。

当罗弗型安全自行车开始取代高轮自行车和三轮车时，几乎所有的车都保留了固定的车轮。在安全自行车上滑行，把脚搭在前叉上的桩上面，既让人兴奋又相对安全。19世纪90年代早期的充气轮胎安全车也有类似的装备。19世纪90年代中期，充气轮胎安全自行车变得流行起来。在此以前，骑车人对更舒适的系统没有什么需求。在英国和美国，在繁荣时期，很多时尚的自行车爱好者，包括很多女性喜欢在自行车上炫耀，并且对舒适的骑行比对自行车赛更感兴趣。在美国，这些力量鼓励发明家们将注意力转向轮毂内后踏刹车的开发。当然，直接驱动的自行车主要是通过后踏的方式来刹车，当时所有的自行车都是直接驱动的机器，但轮毂内刹车装置在减速和停车过程中提供了帮助。接下来的一步是将一个飞轮添加到轮毂后踏刹车上，以创造一个"倒刹"。这一点在1897年就已经实现了（见第8章）。

最早用于改变自行车速度的被商业化生产的变速系统之一是4速"多变"，是由林利、比格斯和阿彻在英国发明的（1894年英国专利第17,908号），这是一种扩展的牙盘。骑手通过后踏换挡，因此不得不重新引入飞轮。当多速自行车的骑手们在滑行的时候体验到了双腿保持静止的乐趣后，单速自行车的骑手们也想要体验一下。

由于固定轮没有后踏制动，所以必须引入替代的制动系统。在英国，主要的选择是在两个轮子上使用轮辋制动器。倒刹在北美（倒刹的发明地）和德国很受欢迎。而轮辋刹车在英国和法国更受青睐。

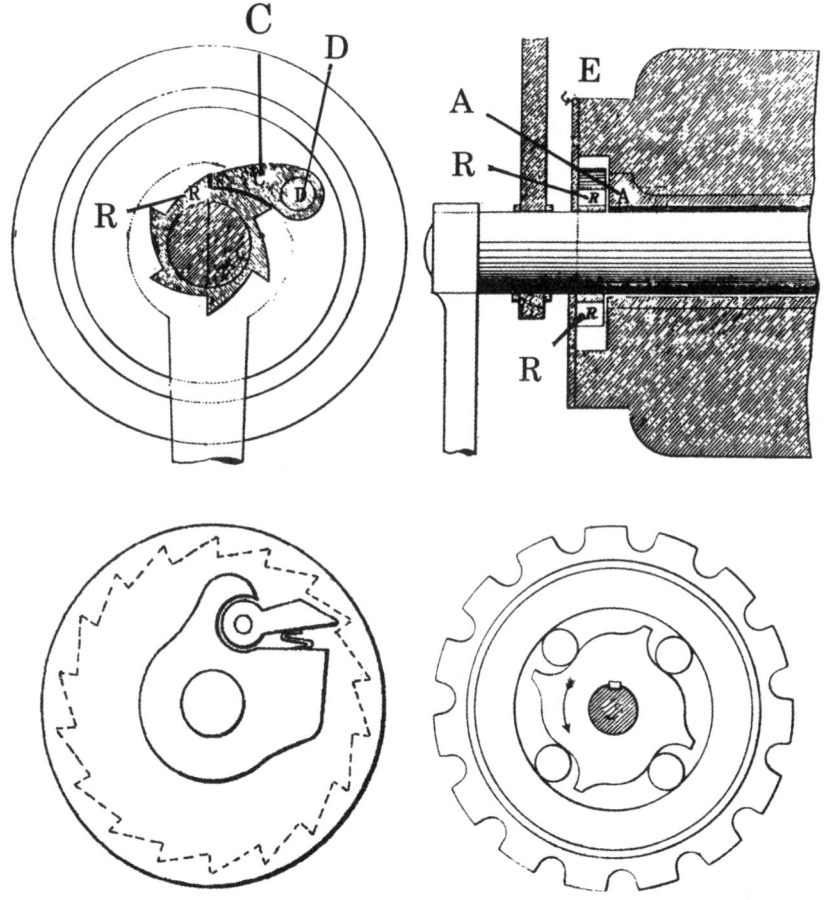

图7.2 上：伯夫和尼科莱的棘爪棘轮飞轮（专利图）。左下：范·安登的飞轮与弹簧棘爪作用在棘轮轨道上（专利图）。右下：切尔斯莫尔飞轮，在锥形腔内有滚珠（专利图）

大多数主要的英国自行车制造商在 1900 年左右采用了飞轮。在 1901 年，为了迎合对飞轮不确信的人，罗利推出了一种可以锁定的飞轮轮毂。然而，这种不确信只是短暂的，飞轮很快就成了一个标准特征。

许多早期的飞轮，如 1900 年"阳光"上使用的，其原理与上面讨论的切尔斯莫尔装置类似。然而，它们通常使用滚轮代替滚珠。当施加驱动力时，滚轮通过摩擦形成斜坡，从而将链轮锁定在轮毂上。当轮毂比链轮旋转得快时，滚轮就会被释放。滚轮坡道系统在使用中是无声的，但在实际运行中往往是不稳定的，尤其是在被磨损时或润滑不良的时候。出于这个原因，这些飞轮中的一些滚轮装有弹簧，以确保主动张紧。到 1913 年，在单速情况下，滚轮坡道飞轮被认为过时了，尽管它仍被用于一些轮毂齿轮和倒刹中（Jones 1913）。

另一种无声的设计——微米飞轮，在 20 世纪初很受欢迎，而且被证明是可靠的。它使用的是月牙形的非簧爪。当棘爪通过链轮上的"坡道"和"山谷"时，棘爪通过摇摆动作实现自由转动。20 世纪 50 年代中期，在斯特米-阿彻 SW3 速轮毂中，摇摆棘爪有过短暂而不成功的回归。在这个应用场景中，摇爪被证明是非常不可靠的。（这种微型、高负载的组件必须被精心设计和制造。）

其他飞轮则使用弹簧棘爪作用于棘轮上。虽然比早期的飞轮噪声大，但它们很快就成了标准，原因是用弹簧棘爪比摩擦滚轮更容易制造出便宜可靠的飞轮。因此，19 世纪 60 年代早期的飞轮发明家提出的原则被证明是最好的。尽管如此，摩擦滚轮飞轮偶尔也会重新出现。

多速齿轮传动的早期发展

多速齿轮传动的概念可以追溯到很久以前。1784 年，詹姆斯·瓦特描述过一种蒸汽机车的多速传动装置，其中蒸汽机输出轴上的齿轮与驱动轮轮轴上的齿轮啮合在一起。瓦特使用了两对或多对不同直径的可选齿轮，"当路况差或遇到陡坡时，齿轮给发动机提供更多的动力"（1784 年英国专利第 1,432 号）。

中间轴、皮带和滑轮

三轮脚踏车的骑手们不必担心平衡问题，他们可以集中精力把注意力转移到道路上。当他们想要攀爬陡峭的山坡时，他们必须下车去推沉重的机器。因此，出现了各种多速三轮车的想法。

早在 1819 年，就有人提出，三轮车驾驶员可以站在踏板上，该踏板与中间

低挡,18齿,右脚在后

高挡,21齿,右脚在前

图7.3 带有多变扩展牙盘的交换齿轮使飞轮成为必要(目录页,国家自行车图书馆)

图7.4 罗利的"自由飞轮"（国家自行车图书馆）。通过调节标记为A的螺栓选择固定轮或飞轮

图7.5 左：带有弹簧辅助滚轮的滚轮斜坡飞轮。中：微米摇摆棘爪飞轮。右：一个海德弹簧棘爪飞轮，在20世纪10年代流行（全部来自国家自行车图书馆）

轴的曲柄相连，这样就可以在两种速度之间进行切换。名为B.斯迈思的利物浦测量员，是英国助行器或旅行车的设计者，使用了当时标准的皮带驱动技术。每个后轮都有一对滑轮，通过皮带相连。通过一种离合器，曲轴被连接到右轮的滑轮（对于更高的速度）或连接到左轮的滑轮（对于较低的速度，例如在斜坡上）（Street 1998）。现在还不能确定斯迈思的车是否被制造过。30年或更久之后，包括多佛尔的威拉德·索耶在内的多轨脚踏车商业制造商都曾满足于单速驱动。在19世纪60年代，在直接驱动的单速脚踏车重新占据主导地位后，法国获得了一项双速变速器和一辆人造双速自行车的专利。法国内龙德的两家制造商，阿方斯·巴伯龙和约瑟夫·默尼耶，开始使用双速驱动系统来装备他们的脚踏车（1870

年法国专利第 86,459 号、1869 年英国专利第 2,626 号）。前轮毂在踏板轴上自由旋转，踏板轴要么通过棘轮直接连接到轮毂上，要么通过皮带直接连接到前轮顶部的小中间轴上。仅仅通过后踏，骑手就可以将速度提高一倍，而无须拉动杠杆或按下按钮。1870 年，他们的专利附录甚至描述了一个 3 速可变驱动系统。一根皮带或链条可以通过杠杆从一组圆盘切换到另一组圆盘。很遗憾，普法战争和随后的法国内战终结了这次尝试。（皮带驱动在早期的汽车里，如卡尔·奔茨的双速机动脚踏车中又卷土重来。）

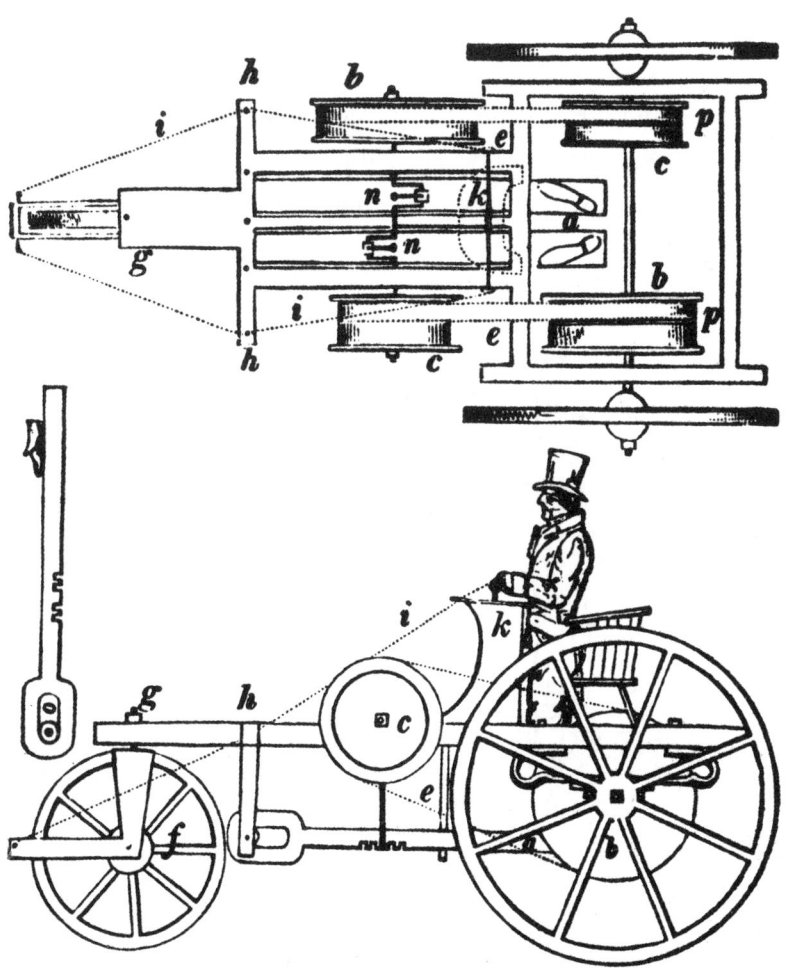

图7.6　斯迈思的英国助行器（*The Imperial Magazine*，1819年5月31日）

与巴伯龙和默尼耶的早期想法一样,一个"动态"改变曲柄长度的系统被提出。曲柄安装在一个可变偏心装置上,如图 7.10 所示。较长的曲柄使骑手在爬坡时能发挥更大的杠杆作用,但车轮每转动一圈都需要更多的腿部运动;较短的曲柄在较轻的负荷下(如在平坦的路面上)运行得更好,需要较少的腿部运动。尽管这个想法被宣称申请了专利,但我们并未找到该专利,而且发明者的名字也未知。然而,在 1870 年 4 月,巴黎人公司给一辆有此特征的自行车做了广告宣传(Reynaud 2008,第 1 卷,125)。在某些方面,该系统可以与后来在保罗·贾雷的 J- 拉德斜躺式自行车中使用的可变杠杆踏板系统相媲美(见第 16 章)。

中间轴和齿轮

1870 年,巴伯龙和默尼耶曾考虑过在脚踏车的前轮上使用轮齿作为皮带的替代品。他们描述了一种紧凑排列的大型内齿轮(固定在曲柄上),与一个短中间轴上的小齿轮啮合。该中间轴上的另一个小齿轮与轮毂上的小齿轮啮合。这看起来很像行星齿轮,同样的想法出现在后来的布达尔齿轮上。

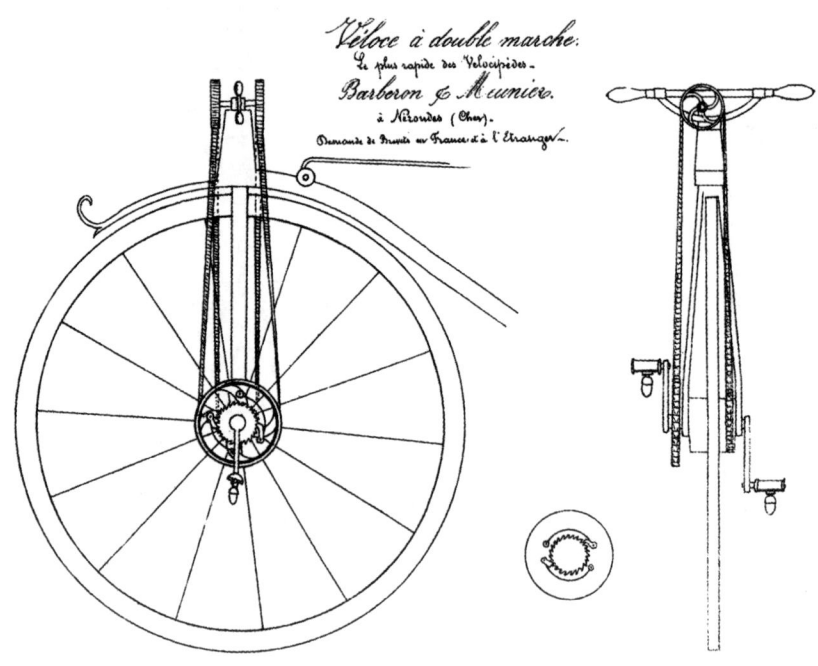

图7.7 在一辆曲柄脚踏车上的巴伯龙和默尼耶皮带齿轮(*Le Vélocipède*, 2008)

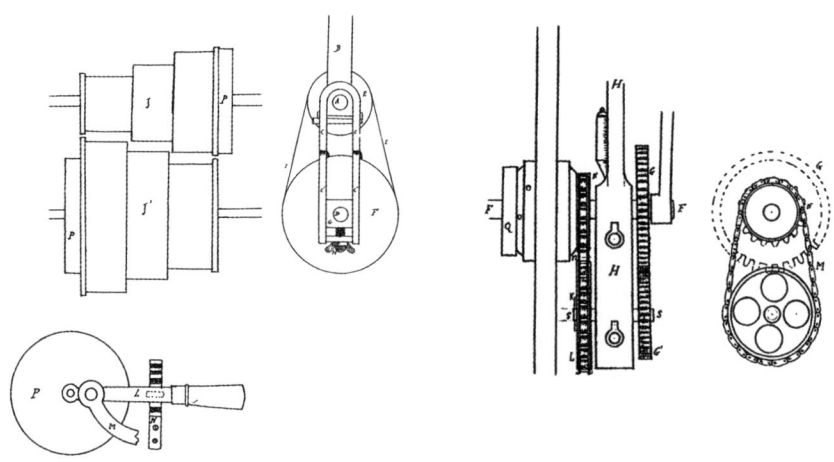

图7.8 巴伯龙和默尼耶的3速皮带传动（左）和链条版（右）专利图

在更早的1868年，康斯坦丁·哈泽德已经取得使踏板主轴成为中间轴的专利（法国专利第79,748号）。在踏板主轴上的是固定在曲柄上的齿轮，与连接在前轮轮毂上的一个较小的轮齿相啮合，从而提高了在向后蹬时前轮转向的速度。或者，通过按下按钮，骑手可以把曲柄锁定在前轮上，在向前行驶时直接驱动前轮。

一辆来历不明的脚踏车（现藏于法国多马赞自行车博物馆）两侧有两个齿轮和两个曲柄，在车叉上转动。根据骑手的腿的长度，可以选择在上曲柄组或下曲柄组上使用踏板。但是该机器只有一种速度，骑车人要向后蹬才能前进。

詹姆斯·斯塔利和威廉·希尔曼的阿里埃尔专利为双速装置，两侧的中间轴（间轴）都有双速齿轮，需要8个轮齿。这个设计不需要向后蹬车。轮轴和轮毂之间的棘轮在轮齿与高速齿轮啮合时会被重载。随着中间轴向上提升，轮齿分离，棘轮将轮毂锁定在曲轴上（1870年英国专利第2,236号）。1892年，佩里的前轮驱动装置是单侧的，被简单地用作单速驱动，以增加前轮的有效"直径"（Sharp 1896）。

想参加高轮车比赛的车手们采用了大直径的前轮。在高轮车上很少见到轮齿。在1887年的带齿轮法骑乐车上使用了一个奇特的行星齿轮，使40英寸的驱动轮提升到相当于60英寸的水平。随着曲柄固定在行星齿轮上，踏板在一个垂直的椭圆轨道中移动，因此骑手的脚更多的是上下移动而不是圆形移动（Sharp 1896）。

大多数三轮车都是通过链条驱动，但1882年的精益三轮车使用3个轮齿代

图7.9 一辆1898年的奔驰汽车上的双速皮带系统（Baudry 1899）

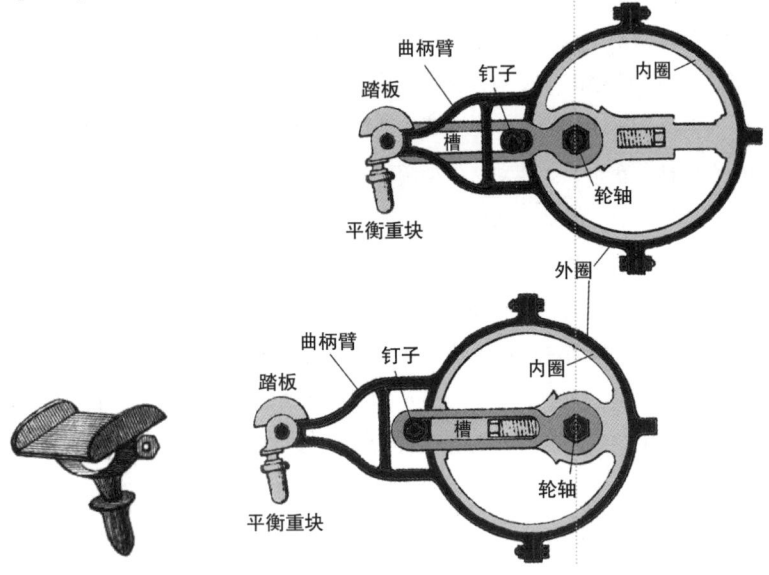

图7.10 可调整长度的曲柄，在1870年巴黎人公司的一辆脚踏车上使用。（托尼·哈德兰德）。与曲柄臂相结合的外圈可以相对于内圈旋转，从而将曲柄的长度从10厘米调整为20厘米。外圈的旋转是由一个离合器控制的（未示出），离合器由车把下方的绳索进行操作。左下：单侧平衡踏板的透视图

替链条将踏板的动力传输到左后轮上。1882 年,由威廉·詹姆斯在基督城建造的双三轮车总共有 6 个齿轮,通过驱动左右轮的方式,提供两种速度。考文垂的西风自行车和三轮车公司建造了几台齿轮驱动的机器,自行车媒体对其进行了描述(Street 1979)。一种全齿轮的传动装置甚至在罗弗自行车上进行过试验。但是链条的效率更高,而且不容易断裂。

罗弗和类似安全自行车的成功引发了世界各地多速齿轮专利的热潮。起初,中间轴要么被安装在一个大五通管内(如马塞尔·布达尔 1896 年的设计,被亨伯公司采用了一段时间),要么在一个大后轮毂内(如 1904 年的德斯礼-彼泽森设计或 1907 年标致公司的复古轮毂)(Henry 1998;Berto 2009)。但是到了 19 世纪 90 年代中期,专利持有人通过将行星齿轮放在一个紧凑的轮毂内,避免了这种笨重的排列。自行车制造商使用标准化的支架,以便能够方便地更换供应商。中间轴齿轮需要的大支架阻碍了曲柄轴和轴承的互换性。然而,法兰克福的阿德勒早在 1935 年就开始生产带有 3 速悬挂变速箱(1935 年德国专利第 650,386 号)的自行车,第二次世界大战后仍在生产。而这种装置的前身在法国早在 20 世纪初就出现了。

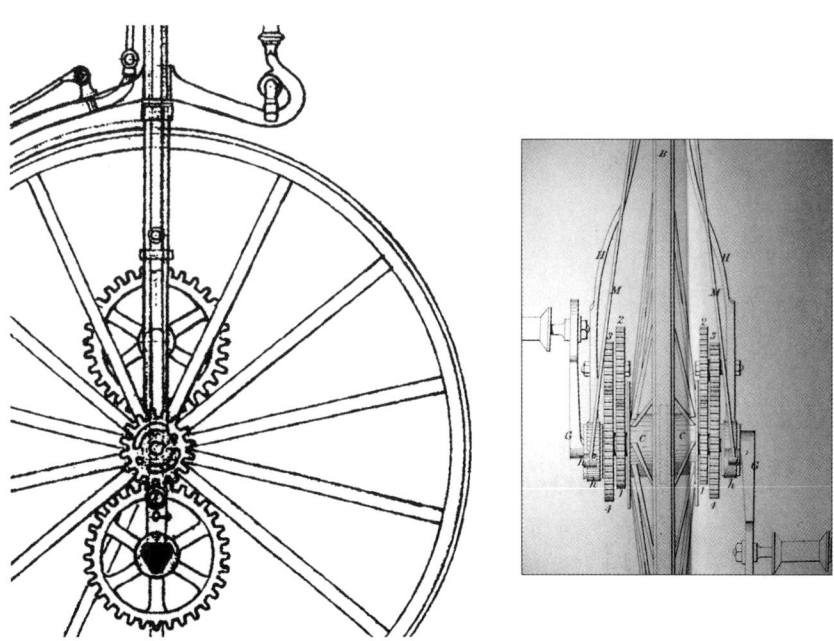

图7.11 左:哈泽德的双速齿轮(Raymond Henry)。右:斯塔利和希尔曼的双速齿轮(专利图)

行星齿轮

一个简单的行星变速齿轮通常包括一个固定的"太阳"小齿轮（小齿轮是一个小轮齿）。几个"行星"小齿轮围绕"太阳"小齿轮旋转，并与"太阳"齿轮啮合。还有一个环，一个围绕着整个组件的内部齿环，和"行星"小齿轮相啮合。行星齿轮被放在行星架内。如果行星架转动，"行星"通过与"太阳"接触并将这一运动传递到环。这使得齿环比行星架旋转得更快。如果驱动装置被送入行星架并脱离齿环空间，就会得到比直接驱动更高的传动比。相反，如果驱动装置被送入齿环空间内并脱离行星架，则得到比直接驱动低的传动比。因此，一个简单的行星变速齿轮可以提供 3 种速度。双速行星齿轮只使用这 3 种速度中的 2 种。超过 3 速的行星齿轮有一个以上的行星轮系。

在高速挡中，一个有 20 齿的太阳齿轮和 60 齿齿环的简单的行星齿轮体系将会使轮子的旋转速度为直接驱动的（20+60）/60，即增加 1/3。相同的结构提供的减量正好相反：为直接驱动的 3/4，即减少 1/4。行星小齿轮的大小和数量对比值没有影响。行星小齿轮只是作为中介体，在齿环和太阳齿轮之间传递运动。

在 19 世纪 80 年代的三轮车热潮中，一些美国和英国的三轮车行星齿轮出现在市场上，大部分是双速的。像手钻一样的斜轮齿，被用在一些早期的行星齿轮上，如罗伯特·查尔斯·杰伊的 3 速齿轮（1883 年英国专利第 2,957 号）。

1883 年，纽约友谊公司的埃米特和阿德里安·拉塔，申请了一项用于前驱动自行车或三轮车的 3 速行星式轮毂齿轮专利（1884 年美国专利第 294,641 号）。其中一个版本使用锥齿轮，需要车手以 3 种速度中的 2 种向后踩踏板。一个更人性化的版本，在专利中也有描述，使用了小齿轮和齿环。

在 19 世纪 80 年代，由伦敦肖和西德纳姆公司生产的"克里普托 - 动态"行星齿轮成了市场领导者，并且在一段时间内，"克里普托原则"成了行星齿轮的通用术语。在 19 世纪 90 年代，随着前驱自行车和后驱动安全装置的对抗，肖和西德纳姆公司推出了一种单速的行星轮毂齿轮，允许使用较小的前轮。这条路是一个死胡同，因为前驱很快就退出了市场。

设计师偶尔也会有回到带有行星齿轮的前驱机器的想法。法国工程师路易·德比特在 20 世纪 40 年代发明了一种斜躺式自行车，他在设计中使用了行星齿轮（1950 年美国专利第 2,505,464 号）。1984 年，一家名为阿克罗的澳大利亚公司推出了一款可以改装成三轮车的小轮前驱自行车（1983 年的美国专利第 4,389,055 号，保罗·考克伯恩）。它与早期的克里普托矮脚鸡（Hadland 1987，14）相似，有一个双速飞轮轮毂，直接曲柄驱动和后踏式换挡。预生产了大约 100 个样品，

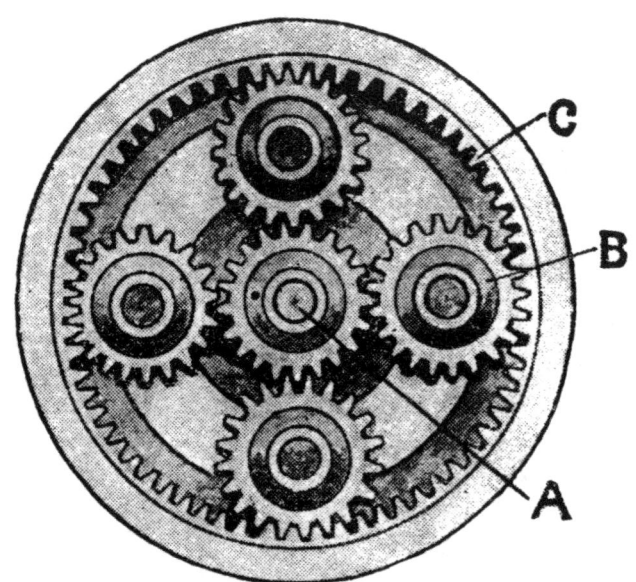

图7.12 行星齿轮的解释出现在大约1909年出版的《骑行》小册子上

但是没有进行批量生产。1998 年，柏林的托马斯·克雷奇默申请了一项直接驱动多速行星轮毂的专利（德国专利第 19,824,745 号）。几年后，渥太华的杰里米·加尼特设计并制造了一种斜躺式直接驱动装置，带有一个改进的施伦普夫速度驱动行星牙盘齿轮（Garnet 2008）。克里斯·霍尔姆/施伦普夫双速独轮车轮毂也可以用类似的方式使用。

行星牙盘轮齿，通常被称为"五通齿轮"，但实际上并不是安装在五通管内，通常不需要带有超大的五通管或外部齿轮箱的非标准车架。在爱德华七世时代，当时"阳光"和"半人马"都是双速，而詹姆斯制作的则有双速和 3 速，它们在英国颇受欢迎。阳光自行车结合了自己的双速牙盘齿轮和维利尔斯双速或阳光 3 速轮毂，前种组合提供了 4 种速度，后种组合提供了 6 种速度，全部采用完全封闭的行星系统（*Cycling* 1909）。

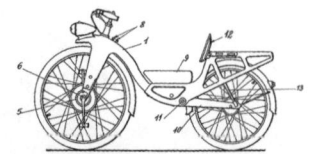

图7.13 左：阿克罗半斜躺式，其前驱动可以很容易转换成三轮车模式（保罗·考克伯恩）。右上：路易·德比特在1943年推出的前驱斜躺式车，1950年在美国获得专利。右下：杰里米·加尼特的前驱斜躺式车（杰里米·加尼特）

图7.14 在克里斯·霍尔姆独轮车上的施伦普夫双速轮毂（克里斯·霍尔姆独轮车和施伦普夫创新）

图7.15 左:一辆阳光双速行星牙盘齿轮(1904年目录)。右:一个施伦普夫山地驱动,现代的双速牙盘行星齿轮(施伦普夫创新)

紧凑型轮毂齿轮

在19世纪90年代的自行车热中,行星齿轮开始被用于其最成功和最持久的应用:后驱安全自行车的紧凑型轮毂齿轮。

1891年,行星齿轮的市场领导者肖和西德纳姆,推出了一种紧凑型双速后轮毂齿轮。那年6月,它在《骑行》杂志上获得了热烈的评价。它的整洁与早期的"复杂而笨拙"的行星齿轮形成了鲜明的对比。它似乎从来没有被列入产品目录,没有被积极推销,没有投入批量生产,也没有被记者评论过,尽管它理应成功。它的潜力在于,安全自行车的链条驱动齿轮提高了速度(通常是2倍以上),而不是降低扭矩。因为轮毂的扭矩比曲柄的扭矩低,所以轮毂内的齿轮可以比曲柄上的齿轮更小更轻(在五通内或与牙盘集成)。

1895年,印第安纳州的一名机械师苏厄德·托马斯·约翰逊发明了紧凑型的双速轮毂(1895年英国专利第12,681号)。这显然是J&R轮毂的基础,阿奇博尔德·夏普在1896年对该轮毂进行了评估。J&R(商业上并不成功)很快被"枢纽"轮毂取代,是由索尔福德的威廉·赖利设计的双速模型。

赖利在1896年3月提交了关于枢纽轮毂的第一个专利,该齿轮在1898年投入生产。在最初的模式中,它在任一挡位上都能提供固定的车轮驱动。但是,和其他一些齿轮一样,它在没有齿轮啮合时具有一个可选择的飞轮模式。后来的版本在高速挡时为自动飞轮驱动模式,在低速挡时为固定轮驱动模式。到1901年,枢纽轮毂的声誉已经牢固确立,并证明了紧凑型轮毂齿轮的可行性。赖利接着设计了第一款"斯特米-阿彻"3速轮毂齿轮，因为合同原因，该齿轮以其同事詹姆斯·阿彻的名义被申请了专利。该产品在1902年推出，它在所有的挡位上都有自动飞轮。

在20世纪初的英国，可能有机会流行起来的新齿轮系统包括：新"多变"和梯度变速器、科克尔支架齿轮、Paradox扩展牙盘齿轮、加勒德双速行星齿轮（拧在标准的轮毂上）以及枢纽轮毂。但在7年内，紧凑型的行星齿轮（尤其是斯特米-阿彻制造的）完全统治了英国市场，并且持续了几十年。1910年斯特米-阿彻X型的宽比轮毂一直到1955年都是由BSA授权制造的，它为行星3速齿轮设定了一个标准，可以说从未被超越。

轮毂齿轮被广泛采用，特别是在英国、德国、荷兰、丹麦的非山地工业区实用骑行者中。在其中一些国家，特别是荷兰，轮毂齿轮仍有很大的市场份额。在英国，一些赛车手多年使用轮毂齿轮，甚至用于打破点对点纪录。从20世纪30年代到60年代早期，斯特米-阿彻公司专门为俱乐部自行车手生产轮毂。俱乐部自行车手涵盖了从悠闲的游客到破纪录的赛车手等广泛的自行车爱好者。

在英国，3速轮毂很受欢迎，因为成本低、易换挡（即使是静止时）、效率高（即使是效率最低的挡位也高于90%）和维护要求低。几乎没有人有超过3种速度的需求，英国的技术媒体对更多更宽的比率需求不屑一顾。1912年，当菲希特尔与萨克斯推出由弗朗兹·温克勒设计的4速轮毂（1912年德国专利第1,045,236号）时，前赛车手弗雷德里克·托马斯·比德莱克认为它"最能吸引路过的人"。当亨利·斯特米申请专利并成功完成了宽比5速轮毂（1921年英国专利第188,178号）的原型时，没人愿意制造它。很长一段时间，许多运动型自行车爱好者更喜欢单速车。（很多人都喜欢一种双面后轮毂，一面是固定的链轮，另一面是不同大小的飞轮。）

行星轮毂中齿轮的数量逐渐增加。斯特米-阿彻在20世纪30年代后期推出了4速轮毂，在20世纪60年代推出了5速轮毂（在20世纪30年代获得专利）。在20世纪90年代，3家制造商推出了7速轮毂（斯特米-阿彻在1973年申请了7速轮毂的专利）。1995年，萨克斯推出了笨重而短命的埃朗12速轮毂。在写作本书的时候，已经可以买到2、3、5、7、8、9、11和14速的轮毂齿轮。

超过3速的行星轮毂在某些挡位上效率很低，而且比变速器更贵。轮毂齿轮之王是1998年德国制造商推出的14速罗洛夫。它接近现代变速器的效率和范围，提供了更均匀的间隔比、更好的可靠性和更长的使用寿命。

第 7 章　提升传动　　205

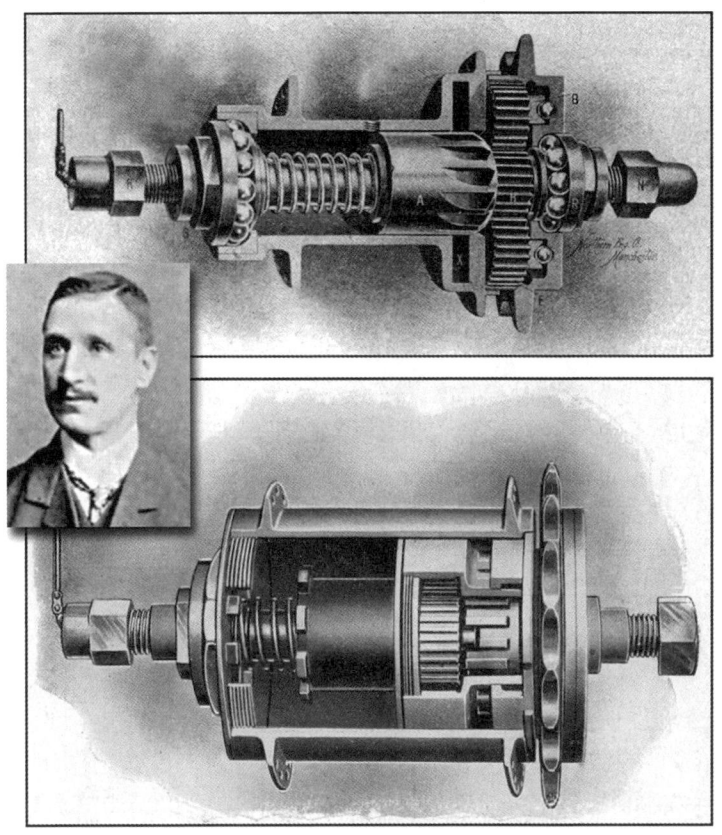

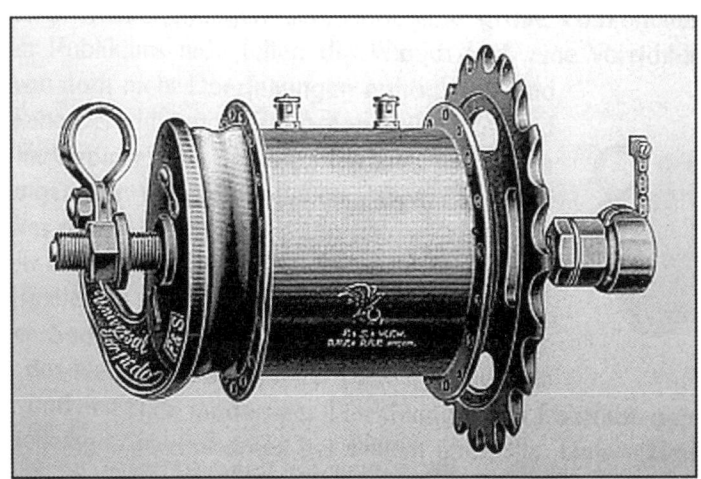

图7.16　上：枢纽轮毂（*Cycling*，1903年10月3日）。中：第一个斯特米-阿彻3速轮毂（斯特米-阿彻遗产）。插图：威廉·赖利，这两种轮毂的发明者（国家自行车图书馆）。下：1912年，一个带倒刹的菲希特尔与萨克斯通用鱼雷轮毂（公司手册）

图7.17　一个罗洛夫轮毂齿轮（罗洛夫股份公司）

变速器

如今在许多国家，多速齿轮传动的主要方式是变速器。通过将链条移动到后轮上的 12 个链轮和曲轴上的 3 个牙盘以选择不同的传动比。4 牙盘曾被制造商推出过，例如 1973 年法国的亚历克斯·辛格（Rebour 1976）和最近威尔士的高道工程公司的克里斯·贝尔，但从未流行过。

1868 年，查尔斯·迪博申请了一项双座三轮车专利。它的链条可以手动从一个牙盘切换到另一个牙盘，以提供两种或更多的速度，不过它缺少一个链条张紧器来拉紧松弛的链条。1869 年，巴伯龙和默尼耶设计了一种 3 速系统，皮带或链条可以在两组滑轮或链轮之间切换。这些设计是当今变速器的早期雏形。

到了 19 世纪 90 年代中期，在众多的多速专利中，出现了一些真正的变速器设计。1895 年，法国人让·卢贝尔获得了一项双速系统的专利，他称这个系统为波利塞莱。虽然在第二年做了广告推广，但是波利塞莱并没有取得商业上的成功。不过有两款早期的英国变速器确实取得了一些成功：第一次出现在 1899 年的埃德蒙·霍奇金森的 3 速"梯度"，以及在同年获得专利的林利和比格斯的新"多变"双速齿轮系统。

"梯度"在五通上装有弹簧链条张紧臂。挡位是通过向后蹬踏板调节，使两臂将链条从链轮上提起。移动一个杠杆使链轮侧向滑动，向前踩踏板，然后把链

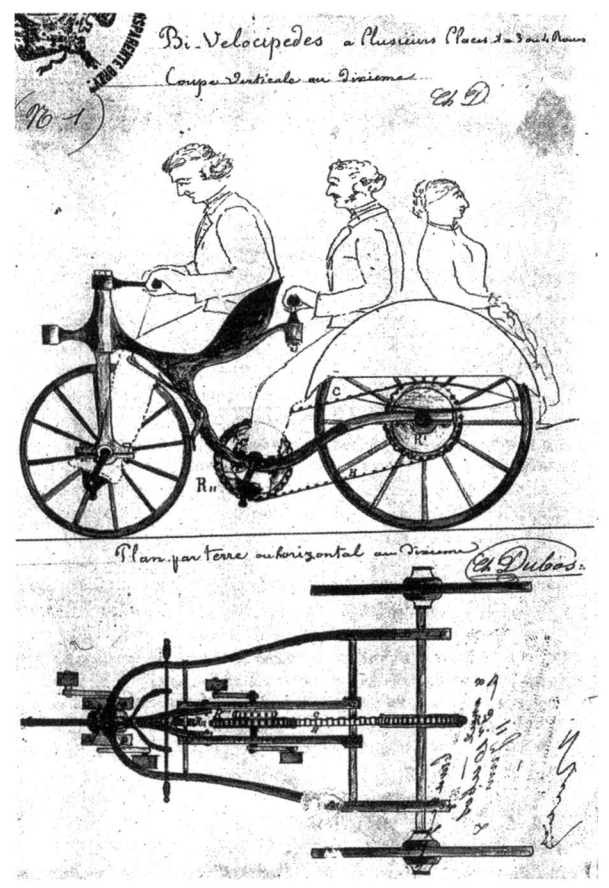

图7.18　迪博的专利图，清楚地展示了曲轴上的双牙盘

条放到不同的链轮上。链条一直在直线上运行。到1901年，链条能够自动抬起。当时英国正流行3速行星轮毂，"梯度"没有流行起来。1904年霍奇金森把专利出售给了第戎的特罗特公司。

新"多变"使用了带有拱形链节的链条，这让人想起了齿形带，这种链条可以方便地从一个链轮向另一个链轮进行侧向移动。链轮和牙盘用法兰连接，以防止链条脱落。新"多变"牙盘的宽度是常规牙盘的两倍大小，以便选择任何一个链轮时链条都能够保持直线运行。新"多变"齿轮应用在林利和比格斯惠比特自行车上，后来以惠比特齿轮被人们所熟知。在国内市场上它随着"梯度"而被遗忘，但是，像"梯度"一样，它在法国被采用。到1905年，特罗特正在制造"梯度"的一个版本，特罗特H模型（H代表霍奇金森的首字母），保罗·德维维耶（又名韦洛乔）正在试验一种惠比特齿轮。

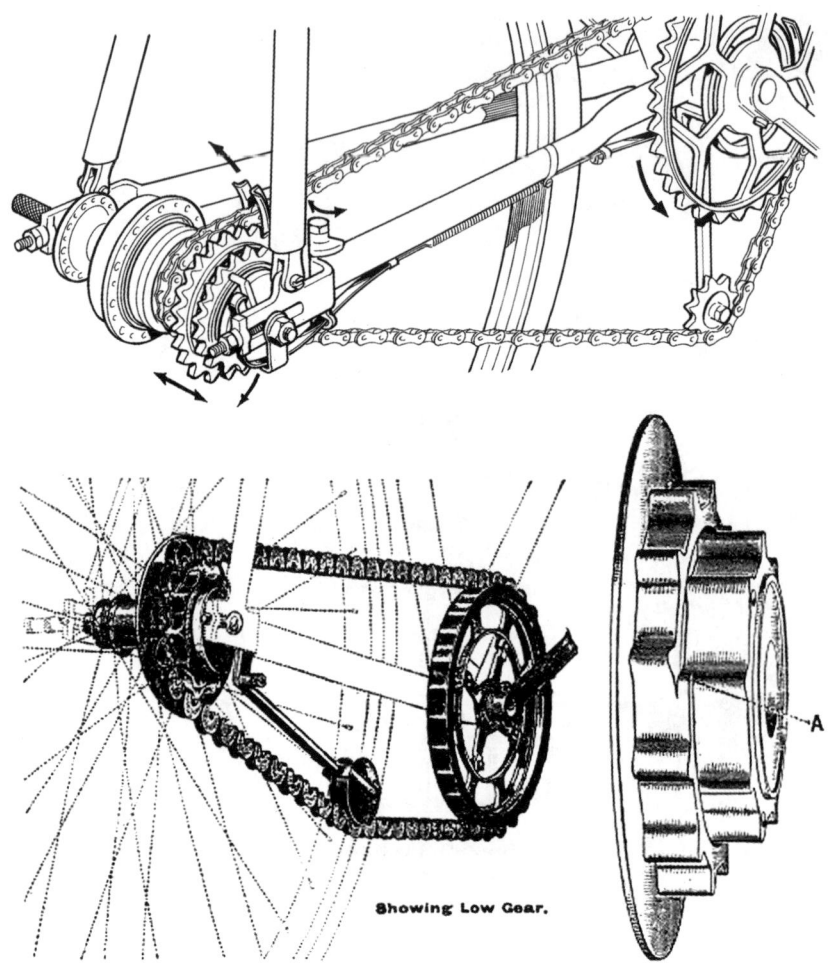

图7.19 上：霍奇金森的"梯度"3速变速器（R.约翰·韦）。下：后来被称为惠比特齿轮的新"多变"双速变速器（全部来自国家自行车图书馆）

变速器从上文所述的早期商业产品到当今平稳运行的高效设备的演化太过复杂，无法在此详细介绍。（更详细的讨论，见 Berto 2009。）在接下来的100年里，人们进行了许多小的改进，每隔10年或20年就会增加一个链轮。

变速器早期演变的主要因素是，越来越多的人，尤其是法国工程师意识到，一个驱动链即使在脱链的情况下也能令人满意地高效运转。甚至是迪博在他1868年的专利中，似乎也很欣赏这一点。这是一个至关重要的洞察。

然而，英国工程师对脱链非常反感，在梯度和惠比特齿轮上都避免了脱链。

事实上，英国人通常对变速器不屑一顾，直到 20 世纪 30 年代中期，休伯特·奥珀曼爵士在体育方面取得的成功才使人们的看法有所改变。拥有斯特米-阿彻的罗利公司在轮毂齿轮方面拥有巨大的既得利益，在 20 世纪 50 年代中期之前没有为任何自行车提供变速器。

链条设计的改进使得越来越多的链轮可以运行越来越多的线外链。窄链条比宽链条更加灵活，因此可以容纳更多的链轮。20 世纪初，0.25 英寸的链条被可以用在两个链轮上的 0.188 英寸的链条所取代。在 20 世纪 20 年代，0.125 英寸链条成为标准，这样的链条可以在多达 4 个链轮上使用。1936 年，英国的宾顿公司引进了 0.094 英寸的链条，它允许使用 5 个甚至更多的链轮。后来，出现了无衬套链条，这是迈向高效变速器的又一大步（1981 年，无衬套 Sedisport 被人们广泛使用）。在链销和链辊之间省去衬套使链条更加灵活，今天，所有的变速器链条都是无衬套的。如今，像上述标称链条宽度（基于匹配链轮的宽度）不用于 8 到 12 速度的变速器。其他尺寸（包括外板宽度和链销宽度）被认为更加重要。

在变速器的早期发展中，同样重要的一点是法国主要工程中心（如圣艾蒂安）靠近山区。粗略地比较一下英国中部地区的起伏地形和法国中央群山的地形，就可以看出，为什么法国的自行车工程师比他们的英国同行对拥有广泛的挡位更感兴趣。

20 世纪 20 年代，法语单词 "dérailleur" 被英语采用，消除了该词的口音并使其发音变得英式，这反映了法国在链条换挡齿轮开发方面的参与。如今，这个词在英语世界已经非常流行，以至于《牛津阿歇特法语词典》将 "dérailleur" 英译为 "derailleur"。最近，美国人试图将该词进一步英语化变为 "derailer"，但收效甚微。在任何情况下，都不涉及 "rails"。一个更合乎逻辑的英文名字是 "chain-shifter"，它可以与德语的 "Kettenschaltung" 相呼应。但在大约 90 年后，"derailleur" 已经很成熟，无法被轻易取代。

定位变速

很早以前，人们曾试图对变速器进行定位变速。3 速变速器的定位相对容易，高挡（索紧）和低挡（索松）可以进行有效的自我定位，只有中间挡需要棘爪装置。1949 年，英国推出的大力士赫拉利尔 3 速变速器具备定位变速，与 20 世纪 80 年代初出售的 3 速于雷一样。但事实证明，用超过 3 个以上链轮来分度换挡是很困难的。缺乏正向变速是在一些市场中广泛采用变速器的主要障碍，特别是在那些迄今为止由轮毂齿轮主导的市场。

1969年，三拓公司提供了一个 5 速分度齿轮。从 1980 年开始，该公司推出了强大点击变速系统。1975 年，禧玛诺公司推出了正电子变速系统，这是第一个获得显著市场份额但仍然不是很成功的系统。禧玛诺在 1981 年推出的 Aero AX 变速器也不是很成功。萨克斯 - 于雷公司在 1983 年推出了它的定位指挥官，但正是禧玛诺于 1984 年推出的禧玛诺定位变速（Shimano Indexed Shifting，简称SIS）系统，树立了一个新的标准，开始了真正定位变速的普及。新技术的出现、研发的大量投入以及几项早期技术的改进，促进了 SIS 系统的发展。SIS 系统有一个计算机优化后的后部装置，它有两个弹簧枢轴和最近的专利到期的三拓创新，即斜平行四边形结构。三拓公司在 1964 年为斜平行四边形结构申请了专利（1968 年美国专利第 3,364,762 号）。它是变速器历史上最重要的创新之一，它允许导向轮将链条定位在离链轮组非常近的位置，而不管选择哪个挡位。这对于可靠的定位变速是至关重要的。

1989 年，禧玛诺通过引入超滑链轮（具有特殊改造的齿）进一步改进了 SIS。当链条从一个链轮切换到另一个链轮时，可以形成优化的换挡路径。禧玛诺在定位变速器方面的创新，得到了全面的安装文档、零缺陷质量保证、及时交付和熟练的市场营销的支持。

禧玛诺的创新，最初在公司高端产品上推出，最终延伸到整个产品系列，并被广泛复制。今天，即使是最便宜的变速器，不管是哪家制造商，只要安装和调整得当，都有可靠的变速定位。

1978 年，在推出 SIS 的 6 年前，禧玛诺推出了自由轮毂，将飞轮与后轮毂结合在一起。这是由英国贝利斯·威利公司在 1937 年提出的一个古老的想法，禧玛诺对其加以完善。自由轮毂被竞争对手模仿，并且在更好的自行车上迅速流行起来。尽管螺旋飞轮曾经是常规配置，但现在只出现在最便宜的变速自行车上。

自动和连续可变齿轮

一个多世纪以来，发明家们一直尝试设计出自动或连续变速的自行车齿轮。一个自动和连续可变传动的早期例子是迪特里希无齿轮"可变功率变送器"，由居住在康涅狄格州哈特福德的奥地利人路德维希·迪特里希设计（1899 年美国专利第 634,327 号）。这是一个可变偏心杠杆驱动装置。用于自行车的版本安装在一个超大的五通上。它在商业上没有取得成功。

大多数成为系列产品的连续可变齿轮都是轮毂齿轮或扩展牙盘。

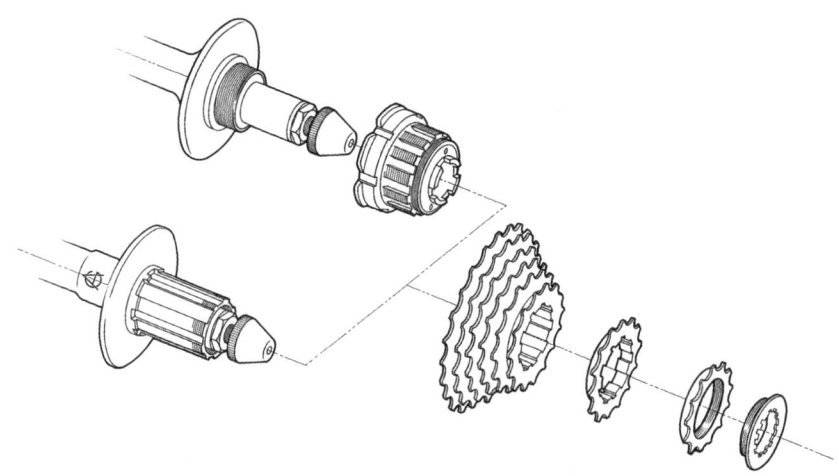

图7.20　一个传统的螺旋飞轮（上）和一个带有集成飞轮的自由轮毂风格的轮毂（下）（杰夫·阿普斯）

连续可变轮毂齿轮

任何需要非标准车架的系统，如迪特里希所做的，都处于不利的地位。在轮毂里安装齿轮在商业上是一种更好的选择，因为它几乎可以适用于任何自行车。阿奇博尔德·夏普是伦敦的工程师和专利代理人，他撰写了经典著作《自行车与三轮车》，发明了一种手动控制的连续可变的轮毂齿轮，并在 1900 年申请了专利（英国专利第 22,574 号）。像迪特里希的"可变功率变送器"一样，夏普的系统也不是行星齿轮系统。它是"一种在一定范围内连续改变两轴速度比的装置"。它有一个输入曲柄和一个输出曲柄，通过一个连杆相连，围绕不同的中心旋转。输入曲柄以正常的圆形方式移动，但由于连杆的作用，输出曲柄的移动方式是椭圆形的。通过一系列快速切换的离合器，椭圆上的任何一个特定点可以获得几乎恒定的输出，以产生圆周输出运动。输出速度取决于椭圆输出上的位置。罗利公司打算制造这种设备，但夏普一直未能使其正常工作（Hadland 2011）。在 20 世纪 30 年代中期，在法国制造的米尔帕特齿轮中也应用了类似的原理。然而，米尔帕特的机制是在牙盘，而不是轮毂。它在 12 个步骤中给出了 191% 的范围（Whitt 1979）。

伯明翰的 G.F. 泰勒设计了另一种连续可变轮毂齿轮。它被称为"全速"，拥有一种太阳和行星装置，行星小齿轮以某种方式安装，可调节凸轮盘可以给它们提供额外的旋转动能，模拟越来越大的太阳小齿轮。凸轮盘通过车把扭转手柄控制，并提供从直接驱动到增加50%的一个连续可变范围。虽然这款设备被广泛报道，并预计在1907年上市，但目前只发现了两个样例。它似乎没有进入批量生产（Hadland 1987；Cycling 1909）。在20世纪70年代，美国生产了一种类似的叫作Arcu的系统。这种类型的另一个美国系统是范式轮毂齿轮，于1991年秋天发布，由比尔·特里设计，华盛顿州雷德蒙德的Posi-Drive有限公司进行销售。

乔治·里普利三世在他的后轮外侧安装行星齿轮的设计中，采用了一种不同的无限可变行星齿轮方法（1974年美国专利第467,653号）。在这个系统中，链条驱动着行星架，太阳齿轮驱动着自行车车轮，通过机械或液压制动器允许环形齿轮在不同程度上旋转。在环面完全无制动（自由旋转）时，达到1∶1传动比；当环面完全制动（静止）时，传动比约为4∶1。因此，提供了大约400%的无级变速，仅由环空允许的滑动量控制。这个系统似乎还没有上市。

2006年，法布里克技术有限公司推出了一款纽芬奇连续可变自行车轮毂齿轮，这是一种圆锥形的牵引传动装置，通过一组球将旋转动力从一个输入锥传送到一个输出锥。球通过摩擦与锥体接触。球的倾斜改变了它们的接触直径，使其相对于一个锥体增加接触直径，而对于另一个锥体减少接触直径，从而改变了速度比，典型的范围是360%。与变速器系统相比，纽芬奇相对较重，效率也较低，是第一个无级变速齿轮，商业上获得了一定程度的成功。

扩展牙盘已用于各种变速齿轮系统。虽然我们已经将其归类为连续可变齿轮，但这些系统经常使用棘爪来提供特定的传动比。这在一定程度上是为了骑手的方便，但也因为在一些设计中，每一个直径的变化必须等于一个完整的牙盘齿的总数。1894年，林利和比格斯"多变"齿轮合并了两个半牙盘，可以扩展以增加有效直径，从而提供4个紧密间隔的齿轮。牙盘是椭圆形的，除了最低挡。（多年以后，《自行车科学》的合著者弗兰克·惠特为自己制作了一个类似的齿轮。）"多变"很快就停产了，取而代之的是"新多变"，后来被称为"惠比特"齿轮。

1903年，一个更先进的扩展牙盘被推出。威廉·戴森·万斯伯勒的Paradox结合了一种复杂的装置来实现一个圆形的可扩展牙盘。和"多变"一样，它的工作方式是一齿一步，但它有7个棘爪而不是4个。该扩展牙盘没有取得商业上的成功，在一个季度之后就停止了销售。

米切尔任意速度结合了可变偏心和扩展牙盘的元素。为了达到增加直径的效果，牙盘可以通过一个臂和离合器组成的系统提升到偏离中心的位置。它与Paradox同时期推出，但没有取得成功。

比利斯是一种法国的扩展牙盘，在1925年推出，并被尚特鲁比赛的获胜者

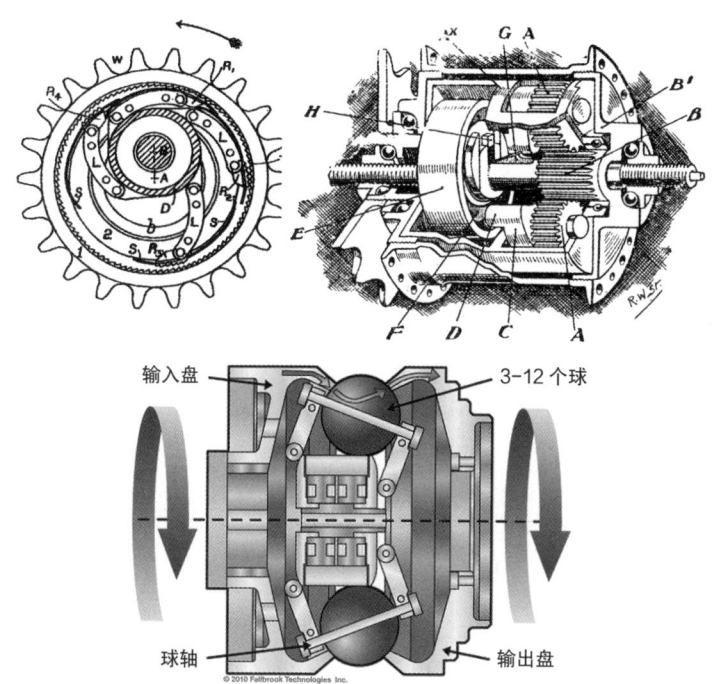

图7.21 左上：夏普连续可变轮毂齿轮的剖面图（专利图纸）。右上："全速"连续可变轮毂剖面图（*Cycling*，1909）。下：纽芬奇球锥牵引传动装置（插图由法布里克技术有限公司授权使用）

使用，不过很快就从人们的记忆中消失了（Berto 2009，128）。1936 年，尼尔森，另一种英国扩展牙盘齿轮，在《骑行》杂志上得到了很好的评价。它在几个步骤中就能达到 200% 的范围，可以从伦敦著名的轻型自行车制造商 F.W. 埃文斯那里买到。它似乎并未被投入批量生产（Whitt 1979）。

在 20 世纪 70 年代，人们对扩展牙盘齿轮的兴趣再度兴起。1974 年，在美国生产的黑根全速系统，有 6 个小型的飞轮链轮，安装在一个驱动板的槽里。与驱动板同轴的控制盘有与链轮啮合的螺旋槽。控制盘的旋转使链轮在驱动板的槽中上下移动，从而使有效牙盘直径变化范围达到 285%。

可以说，最有趣的扩展牙盘齿轮是由法国人米歇尔·迪尔发明的自动迪尔驱动（1981 年英国专利第 2,062,142 号）。它有 6 个弹簧加载的滑动段和大约 200% 的范围。随着踏板力的增加，节段中的弹簧被压缩，节段向内移动，减小了牙盘的有效直径，从而降低了齿轮。它提供了 16 种不同的挡位，弹簧负载可以被调整以适应骑手。到 1983 年，它被推广到自行车行业。不久，几家英国制造商展出了装有这种装置的自行车。然而，英国的生产成本太高。在成本较低的国家尝试制造这种设备也没有成功，再加上挡位范围有限（少于5速轮毂）和重量，这些决定了它的命运。

埃克塞尔公司的卡莫比奥齿轮与迪尔驱动被同时推出，但它不那么复杂，也提供了16种速度，有300%的范围，也不成功。

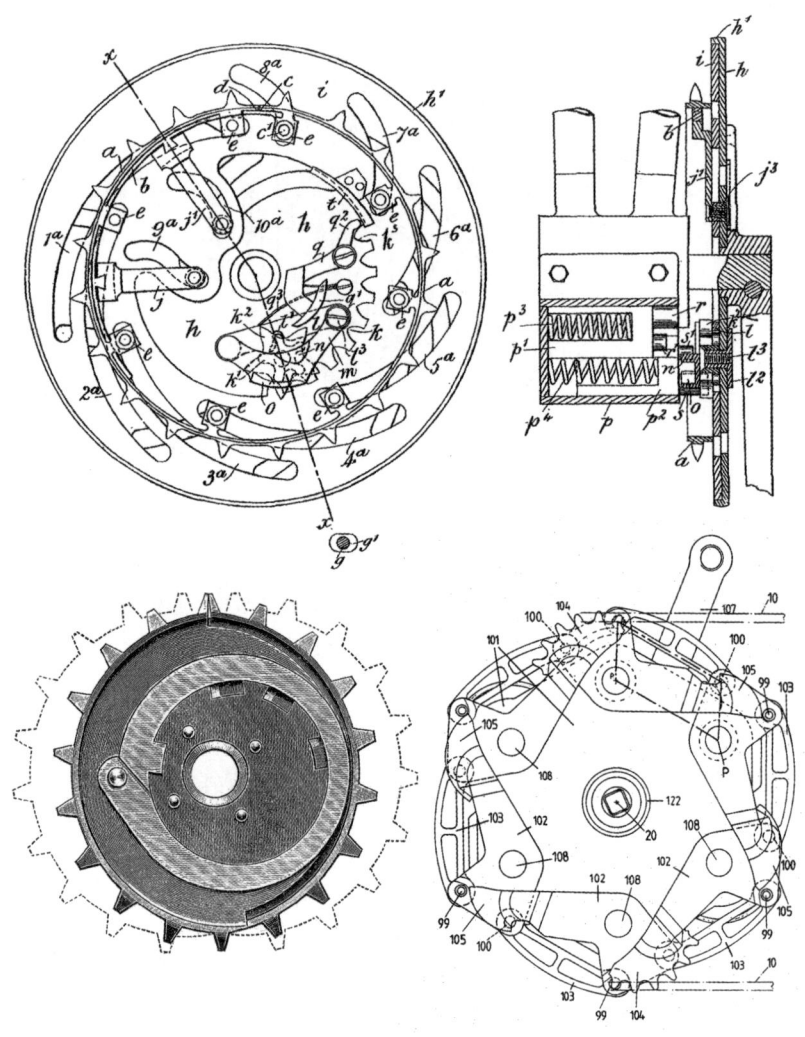

图7.22　上：一个Paradox扩展牙盘（专利图）。左下：一个"多变"扩展牙盘，在这里显示的是低速挡，高速挡模式用虚线显示（国家自行车图书馆）。右下：一个迪尔驱动自动扩展牙盘（专利图）

德国工程师埃卡特·黑特拉格于 1996 年至 2002 年间开发了一种简单、高效、轻便的手动控制扩展后链轮,被称为黑特拉格驱动变速器。它有用于链传动和皮带传动两个版本。虽然它的销售量不高,但在 21 世纪 10 年代仍在生产。

自动变速

自行车的自动变速器至少可以追溯到 1899 年,当时迪特里希系统已获得专利。该项专利很复杂,共计有 39 项权利声明,它是"一种装置,其阻力可能由于其上负载的变化而变化,从动装置的速度随着其阻力或负载的增加而降低,并且随着这种阻力或负载的减少而随意或自动地增加"。自动功能涉及两个机械"传输装置",一个在驱动输入和可变偏心杠杆驱动装置之间,另一个在驱动装置和驱动输出之间。每个装置产生一种"直线合力"。如果这两种力失去平衡,可变偏心驱动系统的轴就会移动,直到恢复平衡,从而改变挡位。

迪特里希并不是早期自行车自动换挡装置的唯一发明家。另一位是新泽西州的查尔斯·汤普森,他在 1903 年获得了一种双速"自动轮毂"的专利(美国专利第 734,008 号)。事实上,当骑手在靠惯性滑行时,它会出现换挡,这可能导致了它的商业失败。汤普森的齿轮不是真正的自动齿轮,而是通过后踏变速的双速轮毂的前身。自 20 世纪 60 年代以来,菲希特尔与萨克斯(现在是速联)公司、本迪克斯公司和斯特米-阿彻公司在不同时期都曾制造过这种轮毂。但与这些后来的轮毂不同,汤普森发明的齿轮并不允许骑手不换挡靠惯性滑行。

图7.23　一个黑特拉格驱动变速器(埃卡特·黑特拉格)

对于自动变速，需要一个装置来响应驱动系统（如迪特里希系统）增加的扭矩或增加的道路速度。在轮毂齿轮和变速器中都采用了离心式换挡装置，以实现自动换挡。它们本质上类似于蒸汽机上的离心式调速器或一种发条式留声机的马达，但它们没有应用刹车而是使用换挡。这种装置的核心是弹簧负载的重物，当车轮的转速增加时，重物通过离心力从旋转中心向外移动，从而使齿轮在一个或多个预定的速度下移动。

离心换挡最简洁和最成功的应用可能是菲希特尔与萨克斯的自动双速轮毂，于1966年推出并生产到大约1980年。该轮毂的第一个相关专利申请是1961年由该公司的主要齿轮设计师汉斯-约阿希姆·施韦德赫费尔在德国提出（1964年德国专利第1,169,798号、美国专利第3,143,005号）。这个齿轮有一个完整的离心机制，能以大约每小时9英里的速度从低速挡换到高速挡。（有不同的版本，一种用于标准尺寸的自行车车轮，一种用于小轮自行车。）在踏板上的压力得到缓解前，有一种延迟装置可以防止降挡，从而防止了齿轮之间的"追逐"。在20世纪70年代早期，禧玛诺制造了一个类似的轮毂，也叫"自动"。由岛野敬三和濑川隆史于1967年发明（美国专利第3,494,227号），只有一个版本。它在链轮内侧有一个调节盘，使骑手可以在轮毂的高低之间选择变速，以适应不同的车轮尺寸和骑手的喜好。

1962年，佛罗里达州的威廉·尼尔森申请了一项专利，他发明了另一种自动双速离心变速紧凑型轮毂齿轮（1968年美国专利第3,388,617号）。

除了上面提到的专利之外，禧玛诺公司、菲希特尔与萨克斯公司还拥有其他离心控制轮毂齿轮的专利。2011年，速联公司（菲希特尔与萨克斯公司的继任者）发布了一款名为 Automatix 的双速自动轮毂。

Autobike Smartshift 2000（后来作为 LandRider Autoshift 销售）也使用了离心式技术。这是一种自动换挡变速器后置装置，2013年的 LandRider 自行车仍在使用它。

电子变速

20世纪90年代末，禧玛诺为它的4速轮毂齿轮引入了微处理器控制系统。被作为 Nexus Auto D 出售，它通过固定在辐条上的磁铁（如电子里程表）来感应车轮速度，并据此进行换挡。骑手可以使用一个控制器从3种换挡模式中进行选择：普通、运动和手动。Nexus Auto D 在日本被成功应用于电子自行车。2001年，禧玛诺在日本市场推出了一个更简单的3速版本，没有手动控制选项。

图7.24　一个1966年的菲希特尔与萨克斯自动双速轮毂。在这一剖面图中，在轮毂的中心部分有一个离心配重的尖端（速联德国有限公司）

在1994年和1995年，马维克公司生产了一种叫作ZAP的微处理器系统控制的电动后变速器。一些职业车手曾使用了这种产品。按动按钮激活电池供电的螺线管，使导向轮转到预定的位置，利用滑轮自身的旋转来提供换挡力。事实证明，该系统（不是自动的）在潮湿的天气里会不稳定，很快就停产了。1999年，马维克推出了另一种电子变速器Mektronic。它是无线控制，并装有一个计程仪。它于2002年停产。

1997年，12速勃朗宁红移变速器上市，它带有全自动电子控制选项。勃朗宁的第一个非传统变速器有"摆动门"多牙盘，每个牙盘都有一个铰链段，可将链条平稳地移动到邻近的牙盘上（"摆动门"的原理可以在约翰·威尔逊1892年的英国专利第3,843号中找到）。勃朗宁变速器于1974年由布鲁斯·勃朗宁（著名的机枪设计师约翰·勃朗宁的孙子）发明，于1982年上市销售。8年后，它成了三拓勃朗宁电子变速传动。1997年，三拓公司经营失败（参见Berto 2009），该公司重新推出了3速摆动门牙盘和4速摆动门飞轮，从而提供了12种速度。红移变速器提供手动控制或电子全自动控制。它运行良好，但因价格太高，在商业上并不成功。

1995年，在美国自行车协会的场地自行车上测试了一种特制的自动3速勃朗宁变速器。它被设计用于 1996 年奥运会 1,000 米计时赛，在曲柄转速超过 100 转/分钟时会自动换挡。使用勃朗宁变速器的第一圈比固定挡的时间快一秒左右。这足以让赛车手在 1,000 米的冲刺赛中从第五名上升到第一名。UCI 规定比赛中使用勃朗宁变速器为不合规行为（*Cycling Science*，1995 年冬，11）。

2012 年，法布里克公司推出和谐电子控制系统，可选择与无级变速纽芬奇轮毂一起使用。它让车手可以选择自动或手动换挡，可以无缝切换，也可以按预设步骤切换。2009 年，禧玛诺推出了带有可编程电子换挡的手动控制变速器 Dura-Ace Di2（2012 年推出了廉价版的 Ultegra Di2）。2011 年，坎帕尼奥洛公司推出了超级纪录 EPS 和纪录 EPS。2012 年，意大利制造商蒂索推出了一款 12 链轮的无线控制变速器。

第8章
刹　车

我们在第 7 章中看到，自动飞轮如何通过使用更好的制动器来补偿由固定轮传动提供的后踏刹车的损失。在本章中，我们将考虑各种刹车的演变。

减少高速中产生的热量

所有常用的自行车刹车系统是将前进的动能转化为热能，之后再将热能散发到空气中。热量来自制动面的摩擦，比如刹车块和轮辋的摩擦，或者刹车片与轮毂上鼓的摩擦。

空气制动，通过增加自行车和骑手的正面面积来增加空气阻力，只在骑车偶尔会坐得更直以使自己慢下来时使用。襟翼或降落伞形式的空气制动方式没有被人们采用。自行车减速阻力伞作为一种新鲜的事物已被申请专利（例如，1976 年美国专利第 3,993,323 号）。

轮胎制动

蹄式、勺式和滚子刹车

第一辆自行车是德莱斯发明的跑步机器，它有一个摆动的制动蹄，作用于后轮的钢轮胎上。骑车人通过拉扶手下面的绳索来刹车。（德莱斯明智地避免了使用当时主流的马车刹车方式，即在轮胎下摆动一个"滑动蹄"来使车停止转动。直到 19 世纪 90 年代，发明家才提出使用此方法让自行车制动；两个实例是 1895 年查尔斯·查兰德获得的第 11,429 号瑞士专利和 1897 年普雷斯顿·赫尔蒙获得的第 583,371 号美国专利。）

19 世纪 60 年代后期，一辆典型的前驱脚踏车拥有与德莱斯的设计非常相似的后轮制动器，制动作用于实心钢或橡胶轮胎的行驶面上。制动蹄通常是金属质地,有时候表面带有耐磨的皮革或橡胶。就像在德莱斯的机器上一样,它使用了绳索连接,不过通常是通过扭转直把手来触发制动。为了让制动蹄的压力加倍,米肖公司设计了一种制动助力器(1868年法国专利第80,637号):刹车绳穿过一个滑轮组。刹车有一个复位弹簧,在不使用时可以使刹车远离轮胎。(复位弹簧几乎用于所有自行车制动器,以限制未施加制动时制动表面因轻微摩擦造成的损失。读者可以认为本章介绍的所有刹车都有复位弹簧。)

早期的脚踏车刹车是一个辅助装置,大部分的制动是通过直驱前轮的反向踩踏来完成的。这是骑车人变热,而不是机械制动发热。

早期的制动蹄通常仅在一个平面内弯曲,以匹配扁平金属轮胎的曲率。随着圆形截面的实心橡胶轮胎的发展,勺式制动器也在不断演化。凹勺形状更好地适配圆形轮胎截面,与轮胎能更充分地接触。

德莱斯机与1869年的脚踏车都使用了坚固的制动蹄,作用于大后轮的表面。后者转动把手拧紧连接线,可以施加相当大的制动力,也没有翻车的危险。高轮车的出现从两方面打破了这种平衡。首先,前轮很大,骑车人为了踩到踏板需要坐得更靠前,几乎需要越过前轴;其次,后轮承载的重量很轻,后轮被做得更小,轴距被缩短,机器的重量被减轻。这大大降低了后轮的制动潜力。后轮在1869

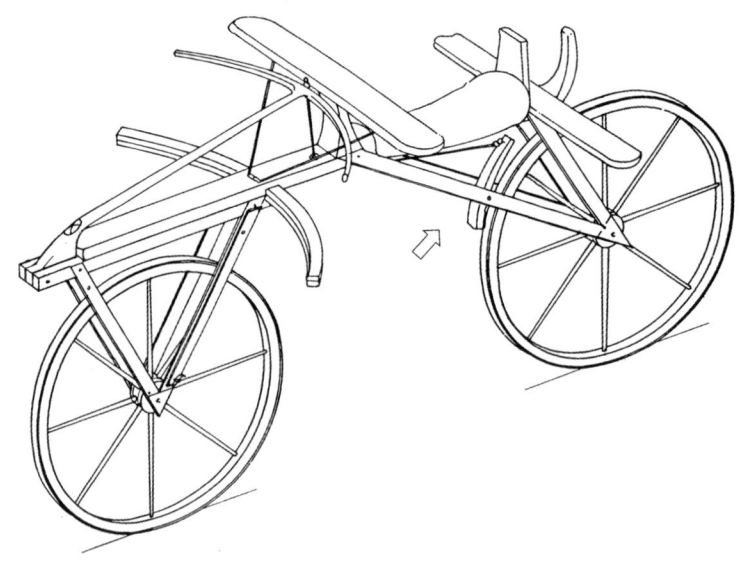

图8.1 德莱斯1817年版的等距图,显示了制动器(箭头所示)及其绳索(Lessing 2003a)

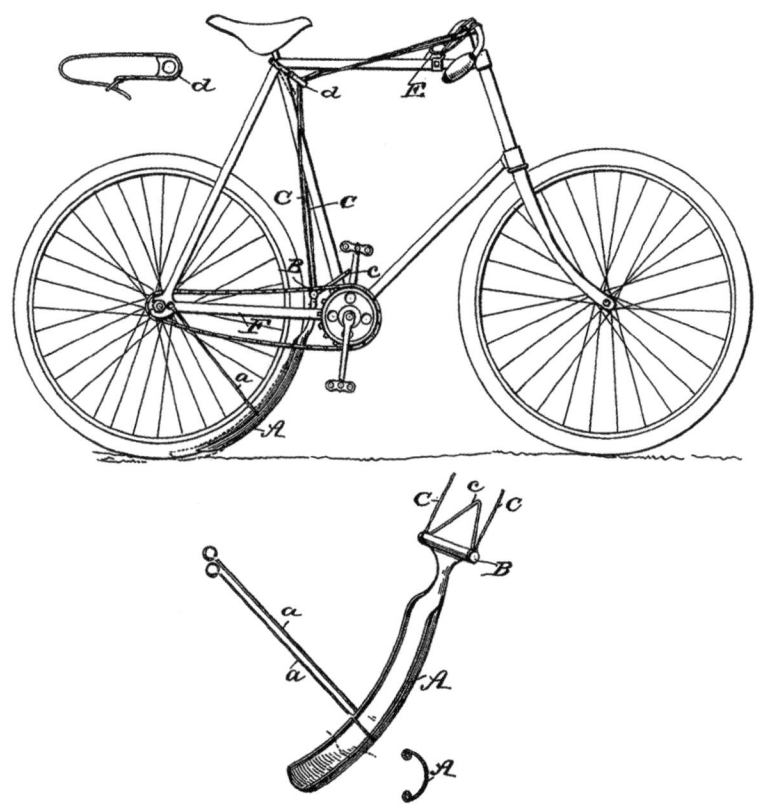

图8.2 赫尔蒙的滑动蹄制动器,这张专利图中所示的滑动制动蹄就像在后轮下面放了一个挡泥板

年平均直径为34英寸,在1871年下降到24或26英寸,到1876年流行的尺寸为18或20英寸。小轮子在后面蹦蹦跳跳,制动不再有效。因此,刹车成了一个亟待讨论的话题。

巴伯龙和默尼耶为后制动器设计了一种新颖的替代调节装置(1870年法国专利第86,459号的附录)。制动蹄安装在自行车车架脊柱管内的弹簧柱塞上。一根绳子穿过车架,然后穿过滑轮,一直拉到车把,把制动蹄拉离轮胎。绳索连接到并缠绕在车把上,并由作用在车把扁平部分上的弹簧片保持张紧状态。为了施加制动,骑车人扭动车把手以释放绳索上的张力,让弹簧将制动蹄推到轮胎上。相反的操作过程可以释放制动。这个制动系统并没有被广泛采用(Besse and Henry 2008, 153)。

图8.3 一台在车座下部带有刹车块和滑轮组的机器,它增大了可用于刹车的力(*Le Centaure*,1868年9月)

新的向前骑行姿势的一个好处是后踏变得更有效。骑手可以安全地将重量施加在前轴后面,而没有栽跟头的风险。因此,许多骑车人喜欢使用没有刹车的机器,并且完全依赖后踏进行制动。只要自行车能被牢牢地控制住,这种方式就行得通,但是当骑车人把腿放在车把上滑行时,或者当地面倾斜角度超过拼命后踏的骑手时,这种方法就无法减速。不幸的结果往往令人不快。1872 年夏天,《田野》杂志的一位记者写道:

> 我有一辆新的 41 英寸的阿里埃尔车,带有滚子刹,但我发现它没什么用处。实际上,在沿陡峭的山坡下坡时,我都是用我的双腿来刹车,所以下坡和上坡一样累。大驱动轮没有给后轮提供动力,这一点我本应感到知足。我们需要为两个车轮都安装刹车,以便当全速下坡时可以让车随时在 50 码以内停下。想象一下某个人把双腿搭在腿架上,以每小时 25 英里的速度下坡,当转弯时,忽然看到两辆马车或其他的东西比

如羊阻挡了去路，这时他能做什么来防止一场严重的事故呢？以现在的刹车方式，他是无能为力的，要么一头撞向树篱，要么冲向障碍物。老式自行车的优点是刹车非常有效，所以现在，当我要去陡峭的山坡地带时，我总是骑我的旧车而不是阿里埃尔车。（*The Field*，7月6日）

为了克服这个缺点，人们投入了大量的精力。有一段时间，使用各种设计的后轮滚子刹车，通过连接到旋转把手上的金属丝或绳索进行控制。卡特的拖尾刹车第一次使用了硬杆，在靠近车轴的后叉上转动，可以往下拖而与路面摩擦进行制动（1875年英国专利第2,893号）。卡特的刹车与后滚子刹车有同样的缺点：如果操作绳断裂，骑手就只能靠自己了：

> 毫无疑问，拖尾刹车优于滚子刹车。它需要使用结实的绳索才能工作，在找到比丝绸或钢丝更可靠的材料之前，这成了拖尾刹车的缺点。人们意识到拖尾刹车上的绳索、金属丝和链条很容易断裂，且往往是发生在关键时刻，所以拖尾刹车不是比滚子刹车好，而是差得多。（*Bicycling News*，1876年10月27日）

各式各样的地面刹车被发明出来，包括自动防故障类型的刹车，比如辛普森的安全拖鞋刹车（1877年英国专利第3,779号）和福尼尔的刹车（1876年英国专利第2,720号）。因为路面情况多种多样，这些刹车的效果有限。此外，刹车时与路面摩擦产生的咔嗒声让人心烦意乱。

有些令人惊讶的是，前轮制动逐渐开始取代后轮制动。1875年，由伦敦制造商史塔生推出的"极品"车是第一台既拥有前轮制动器又有后轮滚子的机器。旋转把手上的一个"漂亮的青铜偏心轮"将一个滚子推到前轮上。其他厂商开始纷纷效仿。1876年底，萨里机械师公司推出了一种双杆勺式刹车，勺式刹车被铰接在车头部的前面，并压在前轮胎上。该设计没有申请专利。随着各种变化（例如，用拇指推动制动杆或用手指拉动制动杆），它成为高轮车余下几年中的主要制动方式。在恐慌状态下抓住刹车杆，很容易造成栽跟头。不过，一位靠后坐在车座上的骑手，如果足够谨慎且幸运，在遇到大部分山坡时，有希望对车进行很好的制动。

早期更好的充气式安全自行车的前轮上，也使用过勺式或滚子刹车。（赛车完全依靠固定的后轮驱动来制动。）

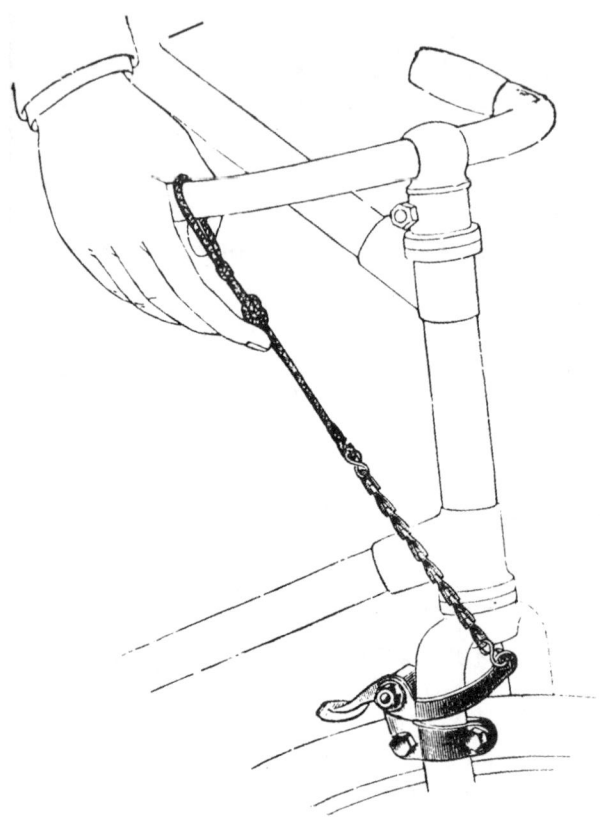

图8.4 大约1900年的一个简单、轻便的勺式刹车,通过拉动链条来触发制动(Noguchi-san 1998)

滚子刹车最早出现在米肖式脚踏车上,比如在奈梅亨的维罗拉玛博物馆展示的橡胶胎卢梭机器。汀布莱克滚子刹车大约在1880年出现。滚子刹车从理论上说有一个优点,即它对于轮胎表面的损害较小。

在昂贵且相对脆弱的充气轮胎出现之后,滚子刹车得到进一步发展。康涅狄格州的爱德华·罗克韦尔为一种改进的滚子刹车申请了专利,该刹车带有锥形的橡胶滚轮(1894年美国专利第524,839号)。其他美国的例子包括:弗朗西斯·约翰·科尔1894年的设计,在两端都有一个圆锥滚子(1895年美国专利第540,637号);威廉·斯图尔特1896年的滚子刹车,它延长了滚轴,以便骑乘者可以用脚踩在上面施加额外的力量(1897年美国专利第576,912号);艾布拉姆·达克1897年的设计,它使用了两个倾斜的橡胶滚轮(1897年美国专利第594,234号)。

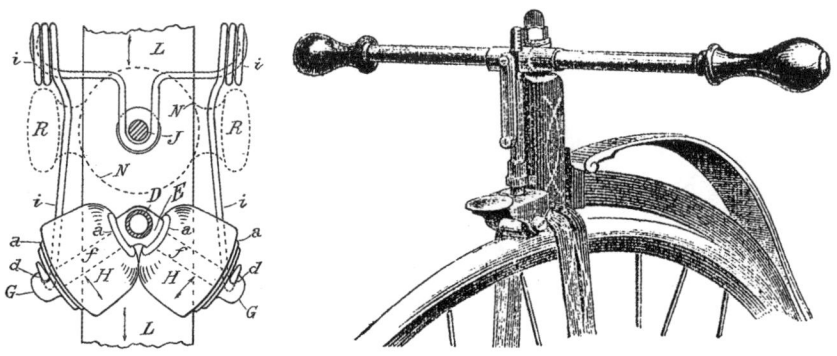

图8.5 左：达克滚子刹车，这里展示的是一张专利图，两个滚子（H）压在轮胎（L）上。右：1880年的汀布莱克滚子刹车（国家自行车图书馆）

气动刹车

在19世纪90年代，连杆装置是制动器的标准。不过，气动技术也得到了尝试。

在英国工程师约翰·乔治·基钦1893年的设计中，骑手通过挤压车把上的橡胶球来压缩空气。空气通过一根细的橡胶软管流到一个小的可膨胀的刹车块上，当它膨胀时，它就作用在轮胎的顶部（Sharp 1896，528；1893年英国专利第16,581号）。

4年后，宾夕法尼亚州的约翰·鲍曼申请了一种更复杂的气动制动器的专利（1898年美国专利第610,796号）。和基钦的刹车一样，鲍曼的车把上有一个球状物，挤压它可以压缩空气。但是，压缩空气移动的不是可充气的刹车片，而是一个活塞，活塞将制动蹄片推到后轮胎上。

气动刹车的一个明显优势，是方便将薄而柔软的橡胶软管从车把延伸到刹车进行布线。当阿奇博尔德·夏普撰写有关自行车和三轮车的著名论文时，气动刹车似乎有一个确定的未来（Sharp 1896，528）。不过，连杆问题更可靠的解决方案即将问世。气动刹车成了三分钟热度的时尚，它们在20世纪50年代再次出现，但没有流行起来。

后来的柱塞式刹车

随着充气轮胎的出现，起初，勺式刹车和滚子刹车让位于金属支架上的简单橡胶刹车块。虽然它们不再是勺子形状，但仍被称为"勺子"。在一些国家，这

图8.6 左：基钦气动刹车的可充气刹车片的垂直截面图（专利图）。右：当时气动自行车刹车的广告，展示了充气的刹车片和挤压球

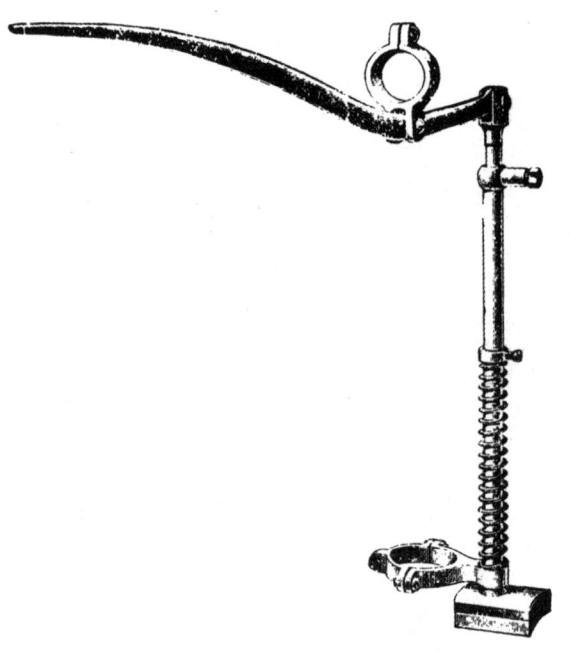

图8.7 一个简单的柱塞式刹车（大约1900年），装有直接连杆和作用在轮胎顶部的橡胶制动蹄（Noguchi-san 1998）

些简单的"柱塞式制动器"被持续使用多年。20世纪60年代，它们仍然被安装在德国的一些新自行车上。

轮辋制动器

鲍登缆绳与连杆装置

到了20世纪初，在英国和许多其他地方，柱塞式刹车的日子已屈指可数。随着充气轮胎被广泛采用，轮辋制动器成为一个更好的解决方案，很快就流行起来。

早在1869年，里昂制造商热尔瓦就已获得轮辋制动器专利（1869年法国专利第85,428号的附录）。热尔瓦的设计被称为"捏合式制动器"（Besse and Henry 2008, 153）。其他轮辋刹车在19世纪70年代初期相继问世，但都没有被广泛采用。轮辋制动的想法在19世纪90年代初又被重新提起。1893年，宾夕法尼亚州的詹姆斯·比克福德获得了中心牵引卡钳式制动器的专利权，他声称这种制动器在充气轮胎上使用效果更好（1893年美国专利第510,766号）。比克福德还声称，它提供了更好的刹车性能并减少了轮胎磨损。

1896年，欧内斯特·蒙宁顿·鲍登申请了一项弹性可控缆绳的专利，它安置在一个容易弯曲的护套内。最终，这成了世界标准。第一项专利的附图已经显

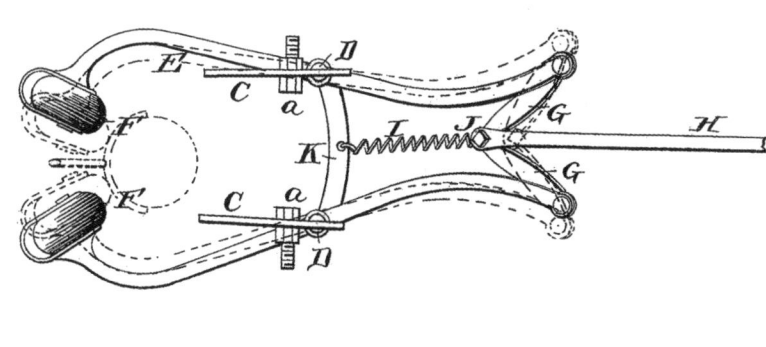

图8.8　上：比克福德中心牵引卡钳式制动器（专利图）。下：一根鲍登缆绳，螺旋形缠绕的钢丝外壳上涂有鲍登石（国家自行车图书馆）

示,缆绳连接到轮辋制动器(1896年英国专利第25,325号)。鲍登于1897年提交的德国专利申请显示了一种特定的中心牵引卡钳式制动器(1899年的德国专利第101,470号),但它的缺点是刹车块作用在当时使用的韦斯特伍德式轮辋滚动边缘上,这使对齐有难度。1898年初,鲍登申请了一项完全不同的轮辋制动器的专利,同年晚些时候,他开始售卖这种刹车(1898年英国专利第1,196号)。刹车块被安装在马蹄形钢马镫上,当由扭柄或车把上的杠杆驱动的鲍登缆绳提起时,使刹车块与轮辋的内表面直接接触而产生制动。

1900年左右,随着自动飞轮的广泛快速采用,英国自行车制造商同时采用了轮辋刹车和两轮手动刹车。许多制造商使用连杆装置,而不是向鲍登支付专利费——也是因为对柔性缆绳的不信任。例如,1900年,阳光公司推出了自己的专利杆式镫形刹车。然而,罗利公司的弗兰克·鲍登(与欧内斯特·鲍登没有亲戚关系)加入了欧内斯特·鲍登的集团。这使罗利公司能够使用鲍登缆绳来操作其自行车上的刹车,并在1902年操作新的斯特米-阿彻三速轮毂齿轮。

不时有人会提出欧内斯特·鲍登并没有发明鲍登缆绳,它实际上是弗兰克·鲍

图8.9 一个早期的鲍登镫形刹车(国家自行车图书馆)

登爵士或欧内斯特·鲍登的助手乔治·弗雷德里克·拉金的作品。2012 年，尼克·克莱顿在一篇题为《谁发明了鲍登缆绳？》的论文中全面地拆穿了那些错误说法。

刹车块的材料

早期刹车块的材料有固体硫化橡胶、硫化压缩纤维和软木。皮革有时也被使用，例如欧内斯特·鲍登在 19 世纪 90 年代末使用过。根据来源和固化工艺的不同，皮革可以很耐用。它还可以很好地抓取湿润闪亮的钢铁表面，并很好地适配制动表面的形状。但是没过多久，硫化橡胶就成为使用最广泛的刹车块材料，尽管它在潮湿时失去了高达 90% 的摩擦系数（Wilson 2002，13）。

几十年后，由于美国的安全立法，皮革在有限的范围内卷土重来。在 20 世纪 70 年代末，罗利公司设计了层叠式刹车块并获得了专利，其制动表面为铬鞣革，背面为弹性材料（如橡胶）。这些刹车块由罗利公司以"雨水检验"的标识销售，在潮湿的环境下对镀铬钢圈特别有效。今天，大多数制造商通过与轮辋制动器一起使用的特定铝制轮辋来克服潮湿制动不良的问题。然而，这种轮辋的侧壁会迅速磨损，特别是在潮湿条件下。磨损的铝轮辋可能会突然失效，导致瞬间被刺穿，并可能引发车轮被锁定或失去有效的转向控制。铝制轮辋上有时会提供磨损指示器，但用户不一定会检查它们。许多事故是由铝制轮辋爆炸造成的，而钢制轮辋却没有发生这种情况（Wilson 2002，13—17）。

在 20 世纪 70 年代初，戴维·戈登·威尔逊和他在麻省理工学院的学生发现，一种用于飞机刹车片的材料，在潮湿和干燥环境中具有差不多的摩擦系数。然而，它并不适用于标准刹车，因为它需要更高的杠杆作用，而且刹车块和轮辋之间的间隙很大。因此，威尔逊的团队设计了一种革命性的制动钳装置，名为 Positech。它有两个连续的杠杆作用：一个用于快速将刹车块移动到位，另一个用于施加制动杠杆作用（1975 年美国专利第 3,870,127 号）。它在钢制轮辋上效果极佳，但它没能克服所有轮辋制动器固有的问题——在长距离陡峭下坡时轮辋可能会过热，这可能导致轮胎瞬间放气（Wilson 2002，15—17）。多家公司均拒绝使用 Positech 装置。

滚柱式镫形刹车

如上所述，20 世纪初的自行车轮辋通常是韦斯特伍德模式或类似的模式。刹车块接触的最佳表面是轮辋的平坦内表面，在辐条和轮辋的滚动边缘之间。

从 1900 年到第一次世界大战期间，各种刹车设计都在韦斯特伍德轮辋上进

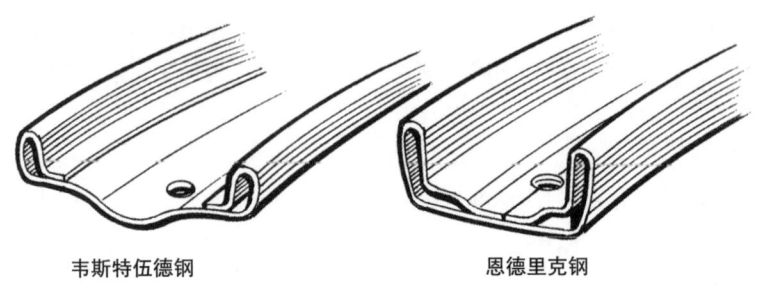

韦斯特伍德钢　　　　　　　恩德里克钢

图8.10　显示韦斯特伍德轮辋和恩德里克轮辋基本区别的图纸（R.约翰·韦）

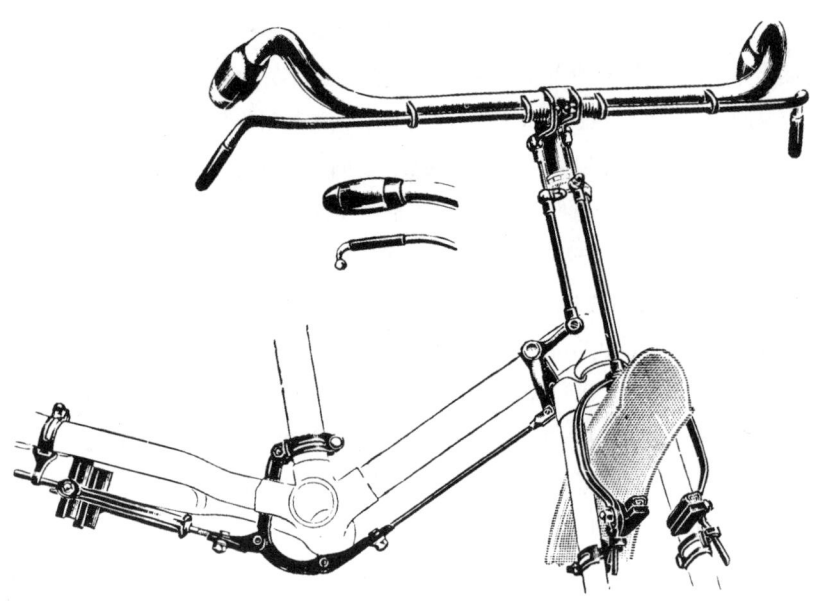

图8.11　一个经典的滚柱式镫形刹车（Noguchi-san 1998）

行了尝试。几乎所有的刹车都有一个固定刹车块的马镫。有些使用拇指杠杆，有些使用拉杆，有些使用连杆，有些使用鲍登缆绳。

作为世界标准出现的是滚柱式刹车。在这种设计中，杠杆与沿车把前部的滚轮是一体的。拉动杠杆使滚轮旋转，驱动一个连杆拉动刹车镫，从而将刹车块施加到轮辋上。从滚轮到前轮的连杆非常简单。不过到后轮的连杆则复杂一些，因为涉及多个杆和钟形曲柄。

卡钳式刹车

卡钳式刹车有一对枢轴式制动臂，作用于车轮轮辋的两侧。有的只有一个支点，有的有两个支点，有中拉和侧拉式。

19世纪60年代末，卡钳被用于米肖式脚踏车上（Roberts 1991，70）。至少存在一辆带卡钳的脚踏车的样本，但没有证据表明它曾被广泛使用过。在高轮车时代，曼彻斯特的托马斯·布劳伊特和W.H.哈里森申请了一种中拉双枢轴卡钳刹车的专利（1876年的英国专利第3,700号）。它甚至带有一个功率调节器，以防止骑车人在前轮上刹车过猛而栽跟头。当时，卡钳式刹车并没有流行起来，但到了19世纪90年代，随着詹姆斯·比克福德和欧内斯特·鲍登等人的设计出现，人们又重新对其产生了兴趣。

卡钳式刹车与鲍登缆绳配合得特别好。然而，它们不能很好地与韦斯特伍德式的轮辋配合，因为刹车块必须作用于轮辋的滚动边缘，而且如果制动钳必须跨过大截面的轮胎，由于机械优势减少和长制动臂的弯曲度的增加，它们就不太有效了。又过了20年，平边轮辋（如恩德里克模式的轮辋）开始流行起来。对于这些轮辋，卡钳式刹车是理想的选择。大多数卡钳是侧拉式设计，两个臂的末端在自行车的同一侧。随着卡钳式刹车的广泛采用，许多自行车制造商开始在叉肩

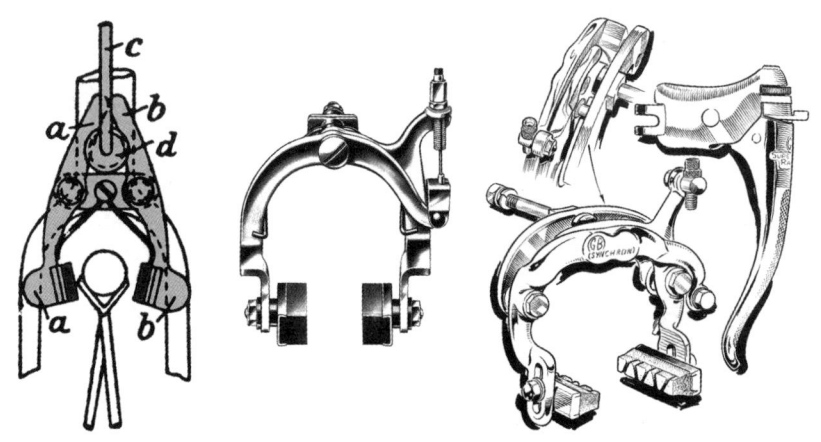

图8.12　左：1876年，布劳伊特和哈里森的双枢轴卡钳（专利图）。中：20世纪30年代的韦布钢卡钳（国家自行车图书馆）。右：20世纪60年代的GB同步双枢轴卡钳（R.约翰·韦）

和制动桥上提供枢轴螺栓的孔。

到1938年，罗利公司生产大量带卡钳式刹车的自行车已有约10年。不过，罗利也在生产更多的带有滚柱式刹车的自行车。为了使其合理化，罗利推出了一款混合轮辋车型——所谓的韦斯特里克——这款车型适用于两种类型的刹车。

几十年来，简单的单轴侧拉卡钳一直是大多数发达国家的标准。在二战后的英国，卡钳迅速取代了大多数公路自行车上的滚柱式刹车。

双轴侧拉式卡钳已经存在了很多年。它们比单轴卡钳更有效，具有更大的机械优势。通常情况下，一个臂在中央固定螺栓上枢转（如单轴卡钳），另一个臂在缆绳连接的对面一侧枢转。双轴侧拉式卡钳被用于大多数现代比赛自行车上。它们使用与单轴卡钳相同的固定孔，因此可以互相替换。

魏因曼渐进式刹车系统（Progressive Braking System，简称PBS）300侧拉式卡钳是1990年左右推出的一项新颖设计。魏因曼在德国、瑞士和比利时设有工厂，是一家历史悠久的零部件制造商，特别是在铝合金轮辋和刹车方面享有盛名。内刹车线固定在一个快螺纹轴上。（"快螺纹"指的是螺纹的螺距比正常螺纹的更大，这样轴的旋转会产生更大的横向运动。）缆绳被拉动，使轴旋转，轴向内移动，将刹车块推到轮辋上。同时，马镫另一个臂上的"被动"刹车块通过马镫在制动螺栓上的转动被拉到轮辋上。当刹车线松弛时，复位弹簧将轴移回其静止位置。"被动"刹车块的安装处装有一个大旋钮，便于调节。

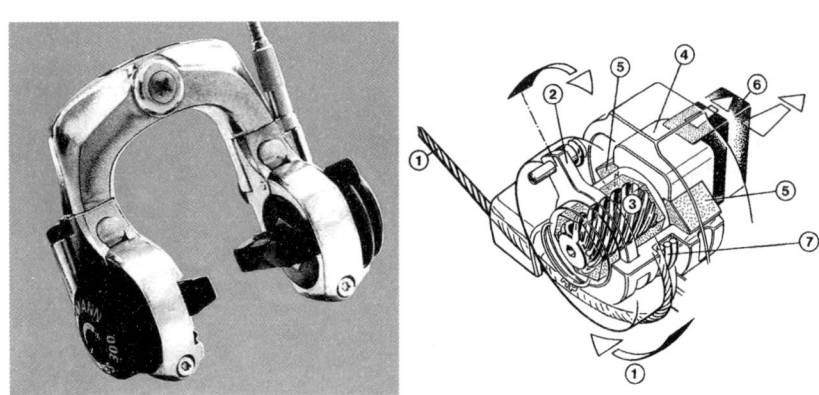

图8.13 左：一个魏因曼PBS 300螺纹轴侧拉卡钳（国家自行车图书馆）。右：魏因曼PBS 300卡钳示意图，展示了快螺纹轴（3）、刹车块（6）、内刹车线（1）、内刹车线锚固点（2）和复位弹簧（7）（赖德国际有限公司）

中拉式卡钳的两个对称的制动臂是分开旋转的。通常情况下，它们是由一条穿过轮胎上方并连接到中央控制缆绳的跨线相连接。中拉式卡钳比侧拉式卡钳更容易居中和保持对齐。然而，它们不能像侧拉式卡钳那样适应轻微弯曲的车轮。

如上所述，布劳伊特和哈里森在1876年获得了中拉式卡钳的专利，比克福德和欧内斯特·鲍登在19世纪90年代都获得了中拉式卡钳的专利。但是，像侧拉式卡钳一样，它们直到20世纪20年代才开始变得流行。从那时起，大多数中拉式卡钳都使用与单轴卡钳相同的固定孔。今天，在自行车赛车上，中拉式在很大程度上已被双轴侧拉式取代。

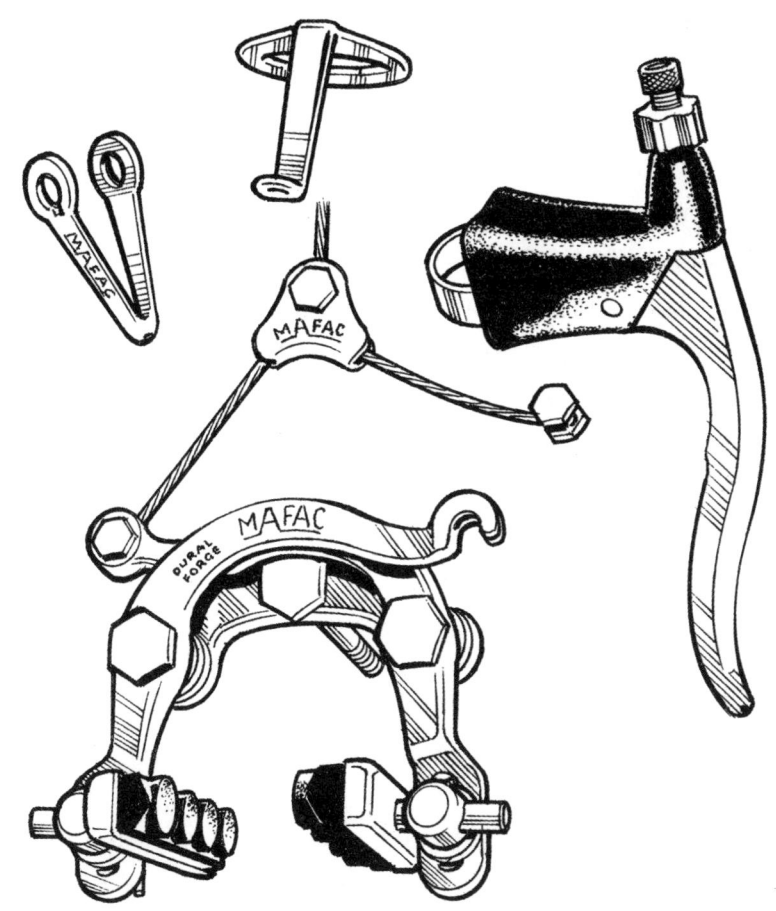

图8.14　20世纪60年代流行的Mafac中拉式卡钳刹车（R.约翰·韦）

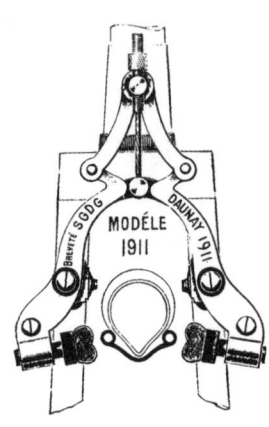 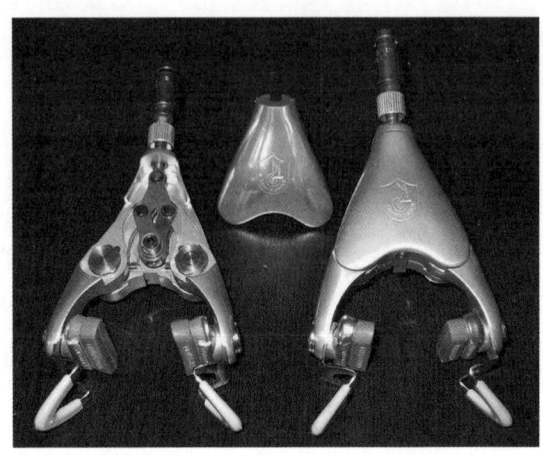

图8.15 左：一个1911年的多奈中拉式刹车（Noguchi-san 1998）。右：一对早期的坎帕尼奥洛三角刹车，显示了内部的平行四边形连杆（Wingnut）

U型刹车是中拉式卡钳刹车的一种变体。20世纪90年代初曾流行于山地自行车上。与传统的中拉式不同，U型刹车的臂枢轴是直接连接到前叉或车架上。

三角刹车是中拉式卡钳的另一种变体，它的缆绳是连接到一个平行四边形连杆。拉动缆绳使平行四边形垂直缩短并水平展开，从而推出制动臂，使位于枢轴点下方的刹车片向内朝轮辋方向移动。三角刹车的基本概念可以追溯到英王爱德华七世时代。在20世纪80年代，坎帕尼奥洛公司领导了这种设计的复兴，但该公司和竞争对手现在都不再生产这种产品。这并不令人惊讶，因为三角刹车往往很重、很贵、很复杂，而且不是特别有效。

可自动调节的自行车刹车很罕见。罗利公司在1974年推出了一项成功的设计，它有一个类似于汽车鼓式刹车的自动调节装置。随着刹车块的逐渐磨损，制动杆的行程会逐渐增加。当行程超过一定量时，一个棘轮会拧紧鲍登缆绳。尽管它为罗利赢得了英国设计中心的奖项，但这个系统似乎让自行车机械师们感到困惑。它很快就停产了。

悬臂式刹车

悬臂式刹车的发明比U型刹车早得多，是一种中拉式刹车，其臂枢轴连接到前叉或车架。它的臂向外突出，其末端与一根跨线相连，该线又与控制缆绳相连。1929年，一家名为雷西利翁的英国公司开始生产一系列特别成功的悬臂式刹车，每个刹车块都有单独的鲍登缆绳（1929年英国专利第329,211号）。这些悬臂刹车被销售了30多年，可以夹在各种前叉和支架上，不需要钎焊配件。后来的悬臂式刹车，如在20世纪60年代得到普及的Mafac，则需要钎焊点。

悬臂式刹车在一些年份中是山地自行车的标准配置。它们功能强大，与宽轮胎配合得很好。然而，与许多其他刹车设计相比，突出的刹车臂更容易损坏，也更容易造成伤害。由于需要一个单独的缆绳止动器，其与悬挂装置的使用变得复杂。如果连接两个前制动臂的跨线掉落到胎面凹凸不平的前轮胎上，可能会非常危险。例如，如果前刹车线由于缆绳外壳支点止动器故障而过度松弛，或者内部缆绳穿过的滑轮断裂，或者将内部缆绳保持在跨线中点的夹具松动，或者刹车线直接断裂，就会发生这种情况。如果跨线卡在凹凸不平的胎面上，前轮就会被锁住，瞬间将骑手甩到车把上，在最需要有效、可控制动的时候，骑手会用力刹车，此时容易发生危险。例如，1991年4月，宾夕法尼亚州立大学的一名学生骑着山地车以大约每小时6英里的速度接近一个红灯。他踩下了刹车。前刹车的滑轮装置突然出现了疲劳断裂，使跨线卡在轮胎凹凸不平的胎面上。自行车突然停了下来，把他甩到了车把上，最终导致该学生颈部骨折、脊柱受伤并四肢瘫痪（Hadland 2011, 279）。因此，这种类型的刹车应与挡板、反射器支架或其他装置一起使用，以防止跨线在上述任何机械故障的情况下钩住轮胎。

戴维·戈登·威尔逊强调，固定在制动臂上的刚性跨接缆绳一旦疲劳失效就会有风险。制动臂相对于其跨线的旋转，在没有警告的情况下，在剧烈的刹车过程中，几乎可以肯定缆绳最终会失效，这可能是致命的。这种风险可以通过使用一个自由旋转的夹具或一个可改装的弯曲垫圈进行规避，该垫圈将缆绳穿过一个轻微的弯曲，在那里将其栓接固定到制动臂上（Wilson 2002, 10—13）。

如上所述，中拉式卡钳刹车也有跨线，其中一些设计可能容易出现类似于悬臂刹车的问题。

中拉式悬臂刹车的一种变体是滚子凸轮刹车，由加利福尼亚山地车手查理·坎宁安在20世纪80年代初开发。它使用了一个双面的滑动凸轮，由缆绳拉动，迫使两个制动臂分开。同时也有侧拉式的变体。

中拉式悬臂刹车在很大程度上已经被直拉式悬臂取代。（禧玛诺生产过一种型号，称为V型制动器。）缆绳连接两个制动臂的末端，水平方向滑动。不是将通常的柔性缆绳护套弯成一个锐角使其与制动杆相连，而是将护套的最后几英寸使用一种刚性金属管并将其弯曲成约90度。这种方法灵活有效，将缆绳从接近垂直的位置引导到水平位置，不会给刹车施加侧向力，也不会从自行车上伸出。

图8.16 左：Mafac标准悬臂，这里被用作前行李架的安装点（R.约翰·韦）。中：1934年的雷西利翁悬臂式刹车的目录图（国家自行车图书馆）。右：20世纪80年代在山地车上使用的悬臂式刹车类型（杰夫·阿普斯）。

图8.17 禧玛诺DXR V型刹车，一种直拉式的悬臂式设计（禧玛诺公司）

直拉式悬臂刹车高效且不引人注目。自行车制造商也很容易装配它们,甚至可以安装到带有悬架的自行车上。

液压轮辋刹车

1968年,岛野敬三和藤井裕二发明了一种液压操作的双轴卡钳刹车系统(1969年美国专利第3,554,334号)。其通过一根制动杆依次操作前后刹车。每个卡钳都有一个水平液压缸和活塞。杆有一个双腔双活塞主缸,如果某个刹车的缸泄漏,另一个刹车会继续工作。德国玛古拉公司成为液压轮辋刹车的市场领导者。在撰写本书时,它仍然保持着领导地位。玛古拉的刹车块直接连接紧凑型活塞,而不使用卡钳。液压轮辋刹车的市场一直很小,但正在增长。人们认为它们的复杂性、脆弱性和高成本抵消了制动杆和刹车块之间几乎无损的力传递优势。

在轮毂内或与轮毂相连的刹车

倒刹、鼓式刹车、带式刹车和盘式刹车都被安装在轮毂内或附在轮毂上。与轮辋刹车不同,它们在制动时都对车轮施加相当大的扭矩力。这种"上紧"力的方向与传动系统施加的扭矩力相反。因此,带轮毂刹车的车轮,特别是后轮必须有坚固的辐条。

图8.18 一个使用良好的玛古拉液压轮辋刹车(克里斯托夫·埃克特)

倒刹

在 19 世纪 90 年代和 20 世纪初，出现了各种通过后踏驱动的制动系统，包括勺式刹车、滚子刹车和鼓式刹车。有些是可以改装到现有轮毂上的外设装置。但只有整齐划一的倒刹获得了持久的成功。

最初的倒刹主要由加拿大人和美国人投入开发。到 1900 年，倒刹出现在美国和加拿大制造的大多数新自行车上，它们可以很容易被改装到旧机器上。

在北美，许多发明家都在争先开发或改进刹车系统，参与轮毂内后踏刹车的发明和开发，以吸引普通的自行车骑手。有关这些发明家以及雇用他们并利用他们发明的公司的综合列表，请参见附录 Sanderson 2012b。

早期的轮毂内倒刹使用了多种制动装置。其中一些，如杜利特尔（1897 年美国专利第 576,560 号）没有飞轮。然而，倒刹很快就被明确分为两大类，都有自动飞轮。

一类有多个摩擦盘。在这种类型中，可替换摩擦盘被键入轮毂外壳，与车轮一起旋转，其余的被锁定在车轴上不旋转。当骑手向前踩踏板或自由滑行时，摩擦盘彼此远离。反向踩踏板时，离合器会将摩擦盘推到一起产生摩擦，使车轮减速。

另一种广泛使用的倒轮式装置通常有一个分裂的圆柱形金属制动带，通常由黄铜或磷青铜制成。后踏会将一个圆锥体推入圆柱形制动带的末端，使其膨胀并压在轮毂壳的内侧，从而让车轮减速。在一些变型装置中，有使用 2 个、3 个或 4 个分段制动蹄代替单个制动带。

倒刹的金属对金属制动面需要润滑剂，这种润滑剂可能会因长时间持续运行（例如下坡）摩擦生热而被烧掉。但是在正常使用下，倒刹非常可靠，不受潮湿天气的影响，几乎不需要维护。

倒刹轮毂的扭矩臂必须牢牢地固定在后下叉上，以防止制动带、制动蹄或固定的摩擦盘在刹车时旋转。

倒刹的前身包括非轮毂内的各种后踏刹车。芝加哥的赫伯特·贝利在 1893 年申请了一项后踏带式刹车的专利（1894 年美国专利第 517,996 号）。它有一个与链条相连的外部驱动装置，因此不是一个独立的飞轮轮毂。从 1897 年开始，后踏刹车的各种设计都获得了专利。纽约州埃尔迈拉市日食自行车公司的亚历山大·莫罗提出了一个特别简洁的早期设计（1897 年英国专利第 18,105 号）。然而，在这种设计中，就像许多其他早期的后踏刹车设计一样，刹车实际上是勺型的。

第一个将倒刹完全置于后轮轮毂内的设计，由哈特福德的詹姆斯·科普兰发明（其优先权日期为1898年4月4日），归属于新起点制造公司。新起点公司的倒刹在美国非常流行，特别是在20世纪30年代和40年代。

与北美相比，英国的自行车行业对倒刹的热情不高。尽管有一些源自英国的专利，但在1902年之前，文献中很少提及它们（Sanderson 2012b）。例如，英国高档制造商阳光公司在1900年推出的飞轮，最初搭配的是后踏轮辋刹车，而不是飞轮轮毂。阳光公司1900年的产品目录中有这样的提醒："警告骑自行车的人不要只使用普通的前轮刹车来骑行，安全起见，前后轮都要有刹车。"这突出表明，与北美的安全自行车不同，英国的安全自行车通常有手动操作的前刹车，即使在固定轮时代也是如此。在任何情况下，仅仅依靠后轮刹车并不是一个好主意，因为"当后轮刹车减速低于前轮刹车的最大安全极限值一半时，骑手就会被甩出车把"，而且"仅在后轮上操作刹车，无论它们本身多么可靠和有效，都完全不足以应对紧急情况"。（Wilson 2004, 243ff）

罗利公司的主管密切关注着美国的技术发展。1899年，他们详细讨论了飞轮轮毂，但他们选择了不提供倒轮式选项，直到进入爱德华七世时代。罗利公司的董事长弗兰克·鲍登不喜欢倒刹。他写道（Bowden 1913）："就像我认识的每一位骑自行车的人一样，我更喜欢用手刹。"倒刹在英国从未流行过。但在荷兰和德国，倒刹迅速获得了大批追随者。直到今天，它们在那些国家仍颇受欢迎。

欧洲最著名的飞轮轮毂是由德国施韦因富特市的菲希特尔与萨克斯公司制造的鱼雷模型。该公司于1895年由商人卡尔·菲希特尔和自行车机械师恩斯特·萨克斯创立。大约在那个时候，萨克斯获得了几项滚珠轴承的专利，公司也因滚珠轴承而闻名。1898年，萨克斯在伦敦展示了他的第一个后踏刹车，并向一家英国公司出售了500台。在一家慕尼黑公司下了更大订单之后，该装置被称为"带慕尼黑刹车的飞轮"。

在接下来的几年里，菲希特尔与萨克斯公司继续开发后踏刹车。1900年的萨克斯刹车（1902年德国专利第129,301号）在许多方面与1899年纽约州锡拉丘兹市的亨利·特雷贝特的设计（1901年美国专利第671,409号）相似。但是，特雷贝特使用的是金属对金属的制动表面，而萨克斯使用的是一个纤维制动环，其边缘呈锥形，作用于金属表面。

根据公司文献，恩斯特·萨克斯将他的开发人员搬到奥地利阿尔卑斯山的帐篷里，在山坡上进行制动测试，并带着第一个鱼雷倒刹归来。实际上，发明者是约翰·莫德勒，他自1901年以来一直是萨克斯的工程师。到1903年，萨克斯改

图8.19 左：一个20世纪早期的"新起点"倒刹（国家自行车图书馆）。右：1899年的特雷贝特改进型外置后踏刹车（同时代广告）

进了飞轮轮毂，这是第一个鱼雷倒刹的基础，他以自己的名义申请了专利（1903年德国专利第216,985号，1904年美国专利第777,811号）。萨克斯拒绝向莫德勒支付2%的专利费，莫德勒随后离开萨克斯，发明了球面滚子轴承（1917年美国专利第1,226,785号），并成立了自己的工程公司。从那时起，菲希特尔与萨克斯公司就把鱼雷刹车的成就归功于萨克斯一人。（据了解，萨克斯向新起点公司支付了300万马克[1]的许可费，但并不清楚具体是为了什么功能。）

在20世纪的大部分时间里，各种形式的鱼雷倒刹被生产出来，总共2.8亿台。直到1977年，速联公司（收购了菲希特尔与萨克斯公司自行车部门的美国公司）停止使用"鱼雷"这个名字。（这个名字后来又被用来指代可切换的固定/自由轮毂，这是一个比双面或"翻转"固定/自由轮毂更简洁的选择，一侧有固定齿轮，另一侧有飞轮。这个"鱼雷"被速联公司错误地声称是世界上第一个固定/自由轮毂。菲希特尔与萨克斯公司在1901年制造了一个更复杂的，可以在骑行中切换的轮毂。同年，罗利公司制造了一个更简单的，但需要配备一把扳手的轮毂。现在速联公司的产品只需要配备一把螺丝刀。）

在英国，20世纪最重要的倒刹制造商是BSA（从1907年开始制造伊迪倒刹）、佩里公司和斯特米-阿彻公司。菲希特尔与萨克斯、斯特米-阿彻、禧玛诺和其他制造商有时将倒刹与轮毂齿轮相结合。

倒刹对链条和牙盘固定装置施加相当大的应力，特别是在长距离和陡峭的下

---

1 原德国货币单位，2002年停止流通，被欧元取代。——编者注

第 8 章 刹 车   241

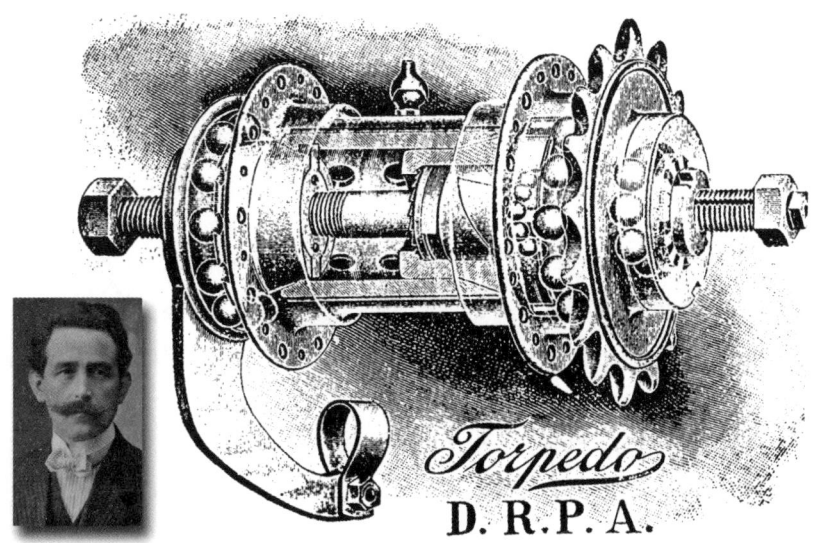

图8.20 最初的"鱼雷"飞轮轮毂（目录图）。插图：约翰·莫德勒，"鱼雷"飞轮轮毂的真正设计者（约翰·莫德勒有限公司）

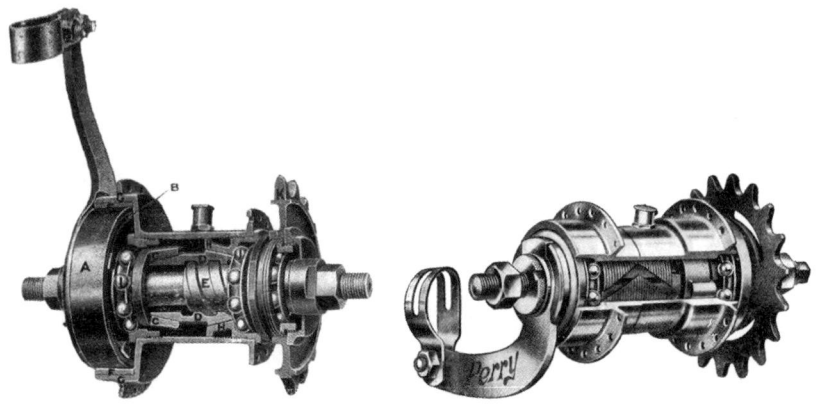

图8.21 左：大约在1910年，BSA的伊迪倒刹的目录图。右：20世纪30年代的佩里倒刹的目录图（国家自行车图书馆）

坡路段。这足以剪断用于牙盘的小直径合金螺栓，如 20 世纪 60 年代的威廉姆斯 AB77。然而，大多数装有倒刹的自行车都有不可拆的钢制牙盘，所以这个问题很少遇到。

带式刹车

1818 年，詹姆斯·史密斯在其著作《机械师实用发明纲要》中提出了一种用于马车的带式刹车的设计。到 19 世纪 80 年代，带式刹车已经被用在一些三轮车上。此后不久，由于希望减少对新推出的昂贵的充气轮胎的损坏，自行车带式刹车的发展受到了鼓励。

在一个典型的带式刹车中，摩擦带的一端固定在自行车车架上，并绕过刹车鼓，刹车鼓固定在链传动装置另一侧的轮毂上。带子的另一端通过一个连杆与制动杆相连。拉动制动杆时，会使刹车鼓周围的带子收紧产生摩擦，使车轮减速。泥浆、砂砾和其他碎片很容易夹在制动带和刹车鼓之间，即使不使用刹车，骑车的速度也会慢下来。罗利自行车品牌的创始人理查德·莫里斯·伍德黑德和保罗·安戈斯设计了一种更简洁的带式刹车（1890 年英国专利第 474,051 号），解决了这个问题。在他们的设计中，一个由两部分组成的带子几乎完全把鼓围绕起来，限制了可能被吸入的碎片数量。几年后，威廉·泰勒设计了一个更简单的版本，采用一体式皮带（1897 年英国专利第 6,780 号）。

大约在 1909 年，英国胜利公司生产了斯特米 - 阿彻三速轮毂的改装版本。胜利公司在该版本中添加了自己的大直径辐条制动轮，以代替更为常见的紧凑型鼓（*Cycling 1909*, 15）。

带式刹车在西方国家并不十分流行，很快就被其他解决方案取代，如飞轮轮毂或改进的轮辋刹车。然而，封闭式带式刹车，如中国的"金鱼"刹车，过去和现在仍在亚洲部分地区被广泛使用。

伊利诺伊州的罗伊斯·赫斯特德设计了带式刹车的现代变体（1991 年美国专利第 5,052,524 号）。它没有小直径的刹车鼓，但是有一条凯夫拉尔涂层不锈钢缆绳，作用于与轮辋成一体的通道上。它被用于那个时代一种叫作洋基的不寻常的自行车上，它可能是唯一的带式刹车，也可以说是一种轮辋刹车。

内部膨胀手动鼓式刹车

大多数用于自行车的内部膨胀手动鼓式刹车（"鼓式刹车"）与汽车鼓式刹

图8.22 大约1818年的拉普逊设计的带式刹车

车大致相似。这种刹车有一对内衬耐热非金属摩擦材料制作的枢轴式制动蹄。(在人们认识到石棉对健康有危害之前,石棉作为一种材料被经常使用。) 刹车时,蹄片作用于鼓的内表面。在现今的汽车鼓式刹车中,制动蹄是被液压缸分开并靠在刹车鼓上的。与现今的汽车鼓式刹车不同,当时自行车鼓式刹车通常使用机械凸轮,由制动杆通过连杆装置或鲍登缆绳驱动。与飞轮轮毂一样,鼓式刹车有一个扭矩臂,该扭矩臂必须牢固地连接到后下叉或前叉上,以防止固定的制动组件(制动蹄、上车踏板和凸轮)在制动过程中与鼓一起旋转。

第一项自行车鼓式刹车专利可能是由 W.R. 莫蒂默申请的(1881 年英国专利第 3,279 号)。但自行车鼓式刹车在当时并没有流行起来。

英国轮毂公司于 1926 年在英国推出鼓式刹车。它们的受欢迎程度在 20 世纪 30 年代达到顶峰。英国轮毂公司的齐克洛系列刹车产品使用了菲罗多刹车衬片,并为单人自行车提供了 3.75 英寸的刹车鼓,为双人自行车提供了 4 英寸的刹车鼓和更宽的制动蹄。到 1931 年,伯明翰的 T.F. 布卢姆菲尔德有限公司也推出了轮毂刹车。托马斯·弗雷德里克·布卢姆菲尔德在 1926 年申请了一项专利,通过将扭矩臂远离垫片上的刹车鼓,并在扭矩臂和刹车鼓之间提供一块导流板,以此改善鼓式刹车的防水性能(1928 年英国专利第 284,743 号)。布卢姆菲尔德利车中有一款刹车被制作成可以安装在双面轮毂的外侧。当时，这种轮毂在英国很受俱乐部车手的欢迎，在每一侧可以使用不同大小的链轮，和／或一侧固定链轮，一侧自由链轮。

1931年，罗利公司授权佩里公司将佩里鼓式刹车与斯特米-阿彻K系列三速轮毂组合起来。斯特米-阿彻很快开始制造自己的轮毂刹车系列。这些系列产品与英国轮毂公司和佩里公司的产品大致相似，并且还提供了与各种轮毂齿轮相配套的组合。到20世纪30年代末，英国鼓式刹车市场大幅萎缩，但仍有大量产品出口国外。鼓式刹车在荷兰、德国和丹麦开始流行。斯特米-阿彻公司现在归中国台湾所有，至今仍在继续制造各种鼓式刹车。德国轮毂制造商菲希特尔与萨克斯后来被美国速联公司收购，同样在继续制造各种鼓式刹车。

禧玛诺公司的鼓式刹车是禧玛诺设计的模块化滚子刹车。一些禧玛诺前后轮毂（包括多速轮毂）在轮毂外的左侧装有花键，滚子刹车安装在花键上。与倒刹一样，滚子刹车应用金属对金属制动，三个金属制动蹄通过凸轮-滚轮系统压靠在刹车鼓内侧。

滚子刹车的设计，使得当刹车表面磨损时，整个模块化部件可以很容易被拆下，用一个全新部件进行替换。一个完整的新部件只需40美元就可以买到。实用版本看起来很像现代的远东带式刹车。高端版本，有些带有冷却盘，就要贵得多。

盘式刹车

盘式刹车通常没有刹车鼓，而是有一个金属盘，也称为转子。盘式刹车的主

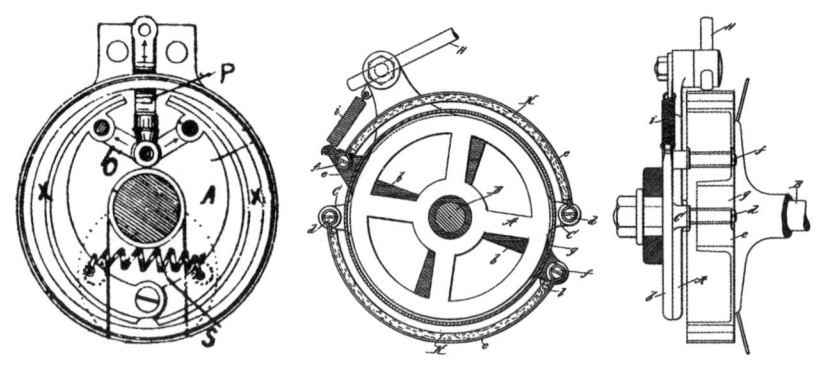

图8.23　左：1881年的莫蒂默鼓式刹车（专利图）。中和右：罗利公司的伍德黑德和安戈斯于1890年设计的改进型带式刹车（专利图）

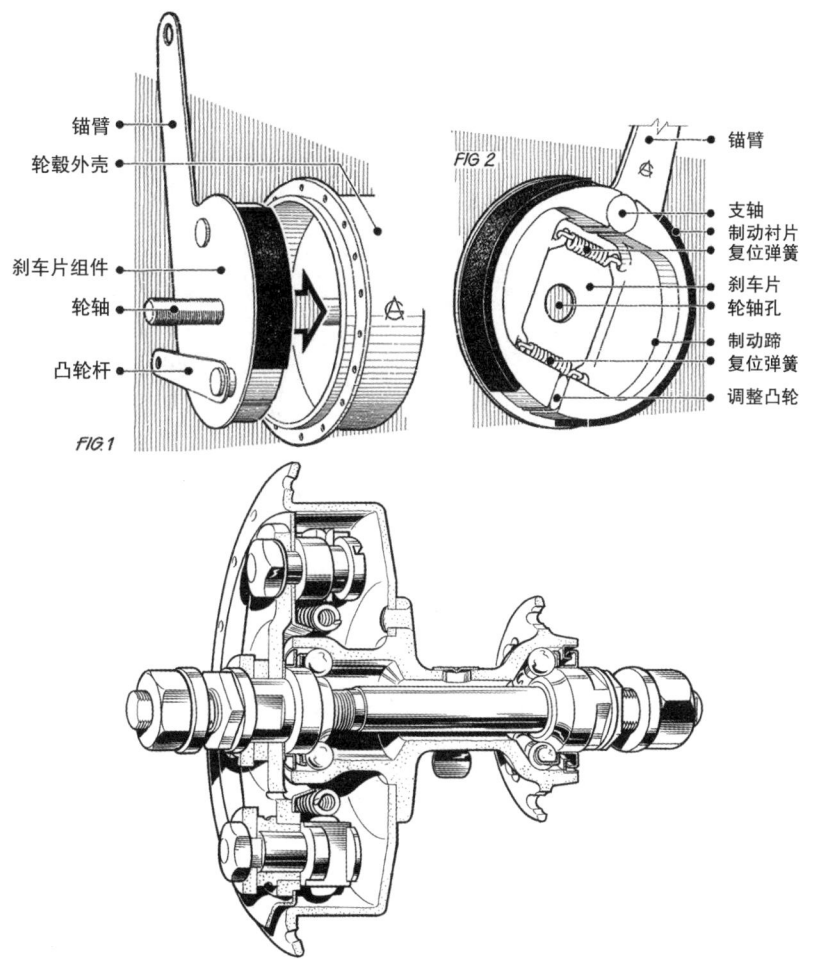

图8.24 上：典型的内膨胀鼓式刹车的工作部件（杰夫·阿普斯）。下：斯特米-阿彻BF，一种20世纪30年代设计的经典鼓式刹车（斯特米-阿彻遗产）

要优点是制动表面可以更好地进行冷却，因为它不是封闭的。更好的冷却可以减少"刹车失效"的出现。

　　伯明翰的汽车制造商弗雷德里克·威廉·兰彻斯特在1902年获得了汽车盘式刹车的专利（英国专利第26,407号），但当时并没有普及。当暴露于灰尘和其他道路碎屑中时，早期的盘式刹车表现欠佳。这是为何直到20世纪下半叶盘式刹车才被广泛应用于汽车的一个主要原因，因为到那时大多数道路都已是密封表面。

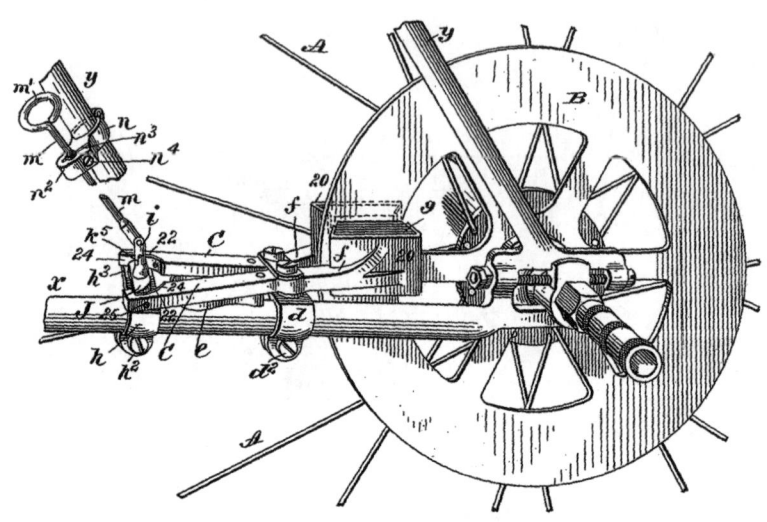

图8.25 亨德里克和费伊于1894年设计的自行车盘式刹车（专利图）

    自行车盘式刹车专利申请比兰彻斯特的专利早了近10年。1893年，马萨诸塞州的乔尔·亨德里克和阿瑟·费伊申请了一项有一个铝制转子和由硫化橡胶或硫化纤维制成的刹车片的盘式刹车的专利（1894年美国专利第526,317号）。这种设计没有取得商业上的成功。

    1969年，禧玛诺公司的Masayoshi Kine在日本申请了一项专利，之后也获得了美国专利（1972年美国专利第3,680,663号）。1971年，两位纽约居民卡尔·弗赖和埃德温·埃利奥特·胡德提交了盘式刹车专利申请。然而，在山地车繁荣之前，人们对这项技术兴趣不大。批评者认为卡钳式轮辋刹车已经是一种盘式刹车形式，一种具有最大可能直径圆盘的刹车。

    大约在20世纪末，盘式刹车被速降山地车比赛团队采用后，人们对它的兴趣爆发了。在撰写本书时，在售价仅为200美元的山地自行车上配备有简单的缆绳操作盘式刹车。在价格低于800美元的自行车上配备有液压盘式刹车。

    在高端市场，速降赛车手会选择带有多个卡钳油缸的昂贵液压系统。这种盘片通常只有2毫米厚，通常由不锈钢制成，但也有的使用铝和钛。与机动车上使用的盘式制动器的刹车片不同，自行车盘式制动器的刹车片在不使用时会从盘上移开，以消除刹车片的阻力。

    盘式刹车和其他轮毂刹车一样，其优点是制动表面相对轮辋离泥浆和碎屑更远。即使当刹车片缩回时，它们仍然离制动盘非常近。因此与轮辋刹车相比，碎屑被卡在制动表面之间的可能性更小。刹车盘比轮辋更硬，而刹车盘的刹车片比轮辋的刹车块更硬，所以可以使用更大的制动力，轮辋也不会过度磨损。对制动盘进行穿孔，不仅是为了减轻重量，也是为了让碎屑和水从刹车片和制动盘之间逸出。盘式刹车与宽轮胎和悬架一起使用会非常方便。刹车磨损引起的轮辋侧壁失效，或长距离陡峭下坡时轮辋过热而导致的瞬间爆胎，这些风险都减小了。

如今，盘式刹车被认为是最有效的自行车刹车。它们几乎被普遍用于山地自行车和速降比赛，尽管增加了重量、成本和空气阻力，但在公路自行车上却变得越来越多。与汽车盘式刹车的早期经验恰恰相反，今天的自行车盘式刹车在潮湿环境或被灰尘或泥浆覆盖时表现特别好。

与轮辋刹车不同，但与其他轮毂刹车一样，盘式刹车会在轮毂处产生相当大的扭矩。这往往会"上紧"车轮，给轮毂法兰、辐条和轮辋施加压力。为了应对这种情况，需要一个比普通车轮更重的车轮，带有一个特殊的轮毂，用于安装制动盘。为了适配前盘式刹车的宽度，必须使用碟形辐条或超宽前叉。由于盘式刹车对前叉施加较大的弯曲力，因此需要特别坚固的前叉。在某些情况下，用力使用前盘式刹车会导致常见的前轮快拆装置从传统的叉脚中松脱，以至于车轮从前叉中脱离出来。然而，这些问题很少会出现，除非盘式刹车是被改装到自行车上，而不是经过专门设计来使用它们。任何使用盘式刹车的自行车在设计时都应该考虑到这些因素。

第9章
车座、踏板和车把

由于骑车人和车子之间的接触点对于舒适高效的骑乘非常重要，潜在买家常常会先关注自行车的车座、踏板和车把。有经验的卖家了解这一点，因此会确保二手自行车的车把把手、车座和踏板处于良好状态。这一章，我们就来考察一下这些组件的发展。

车　座

正如第6章所述，德莱斯的第一台机器有一个固定在主梁上的加垫的车座。第二代德莱斯机配备了一个带衬垫的呈香肠状的悬浮车座。简单的绳索悬挂不但可以调节车座高度，同时通过将车座与主梁分开一些距离，也有助于提高骑车的舒适度。

提高舒适度的下一步是将车座安装到弹簧上。米肖式脚踏车的弹簧装置是车子不可或缺的部分，这在高轮车上不容易实现。因此，早期高轮车的车座通常是安装在一个简单、坚硬的铁车架上，皮革车座前端（顶部）和背面铆接在其上。能拉伸的皮革提供了唯一的弹性。因为没有办法调节张力，不断的使用会导致皮革顶部下垂，车座变得越来越不舒服。皮革车座通过螺钉进行张力调节（至今仍在使用的方法）。

一些骑高轮车的人想要比皮革车座更大的弹性，他们尝试了各种簧载装置。比较实际的解决方案是将弹簧装入车座中，然后把车座直接夹在车子的脊骨上。弹簧车座的一个重要的早期模型，由考文垂的约翰·哈灵顿在19世纪80年代中期设计。随之而来的是一系列创新性内置弹簧的车座，包括一些气动型号，如亨森结构和格思里-霍尔。"自动"这款车座甚至可以让骑车人在骑行时调整车座的倾斜度。

新车座引起了医疗媒体的注意。在1886年3月28日发行的《英国医学杂志》

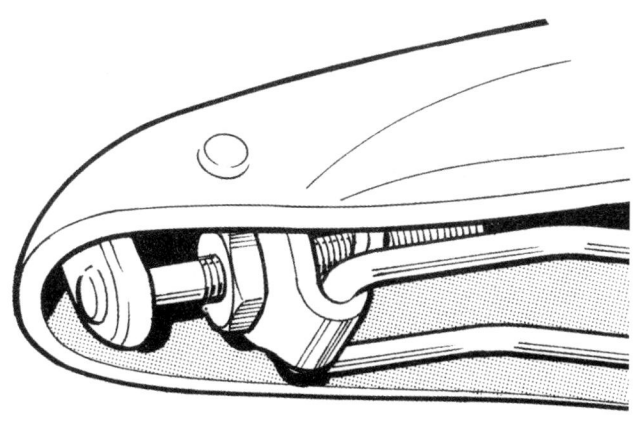

图9.1 车座张紧器——现代皮革车座上仍在使用的一种简单装置（R.约翰·韦）

上，名叫 E.B. 特纳的外科医生对读者的询问做了如下回应：

> 任何自行车车座的舒适性仅取决于它的调节能力。格思里-霍尔的车座非常适合短途骑行，但经过一定里程的骑行后很容易变得又硬又热，除非极其仔细地调节空气张力和调整"倾斜度"，否则会引起很多的不适。伯吉斯车座尚未被试用过，但它的成功也将完全取决于调整车座来适应个人使用中所产生的痛苦。一种无峰可塑形的同类车座是按照解剖学原理设计的车座，或叫作"亨森车座"。它是气动的，坐骨结节处会有凹陷。如果适当倾斜，那就非常好了。但对于普通的健康人来说，一个带弹簧的普通车座适应人的体重，并且调整到坐在坐骨上，而不是支撑在人的会阴处，也一样好。这样的车座就是"布鲁克斯 B28，规格 3"。我在这种车座上骑了数百英里，没有丝毫的不便之处。如果你需要一个无峰的车座，我会优先推荐"亨森"。

随着安全自行车的发展，大规模生产的弹簧车座迅速成为标准，这种车座可以被夹在几乎任何座销上。表面通常是皮革，带钢压制的圆形钢丝框架。现在，大多数不是为运动车型制造的车座都有螺旋弹簧。车座后面通常有两个弹簧，前面有时是一个螺旋或环形弹簧。

出于运动目的，需要减少车座的弹跳。车手们不希望精力被耗在反复压缩车座弹簧上。运动型车座的弹力有限，依赖于弹簧框架钢丝轨的轻微弹性和张紧皮

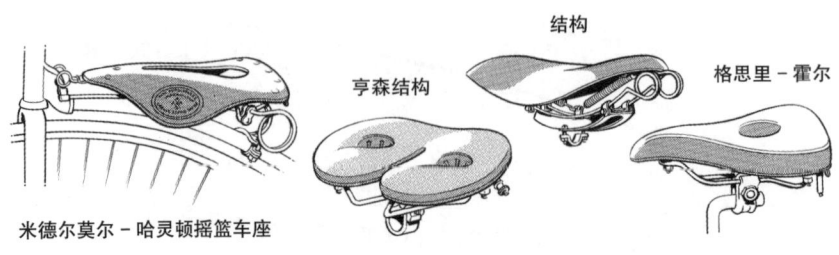

图9.2 早期的弹簧车座（R.约翰·韦）

革的车座顶部的固有弹性。然而，并非所有的车座都有钢丝轨。有些车座使用扁片钢或铝条，没有任何弹性。

早期领先的车座制造商包括英国的布鲁克斯、米德尔莫尔和曼斯菲尔德、法国的理想，以及荷兰的莱珀。其中一些品牌现在仍然存在。

如第6章所述，定居英国的丹麦发明家米卡埃尔·彼泽森在追求更舒适的车座的目标时逆流而上。当自行车行业正在选择几乎适用任何自行车的标准化车座时，彼泽森围绕他的哈莫克车座专门打造了一辆自行车。他在很大程度上是个例外。

1973年，密歇根州的约翰·马尔切罗发明了一种更小、更简单的哈莫克车座（1975年美国专利第3,874,730号）。该车座可以被安装在标准座杆上。它并没有流行起来。

在20世纪30年代，"床垫"车座变得流行。这些产品的顶部不是皮革，而是在毛毡层上的"皮革布"（一种塑料涂层织物）。这是由多个小直径螺旋弹簧支撑，其中一组从车座后部的斜板到中间呈扇形排列，另一组从中间到前端。主要制造商包括莱西特和特里。在许多市场上，"床垫"车座成为实用型骑手的标准长达40或50年之久。后面的例子有时候用尼龙或类似半刚性塑料制成的顶部，覆盖一层薄薄的泡沫和一个柔软的乙烯基外壳。

20世纪60年代，带有硬塑料顶盖的车座开始受到赛车骑手的青睐。第一个可能是由尤尼卡公司制作的意大利"Nitor模型1960"。这些车座比传统的皮革车座更轻、更便宜，无须维护，可防水，并且不需要磨合——更准确地说，它们非常坚硬，所以无法磨合。20世纪70年代早期，更舒适的塑料车座被发明出来。超豪华Milremo车座有一个塑料外壳，顶部有一层薄薄的软垫泡沫和一个软皮套。到了20世纪80年代，实用型骑手使用结构大致相似的车座几乎完全取代了"床

尺寸：12英寸×9.5英寸

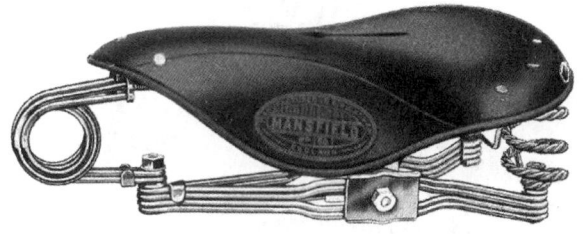

尺寸：12英寸×9.5英寸

超大的座位使这些车座成为重型骑手的理想选择

图9.3 大约1930年的曼斯菲尔德公路车车座（国家自行车图书馆）

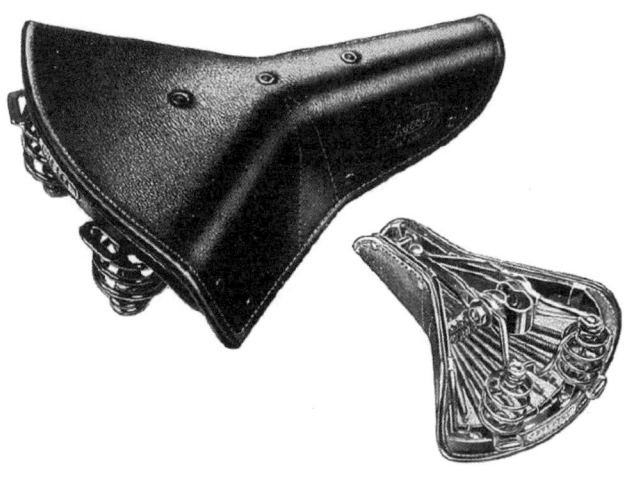

图9.4 一个莱西特"床垫"车座（国家自行车图书馆）

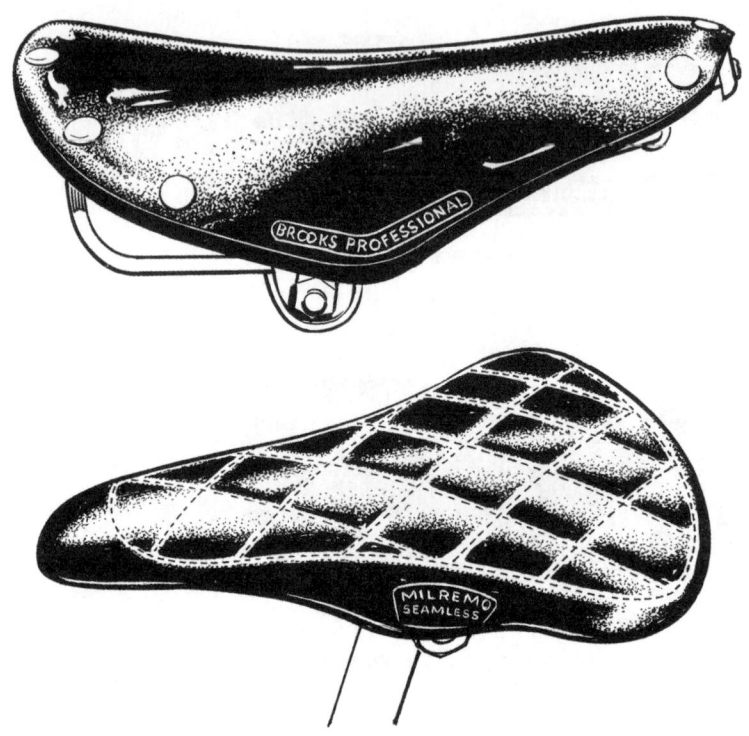

图9.5 1970年前后的经典布鲁克斯专业皮革车座和超豪华Milremo车座（R.约翰·韦）

垫"车座。

今天，大多数车座都有一个塑料外壳，如尼龙（或高端的碳纤维），上面通常有一层泡沫或凝胶，外层是乙烯基、皮革或莱卡。目前仍有专为男性和女性设计的版本，尽管有些版本是男女通用。

为了减轻对神经和血管的压力，许多为男性设计的车座都有一个中心凹槽。1997年9月，美国《骑自行车》杂志的编辑埃德·帕韦尔卡发表了一篇报道他因长途骑行而阳痿的文章。这篇文章被新闻界广泛引用。这刺激了带有中央凹槽的解剖学车座销量的突然增加。由名叫罗杰·明科的医生设计的特殊人体几何车座特别受欢迎（斜躺式自行车的销量也激增）。

布鲁克斯公司和莱珀公司仍然在制造传统的皮革车座。其中一些自19世纪90年代以来一直没有什么大的变化。

座 杆

随着安全自行车和标准化大规模生产的车座的推出,将车座固定在自行车上的方法也变得标准化。车座用夹子固定在座杆上,这样可以调整车座的角度。一个典型的例子是布鲁克斯式的夹子,其中锯齿状的圆盘被一个螺栓夹在一起。座杆是一个中空的金属管,管的顶部直径比较小,以防车座夹往下滑落。它被安装在座管中,可伸缩并由一个带黏结剂螺栓的夹子固定。虽然钢仍然被广泛使用,但与许多其他金属部件一样,铝合金开始越来越多地被用于座杆上,特别是在廉价自行车和传统的公路自行车上。

到了20世纪60年代,坎帕尼奥洛、宙斯、辛普克斯、尤尼卡和其他制造商都推出了带有整体车座夹的座杆,提供了更精细的调节功能。今天,在西方国家销售的自行车上,微调合金座杆已经司空见惯。在大多数现代设计中,会使用一个垂直螺栓来调整车座的角度并固定夹具。

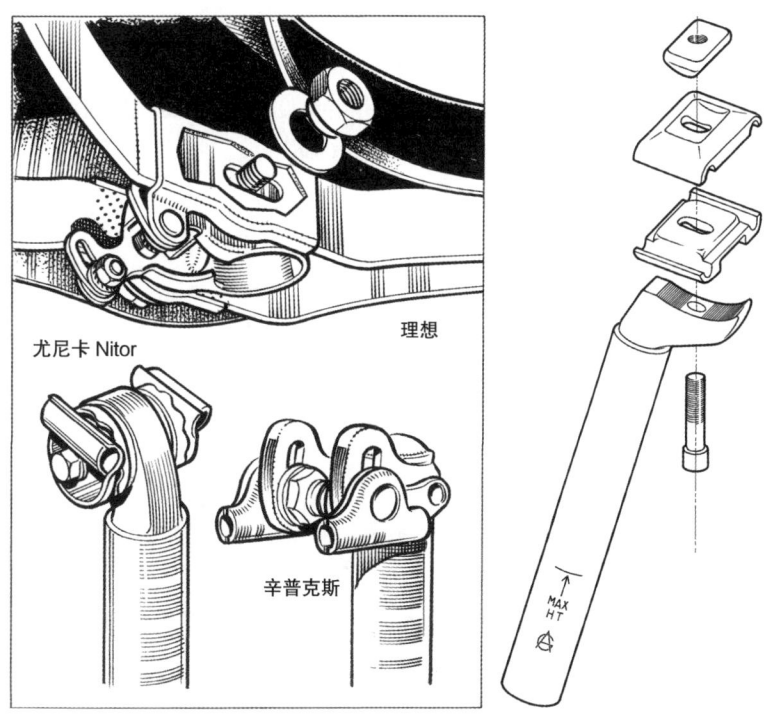

图9.6 左上:一个20世纪60年代的"理想"车座,带有刚性铝合金轨道和一个用于固定在座杆上的独立夹子。左下:20世纪60年代的带有整体座夹的座杆(R.约翰·韦)。右:一个微调座杆(杰夫·阿普斯)

20世纪90年代,碳纤维座杆问世。其中一些符合空气动力学原理,遵循英国设计师迈克·伯罗斯的设计风格,并出现在20世纪90年代的捷安特TCR赛车中。"我一直觉得气流在这一点上是至关重要的,"伯罗斯写道,"因为骑行时,我们的身体倾向于抱起空气,会产生一个高压区。我们两腿之间的空隙就是这个区域的边缘。不要在此区域添加圆形座销和后上叉等想法,这些似乎是好主意。"(Burrows 2000,89)

踏 板

卡尔·德莱斯不必为踏板发愁,因为他只需在地面上滑行就能推动他的机器运行。19世纪50年代,踏板驱动的三轮车和四轮车通常有适配骑手双脚的类似凉鞋的鞋套,鞋套被固定在踏板上。

脚踏车是用脚背而不是用脚掌踩踏的。骑手坐得很靠后,把一只脚的脚背放在踏板上。踏板有法兰盘,可以固定骑车人的鞋子。米肖机器的踏板上有一个"橡子"铅锤,使平的一面朝上。皮埃尔·拉勒芒在其1866年的脚踏车专利(1866年美国专利第59,915号)中含有平衡踏板的设计。"橡子"后来被用作踏板销的储油罐(1868年法国专利第80,637号)。另一种踏板有三个平面(三角形横截面)。因此,有一个面总是足够接近水平,让脚很容易接触到。

图9.7 带有"套鞋"的踏板驱动装置(R.约翰·韦)

高轮车结构特殊，需要使用新的骑行方式。詹姆斯·穆尔回忆起1870年8月在伍尔弗汉普顿的莫利纽克斯公园的胜利。他写道："我当时骑着一辆43英寸的迈耶张紧轮自行车，用的是脚趾踏板，而我的对手还再使用脚背踏板。"迈耶踏板是整洁的双面青铜铸件，带有踏板橡胶，在锥形钢踏板销上转动，10年后他仍在制造这种脚踏板。

威廉·亨利·詹姆斯·格劳特获得了橡胶踏板的专利（1871年英国专利第1,468号），但更重要的改进出现在1881年：在踏板中使用滚珠轴承。威廉·鲍恩与丹尼尔·拉奇都是车轮轴承的供应商，他们也提供装有滚珠轴承的踏板。斯特米（Sturmey 1887）报道说，"现在几乎每个制造商都在制造自己的滚珠轴承踏板，事实上几乎不存在任何差异。"

轻型"老鼠夹"踏板是由约翰·基恩在1876年专为比赛推出的踏板（*Bicycling News*，1876年7月）。人们抱怨这些脚踏在公路上骑行使用时"容易磨损靴子"。同样地，虽然赛车手使用脚趾夹，但普通俱乐部骑手或旅行者不喜欢骑车时有摔倒的危险。

一些早期的滚珠轴承踏板有暴露的主轴，这使得水和沙砾很容易就进入轴承。到了19世纪90年代中期，这个问题已被解决：用一根钢管环绕着主轴，连接到踏板的端板上。这不仅更好地保护了轴承，还加固了踏板。

1896年，奎尔踏板出现，该踏板是金属笼形成的一个"环绕"件。鲍恩的"风神蝴蝶"就是一个例子。因此，到19世纪末，已经发展出与今天的许多踏板相似的双面踏板。人们甚至可以买到一种被称为"Velox组合"的踏板，它的一面像橡胶踏板，另一面像老鼠夹。

平衡式单侧踏板偶尔也会出现在市场上，尽管没有了19世纪60年代法式脚踏车上使用的华丽下垂的平衡块。例如，在19世纪90年代末，里德和柯蒂斯出售一种带有相对较小的水平圆柱形配重的自平衡踏板。20世纪80年代，禧玛诺公司销售更整洁的平衡踏板。

1898年推出的拉姆齐摆动踏板可以自动复位。它安装在一个大直径的平面轴承上，其安装方式与正常的踏板轴有很大的偏差。这样做的目的是避免踏板上的"上死点"问题，因为踏板受到的向下力与曲柄方向一致，不会产生杠杆作用。因为骑手坐在曲柄后面，踩拉姆齐摆动踏板时，脚会自动推动踏板超过正常的上死点。制造商声称，悬挂式踏板会使爬坡效率提升25%，并提供退款保证。但实际上，当踏板与曲柄对齐时，上死点问题仍然存在，只是上死点略有不同而已。

一个值得注意的设计是优雅极简的利奥塔尔平台踏板，由法国赛车手马塞

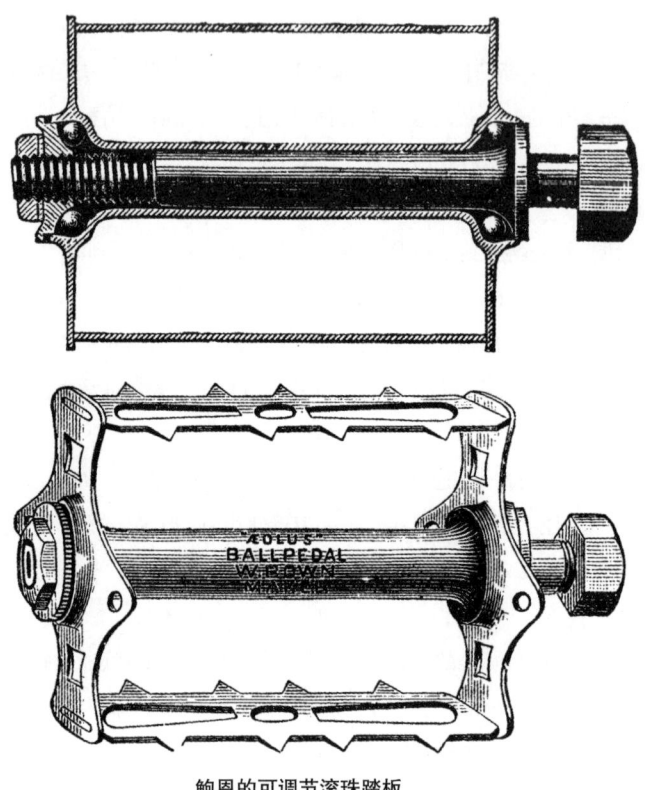

鲍恩的可调节滚珠踏板

图9.8 早期带有滚珠轴承的老鼠夹踏板（Sturmey 1885）

尔·贝尔泰在1930年左右发明。

几十年来，更好的踏板通常由铝合金制成而不是钢。在20世纪60年代末和70年代，包括罗利公司在内的一些自行车制造商使用廉价踏板，这些踏板比较简单、不可调节且带含油轴承。有的廉价踏板由不可调节的滚珠轴承制成，例如德国的联合公司。塑料主体在廉价踏板上变得越来越普遍。

许多便携式自行车上使用各式折叠式踏板。一个特别坚固和成功的设计是布朗普顿自行车的折叠式左踏板。在21世纪初，MKS推出了一系列快拆踏板，无须工具即可被从曲柄臂上拆卸下来。

趾夹

当骑行者是一位穿着"舒适鞋子"的悠闲通勤者时，将骑行者的脚放在踏板

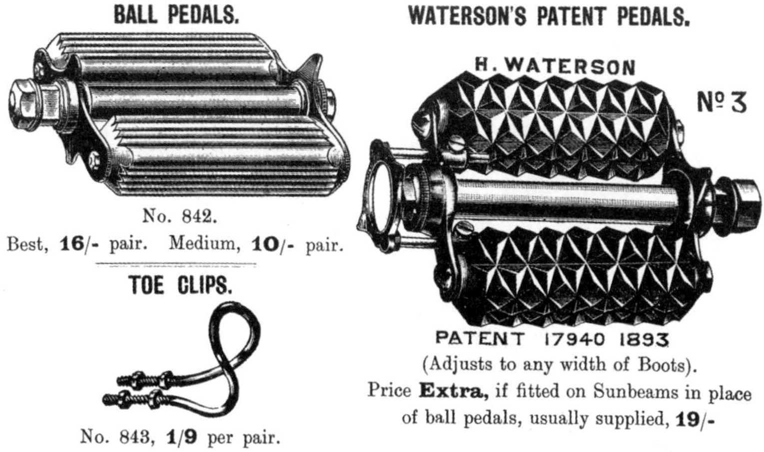

图9.9 阳光公司1894年的产品目录中的踏板

上并不困难。但对充满激情的骑手,特别是一个赛车手,一个能将脚更牢固地固定在踏板上的装置是最佳选择。19世纪50年代,在三轮车和四轮车的踏板上固定着凉鞋一样的套鞋,这提供了一种切实可行的方法。

19世纪80年代后期,人们对趾夹的兴趣开始增加。例如,图9.11所示的专利图显示了高轮车上的趾夹。到1894年,阳光公司将趾夹列为标准配件。同年,罗利公司推出了齐默尔曼趾夹(以罗利的明星骑手美国人阿瑟·齐默尔曼命名)。从19世纪90年代中期开始,随着安全自行车的迅速发展,各种类型的趾夹专利层出不穷,有些还结合了绑带系统。松紧带、皮革和金属带都被试验过。一个投入市场的产品是惠利可调节自行车马镫。它结合了一个钢夹(阻止鞋头向前滑动)和一条宽大的钢边皮带包裹着鞋的前部。

几十年来,大多数趾夹的设计都很简单,由钢丝或压制钢制成(少数是由铝合金制成)。当时人们使用的是可调节的皮带,大约从1900年开始使用带扣的带子。自锁扣在20世纪30年代开始流行,后来人们对自锁扣进行了改进,发明了宾达扣(以赛车手阿尔弗雷多·宾达命名),加入了一个黄铜或塑料滚轮。

更谨慎的骑手在他们的鞋底上加了夹板。当绑带拉紧时,夹板被开槽与踏板笼接合,从而将骑手的脚锁定在趾夹中。夹板(也称为鞋板)是由各种材料制成的。钢和铝合金夹板最常见,但在不同时期也有木制、橡胶、皮革和塑料夹板。塑料趾夹在山地车骑行者中流行了一段时间,在撰写本书时仍有销售。半夹,具有传

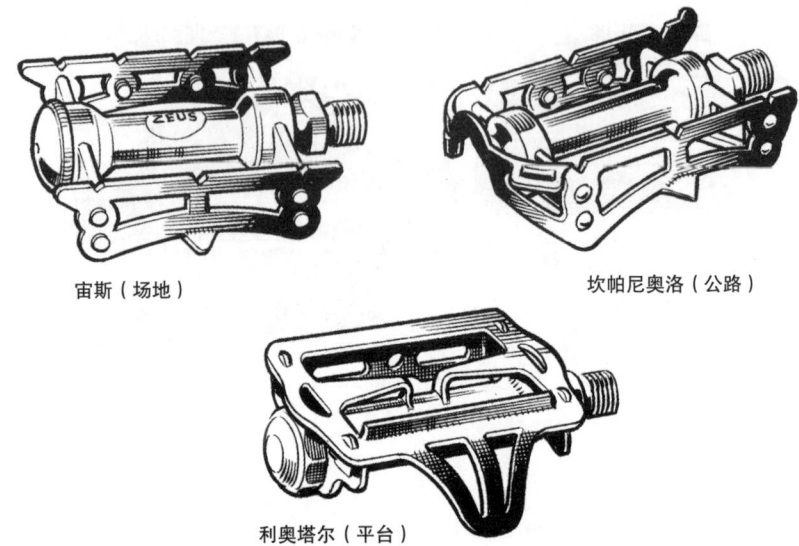

宙斯（场地）　　坎帕尼奥洛（公路）

利奥塔尔（平台）

图9.10　前无夹板时代的赛车踏板（R.约翰·韦）

统趾夹的前端，但没有容纳带子的延伸部，在趾夹的整个历史中断断续续地被生产过。视趾夹带为累赘物的骑手使用过这种半夹。阳光公司和罗利公司在1894年上市的夹子就属于这种模式。半夹仍然有一小部分追随者，特别是城市骑手和休闲山地车骑手。

无夹踏板

令人困惑的是，每一个所谓的无夹踏板的中心都有一个夹子。这种踏板之所以被称为无夹踏板，是因为它们没有外部趾夹。相反，它们有扣件，鞋底的特殊夹板被锁在上面。（技术上更正确的术语为"踏入"或"夹入"，但不广为人知。）

1894年，人们对踏板夹设计的兴趣激增，出现了一些无夹系统的专利。罗德岛的查尔斯·汉森获得第一项无夹专利（1895年美国专利第550,409号）。它包括鞋上的一个四辐式夹板和踏板上的一个带有4个匹配钩的板。脚踝轻轻一扭，夹板就会与踏板接合。

汉森的设备相当脆弱，使用起来也很笨拙。芝加哥的伊莱贾·哈里斯和艾伯特·里德设计的替代方案（1896年美国专利第554,686号）是在踏板上使用吸盘。这需要使用光滑的鞋底将空气从吸盘中推出，形成真空，将鞋子固定在踏板上。

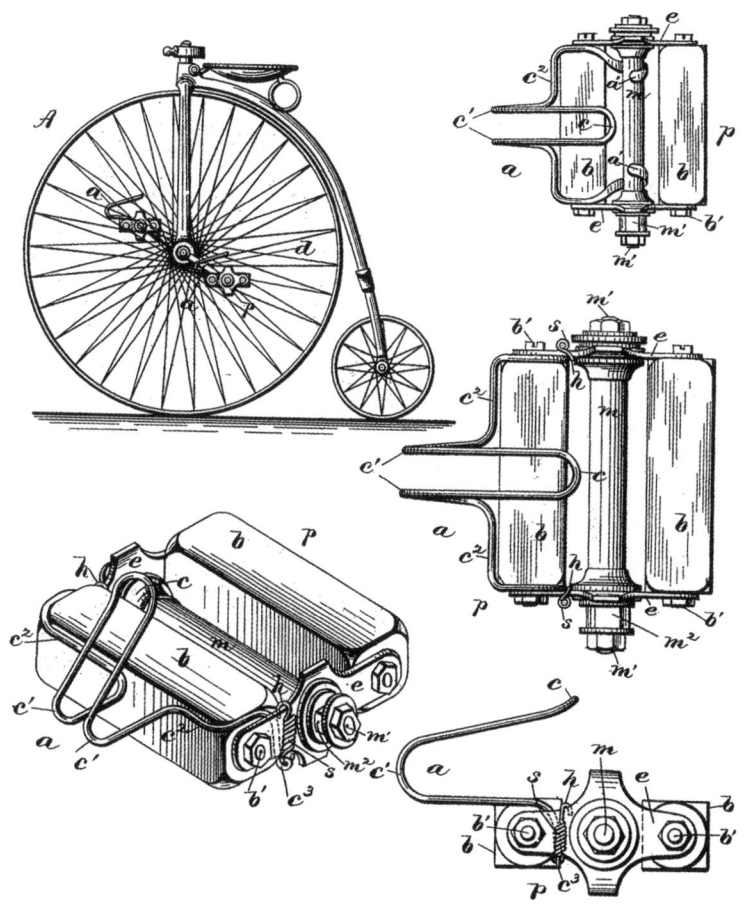

图9.11 罗德岛的威廉·兰金于1889年绘制的专利图，他于1890年获得美国第425,697号专利

更加实用的是安大略省的马默杜克·马修斯于1895年设计的简单系统（1897年美国专利第590,685号）。踏板的每一侧都有一个带抓取齿的金属板，与骑手鞋底的凹陷夹板啮合。然而，与汉森的设计不同，它没有"浮板"，允许脚相对踏板轻微旋转。它需要非常精确地调整脚和踏板，以使夹子接合。但是一旦被它夹住，可能就很难挣脱了。

磁性踏板附件是由波士顿的亨利·图德于1896年设计（1897年美国专利第588,038号）的。踏板上装有永久磁铁，与绑在骑手鞋底的软铁板磁力接合。

许多其他无夹板设计被生产出来，但没有一个在商业上取得成功。几十年来，简单的趾夹和皮带系统成为标准。谨慎的运动员也会使用夹板。但在20世纪70

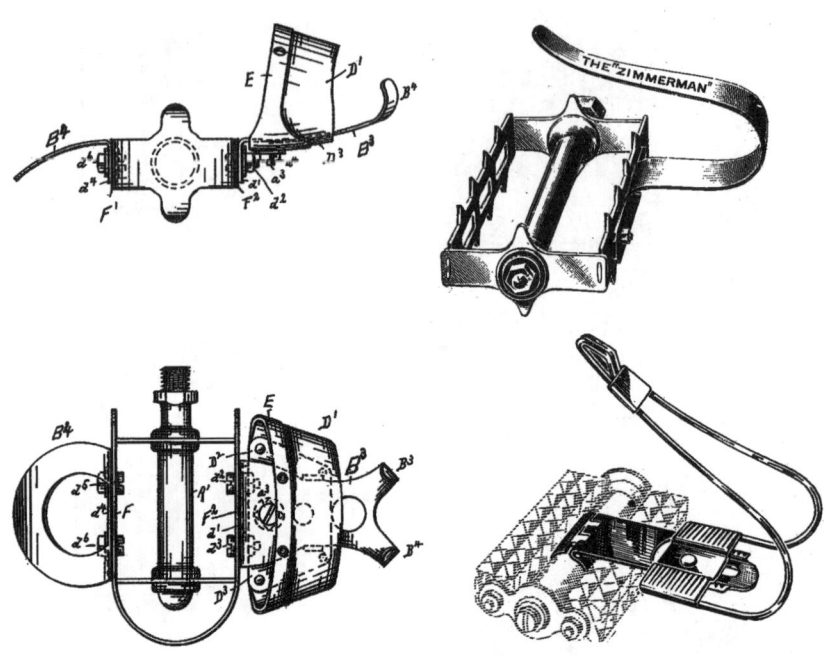

图9.12 左上、左下：惠利趾夹专利图。右上：1894年，一个由罗利公司制作的齐默尔曼趾夹（目录插图）。右下：约1950年，一个用于橡胶块踏板的可调节趾夹（经允许，转载自F.J.卡姆的《每个自行车手的口袋书》，1950年由纽恩斯出版）

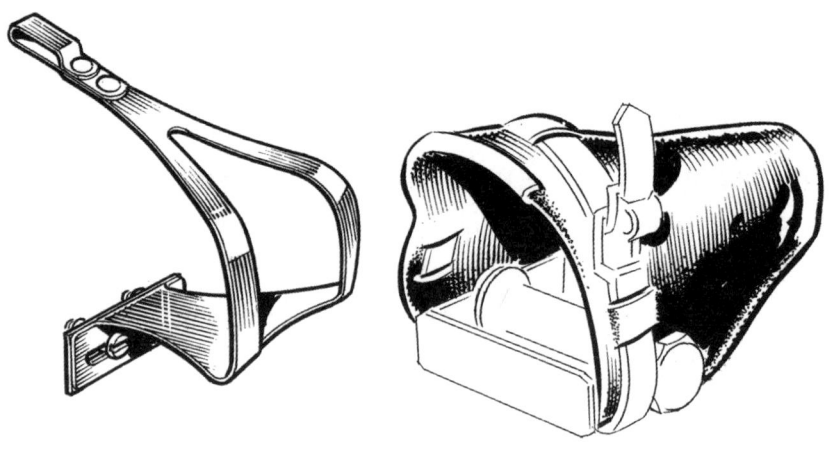

图9.13 左：典型的钢制非可调式趾夹。右：冬季骑行使用的鞋套（R.约翰·韦

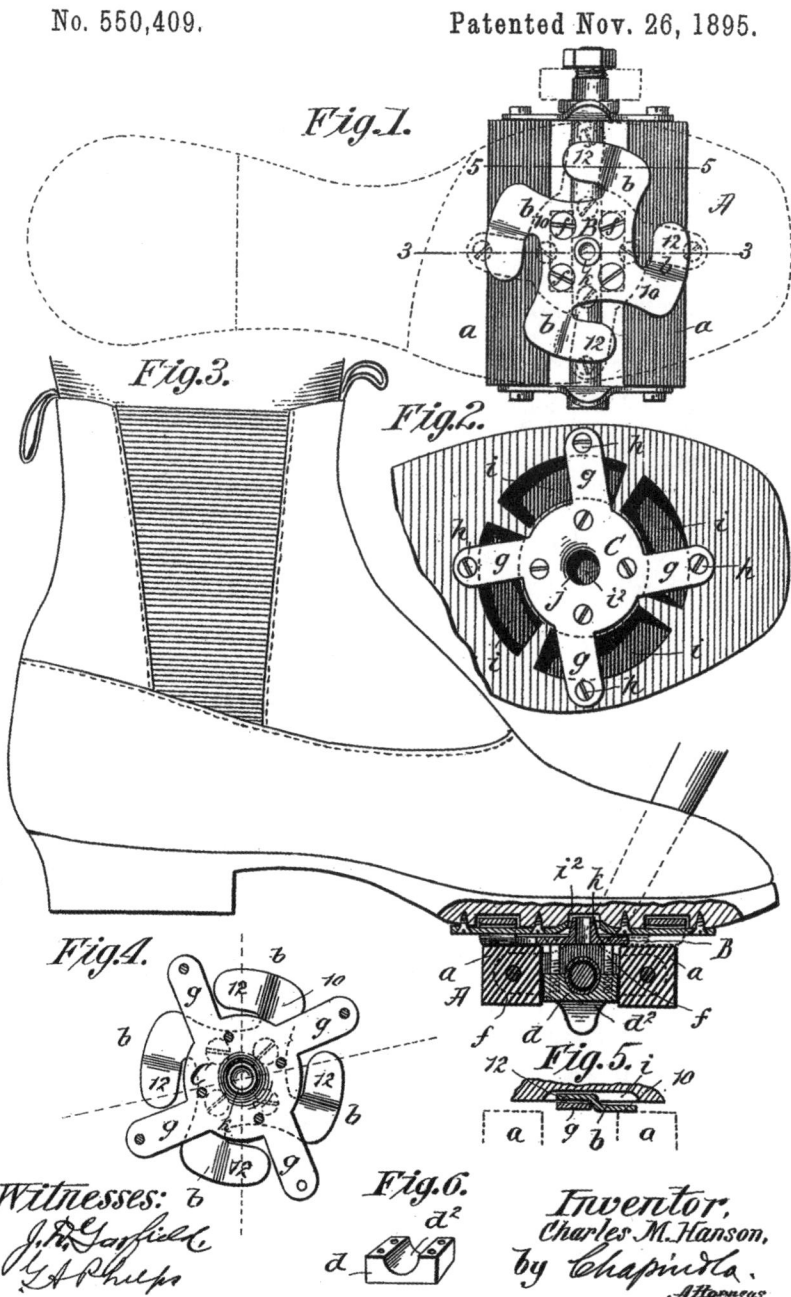

图9.14 1895年的汉森无夹踏板（专利图）

年代，人们对无夹踏板的兴趣又恢复了。1970年，奇内利推出了M71无夹踏板，它有一个塑料夹板，可滑入踏板的凹槽中。在接下来的十几年里，不同的发明家为夹子系统申请了专利，其中一些是从滑雪板的夹子系统中获得的灵感。意大利的孔塔克公司、美国的自然极限公司和新西兰的基吾赢公司都推出了新的夹子系统，但没有一个卖得特别好。

1983年，让·伯纳德和米歇尔·默西埃的一项发明（1987年美国专利第4,686,867号）使一家名为卢克的公司生产出了一种无夹踏板。伯纳德·伊诺使用原型卢克踏板赢得了1985年环法自行车比赛的胜利。他和格雷格·莱蒙德在1986年环法自行车赛中使用卢克踏板，并分别获得第一和第二名。卢克的无夹踏板是第一个取得重大商业成功的踏板。

许多其他制造商在继续开发无夹踏板，包括埃尔格、彪马、车轮绑定、阿韦尼尔、桑普森、陨石、MKS和孔帕尼奥洛等公司。泰姆踏板由让·贝尔于1988年获得专利，重新引入了旋转浮板，这是汉森1894年的设计中固有的功能。其他值得注意的设计有1989年理查德·布赖恩的Speedplay X踏板和1990年长野正士的禧玛诺踏板动力（Shimano Pedaling Dynamics，简称SPD）山地车踏板，它带有凹陷的夹板。

禧玛诺的第一个无夹公路踏板是根据卢克的授权制造的。1993年，禧玛诺推出了自己的SPD公路踏板，它的夹板特别小。SPD系统最终成为市场领导者。

亨利·图德是在1896年提出磁性无夹踏板，一个世纪后中国台湾制造的埃克苏斯磁力踏板让这种踏板重新复活。法国的马维克公司和美国的质子锁公司随后推出了磁性踏板。德国磁踏板系统（Magnetic Pedal System Germany，简称MPSG）是基于德国人沃尔夫冈·迪尔和诺伯特·扎德勒2005年的设计而发明的。

几乎所有的赛车手都采用无夹踏板，相对与夹板一起使用的传统趾夹，这种踏板更容易脱开。然而，不使用夹板也不完全收紧定趾夹的旅行骑车人不一定觉得它们更容易使用。大多数无夹踏板需要扭动脚踝来脱离踏板。这不是一种本能反应，如果脚不能够快速脱离踏板可能会导致摔倒，尤其是在需要紧急刹车的情况下。最本能的反应是用传统的趾夹将脚向后抓，但需具备以下4个前提条件：鞋底光滑、没有使用夹板、带子没有完全收紧、带子放在脚最宽部位的周围或前面。

对于那些不确定无夹踏板是否适合他们的骑手来说，可以选择组合踏板，可以在无夹模式下使用，也可以使用传统的趾夹和趾带，或者不使用任何形式

第 9 章 车座、踏板和车把 263

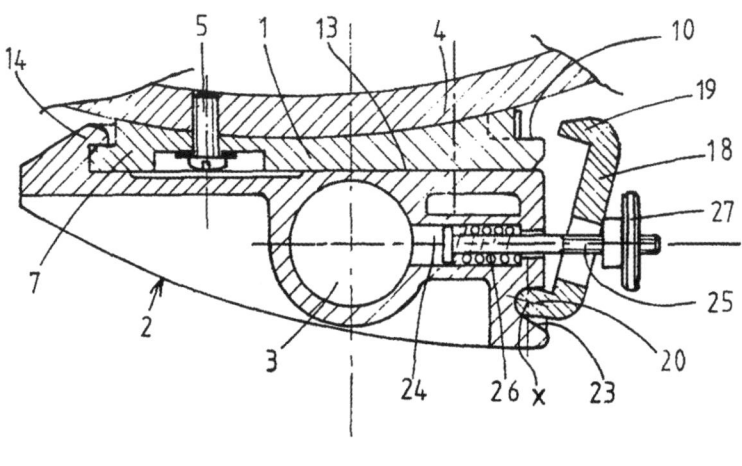

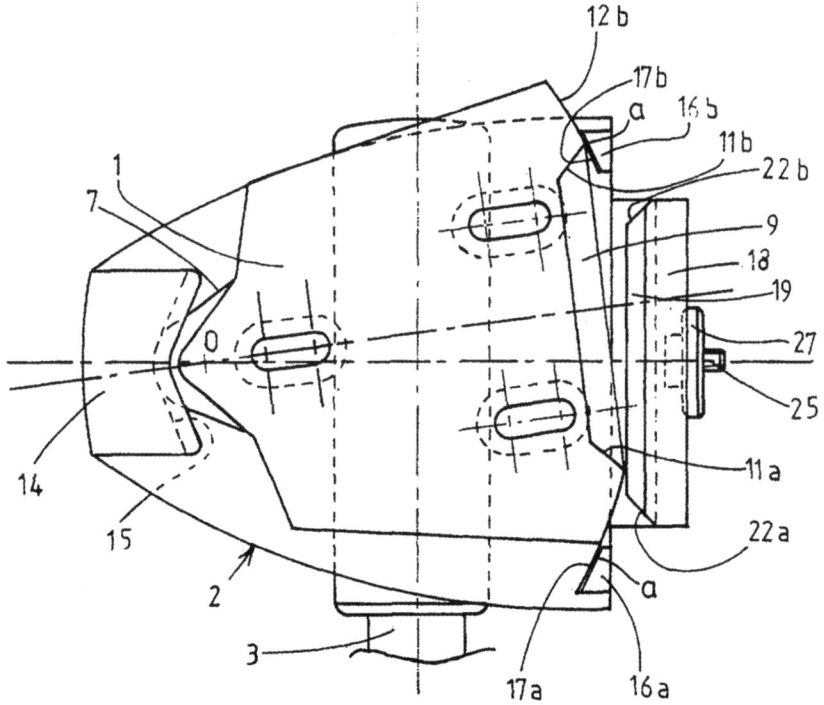

图9.15 第一个卢克无夹踏板，设计于1983年（专利图）

的夹子。

2000 年，禧玛诺公司在日本堺市主办国际自行车历史会议。会上，一位提问者问禧玛诺公司的高级管理人员，该公司是否曾经在开发某个创新想法并将其推向市场时失败过。得到的回答是肯定的：当该公司试图为日常骑行者开发无夹踏板时，就出现了这种情况。

车把

材料

第一个车把是由卡尔·德莱斯制造的木头车把。早在 19 世纪 90 年代，一些廉价的美国自行车就有木制车把。但大多数早期自行车的车把材料是铁或钢，通常是由圆截面的杆子构成。随着安全自行车的发展，人们开始采用管状钢制车把。后来，那些追求更轻盈的人采用了铝合金制成的车把。

铝合金并没有迅速地被所有市场所采用。虽然更轻，但它通常更贵，且总是容易因疲劳开裂而失效。赛道骑手坚持使用钢，因为其强度高。一直到 20 世纪 60 年代，其他一些骑手对采用铝合金车把或车把立管都持谨慎态度（Way 1973, 59）。国家的倾向和市场领先的公司对这些偏好的影响也在发挥作用。例如，到 20 世纪 60 年代，当英国公路车制造商只使用钢部件时，比利时的实用自行车制造商开始在车把上广泛使用合金。在意大利，钢材仍被广泛用于公路自行车的车把上。

冷战期间，苏联和美国储备了相当数量的钛材料用于战略军事用途。因此，钛稀缺且昂贵，很少被用于自行车部件。苏联解体后情况发生了变化。俄罗斯开始出口大量的钛用于民用。钛车把开始出现，它们很轻、很坚固，但仍然相对昂贵。

今天的自行车赛车手对碳纤维车把相当感兴趣，他们欣赏碳纤维的轻巧和高强度。1992 年，制造出第一个碳纤维车把的德国人斯特凡·施莫尔克成立了一家制造碳纤维车把的公司（施莫尔克碳纤维公司）。但是钢和铝合金仍然是被使用最广泛的车把材料。

结构

人们尝试过各种车把弯度。骑手和设计师们很快意识到，尽管直立骑行姿势更舒服，但弯腰能减少空气阻力，使速度更快。正如在第 3 章中提到的，在 1879 年的高轮车时代，一种下翻式车把被发明出来。19 世纪 80 年代末和 90 年代初，早期的安全自行车使用了带有"下翻"元素的杆,这样手就可以放在把杆与车把立管连接点更低的位置上。

图9.16—图9.18显示了不同时期在英国流行的一些车把结构。图9.16显示了罗利公司在20世纪初提供的一些车把,当时该公司将这些车把大致分为"扁平""上翻"和"下翻"。图9.17显示了20世纪30年代和40年代流行的车把,图9.18显示了20世纪60年代的一些车把风格。以比利时车手西尔韦尔·梅斯命名的梅斯下翻式(左下)车把在赛车手中很受欢迎。波特尔风格的平把和"舒适"把让位于更直的"全能"把,后者通常适合轻型公路自行车(在北美有时被称为"英国三速")。

今天,有多种车把可供选择。下翻式车把仍然存在,埃尔戈或人体工程车把尤其受欢迎。这些车把在下翻弯曲的下部有一个平坦的部分。埃尔戈把手可以用螺栓固定在下翻杠上。它们使骑手能够向前蹲得更远,双手更靠近,这样更符合

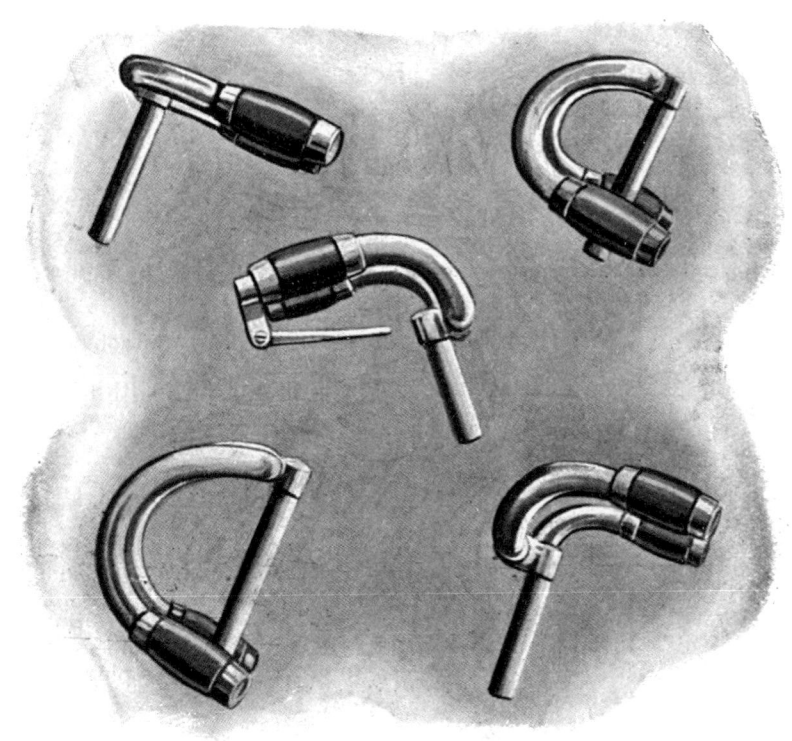

图9.16　1903年的罗利车把(目录图)

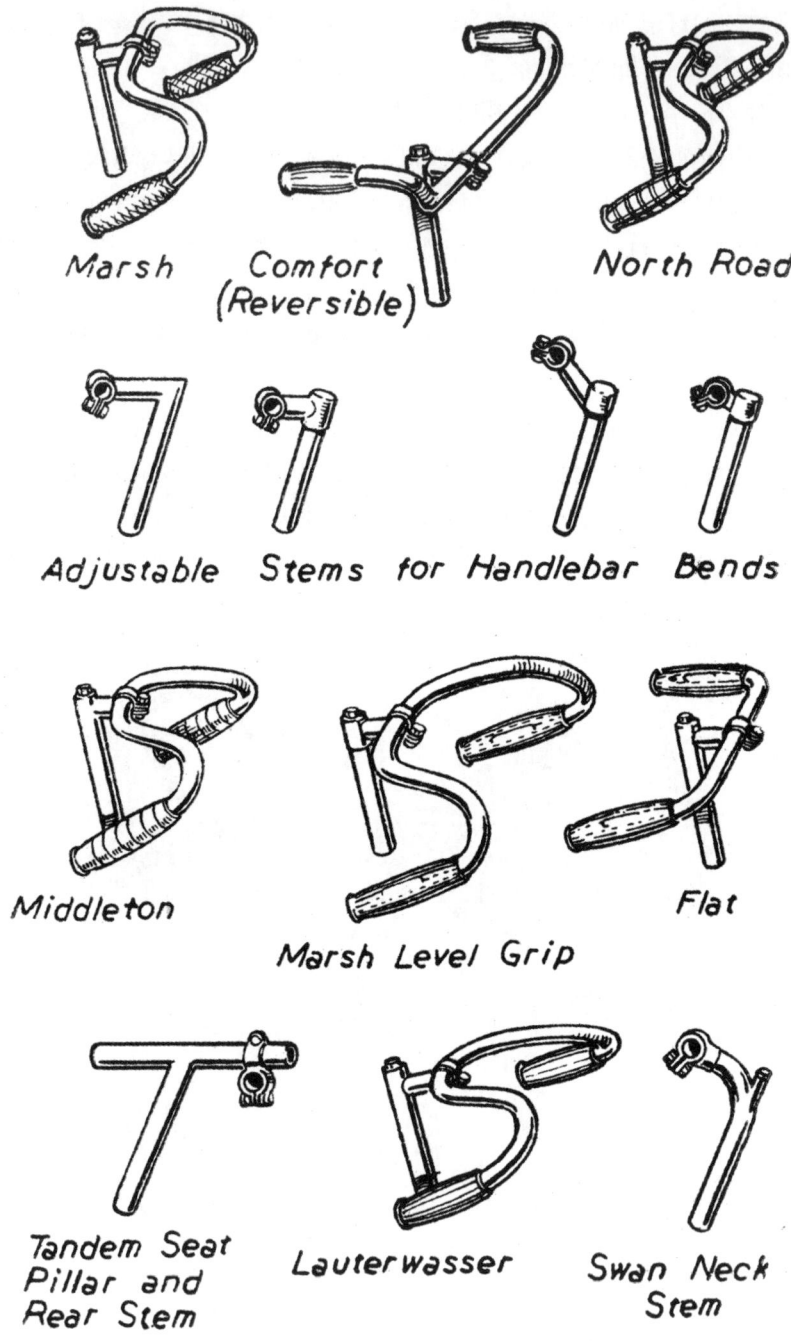

图9.17 20世纪30年代和40年代流行的车把和车把立管（经允许，转载自F.J.卡姆的《每个自行车手的口袋书》，1950年由纽恩斯出版）

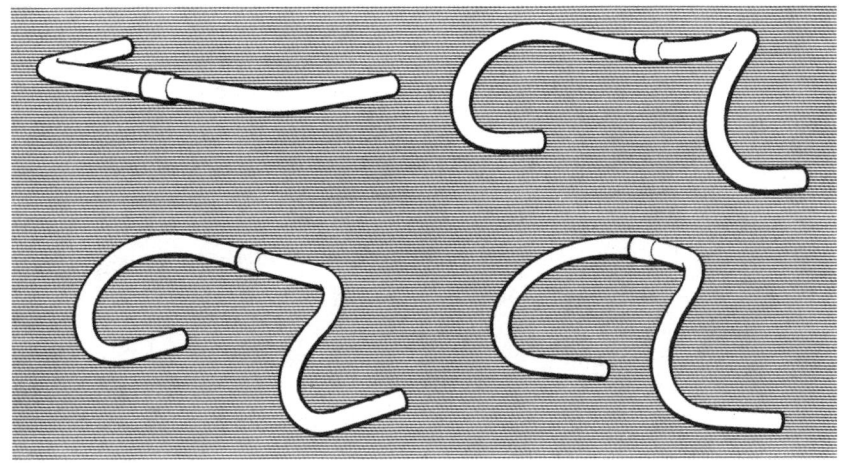

图9.18　20世纪60年代流行的车把弯度（R.约翰·韦）

空气动力学，经常被用于计时赛和铁人三项比赛中。

大多数山地车的车把都是直的或接近于直的。抬高的山地车车杠在与车把立管连接的中心位置有一个凹陷，因此骑行位置稍高一些。

北路车把（以伦敦的北路自行车俱乐部命名）和类似的后掠式直立车把在德国和荷兰的城市自行车上很流行。蝴蝶车把，类似于一个有缺口的8字形，提供了多种手部姿势，而不需要像下翻车把那样必须弯下腰。它们在北欧很流行，特别是在徒步旅行自行车上。

专栏9.1　车把

1880年，《自行车手》杂志对高轮车时代的车把变化有如下评价：

> 也许，自行车的任何其他部件都不如车把那样标志着时代的进步。经验丰富的人几乎可以通过车把一眼看出对应的车是哪一年生产的。当前的车把长度令人瞩目，但我们有理由相信这还远没有达到极限。3年前，车把短小程度达到了顶点，当时很少有超过18英寸长的车把。我们记得那时骑

的前轮直径54英寸的车,它的车把几乎不到15英寸长,事实上短到我们必须把手放置在腿中间才行。车把的长度先往短方向发展,随后又往长的方向演进,长度远远超出其原来的极限。当自行车首次被广泛使用时,制造商们非常明智地用一个漂亮的杠杆来固定方向舵,通常尺寸是21英寸和22英寸——有时更长,但很少会更短。然后,随着后轮越来越小,已经习惯于重量负荷在车后部的骑手们很不适应,于是就开始频繁地摔跤,付出了代价。他们发现,下车时他们的腿会被车把夹住,对他们的面部和四肢造成了极大的伤害。这使当时的写手们开始思考,提倡使用极短的转向杆,促使制造商们接纳它,并在机器附件的短小问题上相互争论。理论上讲,如果一旦面临摔跤危险,骑手的腿应该能很容易地从车上松脱,并用脚着地。短车把在整个夏季都很流行,但当冬季来临,道路上满是车辙、硬泥和松动的石块时,短车把缺乏足够的杠杆作用,在摆脱车辙和避开障碍物方面的难度和危险系数都会增加,手臂需要更加用力才行。后来,骑手们也积累了经验,习惯了后面的小而轻的轮子,骑得更小心了,也不急着跳上车。当然,他们骑在机器上更安全了,可以出去转一圈,而不用担心回来之前会摔个四五次跟头。因此,在这方面为他们提供安全保障的必要性越来越小。制造商们在上个季节将车把增加了几英寸,随着越来越多的自行车手与机器融为一体,可以无意识骑行,车把的长度也在开始增加。直到本季节,我们发现很少有公路车的车把短于22英寸,很少有赛车的车把短于24英寸。我们可以预见,下个季节将会增加2英寸,因为长的车把不仅在引导机器避开石头和车辙方面提供了更好的控制,而且通过伸直手臂,使骑手在上坡或冲刺时能够更轻松、更舒适、更有效地发挥力量,以及在机器上形成更自由、更不局促的骑行姿势,并因此使胸部得到更大的扩张。不过,不能忘了,车舵的进一步伸长是不可取的。因为当车把相对骑手的手臂过长时,骑

> 手不得不弯腰向前以便够到车把。这是一种倾向于收缩胸部并产生"自行车背"的动作,最近一位挑剔的批评家也向我们抛来此观点。在目前情况下,这个观点是荒谬的,但如果允许车把长度超出理性范围,那么未来可能就成事实了。

在美国,猿猴杆或高车把可能首先被用在年轻人的自行车上,目的是让一袋报纸能装进凹槽里。在美国20世纪60年代的高车把热潮中,它们变得流行起来,类似定制摩托车样式的自行车在当时是一种时尚。施文公司推动了美国高车把热潮,紧接着罗利公司引发了20世纪70年代的英国"砍刀"热。

第二次世界大战后,在自行车高速公路热潮期间,英国开始销售纤夫杆(有点类似于猿猴杆,其中一些带有支撑杆)。20世纪60年代到80年代间,道斯在其Kingpin自行车上使用了Hi-Lo(一个更紧凑的高车把版本)。它可以进行适当的前后调整,以适应不同身材的骑手。大多数布朗普顿折叠自行车上都有一个类似的弯曲车把,该车把允许使用较短的折叠车头。

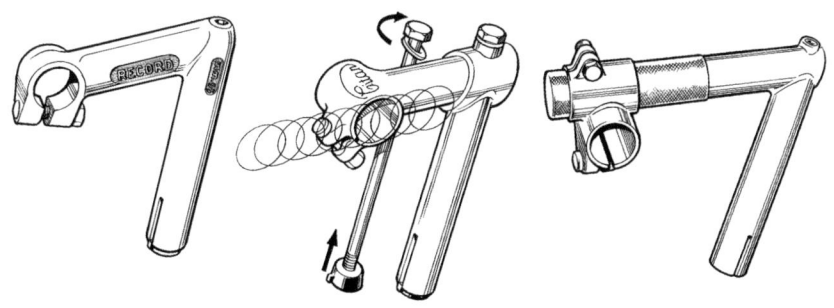

图9.19 20世纪60年代的合金立管。中间的插图显示了长度延展的范围以及膨胀螺栓和锥体。右边的奇内利立管可以调节长度(R.约翰·韦)

车把立管

随着安全自行车的大规模生产，车把立管也逐渐标准化。几十年来，几乎所有的立管都可以调节高度，今天生产的许多立管依旧如此。虽然有时会使用外部夹子，但大多立管都是通过膨胀装置被伸缩性地固定在转向管中。通常，夹紧螺栓将圆锥体拉入立管底部的槽口部分，从而扩大其直径以抓紧转向管的内部。后来，从20世纪80年代开始，流行使用锥形楔形螺母，但它比锥形螺母更难卡住。这些系统仍在使用，但另一个系统现在也很常见，在日益流行的无螺纹头碗组中使用，它是由达拉斯的霍默·J.雷德三世于1990年发明（1992年美国专利第590,575号）的，最初由太雅康培公司作为头碗组出售。在这种设计中，转向管超出了自行车车架头管的顶部。与传统做法不同，它不是外螺纹的。相反，车把立管夹在转向管上，将转向轴承固定到位。这种设计的头碗组非常坚固，轴承很少需要关注。其主要缺点是不能轻易改变立管的高度。人们可以通过移除上转向轴承和立管之间的垫片，降低转向器的高度。但是，只有通过使用一个倾斜角度更大的立管，通过安装一个带有更长转向管的全新前叉，或者通过使用一个不怎么优雅的适配器，才能增加高度。

第 9 章 车座、踏板和车把 271

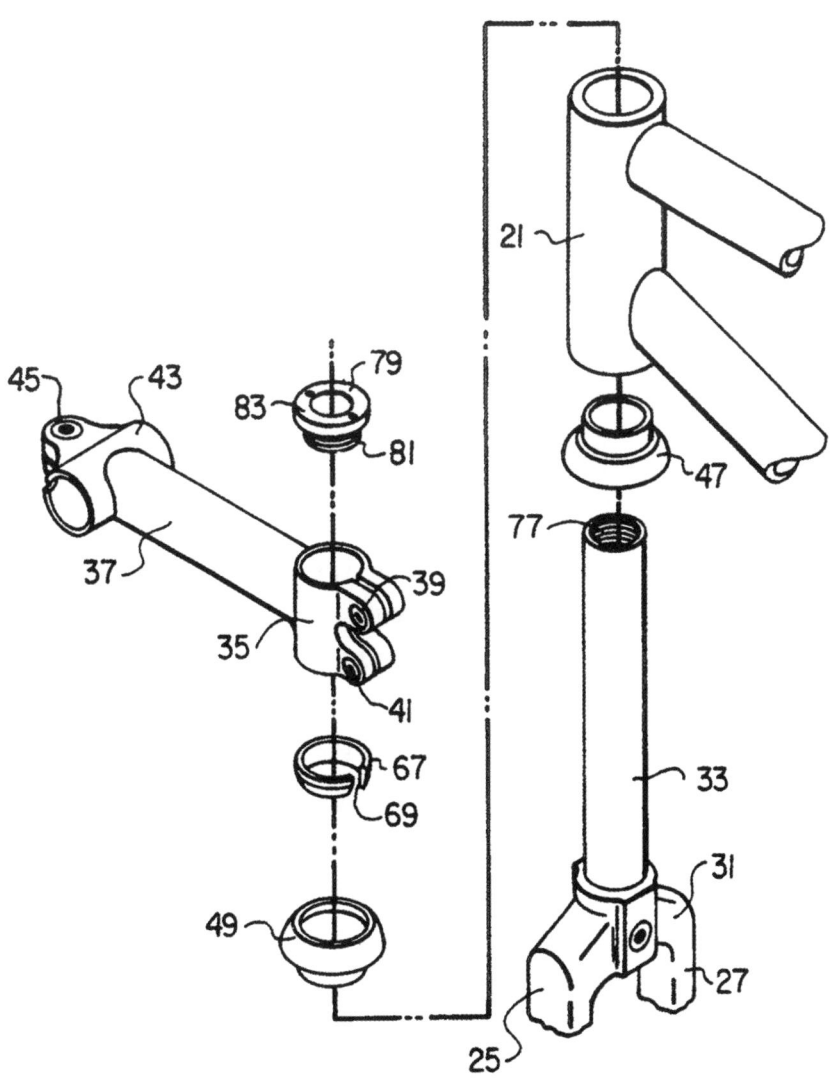

图9.20 霍默·J.雷德的头碗组专利图

第10章
照明设备

骑行刚兴起时,人们就感觉到需要照明灯来辅助夜间骑行。本章详细叙述新的照明方法如何为骑行者服务,以及这些照明应用的演变历程。

蜡烛灯和油灯

长期以来,蜡烛是照明门、房间或马车照明的标准工具。蜡烛价格低廉、易储存和易补充。18世纪,带有玻璃边的木制烛台因为有火灾隐患而被禁止,被更安全的金属板灯取代。德国保存的两个版画作品显示,1817的年脚踏车上已经使用了蜡烛灯。1869年巴黎人公司的前曲柄脚踏车价目表上出现了几种蜡烛灯。

到了20世纪,尽管蜡烛灯往往只是作为"导航灯"来满足法律要求,但骑行者仍在继续使用它。骑行灯所用蜡烛由硬脂制成,这种硬脂是一种硬脂酸甘油酯,它的熔点高于50℃(即122 ℉)。蜡烛的顶部相对结实,用一个小螺旋弹簧压在一个项圈上。随着硬脂燃烧消耗,蜡烛的底部向上移动,直到蜡烛消耗殆尽。光束通过火焰后的球面镜和火焰前的透镜进行聚焦。遇到猛烈的震动,液体硬脂会溅到蜡烛的灯芯上,火焰便会熄灭,骑行者不得不下车重新点燃蜡烛。有些蜡烛灯设有防风雨的空间,可以将火柴储存在这里面。

一家名叫比耶蒙公司的马车灯制造商,对蜡烛灯进行了早期改良并申请了专利。蜡烛灯罩悬挂在两个垂直线圈的弹簧之间,以减轻在崎岖道路上的晃动(1869年法国专利第85,346号)。另一家制造商亨利·马松在1869年的法国第86,283号专利的基础上发明了类似的灯。灯上装有彩色玻璃制成的侧窗,有助于人们在夜间也能看到脚踏车。

油灯从罗马时代起就很常见,油灯的灯芯位于覆盖容器的盖子的中央孔中,或者浮在油面上。阿尔冈灯于1783年问世,比简易的油灯更亮,它从管芯内部及外部吸取空气,从而使火焰更加明亮。环绕着火焰的玻璃圆筒使得气流向上流

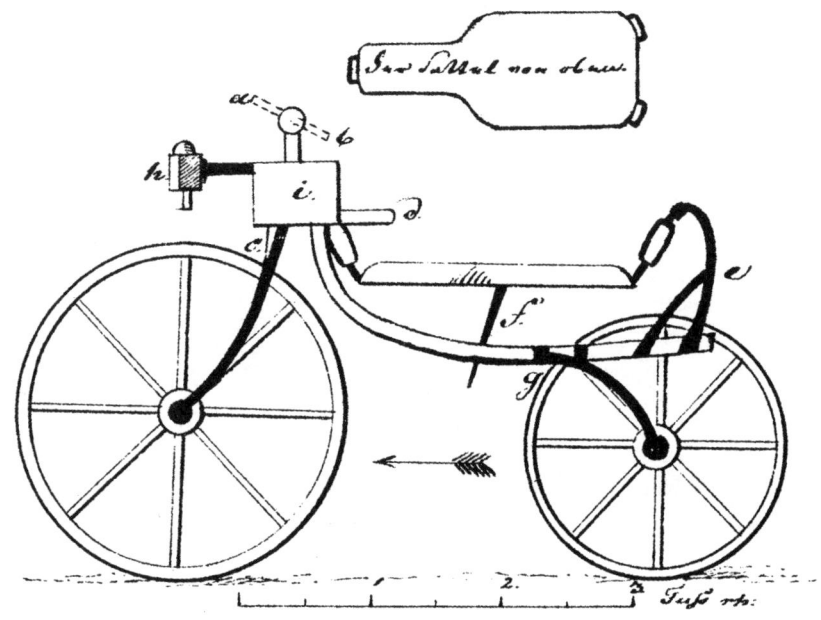

图10.1　1817年，一辆装有蜡烛灯的脚踏车（来自Lessing 2003a）

动，从而助长了火焰并使其免受阵风干扰。阿尔冈灯比之前的灯更亮，更不容易闪烁，富人们很快将其应用于房间照明，随后又用于马车照明。

人们经常燃烧橄榄油、鲸油或纯菜籽油，还制造了燃烧煤油（英国称为石蜡，欧洲大陆称为石油）的特制灯。煤油燃烧时温度高，气味难闻。煤油含有杂质，会产生大量的煤烟。而且不管用什么衬垫，煤油灯都会渗出水珠。

一些高轮车骑手骑行时间长，有时也在夜间骑行。由于维也纳在1885年前禁止骑行，夜间骑行便成为躲避警察的一种方式。使用油灯的自行车手必须小心翼翼，以防止灯芯淹没在油里。一些骑行者开始在油灯上安装有弹簧的平行四边形支架，以减少因路面颠簸而产生的震荡。

直到20世纪晚期，前灯架还是大多数英国自行车的标准。它有一种向上的"叶片"，灯体可以在叶片上滑动。骑行者可以通过灯侧面的旋钮调节灯芯高度，从而控制亮度。

骑行者在呼吸的时候，如果车把附近有一盏冒着热气的油灯，这显然令人不悦。19世纪70年代推出的轮毂灯减轻了这种不愉快。在伦敦瓦戈纳区朗埃克街索尔兹伯里灯具厂的爱德华·索尔兹伯里声称发明了轮毂灯（Card 2008）。1878

图10.2 里曼·赫尔马尼娅灯具：蜡烛灯和油灯（格尔德·伯切尔）

年，伯明翰的约瑟夫·卢卡斯也开始制造轮毂灯。1880年，他研发了一种"分体式"的轮毂灯，这种灯可以展开，也能通过轮辐压缩折叠在一起，然后挂在前轮毂上（见图10.5）。展开式也使清洁灯具和修剪结壳的灯芯变得更加容易。松散地悬挂在轮毂上的上夹子里有毛毡，这提供了阻尼。轮毂灯像钟摆一样在轮毂上摆动，但不会打转，而是保持垂直。这盏灯光线（仍然相当微弱）的优点是相对于安装在车把上的灯投射的光线更靠近道路。不利的一面，轮辋和轮胎挡住了光束的中心部分，会在道路上投下阴影。

19世纪80年代，人们对高轮车的需求使得许多国家的油灯制造商业务量大幅增加。"公路之王"是一个著名的轮毂灯品牌，由约瑟夫·卢卡斯父子有限公司制造。另一家公司生产的莫诺普尔灯，是为安装在自行车方向盘上而设计制造。同阿尔冈灯一样，这种灯装有圆形灯芯和玻璃筒作为防风装置。随着这些灯具的发展，大规模金属板生产技术进入了自行车行业。

电池灯

早在英国家庭使用电力之前，电灯已经被用于他们的自行车上。在1888年的斯坦利展览上，来自伯明翰的约瑟夫·卢卡斯父子公司推出了新的专利电灯，标价 55 先令，超过了一些工人一个月的工资（Card 2006）。价格高的原因有两个：一是灯泡的成本，二是卢卡斯需要向伯明翰的金匠爱德华·沃恩顿支付专利费。（沃恩顿于 1887 年获得英国第 14,622 号专利。）沃恩顿的改良版蓄电池通过填充多孔板之间的空隙，使电池板不因颠簸震动而断裂。仅 1 年的时间，新专利电灯就从卢卡斯的目录中消失了。有 2 个样本幸存了下来，它们与那个时期的油灯相似。里面装的是本森元件，由碳阴极和浸在硫酸里的混合锌板组成。打开盖子就能接触到电极，电极与用来充电的电线相连接。新的专利电灯没有取得商业上的成功，在很大程度上是因为人们家里没有电源插座。人们要给电池充电，只能去为数不多的几家可以自行发电的商店或服务站。在卢卡斯发明下一盏电池灯之前，过了整整 40 年。

1895 年，伦敦的阿拉伯石油公司首次对阿拉伯脚踏车电灯进行宣传。这也是

图10.3　1869年的比耶蒙公司蜡烛灯
（Reynaud 2008，ii）

图10.4　卢卡斯银王油灯（格尔德·伯切尔）

图10.5 左：一辆有轮毂灯的高轮车（R.约翰·韦）。中：皇后灯，一盏挂在前轮毂上的油灯。右：一盏细长的皇后灯，可以在辐条之间滑动（Silberer 1883）

本森灯类型的一种，但它与新专利电灯的不同之处在于，它的外壳（内部镀锌）就是两个电极之一。另一极由碳构成，也需浸在硫酸里，硫酸在任何药房或药店都能买到。

在1896年，纽约埃尔迈拉市便携式电灯公司推出了氯化灯（Card 2006）。它由一个圆形的硬橡胶容器组成，有一个旋紧的盖子，将锌板和溶解在水里的特殊盐放入其中。碳丝灯泡可以持续发光约4个小时。然后，骑者会把液体倒掉，用清水冲洗锌板。在下一次骑行之前，必须把新盐溶解在水里，并将其与锌板一起装进灯里。

1896年，由布法罗电灯公司推出的日蚀灯与氯化灯的设计相似，这种灯通过盐粉（"电砂"）和稀释的硫酸提供动力。

在1898年，芝加哥便携式电灯公司生产了一种名为拉马凯特的灯，这种灯开始使用干电池进行供电。一个装在皮囊里的悬挂在自行车上管上的电池，可以为拉马凯特灯提供约20小时的电力（*The Electrical Engineer* 25，1898，566）。

随后，越来越多的电灯品牌开始涌现。当乙炔气体出现后，人们开始淡忘之前的那些公司。用在电灯中的碳丝灯泡对震动太敏感，更换成本太高。男性自行

图10.6 便携式电灯公司的氯化灯模型（*Scientific American*，1896年5月）

车爱好者喜欢摆弄复杂的乙炔灯。而女士们喜欢干净而安静的电灯，但她们还没有开始大规模骑自行车。直到1911年，耐震钨灯丝灯泡推出，安装在自行车上的电池灯再次涌现。从那时起，这种电池灯的发展时而缓慢，时而迅速，但从未停产。

20世纪80年代以来，电灯泡技术有了显著进步。卤素灯泡虽然昂贵，但取得了巨大进展。金属卤化物（非白炽）灯泡用于20世纪90年代的"猫眼体育场"系统中，性能很好，但成本太高。发光二极管（简称LED）已经不断改进，现在被广泛应用于自行车车灯中，通常是3个或更多的灯组。事实证明，LED灯非常可靠，可以使用比白炽灯泡小得多的电池进行长时间的工作。

乙炔灯

1895年，电石工业化生产兴起，超越油和蜡烛成为发光材料。在电石上滴水会产生乙炔气体，气体燃烧产生明亮的火焰，营销商将这种火焰比作阳光。不过，碳化物的杂质与水反应时会产生难闻的气体。不久，乙炔车灯出现，可被安装在

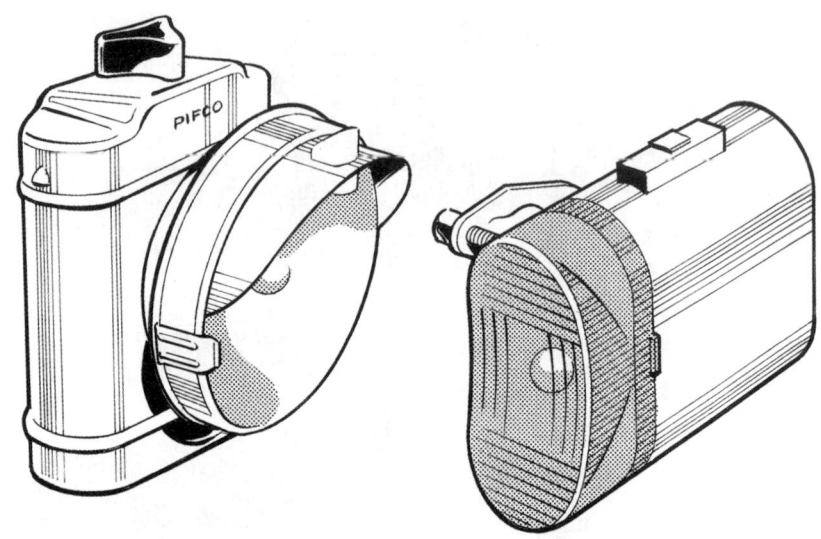

图10.7 20世纪60年代和70年代,典型的英国电池灯(R.约翰·韦)

自行车方向盘上或前轮旁边。有一种说法声称,乙炔灯是在1895年由F.H.富勒在伊利诺伊乙炔公司的赞助下制造的,这一说法还未经证实(Card 2008)。目前所知第一个被投入使用的乙炔灯名为"太阳能",是在1897年由芝加哥的太阳乙炔灯公司推出。英国卢卡斯公司在同一年推出了它的乙酰化器灯。后来,这种类型的灯在各西方国家都有生产,今天印度仍在生产。

如果乙炔气体积聚到一定程度,然后被附近的火焰点燃,乙炔灯就会爆炸。有报道称,一些用铜做的乙炔灯在使用过程中受到撞击时会爆炸(Dyer 1940)。如果潮湿的碳化物没有用完并继续产生乙炔气体,那么在夜间骑行后就可能会出现危险情况。明智的做法是提前预估夜晚骑行时间以及所需碳化物的量。回家后,骑行者通常会把灯放在窗户外面耗尽碳化物,乙炔不用燃烧而是逸出到空气中。无论如何,灯必须被从自行车上取下来,因为碳化物发生反应后会变成固体,会黏附在外罩上,每次骑行后都需要一次彻底的清洁。总之,提前准备好预包装的碳化物盒,以满足不同的骑行时间的需要。骑行结束后,要将包装纸上的碳化物的浆料清理干净,即便包装纸是潮湿的。

市面上有许多精巧的乙炔灯。它们基本上都是在底部安装一个碳化物容器,在排放气体期间用筛网压住碳化物。水从上方的贮水池通过一根细小的中心管滴到碳化物上。一种柔性软管通过过滤器将气体输送到陶瓷燃烧器上,陶瓷燃烧器

图10.8 一盏使用电石原料干燥气体的萨尔蒙森乙炔灯透视图（*Polytechnisches Journal* 311, 1899, 171）

有 2 个或更多的孔。人们制定了相关规定，使用标准的自行车泵将空气吹入孔中，以方便清理（见图 10.9）。通过挤压软管，火焰便会熄灭。中心管有一个阀门，阀门可以通过一个旋钮逆时针旋转打开，这样水就会开始往下滴。骑手可以通过阀门调节水滴落的速度，从而调节乙炔气体的产生和火焰的亮度。一些品牌通过一个扇形可旋转碳化物容器解决了短途骑行中碳化物的供给问题。一个扇区的碳化物用尽时，骑手只需将容器转到下一个扇区即可。有些灯可以让骑手在不下车的情况下重新点燃熄灭的火焰。扭动名为"胜利"（由马克斯·雷特梅尔在柏林制造）的灯具侧面的手柄，可以使锤子撞击敲击式底火带，从而重新点燃乙炔灯（见图 10.9）。

轮胎驱动发电机

19 世纪 80 年代，碳丝灯泡一出现，一些对骑行感兴趣的发明家萌生了新的想法：为什么不让骑手驱动微型发电机为车灯供电呢？莱比锡城名叫理查德·韦伯的机械师将这一想法变成了现实。他可能是受到了维也纳的西格弗里德·马库斯的启发。马库斯获得了一项英国专利，该专利使用燃气马达驱动发电机为车辆

图10.9 一盏雷特梅尔"胜利"乙炔灯（*Polytechnisches Journal* 313，1899，188）。用手轮重新点燃熄灭的火焰。一个自行车泵通过D清洗燃烧器

点火系统供电（1882年英国专利第2,423号）。韦伯获得了两项英国专利（1886年第5,078号，1887年第16,603号），在一个带摩擦轮的长方形盒子里装有一个微型发电机，摩擦轮被弹簧挤压到高轮车或三轮车的轮胎上。然后，他试图在1889年莱比锡第一届德国自行车和自行车配件大展的筹备阶段销售他的精益电灯（Wolf 1890）。

韦伯的第一项专利利用了1866年维尔纳·西门子和查尔斯·惠特斯通发现的发电机原理。定子和转子都是由软铁芯上的线圈组成，骑行者在骑车时可以通过操纵杆选择启动或释放发电机。一个换向器由两个带有电刷的绝缘接触环组成，安装在摩擦轮对面的轴上，可以将产生的电流输送到灯上。第二项专利使发电机更加简洁，并推动了电灯抛物面反射器的使用。

在自行车上使用的发电设备通常被称为"dynamo"。虽然日常用语和主要词典都认为"dynamo"和"generator"是同义词，但电气工程师通常认为"dynamo"指的是直流（DC）发电机。大多数后来的自行车发电机实际上是交流发电机，产生的是交流电（AC），比如经典的斯特米-阿彻轮毂发电机。本章中，在有重要区别的地方，我们会对直流发电机和交流发电机进行区分。

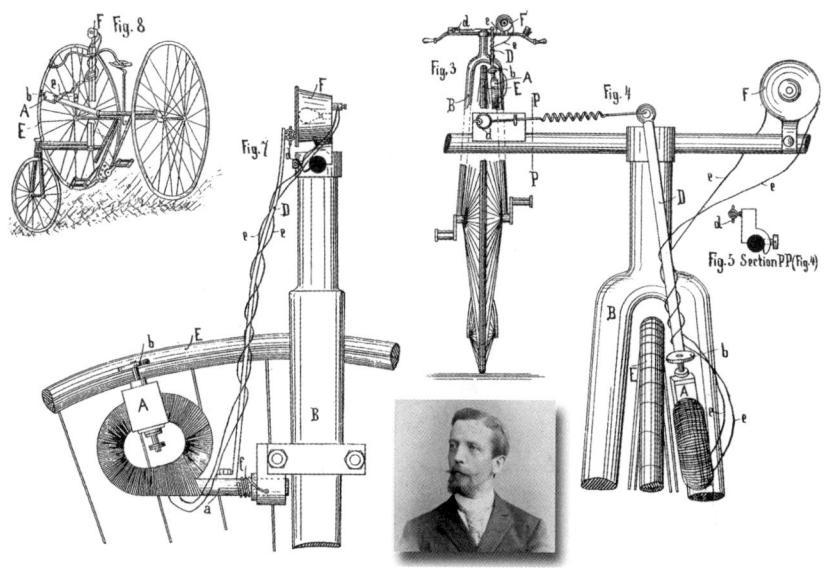

图10.10　1886年，理查德·韦伯的英国专利图纸：轮胎驱动的发电机照明系统图解。插图：韦伯的肖像（格尔德·伯切尔）

早期发电机的设计

典型的早期发电机必须有一个强大的固定永磁体作为定子，在它的两极之间有一个携带绝缘线圈的电枢旋转着。当旋转时，电枢线圈"切割"磁力线产生电流。自行车的金属车架经常被用作电路的一部分，将电流从发电机传送到车灯，所以只需要一根电线。

1892年，用锇和钽灯丝制成的更持久的灯泡问世。1894年，美国东北部的自行车发电机发明家们开展了一系列的活动，但是关于如何驱动发电机没有达成共识。

布鲁克林的乔治·迈尔拥有一项早期专利（1894年美国专利第521,721号），是将发电机固定在座管上，并通过一个由后轮链轮上的轻质链条驱动的齿轮箱来加速其电枢的旋转。

在纽约居住的法国人欧内斯特·蒂尔曼持有另一项早期专利（1895年美国专利第532,840号）。蒂尔曼的设计和迈尔的设计一样，都是将发电机置于座管上，但是蒂尔曼建议使用摩擦驱动的滑轮和皮带。滑轮轴上的圆锥形橡胶滚轴将与轮辋内侧啮合。

波士顿的霍齐亚·利比提出另一种驱动系统（1896年美国专利第567,719号）。他的发电机用的是电磁铁而不是永磁体，安装在前轮上，通过锥齿轮、一个与轮胎的运行表面接触的摩擦轮来驱动。布鲁克林的艾尔弗雷德·罗德里格斯（1896年美国专利第568,209号）同样将发电机置于前轮上。他使用了一对自定心的圆锥形橡胶面摩擦滚轴，在轮胎的顶部运行，通过一对滑轮和一条短皮带来驱动发电机。他的发电机与一盏前灯结合在一起。罗德里格斯还申请了一种组合发电机和头灯的专利，可以安装在前轴的正上方。这种发电机由一根柔性轴驱动，柔性轴由一个在轮胎侧壁上运行的摩擦滑轮驱动（1897年美国专利第583,945号）。

布鲁克林的弗朗西斯·马吉提议将发电机安装在车座下方、后上叉的背面，并通过后轮上的滑轮用长皮带进行驱动（1896年美国专利第572,430号）。马吉的设计采用了一种防过载装置，防止灯泡因过高的电压而烧毁。在一定的速度下，离心开关使电枢内部的电阻增加一倍，从而降低输出电流。

新泽西州韦斯特菲尔德的马尔科姆·赖德发明了另一种组合式发电机和头灯。它被夹在自行车前叉腿的顶部，由一个摩擦滚轮上的轮胎表面的作用驱动（1897年美国专利第586,399号）。

芝加哥的埃德温·威尔逊·法纳姆申请了一项发电机专利，该发电机的电枢是固定的，但是磁铁随发电机的圆柱形外壳一起旋转（1897年美国专利第591,623号）。这种圆柱外壳是一种水平的滚筒，同时也是一个摩擦滚轮，由前轮胎顶部驱动。法纳姆声称，他的设计为发电机提供了更好的防尘保护。波士顿的悉尼·莱瑟姆·霍尔德雷吉称他发明的发电机也有这种功能（1900年美国专利第643,095号），同样采用了水平滚筒的形式，作为摩擦轮在前轮胎顶部运行。虽然法纳姆为他的发电机打了广告，但是这些设计都没有取得显著的商业成功。

1897年斯特拉斯堡的保罗·瓦格纳发明了另一项设计，该设计采用皮带驱动发电机。该发电机从任一车轮轮辋内侧（通过摩擦滑轮），或者从特制轮辋边缘的凹槽处获得动力（1897年英国专利第16,919号）。这种复杂的方法在商业上并不成功。

向"瓶式"发电机的主导地位迈进

沃尔塔利特发电机是早期大获成功且经久不衰的一种产品，它最早于1895

图10.11 19世纪90年代的（从上到下）蒂尔曼、迈尔、利比和马吉发电机专利图纸。这些图纸表明，关于发电机在自行车上的位置以及驱动方式还未达成共识

图10.12　1898年，一则法纳姆发电机的广告

年上市，由曼彻斯特附近的索尔福德的沃德和戈德斯通制造。沃尔塔利特是在1912年建立的品牌，到1926年，它仍然是英国经销商布朗兄弟主要供货的发电机品牌。沃尔塔利特发电机有一个水平电枢，其摩擦滑轮在前轮轮辋的内侧运行。在1912年的一则广告中，声称这是"最成功的电动自行车灯"，"无论走路还是时速达50英里，都能提供明亮的光"。

但是，"瓶状"的垂直发电机，由运行在轮胎一侧侧壁上的摩擦滑轮驱动，最终成为最具商业价值且成功最持久的发电机设计。1901年，美国密歇根州巴特尔克里克的詹姆斯·威尔逊设计了一款这样的发电机（1902年美国专利第699,734号）。这种发电机要夹在自行车前叉腿的顶端，它的机身下方有一个摩擦滑轮，上方有一个头灯。

基本形式一旦确立，随后的许多自行车发电机相关专利都是为了改进（摩擦滑轮、轴承、防过载保护、安装装置的弹簧枢轴等），而不是为了彻底的突破。不过，偶尔也会有人提出其他的驱动系统。例如，南卡罗来纳州萨姆特市的哈里·范·德文特为一种组合式发电机和前灯申请了专利，它像一个机械测速仪一样，由锥齿轮上的柔性缆绳驱动，锥齿轮夹在前轮的轮毂上（1920年美国专利第

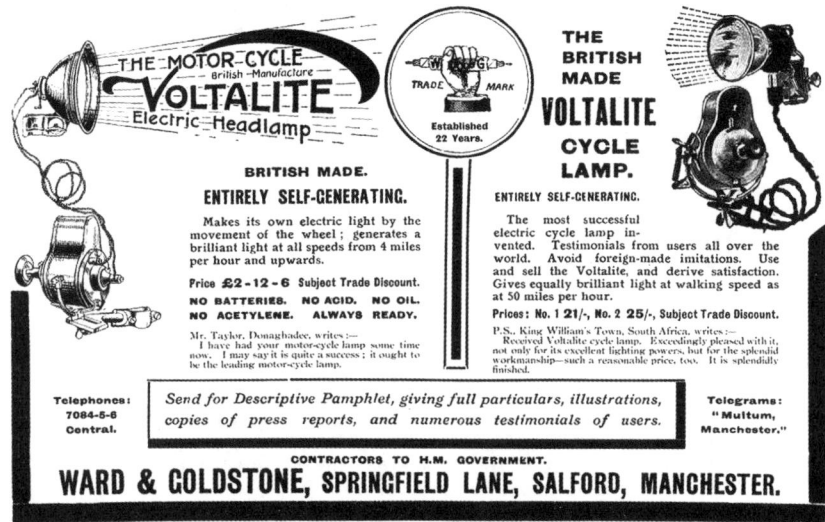

图10.13　1912年，一则沃尔塔利特发电机广告（国家自行车图书馆）

1,355,581号）。

在19世纪90年代到20世纪30年代之间，出现了更多柔性缆绳驱动的发电机专利。新泽西州菲力荷市的卡尔·麦克德莫特的设计，装有一种固定场线圈和一个由离心控制永磁体组成的电枢（1937年美国专利第2,088,029号）。随着旋转速度的增加，离心装置将磁铁从线圈中抽出部分，从而维持安全的电压。

使用离心式装置来限制电压并不新鲜。1919年，法国自行车制造商标致公司设计了一个带有离心式调节器的瓶式发电机。在时速超过10公里（约6英里）的速度下，金属叶片在离心力下移动，以分流磁场使其基本保持恒定。然而，标致的英国专利在专利暂定阶段被宣布无效（1920英国专利第145,010号）。

1919年，瑞士格伦兴的鲁道夫·弗劳恩菲尔德设计了一种瓶式发电机，与一个装在简易盒中的头灯组合起来（1920年英国专利第148,277号）。电枢轴在一个螺纹套筒内，套筒将马蹄形磁铁定子固定到外壳上。3年后，伯明翰的海利韦尔出售一款与后灯结合的发电机。它被称为"海尔科"，有一个压铸铝机身，内置过载保护部件，以及一个水平的电枢轴。摩擦滑轮在一个轮辋的内侧上运行。该设计受临时专利保护（1922年英国专利第12,144号）。然而，瓶式发电机很快就让它黯然失色。

图10.14　1922年的一则海尔科发电机广告（国家自行车图书馆）

　　1923年，伯明翰的米勒推出一种带有瓶式发电机的照明设备。同年，查尔斯·艾伯特·米勒和弗雷德里克·约翰·米勒于1921年申请，并在同年获得了英国第192,798号专利。这项专利在摩擦驱动发电机的安装和弹簧负载等多方面都有改进。

　　1927年，英国最大的汽车和摩托车电气设备制造商卢卡斯推出了"公路之王"瓶式发电机。十几年后，布朗兄弟公司储备了各种各样的瓶式发电机，不再储备沃尔塔利特和其他旧式发电机。布朗兄弟公司 1939 年的产品目录中包括来自英国的主要制造商米勒和卢卡斯，来自瑞士的贝尔马格、挑战和路西法，来自法国的苏比特斯，来自德国的贝科和博世所生产的发电机。还有一些其他品牌，例如：阿利特、贝莫、英博、朱克斯、曼道、菲利达因以及塞科。

第一次世界大战后，德国的罗伯特·博世公司为一种带有软轴的组合灯和发电机申请了专利（1918 年德国专利第 325,243 号）。博世还建议使用一个飞轮，让发电机像飞轮一样旋转，在自行车不动时，还能继续发电。但这种设计从来没有被生产出来。

20 世纪 30 年代中期，人们对带有柔性驱动轴的发电机产生了浓厚的兴趣。这样做的目的是避免发电机的机身需要旋转来与它的摩擦滑轮与轮胎侧壁连接。相反，发电机可以永久固定在一个精确对齐的位置，只有滑轮会在其柔性轴上移动。1935 年，罗利公司的艾伯特·维克托·拉弗贝里发明了这种类型的发电机（1936 年英国专利第 452,940 号）。约瑟夫·卢卡斯有限公司的阿尔弗雷德·休

图10.15　左：1923 年的一则米勒发电机广告（国家自行车图书馆）。右：1923 年，博世公司推出的拉德-利希特发电机组（罗伯特·博世有限公司）

顿也发明了一项专利（1937年英国专利第462,678号），仅在罗利获得专利的4个月后就被授予。这两种设计在发电机机身下面都有摩擦轮。新泽西州菲力荷市的卡尔·麦克德莫特提出了一种柔性驱动轴，安装在车架上管下方的发电机与后轮胎侧壁上的摩擦滑轮相连接（1942年美国专利第2,299,762号）。尽管这种方式吸引了许多发明家，但柔性驱动依然是一条效率低下的"死胡同"，从来没有流行过。而简单的瓶式发电机被证明是一个持久流行的设计。

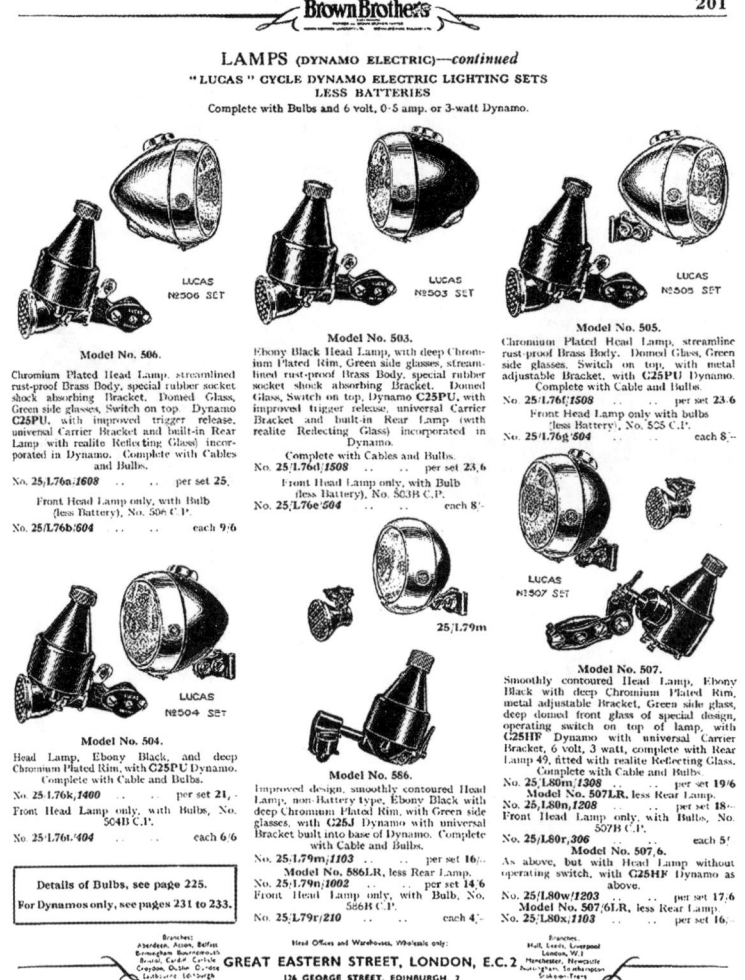

图10.16　1939年的布朗兄弟公司目录，几台卢卡斯发电机照明装置（国家自行车图书馆）

第 10 章 照明设备　289

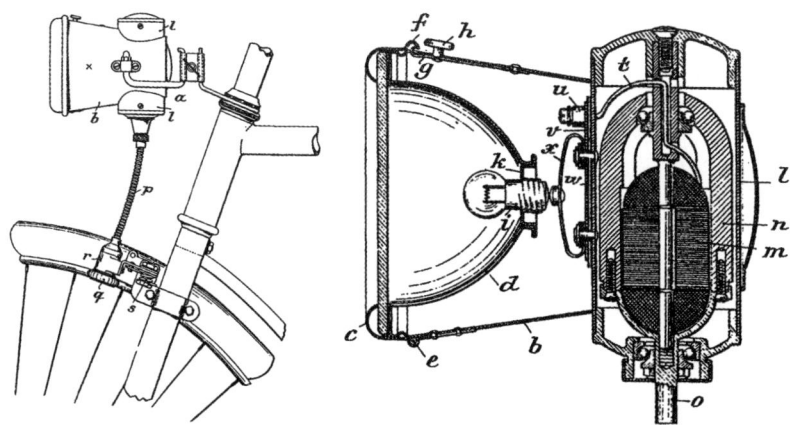

图10.17　1918年的博世组合发电机/灯专利图

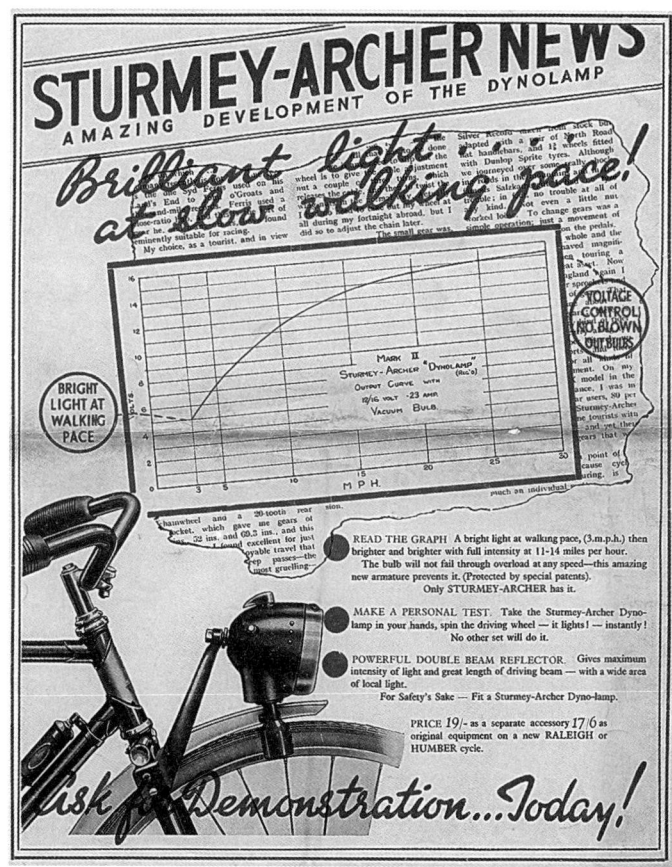

图10.18　1937年的一则斯特米-阿彻发电机车灯广告（斯特米-阿彻遗产）

轮毂发电机

自行车照明的一个重大设计突破出现在 1935 年,当时罗利自行车公司和乔治·威廉·罗林斯(住在考文垂附近凯尼尔沃斯的独立发明家)为一项轮毂发电机申请了专利(1937 年英国专利第 468,065 号,1938 年美国专利第 2,104,707 号)。这是罗林斯名下或罗斯林和罗利合作产生的几项专利中的第一项与轮毂发电机有关的专利。最终,他们生产出了著名的斯特米-阿彻系列轮毂发电机。(斯特米-阿彻当时是罗利公司的一个全资子公司。)

在最初的专利申请中,罗林斯指出:要达到高水平稳定的光输出,安装在自行车上的发电机必须旋转得比自行车的车轮更快。他指出:"发电机被内置在轮毂中,这涉及齿轮的使用。"罗林斯的轮毂发电机有一个强大的多极环形磁铁,这个磁铁绕着一个缠绕的多极定子旋转,定子固定在静止轴上。没有齿轮,没有刷子,也没有换向器。驱动器不会滑动,光的输出在当时是合理的。其主要优点是可靠性高和阻力低。关灯时会有少量磁阻力,开灯时磁阻力更大一点,但对大多数的骑行者来说这种额外付出难以察觉。一些瓶式发电机会产生相当大的阻力,有一些杂音很大,但是轮毂发电机却很安静。

第一批轮毂发电机生产于 1937 年,输出电压为 12 伏特。1938 年,出现输出电压为 8 伏特的轮毂发电机。锡德·费里斯在打破英国 24 小时公路纪录协会的纪录时使用的就是这种轮毂发电机。

1938 年底,卢卡斯和米勒在英国自行车展上展出了他们自己的轮毂发电机。这引发了一场法律诉讼,但因为第二次世界大战一直悬而未决。直到 1949 年 5 月,米勒挑战成功,纠纷才得以解决。

最初的轮毂发电机的专利被修订,仅涵盖轮毂发电机的具体设计,而不是轮毂中发电机的一般概念。现在,其他制造商可以毫无畏惧地进入该市场,不用担心被罗利公司起诉。

其他发明家很快就把注意力转向了轮毂发电机。1938 年,艾伯特·拉布尔来自德国占领区奥地利的维也纳新村,设计了一种用于轮毂发电机的紧凑型倍速器(1941 年英国专利第 533,160 号)。它没有采用齿轮传动系统,而是使用了一系列带有槽形弧形凸轮的复合驱动套筒,并将球轴承置于其中。1939 年,美国丹佛的乔治·施瓦布发明了一种轮毂发电机,有内齿轮和小齿轮,从而加快发电机的旋转速度(1949 年美国专利第 2,265,454 号)。在 20 世纪 40 年代后期,一个法国轮毂发电机被展示出来。但这些设计几乎都没有取得商业上的成功。

1946 年，斯特米 - 阿彻公司推出了 GH6 发电机，这是一种 6 伏的前轮毂发电机，其鼓的厚度为 90 毫米，不同于 12 伏和 8 伏版本的 111 毫米。

自轮毂发电机推出以来，人们一直在努力提升它的光输出。德国立法推动了其发展。1967 年，罗利和时任斯特米 - 阿彻公司产品设计经理的托尼·希利尔申请了一项齿轮前轮毂发电机的专利（1971 年英国专利第 1,244,726 号），这种发电机使用一种类似于乔治·施瓦布的装置，以与车轮相反的方向快速旋转磁极。在不需要照明的时候，齿轮系统可以手动松开离合，以减少阻力。希利尔的设计还包括一个内部的飞轮，如果自行车突然停下来，磁极可以继续旋转。但是，他也承认这种设计存在问题："在行走速度下，由于磁片的磁化作用而发生齿轮间歇跳变。"因此，这项设计从未投入生产。

1982 年，一个新的轮毂发电机模型出现，这种模型带有 30 极的陶瓷磁铁。据说其效率是典型的轮胎驱动发电机的 4 倍，并超越最新的国际照明标准。但它从未投入生产。

1984 年，斯特米 - 阿彻停止了所有轮毂发电机的生产。随着需求的下降，该公司及其母公司 TI 罗利公司都不愿再投资新的工厂，以生产满足新的照明标准

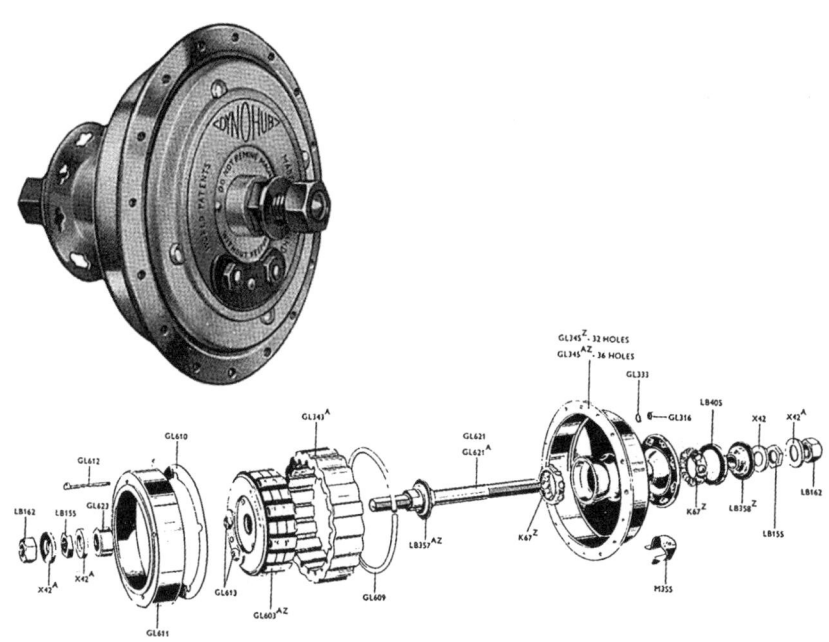

图10.19　斯特米-阿彻GH6轮毂发电机（斯特米-阿彻遗产）

的产品。最终,其他制造商进入了这一市场。1992 年,威尔弗里德·施密特开始制作高品质的施密特原始轮毂发电机(Schmidts Original Nabendynamo,简称 SON)。SON 发电机因高品质和高可靠性赢得了声誉,并为各种类型的自行车提供了模型。1994 年,另一家德国制造商雷纳克公司(一家从菲希特尔与萨克斯公司分离出来的东德公司的后代)开始制造轻型轮毂发电机,被称为恩帕里特。它的特征是轮毂直径很小,并采用三级行星齿轮,将转子的速度提高到车轮的 22.5 倍。车手可以通过操作轮毂侧面的小杠杆来松开齿轮。在使用时,齿轮装置会发出嗡嗡声,声称 40% 的效率也低于轮毂发电机的标准,但业余骑手反而偏向齿轮脱离时无发电机阻力的情况。

20 世纪 90 年代,禧玛诺、SP、三洋和速联开始制造轮毂发电机。禧玛诺轮毂发电机在市场上大获成功。禧玛诺早在 1996 年就申请了一项专利,这项专利由堺市的中村致哲申请,该公司凭借此设计进入了这一市场(1998 年美国专利第 5,828,145 号)。

斯特米-阿彻公司在被中国台湾的日驰公司收购后,经历了 30 多年的间断期,于 2006 年重新将轮毂发电机引入其产品系列中。发电机被安装在前轮毂上,与一个鼓式制动器结合——这是斯特米-阿彻在 20 世纪 30 年代的想法,但当时没有投入生产。像大多数现代的轮毂发电机一样,新的斯特米-阿彻轮毂没有使用

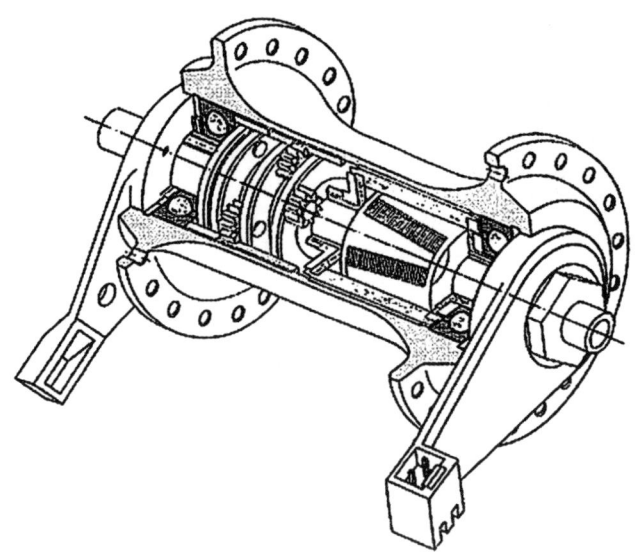

图 10.20　一张雷纳克公司恩帕里特 2 齿轮轮毂发电机的剖面图(雷纳克有限公司)

内部齿轮来加速转子。相反，它主要依赖改进的磁性材料来实现比原来的轮毂发电机更高得多的输出。

轮辐式发电机

一种新的发电机被生产出来，这种发电机被安装在轮毂的侧面，而不是轮毂机体的一部分。这种发电机名为"轮辐式发电机"，因为它们的驱动力来自由轮辐驱动的臂。它们的主要优势是可以被改装到现有的车轮上，而且它们与瓶式发电机相比更不容易产生滑移。最有名的轮辐式发电机是德国的奥法（前身是FER），它在 2008 年左右停产。与真正的轮毂发电机相比，轮辐式发电机的效率要低得多。

五通（滚子）发电机

不时有人生产出安装在自行车五通后面的摩擦驱动的发电机。20 世纪 80 年代，这种发电机十分流行，当时三洋动力及其竞争对手联合和苏比特斯的产品纷纷上市。这种发电机部件通常是夹在后下叉上。一种特殊的钎焊配件可用于照明设备简洁轻便的安装。发电机的转子被一个滚轮包裹，滚轮与后轮滚动面相接触。

虽然这些发电机一出现便受到高度重视，但由于受到车轮甩出的水和沙砾的影响，它们常常会出现滑移和迅速恶化的情况。（正是为了避免这样的问题，法纳姆将他 1897 年发明的滚轮发电机安装在了车轮上方）。

电池备用

在自行车发电机照明系统发展史上，出现了各种电池备用装置的设计。其中

图10.21 一台奥法轮辐式发电机（用户"ocrho"，维基共享）

图10.22 一台三洋NH-T10五通发电机（彼得·乔恩·怀特）

最简单的是由一个电池架和一个开关组成。有时电池会被安置在前照灯里。更复杂的版本有自动开关。有些甚至使用发电机来给电池充电。

20世纪40年代到80年代，斯特米-阿彻公司生产的电池备用系统名气最大，在商业上也最成功。第二次世界大战后不久，斯特米-阿彻推出了一种用于轮毂发电机的可充电电池系统。它被称为干蓄电池单元（Dry Accumulator Unit，简称DAU），由3个2伏干蓄电池组成，放在可以固定在座管上的管状支架上，还有一个整流器单元，它将轮毂发电机的交流电输出转化为直流电，用于给电池充电。当骑自行车的人停下来时，DAU会自动插入来保持照明。然而，"干燥"的蓄电池每两周到四周就必须加满蒸馏水，而且很容易发生电池酸液泄漏。干蓄电池单元很快被干电池单元（Dry Battery Unit，简称DBU）取代，后者使用普通的一次性手电筒电池。

DBU可以配备可选的过滤器开关单元（Filter Switch Unit，简称FSU）。它包含了一个小整流器和相关电路，当自行车不动时，提供从轮毂发电机到干电池的自动渐进切换，从轮毂发电机转换到干电池。通过反方向给电池输送小电流可以延长电池的寿命，这显然是通过给电池去极化来实现的。FSU是在伦敦的莱斯利·亚瑟·霍利迪1949年的专利（1951年英国专利第662,678号）基础上的发明。1951年左右推出了第一个版本。大约4年后，它被使用二极管的版本取代。在1965年到1983年间，共生产了超过75万个FSU（Hadland 1987，133）。

第11章
行　李

自行车时代的初期，人们就已经认识到自行车携带行李的能力。卡尔·德莱斯的机器被认为是马的替代品，德莱斯为人们提供了携带行李的装置，这种做法一直被沿用至今。

在一些发展中国家，尤其是在远东地区，普通自行车经常承载着令人瞠目结舌的货物。越战期间，越共沿胡志明小道用自行车运输了大量的装备。而另一个极端则是，西方骑自行车的人提倡"信用卡式旅行"，即只带一张信用卡用来支付食物和过夜住宿的费用。

在这一章中，我们将探讨许多用自行车运载行李的方法。

简易水平后置行李架

一种最古老、最简易且常见的携带行李的方法是基本水平架，英国通常称为货架。它提供了一个可以捆绑行李的平台。同时它还是可以放置箱子、篮子或袋子的坚实底座。大多数简易的架子都是水平安装在后轮上。这种想法最早可追溯到德莱斯。

一辆典型的德莱斯机在其主梁的后面有一个立柱或"角"。可以将圆柱形的皮革包或帆布包、卷起来的外套、铺盖卷绑或系在骑手后面的横梁上，而角可以防止行李从后面滚落。也可以增加一个由木头制成的横向行李板，从而更好地支撑这类行李。

米肖式脚踏车的车座弹簧细长易弯曲，并不是安装行李架的合适位置，但是，偶尔也会被用于安装行李架，就像维罗拉玛收集的卢梭自行车一样（Reynaud 2008，169）。不安装行李架，而是用一个简易的螺栓连接件把圆柱形的袋子绑在弹簧顶部，这相对容易实现（出处同上，113）。巴黎人脚踏车公司列出了一系列的行李和配件（出处同上，107）。

图11.1 德莱斯机的"角"和横向行李板（H.-E.莱辛）

载运行李不是法国脚踏车继任者高轮车的优势。有些物品可以挂在车把上，大衣或小帐篷也可以朝后绑在高轮车的"脊柱"上。然而，骑手必须确保行李不会左右摇摆，不会卡进前轮里。偶尔也会有安装在高轮车小后轮上的后置行李架。

随着安全自行车的设计趋于稳定，由钢条或钢管制成的简易后置行李架进入市场。通常，行李架的前端用螺栓固定在靠近顶部的后上叉上。轮子两侧的支撑杆，从行李架后端延伸至靠近后上叉底部的位置，用螺栓或夹子固定在上面。

在一些设计中，支杆的底端被螺栓固定在自行车的车轴上，以使其更牢固，不过这使车轮的拆卸变得很不方便。不时地，人们会使用安装在后上叉上的夹子，将挡泥板上的小孔作为底端固定点，这最终成为标准设计。货架的前端通常固定在后上叉上，不过后来则使用制动桥、制动凸台或者焊接的螺纹车架装置。

图11.2　1869年,一辆带有车把包和车座弹簧包的米肖式自行车(法国国家汽车和旅游博物馆,孔皮埃涅宫/卡泰林工作室)

行李架平台可能包括弹簧包裹夹、绑带或弹性绳。行李架平台的内部填充物可能由细钢棒、扁平钢条或穿孔钢板组成。

第一次世界大战提振了对行李架的需求。高端自行车制造商阳光公司在1915年发布的一份目录中指出,这场战争"使行李架流行起来",女士们开始"骑自行车购物"。

如今,简易的后置行李架仍然很常见,许多是由铝合金制成的。然而,与其他的自行车组件一样,从钢到合金的过渡是渐进式的。

过去,一些国家的道路崎岖不平(如比利时),所以钎焊的管状钢行李架很受欢迎。

图11.3 一辆带有后行李架的高轮车（Noguchi-san 1998）

横梁架

20世纪90年代末，由于全悬挂山地车缺少可以焊接传统后置架的位置，横梁架应运而生。这种行李架是由一根夹在座杆上的完整的横梁支撑着。极点公司是这类行李架的领先制造商，1997年推出了第一个横梁架。因为横梁架是悬臂梁架，在装载行李时可能比其他行李架的刚性要小，一般来说，负载不应超过15磅或20磅。在后悬式自行车上使用横梁架的优点是，悬架可以保护负载。行李架两侧的小板可以用来挂小的旅行包。

前置行李架

尽管绝大多数的简易水平架都安装在后轮上，但同样也可以安装在前轮上。

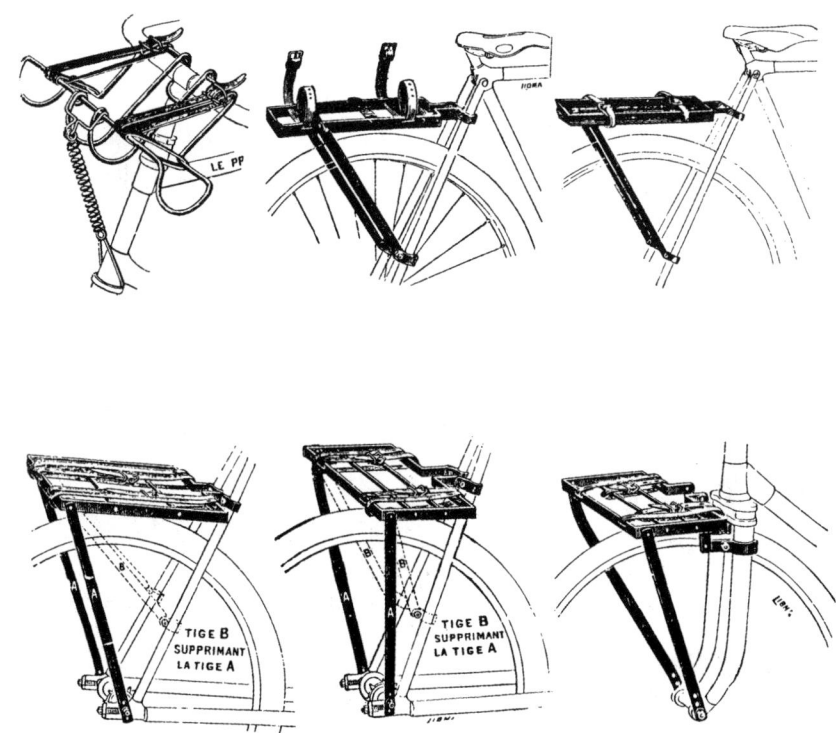

图11.4 1907年，各种法国自行车行李架（Noguchi-san 1998）

在充气轮胎安全自行车的早期出现了前置行李架。1894年，罗利公司的前置行李架固定在头管上，为前置包裹提供了一个平台和背架。然而，更常见的是将前置行李架固定在前叉上。前置行李架在法国等一些国家比在其他国家更受欢迎，但在英国就很少见到。

当前置行李架连接在前叉上时，顶部的固定装置可以是一个凸舌垫圈，固定在上转向盘的锁紧螺母之间。制动凸台有时也会被用作上部固定点。支杆的下端可以用夹子或挡泥板上的孔眼固定在前叉片上。也会用到车轴，但这在今天并不常见，主要是因为它使车轮的拆卸变得更加复杂，同时也因为它可能不符合"律师唇"（如果快拆杆松动，为防止前轮松动在叉脚周围的凸起）。"律师拉环"（带有弯曲拉环的垫圈，卡在前叉上的孔中）不会出现这种问题。

固定在前叉上的简易平台式行李架，放置重物会影响自行车的操控。牢牢地固定在自行车车架上的前置行李架不会随车把一起转动，这种行李架不怎么影响

FRONT AND REAR CARRIERS.

The war has brought parcel carriers into fashion. Ladies are now using bicycles for shopping, and these Carriers have been made specially for Sunbeam Cycles in order to meet this need. They are illustrated without their straps, which, however, are included in the price.

Either or both of these Carriers make an elegant and useful addition to a Sunbeam.

If a front Carrier is wanted, it must be ordered at the same time as the machine, as it has special fittings.

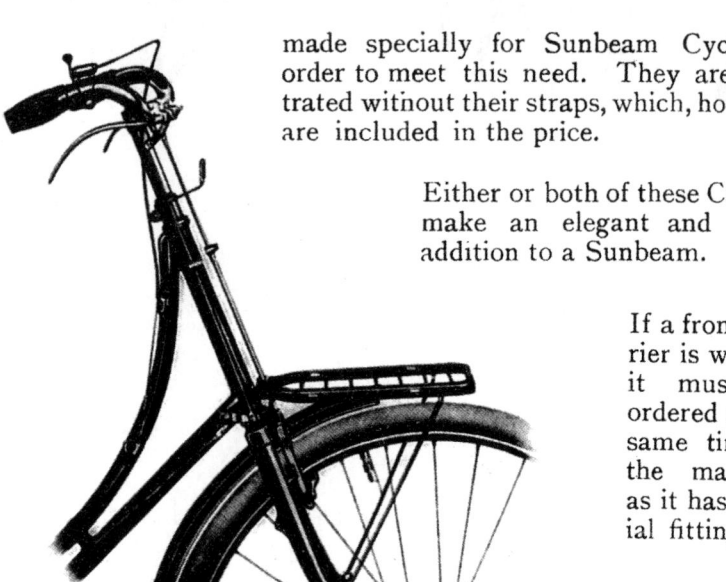

图11.5 女士自行车阳光行李架,如1915年的目录所示

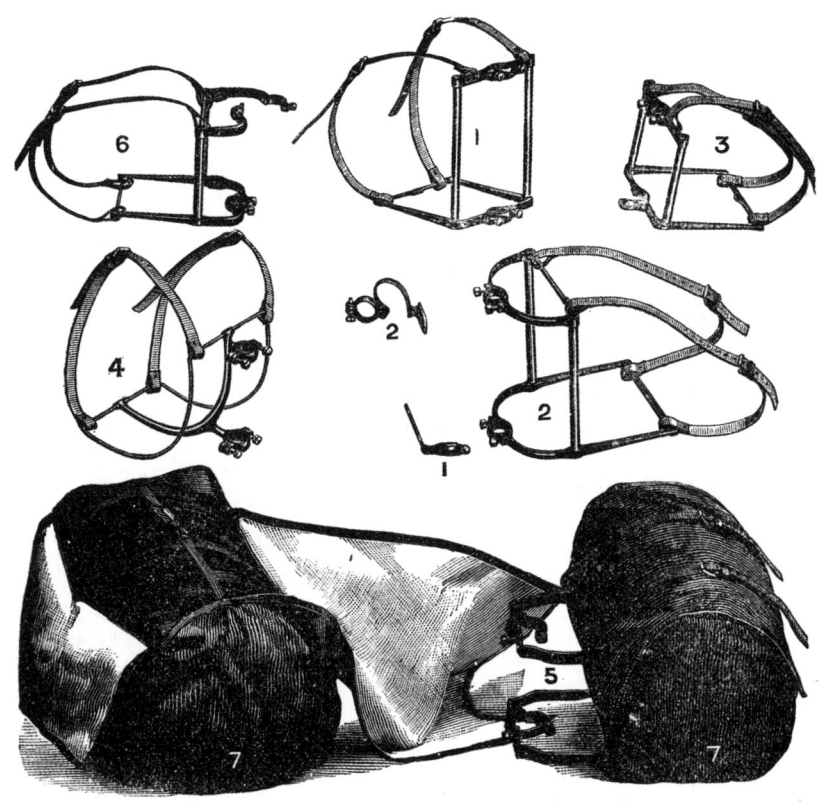

图11.6　1894年，罗利公司系列前置行李架，以及适配的手提旅行袋（罗利）

操控。然而，在现代自行车上，在车架上安装结实牢固且尺寸合适的前置行李架，并且还不妨碍车把和控制缆绳的操控，这很难实现。车架固定的前置行李架已成功应用于小轮自行车，与大型机器相比，小轮自行车的头管更长，前轮顶部和车把之间的空间更大。20世纪60年代，莫尔顿小轮车在头管和主梁上焊接了安装点，用于安装宽的悬臂式管状钢行李架，该行李架可以装载重达20磅的行李。这种方式被复制到皇家恩菲尔德启示中，罗利20的一款自行车也采用了类似的方法。然而，有些车手发现，如果前置行李架不随着车把一起转动会让人感到不安。

　　布朗普顿折叠自行车有个与众不同但却非常有效的车架固定的前置行李架系统。该行李架有大的靠背和小型的支撑架，很容易从楔形塑料安装块上拆下，该安装块固定在头管的前面。大多数布朗普顿行李架可与该公司专有行李包搭配使用。可选选项包括：一个折叠式金属购物篮、一个皮革手提箱，以及一个重型防

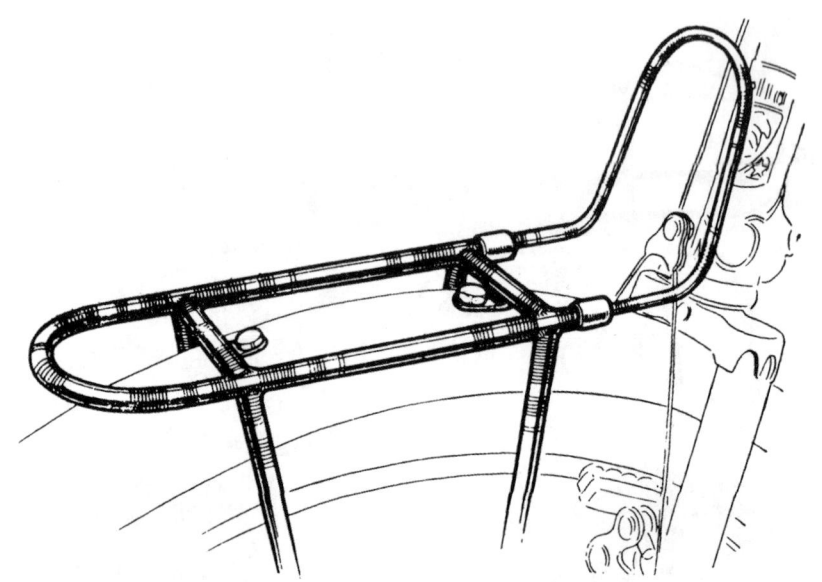

图11.7　1954年，法国斯特拉自行车上的一个小前置行李架，部分由挡泥板支撑（Noguchi-san 1998）

水探险旅行包。

放置轻型物品（如披肩）的小型前置行李架或后置行李架，有时被安装在金属挡板（挡泥板）的顶部。这种行李架经常出现在20世纪40年代和50年代的法国旅行自行车上。

运动器材配件

用于携带步枪、野营炉、高尔夫球杆和曲棍球杆等物品的专用自行车配件不时被生产出来。20世纪30年代至60年代，在树木茂盛的英国郊区，随处可见自行车的前叉上固定着一个用来装网球拍的小弹簧毡夹，德国Abus公司如今正生产一种现代的同类产品。

驮　包

自行车驮包是指挂在自行车车架或行李架两侧上的一对包袋。皮革驮包可以安装在德莱斯机前轮支架之间的三角空间内，车轮两侧各有一个。驮包也可以挂

图11.8 一个德莱斯机上的前置驮包（蒂尔曼·瓦根内克特）

在主梁的侧面，就在骑手的后面。

在法国脚踏车和高轮车的时代，驮包非常罕见。自从安全自行车问世以来，驮包就一直伴随左右，但总体数量有限。在不同的国家，他们的受欢迎程度各不相同。例如，在法国比在英国更容易见到它们。即使在游客中，它们也并不总是受欢迎。许多自行车旅行是通过青年旅社系统完成的。青年旅社系统由理查德·席尔曼于1909年在德国发起。20世纪30年代中期，新英格兰以及中欧和北欧的大多数国家都有青年旅社的网点，提供廉价的住宿、餐饮或厨房设施。使用旅社的骑手不必携带露营装备，所以他们通常认为没有必要携带驮包。20世纪30年代末，布鲁克斯目录中列出的16种包袋中，只有2个是驮包。

后置驮包的大小和形状必须确保其不会干扰刹车、齿轮、链条和控制缆绳。

同时还必须为骑手的脚后跟提供足够的空间。

为了避免方向盘过重，同时也为了防止撞到骑手的脚趾，前置驮包通常比后置驮包要小。已经生产出的前置驮包是直接安装在头管的后面，以及上管和下管的任意一侧，并不需要行李架。但是，膝部空间的需要限制了它们的大小。

大多数现代驮包都有金属或塑料挂钩，可以挂在行李架的上横梁上，也有松紧绳可以挂在行李架的底部。这样的安排并不足以阻挡驮包左右摇晃，因此，有时还会提供额外的绑带进行固定。

德莱斯机的驮包是用皮革制成的。驮包采用各种各样的材料，尤其是亚麻或棉制帆布。英国供应商卡拉迪斯和布鲁克斯制造的大部分驮包都是帆布材质。防撕裂尼龙是一种流行的替代品。塑料涂层织物（如人造革）在过去很流行，但现在已经过时。通勤驮包是由硬质塑料和轻质波纹塑料制成。

通常，驮包会有一个主要隔间和多个口袋，里面可以放工具、雨衣和零食。有些驮包还带有可拆卸的防水罩。

驮包通常可以放置在简易水平行李架上，但是许多标准的架子太脆弱，放上驮包后会"摇晃"，这可能会产生非常讨厌的高速晃动，尤其是在快速下坡的时候。而且，许多驮包都不够结实，除非安装有大量的内部加固装置（如胶合板或波纹塑料板），驮包的下半部会被卷入辐条中。因此，为驮包特制的行李架通常会比标准的行李架更结实，而且会有侧边框架以阻挡袋子远离辐条。

20世纪80年代中期以来，低位安装的前置驮包架变得越来越流行。吉姆·布莱克本是布莱克本设计公司的创始人，进行了一项关于负载自行车稳定性的研究。研究发现，携带长途高负荷行李的最佳方式是采用传统（高位）安装的后置驮包、低位安装的前置驮包，以及车把上很少的负载。不过，布莱克本发现传统高位前置驮包也令人非常满意，由于低位驮包很容易被岩石卡住，这对于那些喜欢使用高位前置驮包在崎岖的野外小径上骑行的少数勇敢骑手来说是个好消息。

车　篮

德莱斯机的主梁上使用了篮子，位于骑手的后面和前面。时至今日，一些骑自行车的人仍在使用它们。

在英国，20世纪20年代到50年代，在女式公路自行车上流行前端为圆形、没有盖的柳条篮，用短皮带和扣带系在车把上。它们在采用直立骑行姿势使用滚柱式刹车时工作良好。它们足够大，可以带一些图书馆书籍和杂货回家。（那时候，

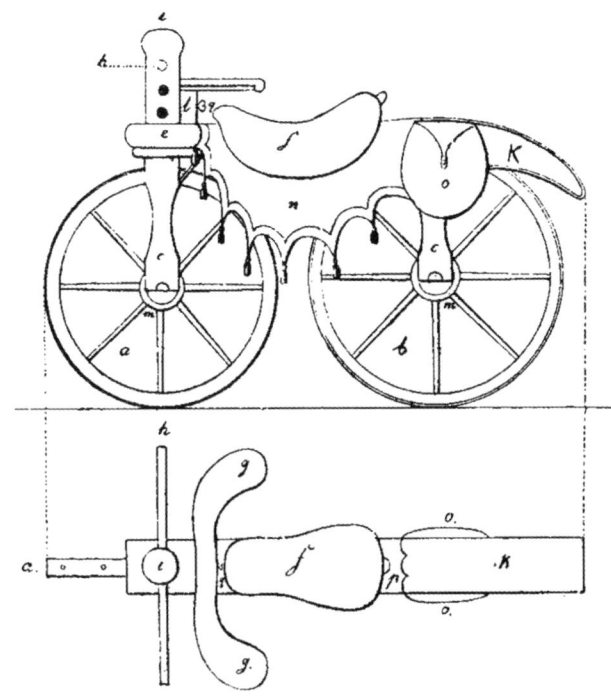

图11.9 车座后带有圆形小驮包的施瓦尔巴赫脚踏车（*Miscellen zur Belehrung*，1817年11月28日）

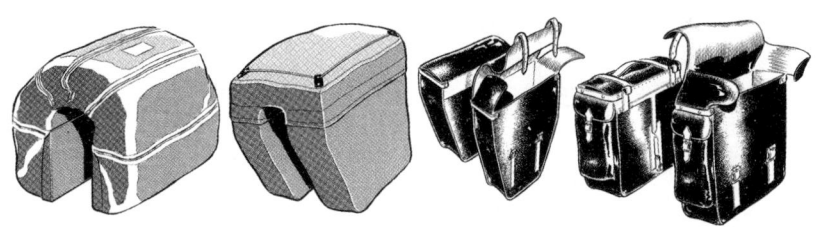

图11.10 20世纪70年代，常见的驮包（R.约翰·韦）

当地的杂货商、蔬菜商和屠夫会把大件的货物运送到客户那里。）

今天，我们仍然可以买到柳条篮、一些带有快拆的固定装置和把手。钢丝篮或网篮已被广泛使用。后置行李架上的柳条篮虽然不太常见，却也是一种选择，偶尔用来载小狗。后置行李架上的钢丝篮或网篮也可买到，包括驮包式的侧挂型号。

图11.11 骑手前后都有篮子的脚踏车,详细描述见1817年11月的《摩登报》(von Salvisberg 1897)

图11.12 20世纪30年代,英国可以买到的不同类型的自行车车篮(国家自行车图书馆)

挂 包

横挂包是英国传统的自行车行李单品,它悬挂在车座后面,绑在座杆上,从而最大限度地减少摇晃。这种包安装简单拆卸容易。两次世界大战期间,各种不同材料、质量和大小的挂包被生产出来。大一点的通常会有侧袋,用于放置一些路上需要的物品,比如工具和零食。

那些认真对待自行车旅行的人,会使用最大和最好的挂包。实用型骑手通常会选择相对便宜且小一点的挂包。到了20世纪60年代,廉价的挂包通常是用乙烯基制成的,用硬纸板加固,通常质量都很差。

自20世纪60年代以来,传统样式的横挂包在英国变得很罕见。尽管如此,布鲁克斯和卡拉迪斯仍然在生产这种挂包,它们有其自己的"信徒"。从20世纪30年代开始,人们为大挂包制作了支撑架,一些样式现在仍在生产。布鲁克斯1939年的目录显示共有16种不同的类型。这些支撑架通常被安装在后上叉或座杆上,有时用轻型支架夹在后上叉上,目的是防止大而重的袋子从一边摆动到另一边,或下垂到后挡泥板上。(后者对于身材较矮的骑手来说可能是一个问题,他们的车座可能会更靠近挡泥板。)

近几十年来,较小的流线型挂包比较流行。通过魔术贴带或带扣、快拆的舌片和插口，或是可以锁定在车座底盘轨道上的 T 型杆，人们可以将挂包固定在车座导轨上。这些袋子中的大多数通常只能装一些小物件。有的包可以通过拉开中间的夹层来扩大容量。

车把包

20 世纪后期，车把包变得越来越流行。它们适用于大多数类型的自行车，可以很好地安装在旅行自行车的车把上，而且人们可以在无须下车的情况下，方便地拿取零食、相机、地图和雨衣。很多自行车还有专有的快拆系统，比如里克森和考尔的 Klickfix，这使得在不同的自行车上使用单个包变得容易。然而，如果负载过重，它们可能会对转向产生不利影响。

机架式的手提包

安装在后行李架上的特制手提包，从来都不是畅销品，也许是因为这种包容易被其他包或箱子取代。有些人会自己制作行李袋。固定在后行李架上的木箱对工人来说非常有用。罗利公司的董事长弗兰克·鲍登，一位非常富有的自行车旅行者，销售自行车配件获得了巨大利益。甚至连他也制作了自己的手提包。鲍登在他 1913 年出版的畅销书《为健康骑行》中，解释了他的方法：

> 用一块结实的普通防水"美国布"（漆棉布），大小为 36×24 英寸（这种布在炎热的天气里不会粘连在一起），剪掉 36×15 英寸，并将边缘装订起来。从剩余的部分剪出两个直径为 9 英寸的圆形布片，并将它们缝到第一个片布的两侧，从它 9 英寸的末端开始，直到你已经缝制了一半多一点的圆形布片。在每个布片未缝合部分的中心位置缝一条

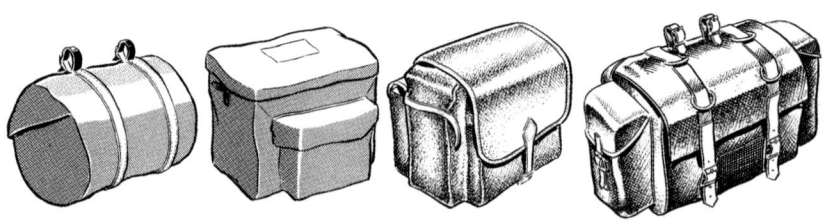

图 11.13　20 世纪 70 年代初，典型的挂包和车把包（R. 约翰·韦）

黑色的带子。把你的行李放在这样做成的包里,将带子的两端绑在上面,使里面的行李保持整齐。把 9 英寸的翻盖卷起来,卷起行李包,放到行李架上,行李架上用几根带子可以固定住行李。或者,像我经常做的那样,为了节省重量,不用行李架,而是直接将行李卷绑在车把上。如果携带的行李很小,你就无须费力去做行李卷,只需要用防水布将你的包裹卷起来,然后绑在车把上。

20 世纪 60 年代的莫尔顿小轮自行车前后有两个与众不同的大行李架。该公司专门为其自行车设计了各种各样的手提包,包括带有侧边口袋的旅行版、可扩展盖,以及可以在顶部放置帐篷的配件。竞争对手模仿了莫尔顿的大后置手提包。罗利的 RSW16 小轮车推出了一个大的快拆手提包,较莫尔顿略胜一筹。大后置手提包容量接近 45 升,是为后来的高档莫尔顿自行车制造。传统自行车上可用的行李架手提包容量往往较小,一般为 12 升左右。

工具包

从最早的自行车时代开始,就有专门用于放置工具的小包。皮革在早期很受欢迎,因为它可以防止被里面的工具穿孔,但其使用的材料与其他袋子相同。工具包通常安装在车座的后面。另一个受欢迎的位置是上管和座管形成的角。

用人造革或帆布制成的工具卷也很受欢迎,每个工具都有一个口袋。工具卷可以紧密安全地收纳工具,被卷起来捆或绑在车架、行李架或车座上。展开后,它可以清晰地展示各种工具,而且可以防止工具在骑行过程中滚落。

儿童座椅

用自行车来载孩子这一想法可以追溯到德莱斯机的时代。那个时代的插图(图 11.14)显示一个成年人骑着自行车,后面坐着一个孩子,一根带子将孩子的腰部和成人的腰部系在一起,孩子的脚放在固定在机器主梁两侧的小裤袋里。不过,在安全自行车普及之前,成年人骑自行车载孩子并不常见。

19 世纪 80 年代末至 90 年代期间,出现许多儿童座椅的专利。主要有 4 种方法:螺栓固定的上管车座、后轮上的车座、前轮上的车座以及跨斗车。

费城的查尔斯·哈维提出了第一项儿童座椅的专利申请(1889 年美国专利第 409,964 号)。它是一个安装在安全自行车车架主梁上的车座,这样儿童就可以

图11.14 1817年的一幅图画,展示了一辆施瓦尔巴赫脚踏车载着一个小孩(维基共享)

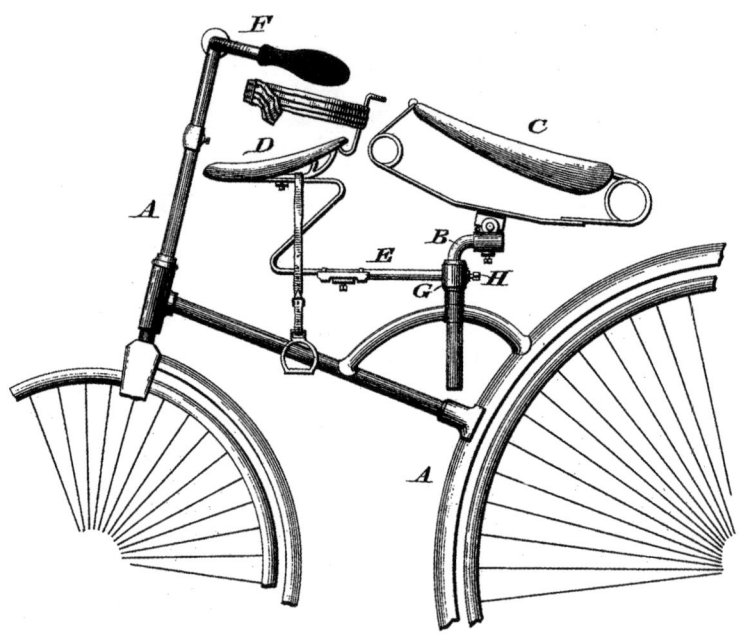

图11.15 1889年,哈维生产的儿童座椅(专利图)

坐在成年骑手的双臂之间。标准男士菱形车架的快速发展，使得在哈维建议的位置上可以很轻松地将车座固定在上管上。

在英国流行的一种设计中，将小车座夹在男式公路自行车的上管上，脚垫用螺栓固定在下管上，靠近其与头管的连接处。孩子坐在小车座上，脚可以踩在脚垫上，手放在车把上。在另一个版本中，车座安装在螺旋弹簧上，带有可拆卸的金属靠背。奥古斯特·迈尔儿童座椅（自20世纪40年代末开始在德国生产，至今仍在生产中，也被称为斗牛犬）安装在类似的位置上，但有一个快拆的插件底座装置，因此它可以用于男士或女士自行车（Briese 2008，44）。这种类型的车座不贵，也不引人注目，可以给孩子提供很好的视角和安全感。它们并没有给机器增加太多的重量，而且由于额外的负载是在轴距内，所以对骑行操控的影响也最小。不过，低速操控可能会受到影响，因为孩子在成年骑手的手臂之间，可能会使车把的大动作受到阻碍。

后轮上的车座是解决骑自行车载孩子这一问题的持久解决方案。一些早期的设计，比如芝加哥的欧内斯特·巴彻尔德的设计（1898年美国专利第615,783号），通过添加一个框架来支撑简易的车座和脚垫。但是，如果没有成年人的手臂环绕着孩子，这对小孩子来说不安全。人们很快就意识到需要增加靠背和侧边栏杆。

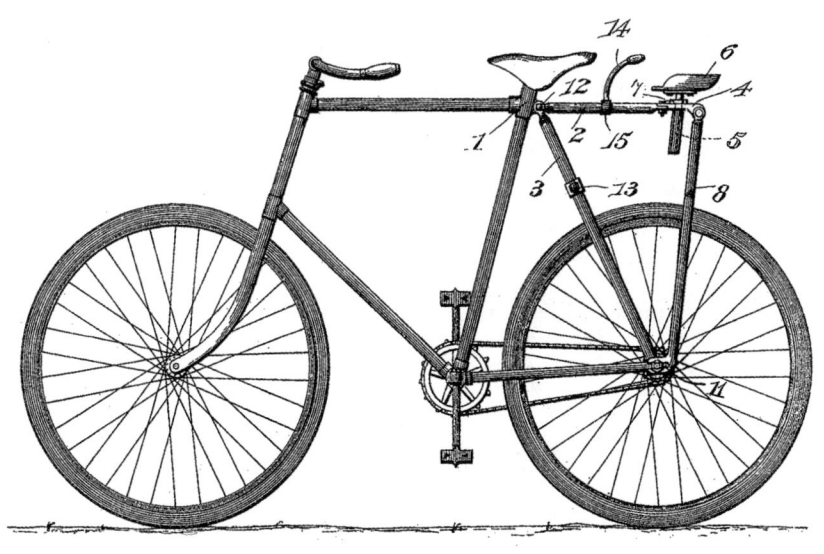

图11.16 1898年的巴彻尔德儿童座椅（专利图）

两次世界大战期间,英国市场上有一款柳条儿童座椅,是固定在后行李架上的"侧座",但没有被广泛采用。

在 20 世纪 40 年代到 70 年代期间,由铆接钢条制成的儿童座椅在英国很受欢迎。撑条牢牢地固定在后轴上。孩子面朝前方,可以近距离看到父母的后背。这款软垫车座有靠背和侧栏,以及保护孩子的脚不受辐条影响的护板。孩子身上可以绑一根安全带。当不载孩子的时候,座椅可以折叠起来,当一个大的行李架使用。

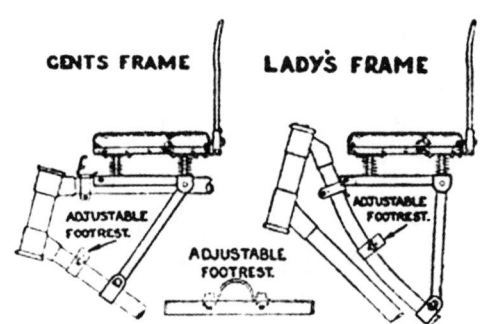

图11.17 20世纪30年代的英国自行车座椅(国家自行车图书馆)

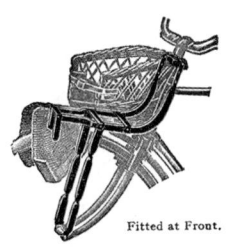

图11.18 20世纪30年代，英国市场上销售的前固定式的儿童座椅（国家自行车图书馆）

如今，儿童座椅有各种各样的设计，几乎无一例外都有成型的塑料外壳、软垫衬里和整体安全带。有的面朝前，有的面朝后，有的还可以躺着休息。通常安装在一个钢杆的"发夹"上，夹在座管或座杆上。这种座椅通过快拆装置固定在悬臂式的"发夹"（稍微有些弹性，与水平面成约 30 度角）上。

如今，很少见到位于前轮上方的座椅，但这种设计却是最早的儿童座椅专利之一，英国自行车制造商和旅馆老板丹·阿尔伯恩就是因为这种设计而获得了专利（1891 年英国专利第 7,300 号）。座椅外壳是用柳条制成，支撑在钢架上。第二次世界大战之前，类似于阿尔伯恩的儿童座椅一直在英国使用，尽管这种设计没有优雅的支撑框架。柏林制造商阿道夫·洛夫曼也提供这些产品，他在 1914 年出售各种各样的前置、后置、上管安装的座椅（Briese 2008，46）。

偶尔，设计师们会将注意力转向利用儿童乘客的力量提高自行车的动力。已经设计出的各种附加的驱动系统，通常被称为"儿童曲柄"。在 21 世纪 10 年代，美国精密双座车公司提供了一套完整的附加动力传动系统。据说它适合年龄在 2 岁半到 9 岁之间的儿童，价格接近 500 美元。

跨 斗

1893 年，名叫贝尔图的法国军官在一家报纸主办的设计比赛中获奖，因为他为安全自行车设计了一个携带儿童的跨斗（Sheldon 42—43）。此后，在英国和欧洲大陆，人们偶尔也会使用跨斗来携带儿童，特别是在两次世界大战期间。

图11.19 1891年，丹·阿尔伯恩制造的儿童座椅（专利样）

一个家庭出游靠一辆双人自行车就可以实现。双人车的后轮上安装一个座椅可以携带一个9岁左右的孩子，同时安装一个跨斗可以携带一个婴儿或一个蹒跚学步的小孩，但是这样的配置并不常见。携带小孩时，拖车（下文将介绍）比跨斗更受欢迎。

20世纪20年代和30年代，英国和欧洲大陆为商人生产带有胶合板盒子、柳条筐或板条式侧板的跨斗。布朗兄弟和沃森尼亚是英国著名的制造商。跨斗的优点是它们可以很容易与传统自行车相结合。它们的主要缺点是整体移动缓慢，且宽度较大。二战后，当时的街道被越来越多的机动车辆占据，在英国或欧洲大陆已经很少见到自行车跨斗。不过，它们在远东地区仍然被广泛使用。

拖　车

有的自行车拖车是双轮，有的则是单轮。大多数单轮拖车是低挂货物拖车或拖车自行车。（拖车自行车可以载着一位蹬车的乘客，通常是一个孩子。）

印第安纳波利斯的亨利·马修·亨特于1896年发明了一项设计（1898年美国专利第598,872号），意欲将标准的安全自行车转变为两个成年人的双人自行车。它并未取得商业上的成功。但是，它在某些方面与英国的车架制造商比尔·兰恩在战争时期开发的更知名的拖车自行车相似。兰恩的拖车和亨特的一样，类似于自行车的后端，有一个车座、驱动系统和车把。这使得较大点的孩子可以积极参与骑行。与亨特不同，兰恩拖车并没有将"司炉"[1]的车把和"领航员"[2]的车把连接起来。

自行车和任何一辆拖车之间的物理连接不仅要应对水平转弯，还要考虑自行车倾斜（俯仰）的需求。比尔·兰恩意识到，转弯枢轴应该是在自行车后轴的正上方。为了达到这一目标，他使用了一个类似后置行李架的车架。（事实上，它们通常是合二为一。）兰恩还将俯仰枢轴放在了自行车后轴的上方。

兰恩拖车被广泛复制，但在20世纪50年代后的英国很少见到。20世纪80年代，一个叫汉宁顿的人让它们重新焕发生机。汉宁顿的版本经常被称为汉恩拖车，是他的名字和兰恩名字的组合。

像兰恩拖车一样，美国伯利设计公司于2010年制造的短笛拖车自行车，采用了自行车后轴上方的转弯枢轴。但与兰恩不同，这种拖车上有俯仰枢轴。这使

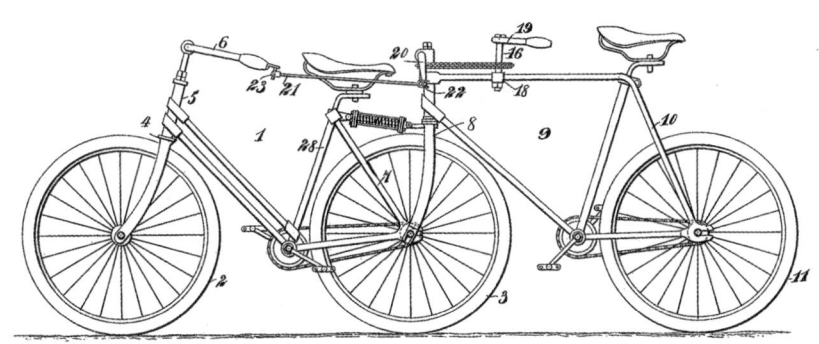

图11.20 1896年，亨利·马修·亨特的拖车自行车（专利图）

---

1 对双人自行车上处于后面的骑乘者的称呼。——编者注
2 对双人自行车上处于前面的骑乘者的称呼。——编者注

图11.21　汉宁顿设计的兰恩式拖车（格雷厄姆·布罗迪）

得它比一辆兰恩拖车更容易停放，因为兰恩拖车在自行车向后推的时候会翻倒。

20世纪80年代，人们对拖车自行车越来越感兴趣。到21世纪初，它们很容易就能买到。许多廉价的拖车都是在亚洲生产。大多采用简单而廉价的设计，将拖车连接到自行车的座杆上。如果枢轴是垂直的，并且从座杆夹具向后轮轴方向伸出，那么这种方法就可以很好地工作。然而，如果枢轴是围绕着座杆，那么几何形状会很糟糕，当自行车倾斜时，拖车就会在转弯的时候倾斜。而且有些座杆不够结实，无法承受这些负荷。

大约在20世纪初，英国市场上出现了两轮拖车。1900年，约翰·马斯顿和J.赫伯特获得了一项载客拖车的专利。第二年，他们在国家自行车展上推出了"阳光黄包车"。车身由柳条或藤条编制而成，安装在椭圆钢弹簧的管状钢车架上。拖车的铰接臂有一个球窝接头，用来应对转弯和俯仰，由座杆上的快拆夹子固定在自行车上。"阳光黄包车"重约33磅（Pinkerton and Roberts 2002, 97）。

1903年，星际自行车公司（同阳光公司一样位于伍尔弗汉普顿）推出了一系列的拖车。拖曳式马车配备有柳条座位，商用车配备一个大的木制车厢（可以选择锌制衬里），车厢上有个可以锁的锌制盖板。

在后面几年，轻型拖车有时可以从专业的制造商处获得。20世纪50年代和60年代，蒂斯河畔斯托克顿的杰克·泰勒自行车公司推出了一款低挂拖车，带有一个小直径车轮。车轮被悬挂起来，采用低压轮胎。拖车在自行车后面的"头管"上转动，该"头管"安装在一个连接到后轴和车座捆绑螺栓的三角车架上。所有附件都可以快拆。拖车的重量只有11磅，但可以承载10倍于自身的重量。

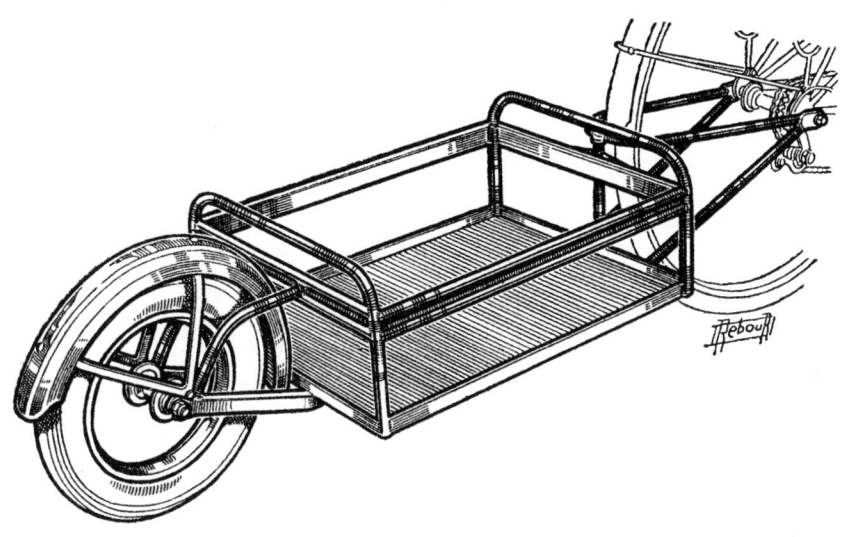

图11.22 1953年的一辆CMDC莫诺运动拖车（罗布·范德普拉斯）

1978年，伯利设计公司成立于俄勒冈州尤金市，是儿童拖车领域的世界领导者。伯利拖车带有卷叠式防风罩，有单孩和双孩两种型号，有些还可兼作婴儿车。伯利还制造了各种各样的货运拖车，包括露营拖车、平板式拖车、城市拖车和宠物拖车。大部分的伯利拖车都安装在自行车后轴上的一个挂接点上，挂结点采用一种弹性材料以适应俯仰。

1980年，霍德拖车被推出。这种紧凑的英国设计已经生产了40多年的时间。霍德拖车被连接到自行车的座杆上。它推出了标准版、旅行版和商务版，有12.5英寸或16英寸的车轮，有缓冲轮胎或充气轮胎。

21世纪初，活跃的其他拖车制造商包括韦伯、运载自由、战车、人力机械、帕什力和罗利（以阿韦尼尔品牌提供拖车）。

货运自行车

货运自行车也被称为运货自行车、运载自行车、工作自行车和商人自行车，有时也被称为熟食自行车、面包师自行车或屠夫自行车。

20世纪初，出现了等轮型和"低重心"型两种基本的货运自行车模式。在等轮型中，两个轮子的直径通常都是26英寸。"低重心"型的自行车通常有一个26英寸的后轮和一个较小的前轮（14到20英寸之间）。这两种类型都有车架固定的前置行李架，但是"低重心"行李架要深得多。通常有一个巨大的双臂支架，与前行李架铰接。重型轮胎较宽，有时是缓冲轮胎，而不是充气轮胎，这样在运货过程中就不太可能因爆胎而误事。过去，常速是标准，但许多现代自行车都有轮毂齿轮，少数有变速器。

第一次世界大战后，罗利公司开始大量生产货运自行车，很快发现0.125英寸的链条不够结实，于是改为0.188英寸，后来成为英国货运自行车的标准。布朗兄弟和帕什力也开始生产货运自行车。直到20世纪70年代，罗利公司仍然在生产货运自行车，而帕什力公司则一直生产到21世纪。

另一种经典的货运自行车是长约翰，它类似于"低重力"货运自行车，拉伸后，在前轮和骑手之间可以放置一个较低的长货物平台。车把位于正常位置，通过负载平台下的拉杆系统间接地转向。长约翰起源于1930年左右的丹麦，是由斯堪的纳维亚的几家公司生产。21世纪初，生产长约翰或类似设计机器的公司，包括瑞典的Monark公司和俄勒冈的人力机械公司。

1978年，德国的乔治·鲁弗制作了他的Fahrroller原型。这是一种双轮摩托车，有一个传统的后轮、小的前轮、前后都有行李架，还有一个跨步式车架，在轴距

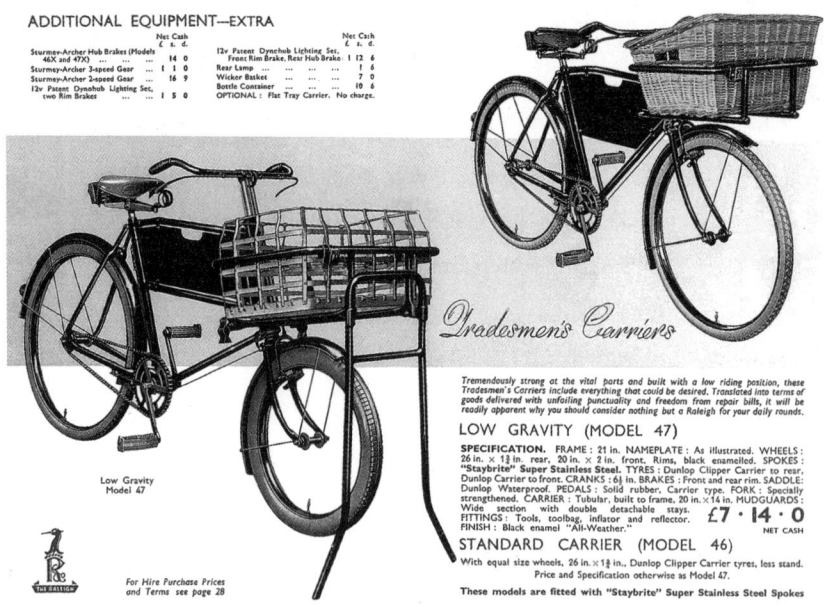

图11.23　1939年，罗利公司的低重心和等轮货运自行车（罗利）

图11.24 上：1991年，一辆苏黎世韦洛有限公司生产的长约翰货运自行车。下：1978年，一辆乔治·鲁弗生产的Fahrroller原型车（沃尔夫冈·西奥尔）

的中间有一个低矮的行李平台（1978年德国专利第2,831,289号）。该平台提供了一种携带紧凑但沉重货物的绝佳方式，比如可以携带一个狭小的饮料箱。此外，该平台还允许骑手可以像滑板车一样使用自行车，从而在禁止骑行的步行街可以轻松地启动或移动，同时还可以载一个朋友一起走。

"8货运"是一辆由英国人迈克·伯罗斯设计的长轴距货运自行车。骑手坐在前面，后面是一个较低的长货运平台。可以直接转向，搭载20英寸的BMX型车轮和宽截面轮胎。两个轮子都配备单侧支撑，所以可以在不移除轮子的情况下更换或维修轮胎。

20世纪，一些欧洲邮政服务公司使用大量货运自行车。这些机器是根据邮政服务公司的规范制造，但通常是基于有关国家常见货运自行车的设计。

20世纪90年代末和21世纪初，德国邮政集团、法国邮政、比利时邮政和英国皇家邮政都启用了更激进的货运自行车。例如，帕什力2001年的皇家邮政之星（也有民用形式的普龙托）的后轮为26英寸，前轮为24英寸，有车架固定的大型前置行李架和重型的后置驮包行李架。这个车架是跨步式设计，但是非常牢固。令人遗憾和感到费解的是，2010年英国皇家邮政宣布，出于"健康与安全"的原因，它将大幅削减货运自行车的数量。

货运自行车最近的一个发展是"长尾"，这是一种相当传统的菱形车架自行车，带有一个很大的后三角，可以延长轴距，从而可以安装大的驮包，并且可以在后行李架上面装载长件货物。21世纪10年代早期，长尾自行车模型包括Kona公司推出的Ute、太阳公司推出的阿特拉斯货运自行车和Surly推出的"大假人"车。

图11.25　一辆伯罗斯8货运自行车（休·斯怀尔）

第12章
竞速自行车

在英国，受德莱斯机启发而发明的机器过去通常被称为"玩具马"或"花花公子马"。1819年，这种机器的竞速成为一种小热潮。同年3月，艾塞克斯的两名车手举行比赛，看谁在1小时内能骑得更远，获胜者骑行了将近8英里。1个月之后，肯特郡的一名车手与人打赌，他在仅仅51分钟内骑行了6英里。同年晚些时候，康沃尔的一名车手在不到4小时内完成了26英里的骑行，平均时速为7英里以上（Street 2000，77）。在伊普斯威奇地区的3英里比赛中，据说平均速度达每小时12英里。1819年，环伦敦郊区50英里骑行比赛举行。在诺丁汉地区的比赛中，骑驴选手战胜了玩具马车手（Street 2000，77—82）。

1829年，因政府发布了骑车禁令，一场从慕尼黑郊区至宁芬堡宫的比赛在德国秘密举行，这是德国唯一记录在案的德莱斯机比赛。获胜者在半小时内骑行了11公里（*Münchner Tagsblatt*，1829年4月23日）。

德莱斯机被广泛压制，自行车比赛停办了将近40年。直到米肖式脚踏车的出现，重新激发了人们对自行车比赛的兴趣。1868年初夏，人们在巴黎附近的圣克卢至少举办了6场比赛，还有一场在伦敦西部的亨顿举行。在5月31日圣克卢的比赛中，英国人詹姆斯·穆尔骑行时速约为14.4英里，并摘得1公里比赛的桂冠。次年，在巴黎至鲁昂比赛（被认为是第一次长距离公路赛）中，穆尔再次夺冠（Roberts 1991，64ff）。自此，竞速自行车开始持续演进。

车架几何形状的演变

对速度的追求，成为自行车从米肖前驱脚踏车往高轮车演变的主要原因。在一定的脚踏节奏下，更大的前轮会产生更快的速度，小后轮则减轻了重量，缩短了机器的整体长度。为了适应车轮大小的变化，法国脚踏车的主梁快速演变为一个优雅、纤细、弯曲的高轮车脊柱。在此期间，中空的金属管被广泛应用于自行车结构中。（关于中空管的早期发展，见第 5 章。）

直接驱动的高轮车是一种高效的机器。纪录创造者骑实心轮胎高轮车，在 3 小时内骑行了 50 英里，7 小时内骑了 100 英里，24 小时内骑了 259 英里（RRA 1965, 31）。但是，事实证明直接前驱是发展的死胡同。

19 世纪 90 年代，安全自行车的发展促进了一种新的菱形车架的产生。例如，阳光公司在 1892 年推出一款特殊轻型公路赛车，采用菱形车架，其后倾式上管是由无缝钢制成的。它重达 27 磅。2 年后，阳光公司推出了一款场地赛车，仅重 22 磅。尽管数十年来反复出现"最轻重量"，但在采用碳化纤维之前，自行车并没有变得更轻。

1899 年，后倾式上管已经过时。新的"炙热阳光"引入了水平上管。之后，上管开始向前倾斜。我们在 1907 年的罗利公路赛车中可以看到这一点，1911 年的罗利赛车更是如此。第一次世界大战之后，水平（"平行"）上管又重新流行起来，在几十年内成为标准。20 世纪 30 年代，流行较低的上管，其想法是车架越少自行车的重量就越轻。

早期赛车通常有短的后三角，座管和头管的角度约为 68 度。之后，更陡的车架角度被逐渐采用。20 世纪 30 年代末，"卡尔顿飞行"（一款手工制作的公路赛车）被推出，头管的角度范围是 73 度到 75 度，座管角度范围是 71 度到 73

图12.1 一辆后期轻量普通车，1891年的罗利赛车（罗利）

图12.2　1892年，一辆阳光公司推出的特殊轻型公路赛车（目录插图）

度。在第一辆菱形车架安全赛车诞生100年后，水平头管和座管的角度约为73度，这是中等身材车手的标准，建议较矮者为72度，较高者为74度。

车架制造商一般都尽量保持合理的短轴距，以获得良好的操控性，同时使前轮避开车手的脚趾。常见轴距约为40英寸或41英寸，而小于39英寸或大于42英寸的轴距则非常少见。

自1997年开始，带有后倾式上管和紧凑后三角的赛车车架开始受欢迎。英国设计师迈克·伯罗斯是这一领域的先驱。西班牙ONCE车队在环法自行车比赛中采用了他设计的捷安特TCR，该车得到了广泛的宣传。今天，环法自行车比赛中的自行车广泛采用碳纤维车架，其几何形状与捷安特TCR很相似。

各有所长

随着时间的推移，人们举办了越来越多的各式自行车比赛。有集体起跑赛、各种各样的计时赛、越野赛，以及各种各样的场地赛。还有一些耐力项目，比如可靠性骑乘、自行车远足运动和奥达斯，虽然其本身并不是比赛，但这些都有严格的时间限制，因此鼓励骑手使用快速自行车。针对这些活动，人们开发了各种各样的自行车。

计时赛有各种形式，包括简短的开场（如环法自行车赛）、计时长距离个人

图12.3 1939年,一辆"卡尔顿飞行"自行车(罗利)

图12.4 一辆捷安特TCR(捷安特)

赛和团体计时赛，以及个人爬山计时赛。英国的计时赛规则是为在10、25、50和100英里的非封闭公共道路上设计的比赛，比赛总是回到起点（出发和回家）。也有12小时和24小时的计时赛，通常使用公路赛车，有时车上还会使用螺栓连接的配件。

20世纪80年代，车架制造商开始采用较小的前轮（名义上是24或26英寸）、前倾的上管、更短的轴距以及"牛角车把"或三重车把（也称"空气动力车把"），制造低轮廓的计时赛自行车。其目的在于减轻重量，减少正面面积，从而减少空气阻力。这种设计的变体也被应用于硬场地的追击计时赛中。当计时赛中广泛使用空气动力车把的时候，车手可以将身体的重量放在肘部。因此，即使轴距较短、前轮较小，车手也会感觉更舒适。2000年，UCI规定两个轮子尺寸大小必须相同（UCI规则1.3.006）。

UCI仍然允许使用直径为55到70厘米（21.65至27.56英寸）的车轮。但是，这一规则排除了大多数商业化生产的高性能小轮自行车，如莫尔顿和自行车星期五。

在公路越野比赛中（一种越野比赛的形式，通常是在秋季或冬季举行），车手有时必须扛着自行车。因此，公路越野自行车演变成了一种轻便、易操作、突起物最少的自行车。现代公路越野自行车通常有后倾的上管（顶部有缆绳，以便骑手可以更容易将上管的底部扛在肩上），以及较短的座管和较公路自行车更宽的车架角度。

为了适应不同地面（硬场地、草地场地、煤渣场地）和不同类型的比赛，人们对各种形式的场地赛车进行改良。硬场地上的比赛，包括室内自行车赛场、两人和四人争先赛、团队冲刺赛、凯林赛（集体起跑冲刺）、各种各样的计时赛、淘汰赛（比如"赢或出局"和"落后者淘汰"），以及六日赛。用于草地赛道或煤渣场地赛道的自行车，对轮胎的宽度和轮胎间隙的大小要求更高。20世纪30年代至50年代期间，公路/场地两用赛车在英国很受欢迎。

在摩托车配速项目中，自行车车手或"守望者"尽可能地紧随摩托车，坐在自行车上向前，最大化空气动力学"牵引力"。这辆自行车带有倒置前叉，前轮为24英寸。

另一种类型的摩托配速赛偶尔也会被用于尝试打破速度纪录。1899年，查尔斯·墨菲使用一辆特别设计的自行车，在铺设在铁轨间的光滑胶合板上，紧追一列火车，行驶速度达每小时60英里。他极为贴近火车尾部，这意味着他只需克服很少的甚至是零空气阻力。因此，他的速度堪比那个时代的快速摩托车，并赢

图12.5 一辆20世纪60年代的孔多尔场地自行车(R.约翰·韦)

图12.6 一辆大约1980年的羚羊守望者自行车,有车座支架和可调节的车把(罗利)

得了"1 分钟 1 英里的墨菲"的绰号。

随后的配速纪录通常是在封闭的高速公路或盐滩上实现的。在撰写本书时，荷兰车手弗雷德·罗姆佩尔伯格是自行车配速赛的世界纪录保持者。1995 年，在犹他州的博纳维尔盐滩上，他取得了时速约 170 英里的成绩。他骑着一辆特制的自行车，跟在一辆装有大型空气罩的高速赛车后面。这类自行车通常有很长的轴距、非常高的齿轮装置和摩托车轮胎。罗姆佩尔伯格的自行车轴距为 57 英寸，带有可伸缩前悬架，每蹬一圈可行驶超过 114 英尺。

"旅行者"（或"游客"）是自行车制造商经常使用的名字，实际上，这些机器是公路自行车。然而，也有另一种旅行自行车类型，与赛车更紧密相关。在两次世界大战期间，一些英国制造商开始提供专供旅游使用的轻型自行车。与赛车相比，这些车的车架角度相对较宽（约 70 度），轴距更长（一般为 42 英寸），为更宽的轮胎和挡泥板提供了足够的间隙。二战前一个典型的例子是卡尔顿旅行者。20 世纪 50 年代中期推出的道斯温德拉什，很快就演变成为经典的"银河"，至今仍然有售。克劳德·巴特勒制作了"愤怒角"旅行自行车。1987 年，罗利公司推出另一款经典的旅行车"徒步旅行者"。这些自行车在许多方面与俱乐部的赛车相似。然而，它们的轴距稍长，脚趾和挡泥板之间的间隙更大，可以携带更多的行李。它们的车架角度通常比赛车的角度要小一些。

今天，我们提到的运动自行车是专门为奥达斯、自行车远足运动等类似比赛而设计的。它们的车架几何形状往往介于轻型旅行车和公路赛车之间。虽然它们不是为专门的比赛而设计，但也不是为带着满满的行李进行重大探险而设计。

特制车架也用于其他形式的比赛，包括铁人三项、高速公路赛和自行车马球比赛。

车架材质

直到今天，钢管一直是赛车车架的主要材料。19 世纪 80 年代，仅无缝管就有 80 多项专利申请，其中最著名的是授予德国兄弟赖因哈德和马克斯·曼内斯曼的专利（1888 年美国专利第 389,585 号）。早在 1892 年，充气轮胎赛车就采用了无缝钢管，而不是在廉价机器中使用的沉重的缝合管。到 20 世纪 30 年代，为航空业开发的低合金铬钼钢管被用于更好的自行车车架中。1939 年，英国轻型专家卡尔顿在广告中说："我们所有的赛车模型都是用航空管制成的。"卡尔顿在其顶级车型的对接管、前叉和后上下叉上采用雷诺兹 531 管材。（钎焊过程中

图12.7 21世纪初的典型旅行车（杰夫·阿普斯）

需要更大的厚度来保持强度，因此对接管的两端内部较厚，但为了减轻重量，其大部分都较薄。后上下叉和前叉内部是锥形的，更准确地描述是锥度规。雷诺兹的编号如 531 是品牌名称。）随着时间推移，雷诺兹公司在他们的产品系列内加入更轻的管材，包括 1975 年被高度认可的 753 型管材。雷诺兹的竞争对手，如意大利的哥伦布和法尔克、法国的维图斯，以及日本的唐吉和石渡河，确保了车架制造商有好钢管可以选择。

钢管通常是通过焊接方式连接到钢耳上，有时是非常精美的钢耳。焊接或角焊的无耳车架很少见。角焊可以产生一个非常优雅的无耳车架，但要有良好的外观就需要付出密集的劳动。20 世纪 20 年代初，罗利公司曾尝试过赛车车架的乙炔焊接，但因接头易碎，失败率太高，令人难以接受。到 20 世纪 30 年代中期，环法自行车的车架通常采用电弧焊接，而一些英国轻型制造商如巴黎自行车和霍尔兹沃思，也在使用电弧焊接。1941 年，洛杉矶的拉塞尔·梅雷迪思发明了钨极惰性气体（Tungsten Inert Gas，简称 TIG）保护焊接（1942 年美国专利第 2,274,631号）。后来，一些车架制造商陆续采用这种焊接方式。二战后，两家英国公司皇家恩菲尔德和戴顿使用了闪光压力焊接。这是一种快速的电阻焊接方法，不需要进行表面修饰。

在气胎安全自行车的早期，人们曾尝试将铝作为一种车架材料。阿奇博尔德·夏普（Sharp 1896, 287）曾写道：“在自行车制造中，很多人都尝试过使用铝。但是，没有发现任何一种含有大量铝的合金，和钢一样兼具所需的强度和延展性，从而让重量变得非常轻。"1895 年，圣路易斯冰箱和木沟公司在纽约展示了铝制自行车，并声称已经制造了比赛用的自行车，重量约为 16 磅。3 年后，英国亨伯公司推出了一款 22 磅重的菱形车架自行车，铝管与钢耳被机械地夹在一起。这需要在车架管的两端插入钢衬。亨伯自行车并不耐用，很快就停产了。

铝的刚度（弹性模量）仅仅只有钢的三分之一左右。为了达到刚度并保持低重量，必须增加管子的直径。但几十年来，少数生产铝制车架的自行车制造商大多采用与钢制车架直径类似的管材。铝的另一个缺点是，它不像钢那样没有固定的疲劳极限，只要有足够的重复次数，在相当低的压力下就会失效。由于铝在刚度和抗疲劳方面的缺陷，虽然铝车架较轻，但是铝车架的质量不如钢车架。

部分法国制造商生产出漂亮的铝车架，比如 20 世纪 30 年代末卡米纳德公司生产的"卡米纳尔让"。1948 年，英国公司霍尔兹沃思和霍布斯都展出了全焊接的铝合金车架，但这种车架似乎没有被大量生产。1949 年，罗利公司展出了一辆结构相似的 16 磅重的自行车。它被大量宣传，但并未被批量生产。

1967 年，英国铝业公司（简称 BACo）为其姊妹公司罗利进行了一项研究。（当时，两家公司均隶属于管道投资。）BACo 对过去的铝制赛车车架进行研究，发现所有的车架都是基于传统的三角形管状钢结构设计。得出结论，一些商业上成功的自行车都有锥度和 / 或夹子的机械接头，而且，这种方式并没有展现出铝作为车架材料比钢更具优势。随后，BACo 和罗利建造了一个实验性的铝单体原型，后来没有进行批量生产。1986 年，意大利设计师法布里齐奥·卡萝拉和卡拉·马特西展示了单体铝结构的另一种设计方法。他们的阿卢埃塔通勤自行

图 12.8　1898 年，一辆亨伯铝制自行车（国家自行车图书馆）

车（1986 年意大利专利第 19,748A 号）的车架是由 2 个半壳的蜂窝芯铝组成。20 世纪 80 年代末，罗利美国公司制造了轻型铝车架，但仍采用拖拽式菱形车架设计，并使用粘接技术体系。

20 世纪 90 年代初，主要由远东制造的大直径 TIG 焊接铝制车架开始广泛流行。十几年前，它由美国的佳能戴尔和克莱因率先推出。人们发现，如果在接头上使用比钢更大的圆角，那么 TIG 焊接的效果会很好。大多数 TIG 焊接的铝接头看起来有点粗糙，不过，就像钢一样，改善外观是一项耗费时间和金钱的体力活。

在西方，很少有自行车制造商能够像远东地区的竞争对手那样以极低的成本

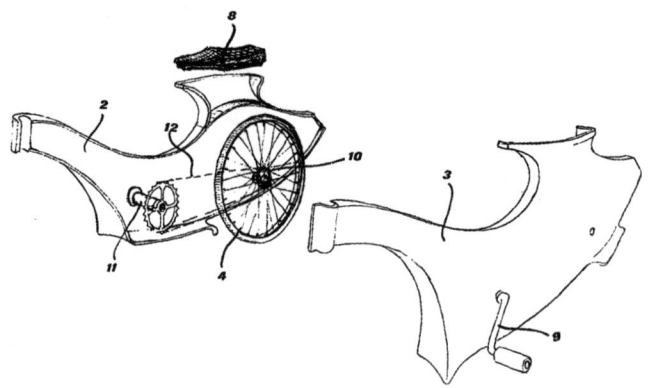

图12.9　1986年，一辆阿卢埃塔自行车——非赛车，而是一辆非常有趣的蜂窝芯铝单体（卡拉·马特西/法布里齐奥·卡萝拉和专利图）

生产铝制车架，这加速了北美和欧洲车架制造商的消亡。然而，德国的海因茨·克特勒公司自 1977 年开始生产 TIG 焊接铝制城市自行车和长途自行车。

由于铝的疲劳强度比钢要差得多，廉价的铝制车架为了避免保修和责任问题而被过度制造。因此，这样的车架通常不比钢制车架轻。

钛的重量是钢的一半，却有类似的抗拉强度。它是一种昂贵的材料，供应量非常有限，而且等级和尺寸的选择也有限。因为它的弹性模量比钢要低，所以钛通常被认为可以实现柔软而弹性的骑行。但是，没有任何一个由金属制成的三角菱形车架，在垂直平面上可以有明显的减震效果。

人们一般认为早在 1972 年，早期的钛制车架制造商伯明翰的"虎尾草"公司就使用了熔焊工艺。罗利公司后来使用了虎尾草公司的"迪纳特克"系统，采用了带黏性的套管。后来大多数钛合金车架都是采用 TIG 焊接工艺。

1972 年，美国 Teledyne 公司推出了一款名为"泰坦"的钛合金车架自行车。几年内，它在一些比赛中取得了胜利（最著名的是由罗恩·斯卡林骑行的一次），但它的前叉和五通都出现疲劳开裂和故障（可能是由于腐蚀）现象，在 1982 年左右停产。

有人试图用镁合金车架来制造赛车。镁不像铝合金那样坚固，是最轻的结构金属。一辆名为"柯克精密"的赛车的主车架是由 3 个镁铸件黏合在一起组成。这辆自行车是由英国汽车工程师弗兰克·柯克设计，并申请了几项专利。第一项

图12.10 一辆21世纪初典型的铝车架赛车（杰夫·阿普斯）

专利于 1984 年申请（1988 年英国专利第 2,164,300A 号）。在一些职业自行车比赛中，包括环法自行车赛的各个赛段，都可以看到柯克的身影。但是柯克自行车出现了大量的车架故障，尽管有挪威海德鲁公司（世界最大的镁生产商）的投资和道斯自行车公司做营销，柯克在商业上并未获得成功。

20 世纪 50 年代末和 60 年代初，碳纤维在英国、美国和日本发展起来。1963 年，位于法恩伯勒的皇家飞机制造公司完成了关键工作。碳纤维由一种非常精细的纤维丝束组成，由棉针或胶膜固定在适当的位置，或编织成织物，或纺织成三维的形状。这些纤维被浸渍并涂上树脂，经过加热或化学反应后就会变得具有强度。通常，在固化过程中将这些材料放在模具当中，且置于一定的压力之下。

20 世纪 70 年代，由碳纤维制成的车架首次出现在市场上。但早期最著名的碳纤维自行车是 20 世纪 80 年代初的标致 PY10FC。它的车架由碳纤维管组成，以传统菱形结构黏结到外部铝套管上。

1986 年，加利福尼亚州的红隼公司推出了第一款批量生产的全碳自行车车架，而它已经没有套管设计。其他制造商也纷纷效仿，尤其是崔克和捷安特。捷安特的 MCR 是由名叫迈克·伯罗斯的英国工程师设计，他在 1982 年制造了可以称作是第一个真正的碳纤维单体车架。直到 1985 年，伯罗斯才建造了一辆完整的自行车。该车于同年 5 月 1 日第一次参加比赛。1986 年，伯罗斯制造了一款单翼车型，而不是前叉车型。克里斯·博德曼采用这辆自行车的衍生产品莲花 108，在 1992 年奥林匹克运动会上赢得 4,000 米短距离赛的冠军。骑一辆捷安特 MCR，安迪·威尔金森创造了 12 小时、24 小时、50 英里和 100 英里计时赛的世界纪录。

如今，碳纤维车架是专业赛车的标准配置。尽管这些自行车通常被称为单体构造，但通常都有曲线优美的一体式菱形车架。

碳纤维和其他复合材料（包括芳纶和玻璃纤维），相对于其他车架材料具有巨大的重量优势。它们的缺点是，当它们老化时它们不仅弯曲而且易碎裂。不过它们有很强的抗疲劳强度，而且容易修复。

空气动力

在自行车高速行驶的过程中，空气阻力比重量或挡位数量要重要得多。在速度比赛中，车手的大部分能量被用于对抗空气阻力。此外，与滚动阻力不同的是，空气阻力随速度呈指数增长，是速度的平方倍。因此，任何能减少空气阻力的措施都有帮助。

图12.11 迈克·伯罗斯骑着他的1986碳纤维Windcheetah单体自行车（休·斯怀尔）

1957年，英国克兰菲尔德航空学院的托尼·诺韦勒进行风洞测试，结果显示自行车和车手位置对空气阻力会产生影响（Nonweiler 1957）。1958年和1959年，一辆名为"人造卫星"的流线型自行车，由瑞士赛车手奥斯卡·埃格制造。在曼彻斯特的比赛中，证明了它比四人追逐团队更快。一般这类团队的速度比单人车要快，因为车手们会彼此紧跟，以最大程度地减少空气阻力。团队中每一位车手会轮流作为领骑者，领骑者必须克服最大的空气阻力（Abbott and Wilson 1995）。1962年，亚历克斯·莫尔顿骑着他的一辆16英寸的自行车（Hadland 1981）的原型测试两种不同结构的整流罩。第二年，莫尔顿为一辆带有一个大前整流罩、前轮为16英寸和后轮为22英寸的自行车（这台机器从未生产过）申请专利（1966年英国专利第1,018,962号）。1980年，莫尔顿赞助道格拉斯·米利肯对他的流线型整流罩进行风洞测试（Moulton, Hadland, and Milliken 2006）。

切斯特·凯尔是加州州立大学长滩分校机械工程系的教授。1973年，他和他的学生在几辆自行车上进行滑行测试，以测量空气阻力和滚动阻力。其中一辆是赛车，它的车架和车轮上覆盖着聚酯薄膜塑料布（Kyle, Crawford, and Nadeau 1974）。之后，凯尔和他的学生又对他们制造的几辆流线型自行车进行滑行测试（Kyle and Edelman 1974）。1974年11月11日，罗恩·斯卡林作为车手骑着凯尔的流线型"泰坦"车，在洛斯阿拉米托斯海军航空站的跑道上打破4项自行车速度纪录（"New World Speed Record", Bicycling, 1975年1月），赢得全世界的关注。后来，凯尔和他的学生们了解到，UCI 不认可流线型自行车创造的纪录。

1975 年，凯尔、杰克·兰比和保罗·麦克格雷迪组织一场不受 UCI 规则限制的人力车（humanpowered vehicles，简称 HPV）公开赛。《骑自行车》杂志报道，这是自 1914 年的柏林比赛之后，人们第一次举行这样的比赛。14 台参赛车辆包括 6 辆流线型标准自行车、2 辆长轴仰卧式自行车、3 辆仰卧式三轮车、2 辆俯卧式自行车和 1 辆俯卧式三轮车。1976 年，在《吉尼斯世界纪录大全》因 HPV 未得到某些官方机构的批准而拒绝认可其纪录后，切斯特·凯尔和杰克·兰比组织成立国际人力车辆协会。自 1975 年，全世界每年都举行 HPV 公开赛，并且在除美国之外的不同国家都建立了 HPV 俱乐部。欧洲有 11 个国家协会。

凯尔与他的合作者在 IHPVA 的开创性工作产生了深远的影响。1974 年，自行车产业几乎完全忽略了空气动力学和其他的自行车设计。没有翼型管，没有流线型轮辋，没有圆盘车轮，没有空气动力部件，没有新的骑行姿势，没有流线型头盔，没有皮肤套装，没有流线型的自行车，也没有商业生产的斜躺车——这些都是今天常见的。赛车手仍然骑着传统设计的过时的自行车。

1975 年后，公众和商家对自行车空气动力学的兴趣陡增。计时赛自行车的制造者开始使用一些流线型元素。1978 年，禧玛诺推出第一组流线型部件，包括流线型的座杆和踏板。其他制造商推出了翼型管，"牛角"车把也开始流行起来。东欧国家的赛车手开始佩戴流线型头盔、鞋套和紧身橡胶皮衣。

1984 年，意大利和美国的车手在奥林匹克比赛中使用圆盘车轮和流线型自行车，分别获得个人追逐赛和 100 公里计时赛的金牌，并且在其余计时赛中均获得了奖牌，自行车比赛自此不再一样了。意大利在奥林匹克比赛中使用的自行车是由安东尼奥·达尔·蒙特设计，美国的是由切斯特·凯尔领导的小组设计。这两辆自行车是现代空气动力自行车的最初实例，只是缺少后来开发的空气动力车把（Abbott and Wilson 1995）。

虽然 UCI 在 2000 年制定规则限制使用空气动力部件，但现在所有一流的赛车及其车手仍然使用各种合法的空气动力组件以提高速度，如圆盘后轮、空气辐条前轮、空气翼型车架管、空气动力车把、鞋套、流线型头盔以及经过风洞测试的空气动力服饰，如耐克的 Swift 系列。

骑行姿势与空气动力车把

在人们开始了解自行车空气动力学之前，有一点是显而易见的，即骑行时弯腰可以减少一个人的正面面积，这有利于提升速度。因此，赛车的车把位置通常比公路自行车要低。自高轮车时代以来，人们采用各种各样的低车把。旧主题的微妙变化仍在继续，通常是碳纤维等新材料的使用。

20世纪80年代，为铁人三项和超级马拉松车手开发的"空气动力车把"或"铁三车把"，是推进骑行姿势改良更好地利用空气动力学优势的一个重要举措。铁三车把在车手的最前面，且两个把之间的距离很近，带有肘部支撑。这种车把允许各种前倾的骑行姿势，从传统的铁人三项姿势到向前伸展的"超人"姿势。

美国的皮特·彭赛雷斯是采用空气动力车把的先驱。1986年，他在横穿美国的自行车赛中采用这种车把打破了纪录。然而，经过很多年，空气动力车把才在自行车比赛中变得普遍。铁人三项的车手不那么保守，他们首先采用了这种车把。在标准比赛中，较早采用空气动力车把的是英国的克里斯·博德曼，他在1992年巴塞罗那奥运会上获得个人4,000米追逐赛的金牌。

在所有的1小时自行车骑行距离纪录中，最著名的要属意大利车手弗朗切斯科·莫泽。1984年至1988年，他采用标准牛角车把先后5次打破世界纪录。

1993年，格雷厄姆·奥布雷采用空气动力车把，第一个打破小时纪录。奥布

图12.12　一张Vision TriMax碳纤维流线型空气动力车把的目录照片

雷是一位出生于英国的苏格兰自行车机械师、自学成才的工程师和业余自行车赛车手,也是英国最具创造力的自行车设计师之一。1993 年,他发明了一种新的骑行姿势,手臂在肩下弯曲,靠在车把上,同时制造了一辆适合这种姿势的自行车。1993 年,骑着自己发明的自行车,奥布雷在 1 小时内骑行了 51.596 公里,打破了莫泽在 1988 年创造的纪录。很快,UCI 就禁止了奥布雷的这种姿势,并宣布以他的姿势创造的任何后续纪录都将无效。之后,克里斯·博德曼打破了奥布雷的小时纪录,在采用标准空气动力车把的情况下骑行了 52.27 公里。1994 年,奥布雷发明了"超人"姿势,创下了 52.719 公里的新纪录。从 1994 年到 2000 年 UCI 禁止这种姿势,奥布雷的"超人"姿势被用来打破数 10 项计时赛的纪录,包括 4,000 米的奥林匹克纪录和世界纪录。

其他空气动力组件

自行车空气动力配件是在充气轮胎安全自行车的早期问世。1893 年,拉吕公司出售一种叫"勒帕皮永"的可拆卸透明整流罩。这是其他一些设备的前身,比如 20 世纪 70 年代中期加利福尼亚州的格伦·布朗开发的可拆卸的聚碳酸酯

图12.13　1893年,一则拉吕公司勒帕皮永整流罩的广告

Zzipper 整流罩（1976 年美国专利第 248,638 号）。

19 世纪 90 年代末，阿奇博尔德·夏普主张使用一种自行车斗篷。它可以作为空气动力学形状被安装在自行车上。这种斗篷配合使用充气轮辋来保持形状，在当时已经可以买到。

艾蒂安·比诺-巴里利亚设计并制造一种"鱼雷"自行车，它有一个"泪滴形状"的整流罩，整流罩包裹着车手的整个身体（除小腿外）（1913 年英国专利第 22,510 号）。1913 年，凭借这辆自行车，马塞尔·贝尔泰创造了一项新的世界纪录。在巴黎的冬赛馆赛道上，以 5 分 39.3 秒完成了 5 公里的骑行，速度约为每小时 33 英里。德国自行车制造商兰牌和 Göricke 复制了"鱼雷"自行车。但是在 1914 年，UCI 禁止在常规自行车比赛中使用空气动力装置。

第一次世界大战后，人们进行了各种各样的空气动力学实验。奥斯卡·埃格给自己的自行车安装了一个锥形尾部。另一个更重大的成果是由空气动力学家马塞尔·里法尔设计的"维洛迪纳"。他是在阿根廷出生的法国公民，曾参与比诺-巴里利亚的"鱼雷"自行车的研制工作。20 世纪 30 年代，他受雇于法国科德龙飞机公司。维洛迪纳有一个由云杉和郁金香木制成的空气动力外壳，内部是一辆类似于"守望者"（一种摩托配速自行车）的自行车，带有一个向后的前叉和一

图12.14 一份新闻剪报展示艾蒂安·比诺-巴里利亚正在扶着"鱼雷"自行车中的马塞尔·贝尔泰（阿恩弗里德·施米茨）

图12.15　马塞尔·贝尔泰和马塞尔·里法尔与维洛迪纳（阿恩弗里德·施米茨）

个较小的前轮。

1933年，在巴黎王子公园，马塞尔·贝尔泰骑维洛迪纳打破了UCI的"带有减少空气阻力装置的特殊自行车"小时纪录。那年他是45岁已过壮年，他骑行了48.604公里，平均时速约30英里。他估计，相比同样的未安装整流罩的自行车，他在速度上占有30%的优势。此后，由于禁止在常规比赛中使用整流罩，整流罩或多或少被抛入历史的长河中，直到20世纪70年代HPV运动的到来，才重新被使用。

尽管有时会有争议，但风洞和场地试验表明，空气动力车架管的空气阻力比传统管要小。任何一种"泪滴形状"或横截面为椭圆形的管子在空气动力学上都优于相同直径的圆管（Hoerner 1965）。比例为2.31∶1的空气动力车架管比相同直径的圆管的阻力系数低26%。目前UCI规定车架管的比例极限为3∶1。这个比例的车架管比圆管的阻力系数低53%（Abbott and Wilson 1995，152）。

为了达到最佳的流线型效果，管的横截面应该近似为"泪滴状"，圆形（钝）的一端朝前。横截面应该是最大宽度的3到4倍（"细度比"应介于3∶1和4∶1之间）。这样的管子很难用于标准赛车。然而，用复合材料制作一个比例为4∶1

图12.16　USE图拉空气动力基座车把和操作杆（USE）

的座杆相当容易。这种座杆是在 20 世纪 80 年代早期由迈克·伯罗斯首创的，他对空气动力学的兴趣很大一部分源于 IHPVA。复合 4∶1 空气动力座杆是在 20 世纪 90 年代初由捷安特推出（当时伯罗斯在捷安特工作），其他制造商如 Pro-Lite 也开始跟随效仿。伯罗斯还表示，类似的翼型部分也可以用于复合材料制成的车把。这种类型的现代车把包括 Vision TriMax 碳纤维流线型空气动力车把和 USE 图拉空气动力基座。

伯罗斯还将 4∶1 翼型方法应用到车轮支撑上，发明出可以替代传统前叉的空气动力的单翼。早在 1872 年，詹姆斯·斯塔利就采用了单翼。几年后，J. 基恩也使用了单翼，而萨里机械师公司的 J.S. 史密斯在 1889 年也使用了这种单翼（Bartleet 1931，87）。最近生产的单翼系列产品中典型的有，20 世纪 80 年代马克·桑德斯设计的速立达折叠自行车、90 年代迈克·伯罗斯设计的捷安特哈佛折叠自行车。但是，这些自行车中没有一辆是因为空气动力的原因而选择单翼。

空气动力学设计更多地被应用到车轮上，而不是其他的自行车部件上。1892 年，英国发明家阿瑟·科明斯·希德申请一项钣金车轮的专利（1893 年英国专利第 496,937 号）。相对于空气动力学的优势，他对自行车的强度和轻重量更感兴趣。他提到，他的车轮比普通的圆盘车轮有更小的空气阻力。这表明他对空气动力学有一定的了解。但是他并没有意识到他的车轮也可以拥有空气动力学的优势。

1913 年的"鱼雷"自行车尝试了一个圆盘式后轮（Schmitz 2000，3）。不久，1914 年 4 月 4 日，皮特·迪肯特曼在柏林一场比赛中骑着前后是圆盘式车轮的兰牌 Fish。遇横风时前轮不够稳定，所以迪肯特曼在比赛中输给了骑着"戈里奇炸弹"的阿瑟·斯特尔布林克（Abbott and Wilson 1995，100）。

20 世纪 80 年代，人们对圆盘式车轮的兴趣有所增加。可以添加到传统辐条车轮上的圆盘在 BMX 比赛中获得了一定的知名度。这些圆盘通常是由轻质可塑材料制成，如硬质聚苯乙烯。风洞测试增加了对自行车空气动力学的了解，尤其是对辐条气流的影响。人们发现扁平辐条比圆形辐条阻力更小（Abbott and Wilson 1995，149）。

1984 年初，弗朗切斯科·莫泽采用圆盘车轮打破了 1 小时世界纪录。大约在那个时候，开始出现真正的圆盘车轮的专利。1985 年，罗马的安东尼奥·蒙特申

图12.17　带有圆盘式后轮的"鱼雷"自行车（阿恩弗里德·施米茨）

请的一项专利（1988 年美国专利第 4,732,428 号）是关于一种流线型车轮，由两个空心半介壳耦形成一个双凸透镜状，其圆周上有一个轮胎凹槽。这种设计充分运用了空气动力学的原理。许多市面销售的圆盘式车轮效率较低，像是复合材料外壳包裹着的厚厚泡沫三明治。另一些则有双锥形的横截面，这比平面圆盘车轮要好，但不如透镜设计有效。

1985 年，法国马维克公司推出碳纤维（"彗星"）或铝合金（"挑战者"）制成的全盘式车轮。1988 年，总部位于印第安纳波利斯的 Compositech 公司推出了 Zipp 碳纤维盘式车轮，法国的 Corima 公司也进入该市场。全盘轮只能用于自行车后轮，除非是在室内场地，因为室内场地不存在横风问题。

实心圆盘的替代品是 3 辐式、4 辐式或 5 辐式复合空气动力车轮，其空气动力轮辋深度为 30—75 毫米。这种轮子的目的是试图接近全盘式车轮的空气动力学优势，同时减少承受不稳定横风的帆面积。1988 年，特拉华州的马克·霍普金斯和弗兰克·普林奇佩提出一项关于带有深空气动力轮辋和真翼型截面辐条的复合材料车轮的专利申请。该专利（1990 年美国专利第 4,919,490 号）被转让给杜邦公司。依据这项专利制造的车轮首先由闪电公司销售，后来由赫德公司销售。史蒂夫·赫德和罗伯特·豪格于 1989 年提出他们自己的专利申请（1991 年美国专利第 5,061,013 号）。赫德公司与 Zipp、Corima、马维克一起逐渐成为这一领域的世界领导者。1989 年，Zipp 开始制造 3 辐式车轮。1990 年，Corima 正式推出 4 辐式车轮。1992 年，马维克推出一种 3 辐式车轮。

在同一时期发展起来的第三种空气动力车轮风格，同样使用深空气动力轮辋，但带有张力辐条。轮辋可以是轧制或挤压的铝，或为模制的复合材料，如果需要制动表面，可以使用金属副轮辋。这种类型的车轮在空气动力学方面没有那么大的优势，但也较少受到横风的影响。因此，它更适合在公路比赛中使用。

规则的影响

长期以来，自行车运动都是由各种国家和国际机构管理，其中一些机构制定的某些规则影响了自行车的设计。最著名且最严格的组织当属成立于 1900 年总部设于瑞士的 UCI。UCI 为多种不同的自行车比赛制定规则，其中一些极其复杂。例如，仅场地赛一项就有 2,011 条规则长达 96 页。UCI 的规则有时也非常武断，其中一些规定似乎毫无意义。如在 2011 年环法自行车赛中强制执行的规则：车座必须绝对水平，不得出现任何倾斜。UCI 禁止使用斜躺式自行车，也把许多小

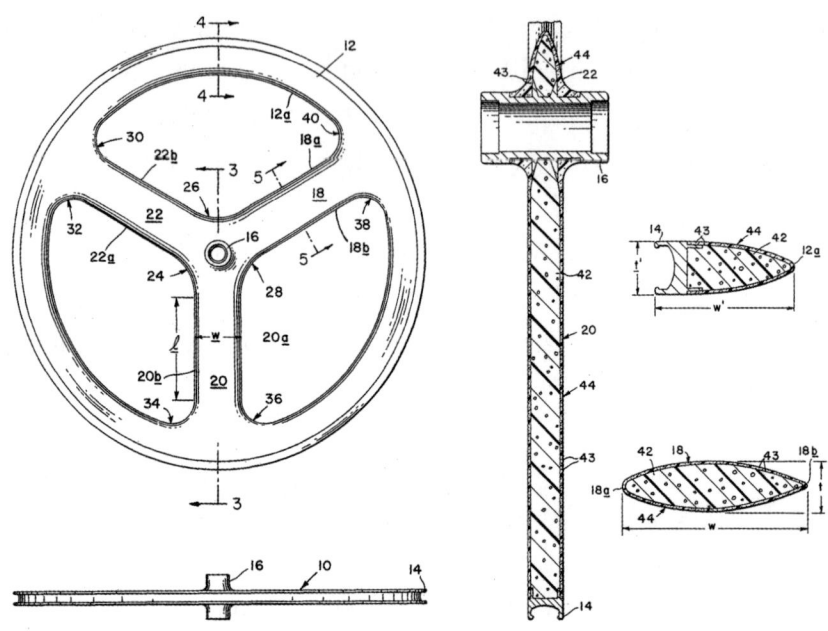

图12.18 左：杜邦空气动力车轮的正面图和平面图。右：辐条、轮毂和轮辋的剖面图（专利图）

轮自行车及各种空气动力辅助装置如整流罩排除在外。

国际人力车辆协会为地面车辆比赛制定的规则仅232个字，主要用于排除各种非人力动力源、储能装置、远程控制及帆。除此之外，参赛者可以随心所欲、各显神通。

UCI表明，其使命是"与国家联合会紧密合作，发展和促进自行车运动，无论是作为一项竞技比赛，形成相关价值观（努力、健康和公平竞争），还是作为一项健康的娱乐活动或作为一种交通工具"。然而，事实强力证明，UCI是人力交通工具发展的主要障碍，尤其是对自行车的发展而言。其他机构，例如国际铁人三项联盟管理着某些特定类型的自行车运动，在自行车设计方面比UCI宽容。

关于技术发展与UCI之间的冲突，详细描述见参考文献Kyle 2001。

第13章
军用自行车

本章,我们将追溯自行车的使用历史及其在军队中的改造应用。一些发明家和军事战略家非常关注这一话题,尤其在军队实现机动化之前。虽然自行车已被广泛用于进行短程运输,但是它们远离战场,在战斗中很少被大规模使用。最典型的应用是使用标准的菱形车架自行车来运送部队和物资。

自行车的早期军事应用

最早关于自行车军事用途的描述,由卡尔·德莱斯(Drais 1817a)出版,描述了一位艺术家对一位巴登军队通信员使用自行车的印象。多年后,自行车逐渐演变,引起了军队的兴趣。19世纪30年代,似乎有过一些关于军队使用早期脚踏车的讨论。1833年,德莱斯告诉大公:"据报道,自行车军团将在美国大范围内诞生。"(Rauck 1983,331)。1837年,托马斯·斯蒂芬斯·戴维斯在伍尔维奇皇家军事学院做了一场关于脚踏车的讲座,他讲道:"一些外国作家认为这种车可能会极大改善步兵的行进过程。有了自行车,士兵不仅能更快更轻松地行进,还能携带他们的武器、装备和弹药,减少了麻烦和不便……从人的肩膀上卸下这些重物,放在两个轮子上,其优势显而易见。"

普法战争后,军队对自行车的兴趣迅速增加。1875年,骑自行车的通信员出现在意大利的军事演习中。很快,在奥匈帝国、瑞士、德国、英国和法国的军队中,自行车也发挥了类似的功能。自行车也被用作军事侦察。1887年,包括英国和西班牙在内的几个国家开始在军队中成立正式的军事自行车队伍(Brun 2010,157)。

当后驱安全自行车出现在市场上时,英国军队成立了一个委员会,专门讨论自行车的具体规格。51家制造商贡献了他们的想法。1888年春天,委员会宣布如下结论:

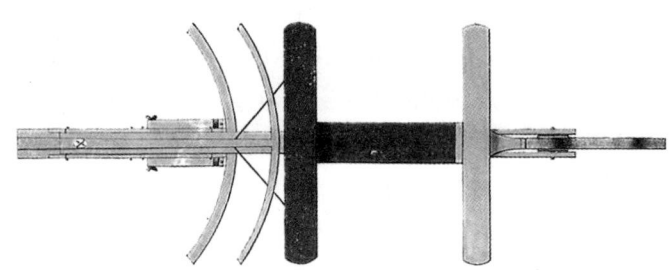

图13.1 1817年,卡尔·德莱斯出版的一幅图画,展示一名巴登军队的通信员(Drais 1817c)

如果自行车志愿者仅仅被招募为通信员，普通自行车（即高轮车）就可以满足军队的大部分需求。但当我们得知，战争办公室当局希望这些志愿兵成为高效率的步兵，能够携带武器、大量弹药和装备，在各种道路上快速移动，并且被派遣到其他国家时能运载他们的车辆，我们立刻抛弃了一切关于普通自行车的想法。我们决定采用后驱安全自行车，理由是这种车车身更低，轴距更长，占用空间更小……更轻、更快速，且易于操作，比三轮车更适合普通士兵使用。

由于对所有征集到的车辆都不太满意，委员会最后制定了自己的军用自行车规格。此时，英国军队试图将自行车手不仅作为通信员和侦察兵，还作为一支移动的作战部队。一些专家认为自行车部队比步兵行进的速度更快，路况良好的情况下每天可以行进多达 100 英里，与骑兵相比也更为安静。而且他们不用给马匹喂食喂水，战斗中也不需要牵马。但是，士兵在骑车时作战不方便，在追击突然撤退的敌人时会处于劣势。当时，其他国家把自行车主要用于军事重镇和大型军营之间递送情报。（M.H., "Cads on castors, part I," *The Boneshaker* 104, 1983）

19 世纪 90 年代早期，伟大的自行车制造商科洛内尔·艾伯特·波普试图说服美国军队引入自行车。1892 年，他把一种特殊的哥伦比亚安全自行车提供给康涅狄格州国民警卫队第一陆军通信兵团。该自行车使用缓冲轮胎，上管配有步枪夹（Herlihy 2004, 258）。4 年后，美国陆军中尉詹姆斯·莫斯成立并领导第 25 步兵自行车军团。他们坚固的自行车是按照莫斯自己的规格专门打造，装备完整的链条盒。1897 年，莫斯带领 20 名士兵骑自行车成功跨越 5 个州，完成长达 2,000 英里的探险。但这一举动没能打动他的上司，军团最终被解散（出处同上，292—293）。

波普还设计了其他军用自行车。1896 年，他提供了一辆用于勃朗宁机枪的安全自行车，一辆可以携带一支连发步枪、两把手枪、弹药、一面信号旗、两件厚大衣的军用双人自行车（Kielwein and Lessing 2005, 89）。

在法国，大都市公司制造了一种采用轴驱动的军用折叠式菱形车架自行车，即 152 型"军用阿卡特"自行车（大都市公司目录，1897）。

一种更激进的设计来自伊利诺伊州的詹姆斯·安德森（1899 年美国专利第 633,745 号）。这是一种前驱型自行车，通过齿轮驱动，后轮较小，上方有一个大的行李架。士兵可以通过旋转车座操作后轮让车转向，这样双手可以被释放出来用于射击。至少有一台样机被制造出来（Fitzpatrick 1998, 47）。

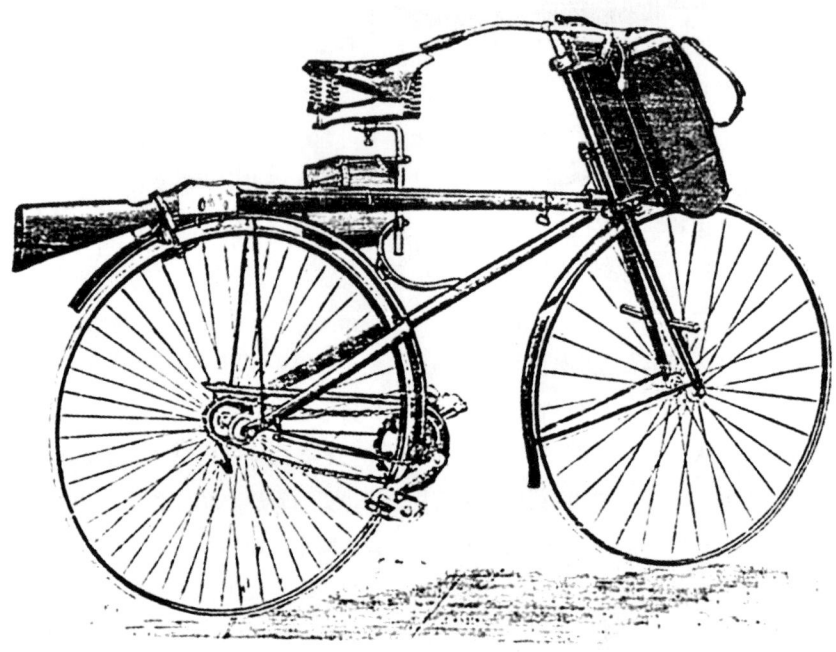

图13.2 1888年,一辆希尔曼、赫伯特和库珀公司生产的十字车架自行车,该图刊于伦敦《工程》杂志。特殊点是链条位于自行车左侧

图13.3 法国自行车士兵,刊于1889年11月30日的《科学美国人》杂志

图13.4 1896年，2辆波普军用自行车：一辆是配有勃朗宁机关枪的单人自行车，一辆是配有手枪和步枪的双人自行车（*Polytechnisches Journal* 301，1896，179）

布尔战争（1899—1902）中，英国军队把骑自行车的士兵部署为通信员。第一次世界大战期间，英国自行车营被用来快速增援前线兵力。然而，那时自行车用于大规模军事调动的吸引力正在减弱，因为机动车运输更加有效，得到了更广泛的使用。在第二次世界大战中，有几支军队为伞兵配备了折叠式自行车，尽管它们没有多少实际用途。同样在第二次世界大战中，德国军队骑着自行车在挪威山区与游击队作战，大规模的日本军队在马来亚通过骑自行车成功绕过英军撤退时炸毁的桥梁。

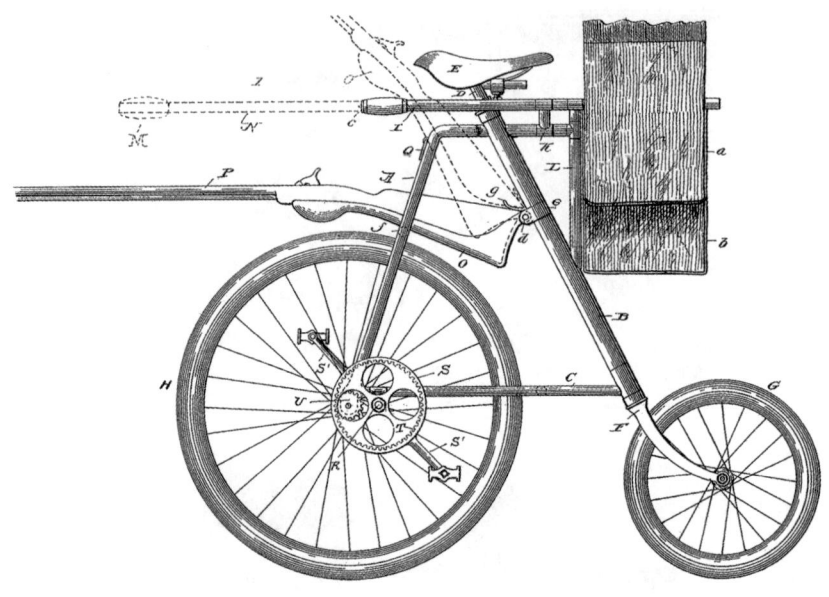

图13.5　1899年，詹姆斯·安德森发明的通过座位控制方向的军用自行车（专利图）

1954年，在越南的法国军队在奠边府被越南人打败，主要原因是对方使用"驮车"（越南语"xe tho"）穿越丛林运送大量食物、医疗用品和弹药。此单车像骡子一样，可以负载440磅甚至更多的军用物资。它们靠人推着前进而不是骑着行进。推车人使用两根硬竹竿，一根连在车把上操控方向，另一根从座管向上延伸以辅助平衡和刹车（Chen 2002）。

军用自行车的设计特点

在实际战斗中，军事作用发挥最好的是那些价格便宜、基本标准的实用型自行车——例如，在马来亚的日本人和在越南的越南人使用的自行车。各种稀奇古怪的设计往往不切实际。如果你是机枪手，你是愿意骑着自行车当敌人的靶子还是躲在石头后面或者壕沟里？

一战中，自行车被广泛应用于军事用途，不同于那些仅仅是原型的自行车，它们与基本公路自行车的区别在于它们更加坚固，而且装配有携带步枪的夹子。1915年的"军事阳光车"即是典型代表（Pinkerton and Roberts 2002, 302—

303）。二战中，英国和美国的主要自行车制造商生产标准化军用自行车，但都没有配备任何可以携带武器的配件。美国军械部于1942年采用的"军用通用自行车"是韦斯菲尔德公司生产的哥伦比亚公路自行车的坚固版本，由韦斯菲尔德和赫夫曼两家公司制造。在英国，BSA公司、罗利公司和其他一些公司制造生产BSA Mark V型军用公路自行车。仅罗利公司一家在二战期间就生产了20万辆供军事使用，包括公路自行车和折叠自行车（Hadland 2011，99）。

最耐用的军用自行车是瑞士军队使用的MO 05型（即1905型的简称）。该车于1905年推出，绰号为"钢丝驴"。它被一直生产到1981年，五六家生产商总共制造约68,000辆。到20世纪90年代初，MO 05型仍在被使用，只是规格稍有改动。此车为单速车，重量超过50磅，有28英寸的车轮、0.188英寸的重型链条。前刹为一个柱塞，后刹为一块垫子。二战后，增加了一个由缆绳控制的后轮毂刹车装置。行李包既可以放置在上管、座管和下管之间，也可以放在后挡泥板、后上叉与座管之间，还可以另外放置在前后行李架上。（Van Helden 2011，George and Surber 1995）

1993年，受山地自行车影响，MO 05被新型MO 93取代。MO 93车身稍轻，有液压刹车、7挡变速器以及非常坚固的货架（后货架与车架焊接为一体）。如果要挂驮包，还可以安装管式车架。车身油漆具备隐形特性，即使使用红外夜视眼镜也无法识别（Van Helden 2011，George and Surber 1995）。

2011年评估的MO 93的替代车型也受到山地自行车的影响，它装有液压盘式制动器和一个8速轮毂齿轮（Van Helden 2011）。

折叠式或可分离式军用自行车

一些著名的军用自行车可以被折叠。为什么会有这种复杂的设计？当时的想法是，因为士兵在穿过栅栏、围墙、沟渠、溪流、松软的地面或其他一些障碍物及崎岖的地形时，需要把自行车折叠起来背在身上。据说，最早的军用折叠车是由一名比利时陆军中尉在1893年发明的（Brun 2010，157）。

第一辆引起军方高度关注的可折叠自行车是由大尉亨利·热拉尔设计的。1898年，他出版了一部关于步兵使用自行车的专著，名为《野战自行车步兵》。作为当时一名驻扎在格勒诺布尔的法国中尉，热拉尔与当地名叫查尔斯·莫雷尔的实业家合作发明了一种折叠式军用自行车，并在1896年1月申请了法国专利。这辆车起初被命名为"热拉尔上尉"，由莫雷尔公司生产。但是在1901年，更

图13.6 上：1915年的"军事阳光"自行车模型（目录插图）。下：二战中使用BSA军用自行车的英军印度部队（国家自行车图书馆）

图 13.7　一辆瑞士MO 05型自行车（Velosolo）

名为"折叠机"。由标致公司生产，既销售给军队，也向普通民众出售。不同寻常的是，这款车没有上管，有两条平行的可伸缩折叠下管连接到弯曲的伸缩管上，此伸缩管从五通管一直延伸到后上叉的顶部。后上叉可以绕基座旋转，并兼作座管。车座由固定在后上叉的两根细座管支撑。这样的结构使得车座可以根据五通和车把调整其前后位置。

其他国家紧跟法国的脚步，也开始生产可折叠军用自行车，但它们一般是流行的菱形车架的折叠版。1893 年，波士顿的迈克尔·瑞安似乎是申请可折叠菱形车架专利的第一人（1894 年美国专利第 518,330 号）。相比之下，"牧神"折叠车采用一种更简单的方法，于 1896 年在英国上市销售。它的菱形车架围绕一个垂直铰链折叠，在上管和下管之间形成一个支架。虽然"牧神"不是一台军用机器，但后来的几种军用折叠安全车都采用类似的布置，将垂直车架铰链与上管和下管之间的支架相结合。很快，瑞安就发明出一种更简易的折叠式菱形车架设计：摒弃支架，在上管和下管处有独立的铰链（1898 年美国专利第 599,016 号）。

1898 年，荷兰陆军中尉 T.L. 瓦格迪恩克设计出一种轴驱动折叠自行车。与"热拉尔上尉"的设计一样，它也有肩带，士兵可以将其背在身上。但它的菱形车架更简单，可以通过连接上下管的垂直管折叠成两半。瓦格迪恩克自行车在代芬特尔生产。另一家荷兰制造商，阿姆斯特丹的辛普克斯，制造出更简单的菱形车架军用折叠自行车。1909 年，荷兰格罗宁根的风格斯公司生产一种小轮军用折

图13.8 法国士兵身背折叠式"热拉尔上尉"自行车。该自行车可变几何形状图示,以及带有肩带的折叠式"热拉尔上尉"自行车(国家自行车图书馆)

叠车的原型。6年后,风格斯推出带有标准尺寸车轮的自行车版本。两款风格斯车的菱形折叠车架与瓦格迪恩克车型大同小异。荷兰军队没有采用这两款自行车(Drouen 1993,10—16)。

在英国,丹麦发明家迈克尔·彼泽森为他的哈莫克车座自行车设计了一款便携式军用版本。该版本的车轮（24英寸）比彼泽森民用自行车更小，车身更低，座位更靠后，这样骑车人可以在座位上双脚踩地以方便射击。彼泽森军用车是一种可分离的机器，而不是真正意义上的折叠车。连接车把与车轮的前叉，通过一根带子固定在车架上，可以快速拆卸。多数军用自行车将步枪纵向放在士兵两腿间的车架上，但在彼泽森自行车上，步枪垂直放在两个弹簧支架上。生产商宣称该车仅重19磅。即便如此，彼泽森也没能说服英国或丹麦军队购买他的自行车（Evans 1992，39—40）。

1902年，不管整车是在哪家公司组装的，英国陆军部把伯明翰轻武器公司生产的自行车配件用于所有的军用自行车。1910年，BSA第一次以自己的名义生产自行车。1911年到1913年，BSA推出带有步枪支架的"本土"型自行车，这显然是打算卖给英国地方自卫队（即陆军预备役军人）。

1908年12月，伦敦兵团第25（自行车）营A.H.特拉普曼上尉发表题为"战争中的自行车手"的演讲。演讲中，他就其他欧洲国家军队使用自行车的状况发表如下评论：

> 放眼欧洲大陆，我们发现法国仍然保持着领先地位。它有一个永久性的自行车连，作为各步兵营的一部分。此外，每个团都有大量的自行车勤务兵和侦察兵……在过去的一年中，意大利人把4个连的贝尔萨格里人变成自行车手，在演习中也大大增加这一编制的人数。大批自行车兵与骑兵对战也成为今年比利时军事演习的一大特色。德国在军事自行车的使用上仍远远落后于上述国家……

虽然特拉普曼上尉是军事自行车的坚定拥护者，倡导在骑兵中使用自行车，但是他旗帜鲜明地反对折叠自行车。他认为：

> 尤其在欧洲大陆，有很多评论家提倡军队使用折叠自行车。我不得不认为这些人多半从未骑过折叠自行车。这种车车身沉重，缺乏硬度和强度，折叠和展开耗费时间。顺便提一下，这种车即使折叠好绑在背上，没有旁人的协助根本不可能解开。这是我背过的最笨重的家伙。
> （Trapmann 1901）

特拉普曼的观点与豪普特曼·尤利乌斯·布尔克哈特不谋而合。豪普特曼是巴伐利亚军用自行车课程的负责人。1897年，他曾在一本书中写道："把折叠自行车用于军队对我们来说似乎是个错误。每辆自行车都可以用两条带子横着背。"（von Salvisberg 1897, 150）尽管如此，德国阿德勒公司和奥地利的斯太尔·瓦芬法里克公司都生产折叠军用自行车。1896年，奥地利施蒂里亚公司为瑞士军队制造一种折叠车，1897年又制造另一种车。实践证明，第二种车的折叠式车把非常不可靠，危险极大。瑞士军队在1902年末和1903年初对折叠自行车进行过一次全面的评估，决定摒弃折叠车，开始研发MO 05型自行车（George and Surber 1995）。

在英国，尽管特拉普曼上尉不建议使用折叠车，但这样的反对声音并不占据上风。一战期间，BSA生产两种可折叠菱形车架自行车。其中一种就像"牧神"的创造性设计一样，有一个用垂直管连接上管和下管的折叠结构，这样的结构后来也出现在瓦格迪恩克和风格斯机器的设计中。（铰链、锁扣和杠杆的精确细节因制造商而异。）另外一种BSA折叠车在上管大约一半的位置有一个铰链接头，另一个位于下管正下方，这与瑞安后期的折叠车非常相似。但是，几乎没有证据表明这种车的折叠能力曾对英国军队有过帮助（Hadland and Pinkerton 1996, 16—17）。

沙皇俄国自行车制造商莱特纳在第一次世界大战期间也生产折叠式军用车。莱特纳采用立式支架铰链原理，没有采用传统的水平上管，上管几乎与下管平行。另外还有一根管子从座管顶部延伸到上管的铰链点。

意大利制造商比安奇是军用自行车的主要制造商。其1912年生产的军用折叠车在上管和下管处都有铰链，没有垂直的支撑管，这种结构大体上与迈克尔·瑞安1898年的简化设计版相似。这款自行车使用实心轮胎，有轻巧结实的前后悬挂装置。其他有趣的设计包括一个前卡钳式刹车，其连杆隐藏在转向头中，还有一个轻型后行李架用来放士兵的铺盖卷。

在两次世界大战期间，德国、意大利和英国的军队都组建了伞兵部队。他们注意到，如果这些部队使用折叠自行车，有可能从跳伞着陆区快速散开。BSA生产的空降兵自行车就是基于这一点设计的，被认为是最著名的军用折叠车。它常常被称为"伞车"，尽管这并不是它的官方名称。唯一被正式命名为"伞车"的自行车是二战后BSA生产的一款非折叠玩具车。（Hadland and Pinkerton 1996, 26—29）

1940年，BSA的两名员工艾伯特·爱德华·伍德和威廉·亨利·泰勒设计出空降兵自行车（1942年英国专利第543,076号）。该车架不像菱形，更像是一

图13.9 左：德斯礼·彼泽森军用自行车模型（1905年目录）。中：画面为一辆1917年的莱特纳折叠式军用自行车的沙皇俄国邮票。右上：迈克尔·瑞安1893年的自行车设计图（专利图）。右下：一战时由BSA设计、飞利浦生产的军用折叠自行车（国家自行车图书馆）

个椭圆形，弯曲的后上叉和后下叉一直延伸超过座管形成上下管。这种双层车架设计可能是受到了摩尔森双管自行车的影响。伍德和泰勒对摩尔森自行车一定非常了解，它由位于伯明翰的另一家自行车制造商弗朗西斯·欧内斯特·穆尔设计、获得专利并制造（1927年英国专利第269,418号）。

BSA空降兵自行车的最初版本有两根座管，但很快就被传统的单座管取代。踏板只是骑手脚背上的管子，只适合穿军靴的士兵短距离骑行，不适合长途骑行。踏板管可以通过曲柄推动以减少自行车的宽度。踏板管上的环形槽可以使踏板管固定于伸展或收缩状态。车架铰链的设计遵循比安奇1912年版自行车的总体布局，上下管之间没有垂直支撑。

尽管伞兵进行着背空降兵自行车一起跳伞的训练，但在真正的战斗中他们很少这么做。然而，BSA空降兵自行车优美的线条让很多设计者大受启发并竞相模仿。二战结束以来，在不同时期，丹麦、意大利和英国很多自行车的设计都源于此。20世纪90年代，帕什力推出一款受BSA空降兵自行车模型启发的自行车。该车直到2013年还在生产，但是不能被折叠（Hadland and Pinkerton 1996，26—29）。

二战期间，BSA空降兵自行车避开来自罗利公司的竞争。罗利公司的设计师悉尼·沃尔特·巴克斯顿设计了一款可折叠的菱形车架军用车模型，该车有时被称为"突击队"。最终，罗利公司采用了BSA的设计方案。

图13.10　一辆BSA空降兵自行车（国家自行车图书馆）

美国自行车制造商韦斯菲尔德在二战期间生产一款军用自行车模型，称为"康帕"。它没有上管，仅靠一根主梁（一根超大的下管）将头管连接到座管。它不能折叠，但主梁与座管可以被拆分。由纽约艾伯特·里彭拜因于1937年设计（1940年美国专利第2,211,164号）。民用版在战前战后都有生产。虽然没有证据表明康帕自行车曾被用于实战中，但海军陆战队对该车进行过测试却是不争的事实。

为伞兵设计折叠自行车的努力并没有随着二战的结束而停止。近期最著名的就是总部位于马萨诸塞州剑桥的蒙特奇公司的蒙特奇伞兵自行车，在中国台湾生产。1997年，蒙特奇公司获得美国国防高级研究项目局为期2年的资助，用于开发设计电动山地自行车。新车型的车架要能更快折叠起来，与20世纪80年代蒙特奇设计的"双车架"结构（一个菱形车架，铰链由两根同心座管组成，一根固定在后三角结构上，另一根与上管和下管相连）相比，要更坚固耐用。后来，他们设计的新型车架仍然围绕着座管铰接，用一根主梁来代替。这样，车架可以用一个锁扣折叠，而原来的"双车架"结构需要2个锁扣。美国军队一般不采用电动辅助自行车。实践证明，靠脚力驱动的蒙特奇空降兵自行车更为成功。其中有一些型号面向普通民众销售。至今，我们还没有看到任何能表明空降兵自行车曾被用于战斗的证据。

尽管发明家创意无限，但专为军队设计的非传统自行车却都不太成功。BSA的空降兵折叠自行车在1944年盟军进攻欧洲时的确被使用过，但最大可能是被伞兵推到岸上，而不是被展开后骑行（Hadland and Pinkerton 1996，28）。它们只是被当作普通公路自行车使用，非标准化设计的折叠功能在很大程度上是多余的。

自行车的有效军事用途

在一些特殊情形下,军队的确曾使用自行车来获得原本不会有的战略优势。一个例子是二战时期在马来半岛上的日本军队,还有一个是越南战争中的越南共产党。他们使用的自行车基本上都是传统的菱形车架自行车。

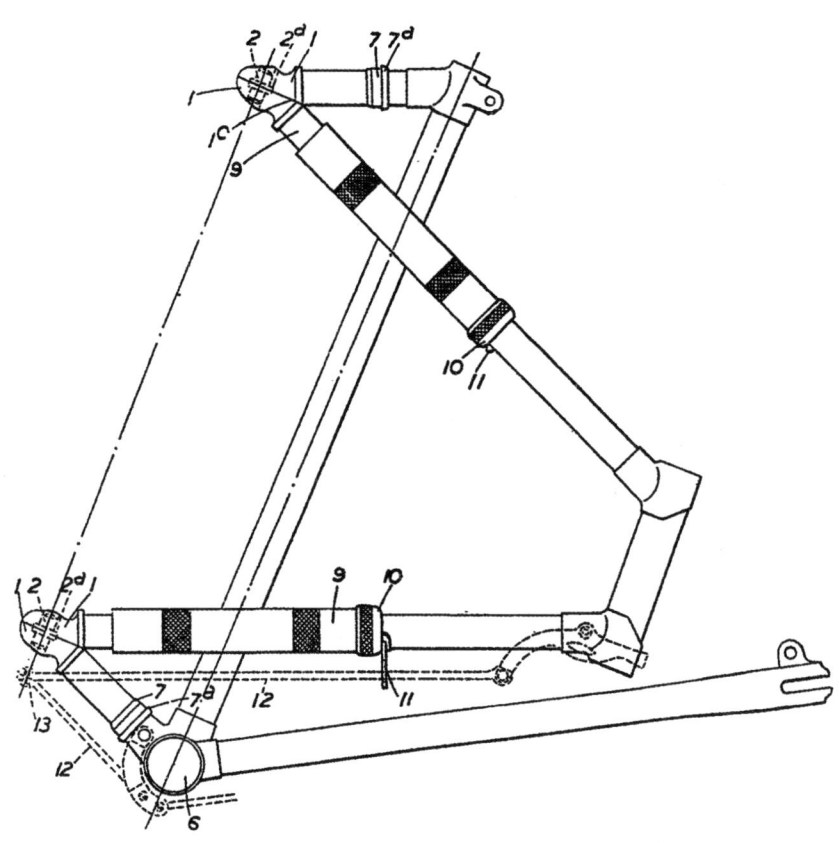

图13.11　罗利公司的军用折叠自行车原型图(专利图)

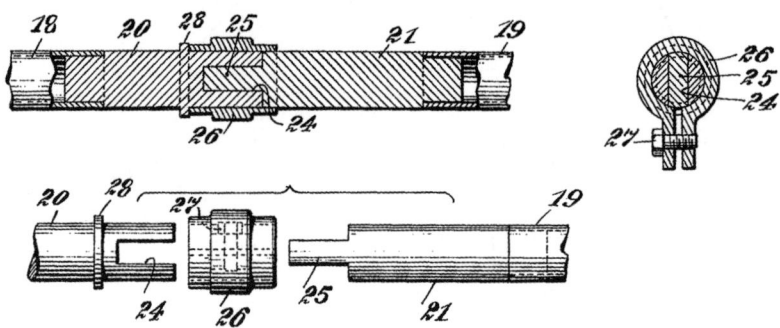

图13.12 上：战后被当作空降兵自行车出售的一辆民用康帕自行车（Easywind）。下：车架衔接细节图（专利图）

图13.13　一辆蒙特奇伞兵自行车(蒙特奇公司)

第14章
山地自行车

1869年,在米肖风格脚踏车盛行的时代,一家德国杂志刊登了一幅罕见的山地脚踏车(即山地自行车)画作,画中的脚踏车正在一个巨大氢气球的牵引下爬山(Berto 1998,64)。是否有人曾经制造过这种车至今仍是个问号。但可以肯定的是,多年来一直有自行车手喜欢越野骑行。一个早期的例子是阿莫斯·萨格登,他在1890年骑着他那辆笨重的自行车穿越了英格兰湖区的斯蒂海德山口,并把他的探险经历发表在英国《自行车旅游俱乐部公报》上。

20世纪下半叶,人们对越野骑行的兴趣与日俱增。1955年,英国硬汉俱乐部成立,其成员通常使用非常标准的自行车。到1960年,在英格兰东北部的达灵顿地区进行越野挑战已经成为该团体的常规活动。骑手们经常用从废料堆里找来的车架组装自行车,并把这样的车称为"沼泽车"。典型的"沼泽车"配有26×1.375英寸的高速轮胎,一个斯特米-阿彻生产的三速或四速轮毂,一个特制的28齿链轮以及一个有32至40齿的牙盘(从轻便摩托车上拆下)。有些制造商使用变速器,使车能够在28齿链轮和16齿链轮之间切换。为了更好地变速,轮毂齿轮上装有经过改装的弹簧。变速线周围和轮轴末端装有长长的内管,以防止泥巴进入套环链。有些车装有从特技摩托上拆下来的"猿猴杆",有些装有从轻便摩托上拆下来的前悬挂装置(Hadland 2011,225—226)。

1968年,杰夫·阿普斯在英格兰北部开始研究专门用于越野的自行车。他设计了一款加强版菱形车架,使用摩托车、BMX小轮车和标准自行车上的一些零件,包括源自芬兰的2英寸650B雪地轮胎、源自法国的具有可自动调节功能的轻便摩托车刹车。1979年,阿普斯设计的自行车以"克莱兰"为名上市销售,连续生产了5年(Hadland 2011,226)。

不同时期,在不同国家出现过不同的越野骑手和试验者,但他们的尝试对自行车的发展没有太大影响。唯一有较大影响的是20世纪70年代加利福尼亚州马

图14.1 1961年,一群"沼泽车"车手们在英国广播公司的一场电视节目中留下的签名照(史蒂夫·斯莱特)

林县的一群狂热的骑行爱好者。

起　源

1970 年,骑着粗轮胎"破车"的自行车手们在马林县塔玛佩斯山的赛道和蜿蜒小径上比赛。我们在第 6 章中曾提到过,弗兰克·施文于 1933 年将低压轮胎自行车引入美国市场。以精益为代表的自行车,整体车架角度平缓,五通较高,前叉偏移量较长。到 1973 年,可以明确的是,为采用低压轮胎而设计的老款施文车架是一辆"破车"经久耐用的重要基石(Berto 1998,29—33)。经反复试错,"破车"骑手们终于找到能满足他们要求的车辆部件。他们用悬臂式刹车取代倒刹和鼓式刹车。1973 年,圣克拉拉县库比蒂诺地区的一群骑行者使用了变速器。到 1976 年,马林县的车手们用变速器逐步取代单速驱动器和轮毂齿轮(出处同上,32—36)。

乔·布雷兹在 1976 年设计的车架被认为是首个山地自行车专用车架。到

图14.2　1983年，杰夫·阿普斯与一辆29英寸"克莱兰"越野自行车（杰夫·阿普斯）

1979 年，完整全新的山地车开始被少量生产。加里·费希尔和查理·凯利用汤姆·里奇制作的车架组装山地车。以零售为目的批量生产的山地自行车出现于 1982 年，其中包括迈克·辛亚德创立的闪电 Stumpjumper 山地车和伯特·劳伊创立的 Univega Alpina 运动型山地车。Stumpjumper 重 28 磅，售价约 750 美元（更多关于早期山地车的信息，参见 Berto 1998，43—57）。

山地自行车的流行趋势在缓慢而坚定地向世界各地蔓延。1983 年，英国只有两三款山地车，第二年激增到大约 36 款。一年后，罗利公司推出 Maverick 系列山地自行车（Hadland 2011，231—232）。

"全地形自行车"（all-terrain bicycle，简称 ATB），被人们广泛采用以称呼"山地自行车"。美国《骑自行车》杂志的一名编辑人员认为"山地自行车"的叫法不太合适，为此专门举办一个取新名字竞赛。一些制造商也采用 ATB 这个术语，原因是他们的许多潜在客户居住在相对平坦的地区。几年后，MTB（mountain bike）作为"山地自行车"的缩写开始流行起来（Berto 1998，164）。

优　势

因风格独特、设计时尚，再加上同龄人的榜样力量，山地车迅速流行起来。多年来，西方国家的许多男士感到他们是不得不骑一辆像赛车样式的弯把自行车。但是山地车的流行，使人们可以用相对直立的骑行姿势，使用直车把开展舒适的骑行。

山地车结实的粗轮胎很有吸引力。粗轮胎除了可以让骑行更加舒适，相对赛车细细的高压胎更不易被刺破，也不易被路面的坑洼、下水道井盖和有轨电车轨道损坏或卡住。与赛车轮胎不同，山地车轮胎使用汽车式的喜莱德气门嘴。同时，山地车的流行也向全世界推广了北美生产的26英寸（559毫米）车轮。这导致曾经一度流行的26英寸轮胎逐渐淡出人们的视野，其中最典型的是英国生产的直径26×1.375英寸轮胎和法国生产的650A轮胎（这两种轮胎的胎圈座直径均为590毫米）。

图14.3　20世纪90年代早期，一辆典型山地车（杰夫·阿普斯）

另外两种尺寸的车轮被用于全尺寸山地自行车，并吸引了一大批追随者，尤其是在 2000 年以后。两者都是基于法国的公制标准，比标准的美国 26 英寸（559 毫米）车轮更大。650B（584 毫米）虽然名义上为 26 英寸，配上山地车轮胎后直径通常约 27.5 英寸。700C（622 毫米）装上宽轮胎后，直径约为 28.5 英寸，在市场上被称为"29 英寸"。

结实的车架是山地车的又一卖点。虽然最便宜的山地车与轻型公路车在车架上差别不大，但真正的山地车通常有超大的车管，有带角撑的车架接头，使用单叉（两个叉片直接钎焊或焊接到转向管上）。头碗组、车把和车把立管（在第 9 章中讨论过）也使车更加经久耐用。

山地车的普及带来变速装置的极大扩展，廉价自行车的刹车也因此得到极大改进。过去，便宜的自行车有一个 3 速轮毂，或者有范围比 3 速轮毂稍宽的不能定位的 10 速变速器。山地车变速技术的"技术渗透"，使得低端自行车有了可以定位的 18 速宽比变速器。普通的侧拉式卡钳刹车被淘汰，取而代之的是强大的直拉式悬臂式刹车。悬挂系统也变得司空见惯。到 2011 年，一辆带有前后悬挂的自行车只需 160 美元就可以买到。

悬挂和车架的演变

早期的山地自行车建造商着力于加固菱形车架、供应不断发展演变的零部件。1990 年后，山地车开始引入悬挂，这一设计影响深远。虽然减震车把立管和弹簧座管可以安装到任何车架上（见第 6 章），但是安装合适的前后悬挂需要改变车架的整体设计和几何形状。

第一款批量生产并上市销售、有前后双悬挂的山地车是亚历克斯·莫尔顿推出的 AM-ATB 自行车。此车具有立体车架，与西雅图的安格尔湖自行车行合作开发，于 1988 年春天面世。当年，《自行车指南》在评论这款车时写道："一辆带悬挂的山地车？确确实实是这样，它很有效……虽然价格高昂又难以买到，但莫尔顿还是拓展了我们对自行车的想象。"因为莫尔顿自行车使用的是英国产的 20 英寸车轮，很多人都不认为它是一辆真正的山地车。即便如此，它确实是先于其他任何 26 英寸双悬挂山地车之前上市的系列自行车，因此它极大地激发了人们对山地车悬挂系统的兴趣。（Hadland 1994, 148ff）

在山地车上创造性地安装悬挂系统的公司是"武士道"公司（得到熟悉莫尔顿自行车的罗杰·派珀的帮助）和红隼公司（得到保罗·特纳和基思·邦特雷格

的帮助）。这两家公司在20世纪80年代末都生产带悬挂的山地车原型。

现在常见的双滑柱式伸缩前叉是迄今为止使用最广泛的前悬挂装置。此外，佳能戴尔公司推出了可伸缩Head Shok前叉，它的转向头里有一个空气弹簧（1994年美国专利第5,320,374号），到2011年仍在生产。另外还有乔·默里、梅尔特·劳威尔、鲍勃·格文等人的主连杆设计，但都没有获得广泛持久的商业成功。到1993年，在美国销售的山地车，30%有某种形式的前悬挂，8%有前后悬挂。

多年来，山地车前叉的市场领导者是由保罗·特纳和史蒂夫·西蒙斯于1989年创立的Rock Shox公司。他们早期生产的前叉使用空气弹簧，加上不到2英寸行程的油控阻尼（1990年美国专利第4,971,344号）。一些早期的竞争对手选择弹性弹簧，如Manitou。而Rock Shox从1993年也开始生产弹性弹簧前叉。不过，从2000年开始，Rock Shox生产的大多数前叉使用空气弹簧或螺旋弹簧。从1995年开始，速降赛山地车倾向于使用更大行程的前叉。到2000年，Rock Shox公司已经开始提供行程达8英寸的前叉。

给标准山地车车架安装伸缩式前叉会引起车架角度的改变，这种几何结构的调整可以接受。但是，后悬挂系统的引入将引起车架结构的实质性变革。

山地自行车的后悬挂系统主要分为4大类：简单的枢轴设计、多连杆系统、统一的后三角系统和平行四边形系统。

 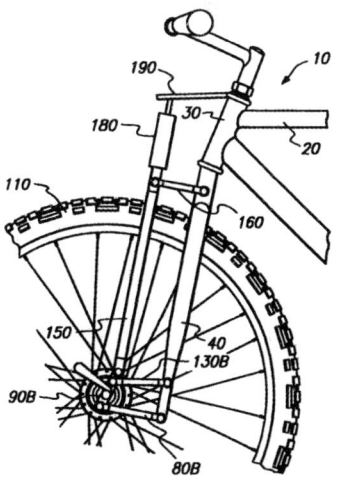

图14.4 左：1992年，乔·默里生产的主连杆前叉的目录插图。右：1991年的梅尔特·劳威尔主连杆前悬挂设计专利图

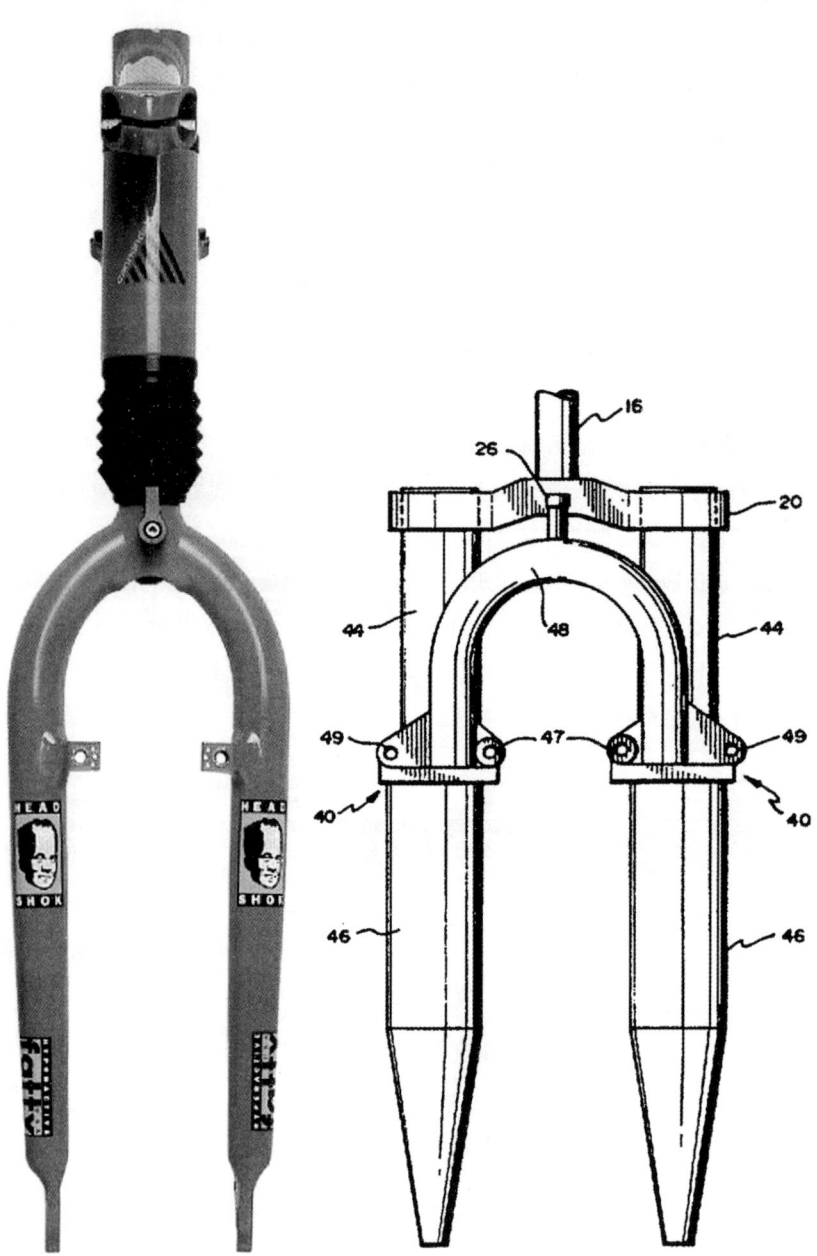

图14.5　左：佳能戴尔公司Head Shok前叉的目录插图。右：1989年，Rock Shox伸缩式气叉或油簧叉专利图

图14.6 一辆21世纪初的典型山地车,带有一个伸缩式前叉(杰夫·阿普斯)

简单的枢轴设计要么有一个摆动的后三角(枢轴在五通后面),要么有一个巨大的摆臂(枢轴在座管上方约三分之一处)。两种结构都非常简单,这是优点。不足之处在于,摆动的后三角必须依靠其顶点的弹簧单元进行横向移动。另外,摆臂会受到链条张力的影响,当车轮遇到颠簸时,往往会限制摆臂的向上运动。有了这种简单的枢轴设计,传统菱形车架的前部包括上管、头管、下管和座管都可以保留。

多连杆系统因弹簧单元位置不同而各有差异。在典型的多连杆系统中,摆臂就在五通的后面转动。后上叉的下端通过靠近车轮叉脚的枢轴连接到摆臂,每个后上叉的上端与摇臂末端的枢轴相连。摇臂绕座管转动,另一端作用在弹簧单元上。弹簧单元垂直安装在五通管上方,刚好在座管的前方。此系统有很多变体。如果设计师足够认真,很可能出现靠近叉脚的后枢轴设计。第一款商业化生产的四杆后连杆山地车是1990年加里·费希尔RS-1,它由加利福尼亚州蒂布龙的梅尔特·劳威尔设计。早在1987年,劳威尔就提交了他的第一个多连杆后悬挂设计专利申请(1988年美国专利第4,789,174号)。后来他又提出多项不同的专利申请。多连杆悬挂系统设计领域另一位非常重要的设计师是来自加利福尼亚州拉古纳海滩的霍斯特·莱特纳。他于1992年提出第一项专利申请,1997年获批,专利号为5,678,837。多连杆悬挂系统有3个优点:首先,悬挂单元位置的设计选择；其次，具有很好的横向刚度；最后，具有提高悬架率的能力。该系统的最大缺点是过于复杂。同简单枢轴悬挂一样，多连杆系统也可以保留传统的上管、头管、下管和座管。

"统一后三角"（unified-rear-triangle，简称 URT）系统中，五通管也是摆动后三角的一部分。枢轴可以非常靠近五通管，也可以高于五通管。该系统的一大优点是解决了链条张力问题。不足之处是，当骑手站在踏板上时，避震装置无法起作用，枢轴轴承的磨损会增加。而且，在枢轴较高的情况下，车座到踏板之间的长度会波动。高枢轴 URT 系统需要对车架进行大刀阔斧的设计：缩短座管或者提高下管，或者像 1995 年克莱因的设计（2000 年美国专利第 6,109,636 号），用一根横梁替代上管和下管。另外一款使用 URT 系统的车架变体的典型，是 1995 年崔克设计的车型（1997 年美国专利第 5,685,553 号），使用的是 Y 形车架。

典型的平行四边形悬挂系统是由梅尔特·劳威尔于 1990 年设计（1992 年美国专利第 5,121,937 号）。下摆臂绕靠近五通的位置枢转，并通过枢轴连接到延伸的后轮叉脚板的下端。叉板的顶部通过枢轴与上摆臂的后端相连接。上摆臂的前端是绕座管枢转。这样，两个平行的摆臂、座管的下半部和延长的后叉脚，构成一个紧凑的平行四边形。悬挂装置被安装在座管（靠近上枢轴）和下摆臂的一个点之间，位于五通后面一两英寸处。链条在前后枢轴中间运行，前后枢轴相隔只有几英寸。这种几何结构解决了链条张力的问题，但在所有条件下都允许主动悬架。缺点在于轴承负荷很高，并且有很多枢轴。在这种平行四边形系统中，传统菱形车架的前部仍然可以使用。

山地自行车的衍生品

随着山地自行车的发展，出现几种特殊类型的山地车（包括越野自行车、旅游自行车、速降自行车、自由骑行自行车、泥地跳跃自行车和特技自行车），同时对其他类型的自行车也产生强烈的影响（特别是探险自行车，它结合了山地自行车的坚固和传统旅游自行车的特点）。山地车最流行的衍生品是混合车或旅行车，是传统轻型公路车和山地车的交叉混合体。罗利和比安齐在 20 世纪 80 年代末开创了这种风格。

俗话说，万事万物循环往复。1995 年，施文公司推出"黑色幻影"自行车庆祝其百年诞辰，这是一款基于 1949 年同名车型的新车。这推动了许多早期山地车所基于的粗胎自行车的复兴。制造商们开始生产沙滩车、lowrider 自行车、太子车及其他受 20 世纪 30 至 50 年代美国低压轮胎自行车启发的车型。

在山地车的众多衍生品中,有一款非同寻常,它由加利福尼亚州丹·汉布林克设计,汉布林克曾是一名航天工程师和自行车比赛冠军。20 世纪 90 年代初,汉布林克开始制造一种山地车,有着长而矮的菱形车架,带有超宽轮胎(通常是 20×8 英寸)的小直径车轮。他甚至制造了一种叫"利莫"的双人双座自行车和一些可以在冰上骑行的自行车。2011 年前,汉布林克一直专注于其机器的电动辅助版本。目前,幸运汉布林克公司供应几种踏板式和电动式车型。

图14.7 左上:21世纪早期,一辆典型的单枢轴后悬挂山地自行车(杰夫·阿普斯)。左中:1995年,崔克的Y形车架设计(专利图)。左下:21世纪早期,一辆典型的无弹簧旅行车(杰夫·阿普斯)。右上:梅尔特·劳威尔在1987年设计的全悬挂山地车,使用多连杆后悬挂系统(专利图)。中右:1995年,克莱因的高枢轴统一后三角设计(专利图)。右下:1990年,梅尔特·劳威尔的平行四边形后悬挂设计(专利图)

图14.8 1993年，丹·汉布林克和他早期设计的一辆超宽轮胎山地车（拉尼·菲格罗阿）

第15章
小轮自行车

自菱形车架后驱安全自行车问世以来，成人自行车的车轮直径大小几乎没有变化。28英寸的充气轮胎是坚固、简单和易于制造的菱形车架所能适配的最大轮胎。在其他因素相同的情况下，大车轮比小车轮更容易滚动。在无簧车架中，大轮车骑起来更舒适，因为落入地面小凹坑时它陷入的深度较浅。遇到颠簸，车身起落也较缓慢。简而言之，28英寸的车轮在舒适性和滚动阻力方面达到了菱形车架所能包容的最佳平衡性。任何更大号的车轮一定会使上下自行车的方便度大打折扣，安全自行车也就名不符实。

虽然大轮车一直主宰着市场，但成年人有时也会使用各种小轮自行车，下面是人们对小轮车的一些评论：

运载自行车上使用小前轮可以为货物留下额外的空间。

便携式小轮自行车在折叠或分离后占用的存储空间更少。

一辆男女皆宜的小轮购物自行车，车轮上方可以放置很多物品，而且座位和车把高度的调节幅度够大。

一辆BMX自行车的小轮子非常结实，有利于急加速和急转向。

追逐赛或摩托车配速场地赛中，自行车的小车轮有助于近距离贴近前车。

计时赛中，自行车的小前轮适合使用更符合空气动力学的低位骑行姿势（虽然不再为UCI规则允许）。

斜躺式自行车上的小前轮使曲柄和传动系统不会影响车的转向，安装整流罩也更容易。

在特定用途自行车上安装小车轮，大部分都是利用小轮子带来的一个或多个优点（见表 15.1），但同时小轮子也有缺点（见表 15.2）。多年来，人们为给标准自行车安装小车轮进行了一系列有力的论证。

早期的小轮自行车

高轮车的后轮很小（通常约 16 英寸），还有一些齿轮式前驱车（例如 19 世纪 90 年代中期克里普托设计的矮脚鸡和班塔米特自行车）也使用小轮子。

1894 年，总部位于伦敦的充气轮公司推出一款后驱安全自行车，车轮为 18 英寸。该车出自伦敦设计师约瑟夫·卡斯尔·霍尔之手，当时售价 15 英镑，装有无辐条无轮辋的充气轮胎（1891 年英国专利第 3,968 号）。这种车轮可以被看作是一个中心带轴的充气球，一对轮毂法兰将球挤压成车轮状。在广告中，充气轮公司引用了自行车赛冠军车手和自行车媒体的赞美之词。谢菲尔德的沙罗自行车俱乐部存有一张当时的照片。照片中，一名车手骑着一款带有这种车轮的自行车（Barrett 1982, 15）。伯明翰有一位名叫埃德蒙兹的居民，当时被认为是"具有一定能力的赛车手"，他在这款自行车上的骑行表现让一些年轻挑战者"相当惊讶"（Davison 1939）。

1897 年，德国勃兰登堡尼切与考斯曼公司生产一种菱形车架小轮车，给它命名为"蜂鸟"。它的车轮直径约 20 英寸，采用传统的张力辐条和充气轮胎。它是为猎人、军队和其他需要更轻便、更小巧自行车的人准备的（Kielwein and Lessing 2005, 113）。大约 90 年后，类似的迷你维罗自行车在日本市场变得非常流行。它的轴距较短，采用菱形车架，车轮直径约 20 英寸。该车在日本和意大利（生产商为比安奇）至今仍有很多使用者。

表 15.1 小轮的优点（源自 Hadland 1997）

影响因素	优点
车轮上方的空间更大。	不需要在车轮两侧放置宽大的驮包，行李更符合空气动力学。 负载更容易承载在中心线上，改善了重量分布。 座椅和车把高度有更大的调节幅度。 在需要时，更容易产生较低的跨步高度。 车把可以更低，以获得更好的空气动力学效果。 更容易容纳悬挂装置。

（续表）

影响因素	优点
更容易装入悬挂。	悬挂式小车轮通常比大的非簧载车轮行驶更平稳。通过大大改善轮胎与路面的贴合性，改善道路抓地力。
轮子所占空间较小。	更容易收放，特别是便携式自行车的收放。 更容易容纳整流罩。 便于在典型斜躺式自行车的低位进行传动系统的安装。 比通常的轴距更长，也可以更短。 在追逐其他骑手或配速车辆时，允许更近的牵制。
轮子质量较小，半径较短，因此惯性矩较小。	更好的加速。 飞轮效应变小，有助于制动。 转向更轻巧，有助于机动性。 在悬挂式自行车中，非簧载质量较低，在粗糙表面上更容易滚动。
轮子正面面积较小。	车轮空气阻力较小。
辐条较短（且通常较少）。	更少的辐条湍流，减少空气阻力。 标准轮毂上较短的辐条可以形成更坚固的结构。
车轮直径较小。	更紧密的辐射状轮辋，强度更高。 刹车鼓半径与车轮半径的比率较低，因此轮毂刹车的效果更好。 驱动轮毂的扭矩较低，所以轮毂齿轮的压力较小。 容易获得更低的挡位。 备用轮胎更容易被携带。
轮胎的接触面较小。（这仅适用于采用高于正常压力的情况。）	在良好的路面上，较小的轮胎有更好的牵引力（由于单位面积的压力较高，所以更有"咬合力"）。

表15.2 小轮的缺点（源自Hadland 1997）

影响因素	优点
轮子的质量较小，半径较短，因此惯性矩较小。	较低的陀螺效应降低了转向阻尼和自转向倾向。下坡时飞轮效应较小，对下一个爬坡不利。

(续表)

轮毂靠近地面。	水和沙砾渗透的风险更大。
车轮直径较小。	除非采用更宽的轮胎或悬挂系统，否则行驶起来更加颠簸。 轮辋制动半径与车轮半径比例不太有利，因此降低了轮辋制动器的效率。（对于直径很小的轮辋和低压轮胎，效果最差；对于大轮辋上的窄轮胎，效果也不明显）。 难实现更高的挡位——可能需要特殊的牙盘和／或链轮来获得更高的主传动比。 对于给定的路面速度，轮毂旋转得更快，因此轴承摩擦稍高。 车轮更深地陷入柔软的表面，大大增加了滚动阻力。优越的轮胎结构和细心留意压力必须接近较大车轮滚动阻力。
为了获得最佳滚动阻力，可能需要特殊的轮胎结构。	某些特定形式的轮胎，其供应受限。 轮胎更昂贵。 轮胎的压力更关键。 轻而柔韧的轮胎可能不太耐用。 在粗糙路面上，除非装有悬挂装置，否则因高压窄截面小直径轮胎造成的动量损失会更大。
轮毂和轮辋离制动杆更远。	需要较长的缆绳，因此制动效率略有下降。
轮胎的接触面较小。（这仅适用于采用高于正常压力的情况。）	在糟糕路面上抓地力较差。 轮胎磨损更大。
轮胎周长较短。	轮胎磨损更快。

韦洛乔的小轮车试验

保罗·德维维耶（又名韦洛乔）是一位小轮车倡导者，被普遍认为是法国自行车旅行之父。1911 年，在他担任《骑车人》杂志的编辑期间，收到一位绰号为"热尔曼"的自行车手寄来的信。在信中，热尔曼提到，德国蜂鸟小轮车的车轮直径为"35 至 40 厘米"（不含轮胎厚度），没有生产多久。韦洛乔给予如下回复：

图15.1 左：1894年，一辆顶级公路自行车（国家自行车图书馆）。中：1896年，一辆克里普托班塔米特自行车（*Polytechnisches Journal* 301，1898，176）。右：1897年，一辆尼切与考斯曼"蜂鸟"自行车（*Polytechnisches Journal* 306，1897，113）

根据我的经验，自行车车轮直径不超过50厘米，轮胎厚度为50毫米（两者整体直径约24英寸）。但我敢保证：如果做一次长达15,000公里的骑行试验，骑手们在整个过程中一定不会发现这种车有任何不足之处。在我看来，这种车只是容易打滑，但这可能是因为轮胎没有花纹，而且自行车很短。虽然人们普遍认为70厘米是适宜的车轮尺寸，但这并不能证明这个直径是最好的。这足以说明自行车骑手们的想法只是像绵羊那样相互跟风。（Vélocio 1911）

韦洛乔告诫，不能仅仅因为一项新发明失败了就认为它的构思很糟。他指出，一项发明之所以失败往往是因为它超前于时代。

韦洛乔的评论似乎对伊龙代勒路路通自行车的设计产生了很大影响。该车于1911年（也是韦洛乔发表上述评论的同一年）由法国圣艾蒂安武器和自行车制造商生产并进行广告宣传，产地为韦洛乔的家乡。它的车轮为24英寸，男款车重约20磅，女款约24磅。除了车轮稍大一些，该车整体继承了蜂鸟自行车的传统。此时的英国，小车轮取代28英寸的大车轮已经成为一种潮流。受韦洛乔的影响，法国也同步掀起这一潮流。

1913年，罗利公司董事长弗兰克·鲍登写道："我更喜欢26英寸车轮上的1.5英寸开边开放式邓禄普轮胎，带有防刺带。更轻的轮胎和更小的轮子可以减少车身重量，感受最明显的是车轮的外围。"（Bowden 1913，55）在接下来的25年里，26 英寸的车轮逐步取代 28 英寸的车轮。

可能正是受韦洛乔的影响，才有考文垂交通博物馆巴特利特藏品系列中那辆神秘小轮车的诞生。收藏家萨米·巴特利特嘲笑这辆车为"纯粹的怪胎"，它有 20 英寸的轮胎和开放式车架。该车由伦敦自行车、摩托车和汽车制造商 P.M. 布朗先生的遗孀捐赠（Bartleet 1931，77）。

20 世纪 30 年代，几位有经验的英国自行车骑行爱好者模仿韦洛乔，使用较小的车轮。《骑行》杂志的技术专家 A.C. 戴维森和自行车旅行俱乐部萨塞克斯地区的顾问梅德温·克拉特巴克，使用直径约 24 英寸的轮胎，轮胎横截面为 1.625 英寸。戴维森骑着他的"小轮子"行驶约 5,000 英里，对它"相当满意"（Davison 1939）。克拉特巴克有两辆由伦敦 F.M. 埃文斯制造的小轮车。他骑第一辆车穿越阿尔卑斯山、白云石山脉和挪威，途经之处多为糟糕的路面。在英国，他每天骑行多达 200 英里。半个世纪后，他仍认为他的第二辆小轮车是"旅行自行车的缩影"。

相应增加轮胎横截面面积，减小轮胎直径，有其正向价值。在胎内空气体积和压力不变的情况下，增加横截面的宽度可以补偿（甚至可以改善）小轮车骑行时的平顺性。对滚动阻力，一个合理的指标是：在既定重量下，轮胎与地面

图15.2　左：1970年，韦洛乔和他的卡罗塞·德加拉小轮车（Raymond Henry）。右上：1911年，一辆伊龙代勒路路通自行车（国家自行车图书馆）。右下：2011年，一辆富士迷你维罗自行车（领先运动器材国际有限公司）

接触的长度除以轮胎的半径（Whitt 1977）。对给定的压力和载荷，无论轮胎直径怎么改变，接触面积都是恒定的。韦洛乔小轮车在缩短接触面长度的同时可以增加接触面的宽度。因为滚动阻力与接触面的长度成正比，所以只要使用轻型轮胎结构就可以获得较小直径的补偿。但是这一点很难做到，因为横截面越大，胎体必须越强以承受既定的压力。因此，韦洛乔提倡使用当时英国生产的薄而柔韧的帆布支撑轮胎胎体，也就是前文中弗兰克·鲍登提到的轮胎。因为担心保修索赔问题，这种轮胎在法国没有被生产，韦洛乔对此深表惋惜。二战后，梅德温·克拉特巴克抛弃了他的小轮车，仅仅是因为找不到大蟒蛇公司生产的定制轮胎。

早期的便携式自行车

在高轮车时代，人们也在努力尝试设计小型便携式自行车，这推动小轮车又一波的发展。目的是让人们可以携带自行车乘坐其他交通工具，并将它们存放在有限的空间内。

一些便携式自行车带有可以折叠的铰链或枢轴，一些可以拆分成两部分或多部分，还有一些既可折叠也可拆分。最后一类车包括那些为了达到最小存放尺寸，将车架折叠后还可拆掉车轮、把手或座杆的自行车。

便携式小轮车的早期发展，应该放在便携式自行车发展的大背景下来看。1881年，亨利·斯特米在评价1878年的格劳特便携车时，曾写道："把自行车放进袋子里的想法虽然很奇怪，但在高昂的铁路费用的时代却意义非凡。"此车由伦敦的威廉·亨利·詹姆斯·格劳特设计，是一辆可以装在袋子里带上火车的高轮车。车架可以折叠成两半，前轮可以折成4个扇形，用时约10分钟。买得起这种车的人也不太可能拿着扳手匍匐在火车站广场上折叠自己的自行车。因此，这款车当时卖得并不好，但它确实凸显了车轮尺寸对自行车便携性的影响（Hadland and Pinkerton 1996, 1—3）。

前后车轮直径均为28英寸的后驱安全自行车更方便携带。纽约友谊城的埃米特·拉塔在1887年9月16日为他的折叠安全自行车提出专利申请，并在1888年获得批准（专利号378,253）。后来，他把专利转让给哥伦比亚品牌的所有人科洛内尔·波普。在该设计中，头管、座管和前叉组合在一起，几乎呈水平状的前叉从五通的正前方延伸到前轮毂。将前叉反过来，前轮和后轮就会呈并排状，形成一个紧凑的整体。但是，不同于普通自行车的操控方式，这款车的两个轮子

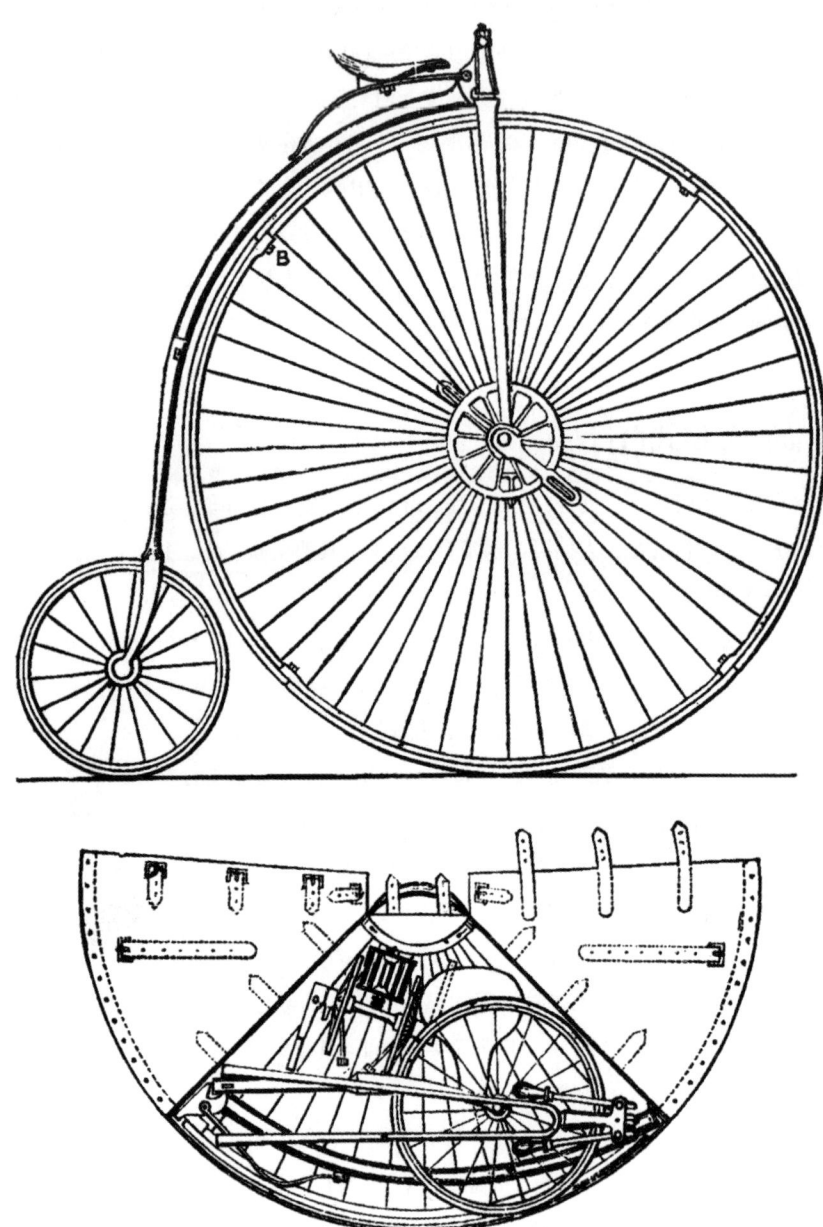

图15.3 1878年,一辆格劳特便携式自行车(Sturmey 1881)

都可以转向,该车在商业上并不成功。

正如 13 章中提到的,波士顿的迈克尔·瑞安在 1893 年为他的可折叠菱形车架安全自行车提出专利申请(1894 年美国专利第 518,330 号)。瑞安设计的车架非常复杂,制作成本也很高。"牧神"折叠自行车使用一种更简单的方法,并于 1896 年在英国上市销售。它的车架围绕一个垂直铰链折叠,在上下管之间形成一个支撑。随后的几种军用折叠安全自行车都采用类似的设计。瑞安很快就发明出一种更简单的可折叠菱形车架:摒弃上下管之间的支撑(1898 年美国专利第 599,016 号)。但是,要使折叠起来的自行车更小巧,需要进一步减小车轮的尺寸。

1909 年的风格斯军用折叠车(在第 13 章中提到)可能是第一款批量生产的小轮折叠自行车。然而,直到 20 世纪 30 年代末,便携式小轮车才有进一步的发展。1939 年,高产的巴黎发明家安德烈-朱尔·马塞兰设计了一款名为"小家伙"的车,使用 16 英寸的半低压轮胎(英国专利第 526,773 号)。最初的设计没有指定用折叠车架,但可以通过翻转前叉,折叠车把,并将车座滑动到最低位置而使车子变得非常紧凑。后行李架形成一个支架,这样自行车就可以立在壁橱里。哲学家让·保罗·萨特、艺术家弗朗西斯·皮卡比亚都曾骑过"小家伙"自行车。

图15.4　1909年,一辆风格斯军用折叠自行车(来自荷兰格罗宁根档案馆的收藏)

1944年设计的"小家伙"后期版本使用了折叠车架（1951年法国专利第992,681号）。也许正是这辆车让来自东京的横幕纪成找到了灵感，设计出波尔塔自行车（1957年美国专利第2,777,711号）。横幕是一位汽车工程师，为了自己上下班通勤的方便，他在1951年设计出这辆自行车。后来，他将该设计卖给一家名为"片仓丝绸"的公司后将其投入批量生产。

20世纪50年代末，欧洲迎来第一波小轮车的发展浪潮。60年代开始，小轮车日渐流行，一直持续到80年代。它们中的大多数使用20英寸的车轮，可以折叠或拆分后装进汽车后备厢。它们在许多西欧国家也开始流行起来。当时出现了各种各样的开放式车架设计，大部分来自法国、德国、意大利和荷兰。但随着时间的推移，有着简单U形或H形车架的小轮车成为主导。70年代，当时的许多廉价小轮车都是从东欧进口的。

英国小轮车（20世纪60年代到80年代）

20世纪60年代，英国小轮车的发展相对孤立，部分原因是英国很少从欧洲大陆进口自行车，另外一部分原因是受到莫尔顿自行车的影响。莫尔顿自行车的创始人亚历克斯·莫尔顿是一名有蒸汽动力、航空工程、汽车悬挂和橡胶技术背景的工程师。他因设计1959年迷你汽车上使用的橡胶悬架而闻名。

1956年，苏伊士运河危机致使英国出台汽油配给政策，这大大激发了莫尔顿对自行车研究的兴趣。虽然他不是自行车制造商，也不是自行车历史学家，但他意识到自19世纪90年代以来菱形车架自行车一直没有发展。他决定"引领自行车的发展，使自行车突破传统的外形"，"制造一辆更讨人喜欢、更便于使用的自行车"。他与邓洛普合作，利用自己在橡胶技术方面的背景得出结论：当把设计精良的窄截面14英寸和16英寸轮胎充气至每平方英寸50磅或更大的压力时，滚动阻力与标准低压公路自行车轮胎在光滑表面上的滚动阻力大小相当。为了消除高压力小直径轮胎造成的颠簸，莫尔顿添加了悬挂系统。这不仅使骑行总体上比传统自行车更平稳，还减少了在粗糙路面上的动量损失。虽然很少被用于运动项目，但莫尔顿自行车在点对点纪录尝试、计时赛、单人和四人追逐赛、环形公路赛、超级马拉松、铁人三项、奥达斯自行车赛、HPV赛中表现出色，并成功用于横跨大陆的旅行。

1962年推出的莫尔顿自行车最初获得了巨大的成功。高峰时期每周生产1,000多辆，而当时的英国自行车产业正处于急剧衰退时期。其他自行车制造商很快加

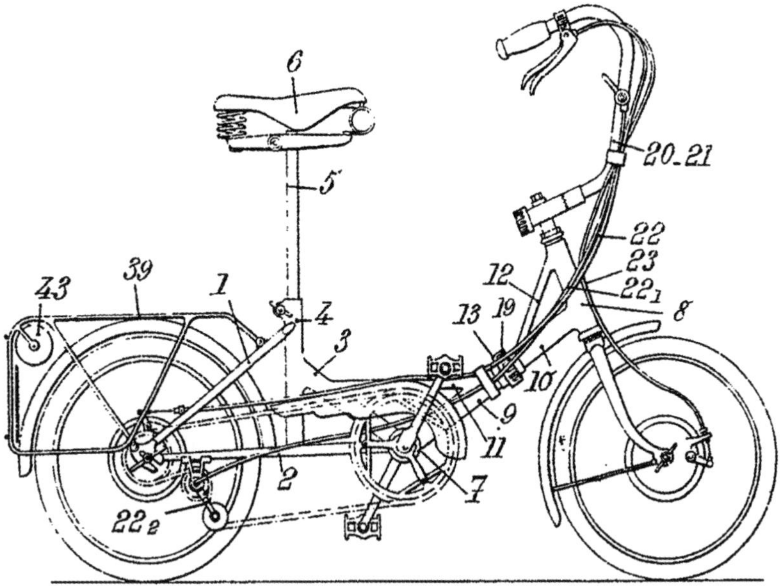

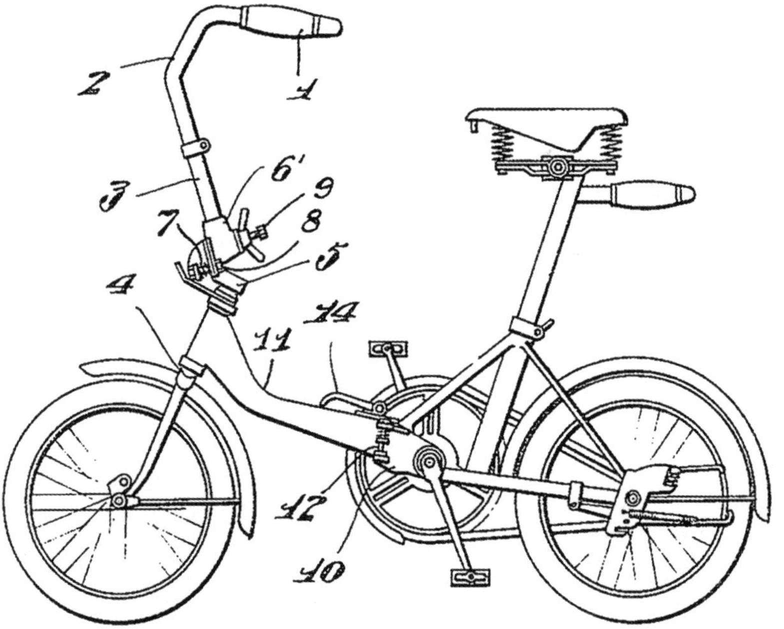

图15.5 上：一辆1944年设计的"小家伙"自行车后期版本（专利图）。下：1951年设计的波尔塔自行车（专利图）

入这股浪潮，但却无法轻易绕过莫尔顿的专利。作为回击，罗利公司（曾经拒绝生产莫尔顿自行车）推出了 RSW16 自行车。这款车外形与莫尔顿自行车相仿，没有使用带悬挂系统的高压轮胎，而是使用低压轮胎。RSW16 比莫尔顿更便宜，并且投入大笔广告费用进行宣传。后来，其他制造商包括道斯、皇家恩菲尔德以及后来加入的罗利，都生产带有 20 英寸车轮的开放式车架实用自行车，通常被人们称为"购物者"。他们把注意力集中在莫尔顿核心产品上，忽略了那些异国情调的赛车和旅行单车。此番竞争重创莫尔顿，1967 年，罗利公司收购了莫尔顿。后来，罗利公司将精力集中在罗利 20 系列上。罗利 20 使用的是 H 形车架，20 英寸的车轮。1975 年，罗利 20 成为该公司最畅销的产品，仅在英国就卖出 14 万辆，出口到北美，并在新西兰获得生产许可。

20 世纪 80 年代之前，带 20 英寸车轮的"购物者"自行车在英国的自行车生产中占很大的比例。与欧洲大陆不同，从 20 世纪 60 年代至 80 年代期间在英国生产的小轮车绝大多数都不是折叠车。70 年代之前，英国鲜有见到欧洲大陆风格的 U 形车架和 H 形车架折叠自行车，70 年代之后从奥地利和东欧进口的折叠自行车才开始进入英国。

折叠小轮车

道斯和罗利都生产 20 英寸的便携式自行车，但这些车像欧洲大陆的折叠车一样笨重。一些设计师试图开发更轻、更紧凑的车型。罗利公司曾考虑过制造一款由剑桥大学的戴维·纽兰设计的自行车，但因造价高昂，最终放弃了该设计。

图15.6　左：1963 年，一辆莫尔顿豪华版自行车（由艺术家保罗·格罗根提供）。右：1981 年，一辆罗利 20 "购物者"自行车（国家自行车图书馆）

比克顿便携式自行车的出现是一个巨大的突破。它于1970年面世,由航空工程师哈里·比克顿设计,车体为铝合金材质,几乎全部由螺栓和销钉固定。这款车最轻版约20磅或更轻,可以折叠成30×20×10英寸大小。有着细长的铝制把手和座杆,天生就很灵活。它被那些希望将自行车与公共交通结合起来的旅游者使用,在英国和澳大利亚断断续续地生产了25年以上。一位从未骑自行车长途旅行过的英国奶奶,甚至骑着比克顿自行车横穿了美国东西两岸(Miller 1980)。

另一款有名的折叠车是Transit Compact。它由铃木公司名叫岩井正二的工程师设计,并在21世纪初由普利司通公司生产。这款车折叠后就像"棍子"一样呈细长状,并且仍然可以在车轮上轻松滚动。

格雷厄姆·赫伯特设计的Airframe自行车(1981年美国专利第4,296,940A号),是又一款可以折叠成细长状的自行车。它有16英寸的轮子和可折叠铝制菱形车架。此车在20世纪80年代和21世纪初两次投入批量生产,但两次销售都不理想(可能是因为没有找到合适的市场定位)。虽然它很灵巧,而且相对轻便,但并不像布朗普顿自行车那样紧凑或容易折叠,推起来也不省力,价格也不便宜。

另一款有趣的棍状折叠车是"缩放车"。经过德国工业设计师理查德·萨珀多年的设计研究,该车由一家名为"电动组件"的意大利公司于1998年投入生产。它并没有取得大的商业成功,很快停产。14英寸的轮子只被支撑在车的一侧,前轮悬挂在一个拖臂上,驱动装置是安装在车架主梁内的链条和一个三速变速器,车架内置照明。

最著名、最耐用的折叠车或许当属英国设计师马克·桑德斯设计的速立达自

 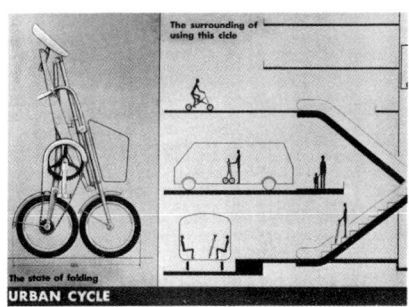

图15.7 岩井正二设计的折叠自行车,在1974年日本举行的国际自行车设计大赛中,该车获得二等奖(*International Cycle Design Competition: Report on Prize-Winning Projects*, Koichi Ishida, 1974)

384　自行车设计 200 年

图15.8　理查德·萨珀设计的处于折叠模式和骑行模式的"缩放车"（©伯恩哈德·安格雷尔）

行车。像"缩放车"一样，它的车轮也只在一侧有支撑。当两个轮子并排存放时宽度最小，这使修补破洞和更换轮胎也更容易。速立达最早生产于 1987 年，尽管后来曾一度中断，但在 21 世纪初仍然可以买到。它与柏林的奥托·施皮斯在 1897 年设计的自行车在整体结构上惊人相似（1897 年德国专利第 110,963 号）。

　　布朗普顿折叠车的问世是安德鲁·里奇努力的成果（不要把他与同名的自行车历史学家混淆了）。里奇（同戴维·纽兰和剑桥大学的校友亚历克斯·莫尔顿一样）的灵感来自比克顿便携式自行车，想发明一款更好的折叠车。他想设计一款更结实耐用、折叠起来更容易、更紧凑的自行车。经过 5 年的原型设计之后，他于 1976 年提交第一项专利申请（1980 年英国专利第 1,580,048 号）。布朗普顿自行车的一个特别新颖的设计是后轮被装在一个带铰链的副车架上，这个副车架也兼作悬挂臂，作用在一个橡胶弹簧上。主车架也是铰链式，车把可以折叠。一辆布朗普顿自行车可以折叠到 22×21×10 英寸。它的钢质车架较比克顿便携式自行车要结实得多，不过第一批布朗普顿自行车较比克顿自行车重了约 9 磅。（后来，

图15.9 左：2011年，一辆速立达自行车（目录照片）。右：一张柏林奥托·施皮斯非常相似的设计图（1897年德国专利第110,963号）

基本款车型的重量减轻大约5磅。）

罗利公司拒绝生产布朗普顿折叠车。安德鲁·里奇在1981年和1982年制作了几辆布朗普顿折叠车，但直到1988年才开始无间断地持续生产。那时，该车已经赢得1987年伦敦自行车展的最佳产品奖。从那以后，布朗普顿公司一直在稳步发展。在写作本书时，它是英国最大的自行车生产公司。（罗利公司在英国已不再生产任何产品，也不再为英国所有。）

经过不断改进和完善，布朗普顿自行车被普遍认为是集易折叠、紧凑、轻便和骑行舒适性于一身的最佳折叠车。不过，它也有许多挑战者。美国发明家韩德玮在安德鲁·里奇申请专利两周后首次申请一款折叠自行车专利。韩的第一个设计（1978年美国专利第4,067,589号）与里奇的设计非常不同。他的专利主要关注车架铰链和伸缩座管。韩的大行公司成为商业上最成功的折叠自行车制造商。他们生产的自行车款式多样且经常变化，其中有许多是为其他自行车公司生产。从1982年到2012年，大行生产了200多万辆折叠自行车。自2011年起，大行开始面临来自燕鸥公司的竞争。燕鸥是由与韩德玮分居的妻子沈育莱和他们的儿子韩安石创立的独立公司。

高性能小轮车

1983年，亚历克斯·莫尔顿公司开始重新生产自行车，目标定位是低产量的高端车市场。他们的新款车型采用立体车架，而不是20世纪60年代那种"懒人F

图15.10 左：一辆比克顿便携式自行车（迈克·赫西）。中：一辆布朗普顿自行车（盖伊·查普曼，维基共享）。右：一辆20世纪80年代的大行折叠自行车，型号为Getaway V（迈克·赫西）

车架。大多数带立体车架的莫尔顿自行车可以被拆分以方便运输，但便携性并不是他们追求的主要目标。像以前一样，他们是要"创造一辆更好的自行车"。20世纪60年代的莫尔顿自行车造价只比同等普通自行车高25%，但立体车架的莫尔顿车成本要高得多。

1991年，俄勒冈州尤金市的自行车星期五公司开始生产高性能小轮车（大部分为无簧型）。一家名为"犀牛设计"的英国公司自2000年起也一直在生产高性能小轮车（大部分采用后悬挂）。莫尔顿、自行车星期五和"犀牛"都生产过一些使用406规格轮胎的自行车（名义上直径为20英寸，但实际横截面在18.3英寸到20英寸之间变化）。大多数莫尔顿自行车都安装自己公司生产的17英寸轮胎（设计成可与18英寸的缝合轮胎互换），而一些星期五自行车则配备451规格的轮胎（名义上是20英寸，但实际比406规格要大）。大多数"犀牛"车都使用较细的520规格轮胎（名义上是24英寸，但通常是22.5英寸）。

超小轮自行车

特别小的车轮，虽然折叠后非常紧凑，重量也轻，但也会带来特殊的设计问题。

1919年，纽约的查尔斯·哈斯克尔·克拉克将小轮自行车推向新的极致。他设计的自行车专供城市使用，想法非常大胆激进（1921年美国专利第1,381,281号）。车轮直径只有约9英寸，总长度只有2英尺多一点，可以选择使用舵杆或

图15.11 左：一辆带立体车架的莫尔顿自行车（亚历克斯·莫尔顿）。中：一辆带H型车架的星期五自行车，后面的拖车可以放置折叠后的自行车（自行车星期五）。右：一辆"犀牛"自行车（犀牛公司）

座下转向器控制方向。A型车架是如此的紧凑以至于它不必折叠。当克拉克把他的自行车带到曼哈顿《科学美国人》杂志的办公室时，他只需把它带进拥挤的客梯（Herlihy 2004，314—315）。但是，克拉克的自行车并没有取得商业上的成功，后来的超小轮自行车同样如此。

1967年，英国工程师约翰·巴恩斯发明出一种有趣的原型自行车。他的目标是让人们能更容易"抛弃骑车，在路上快速骑行几百码，再跳上一辆公共汽车"。他设计了一款车辆原型，配备直径6英寸的实心轮胎，一个正常的轴距，以及一个两级链条驱动系统。他提交的临时说明书没有进入完全专利状态。该设计也没有被投入商业开发。不过，超小车轮和两级驱动在后来的设计中又出现过（Hadland and Pinkerton 2006，89—91）。

由意大利都灵市朱塞佩和保罗·加尼奥设计的MDEbike迷你125是一款微型折叠车，使用直径约4英寸的滑轮。它于2003年推出，生产时间并不长。

自20世纪80年代以来，英国发明家克莱夫·辛克莱爵士一直在研究微型折叠车。他与名叫亚历克斯·卡洛格罗里斯的设计工程师合作，开发的A型自行车于2006年面世。该车可以折叠成27×16.5×8英寸，重量不到14磅。车轮有高压充气轮胎。早期版本使用6英寸的轮子，2010年推出的新款使用8英寸的车轮。

2006年，中国台湾太平洋自行车公司推出其总裁林正义设计的微型折叠车CarryMe。它有8英寸的充气轮胎，有多种型号可供选择。2008年初，70岁的林正义已经骑着自己的CarryMe车行驶了2,000多英里（Wang 2008）。

1963年左右，意大利特雷索尔迪与卡西拉吉公司推出一款名为"袖珍"的微型折叠车，车轮直径约为12英寸。车轮及其他大多数组件都可以折叠在车架内被保护起来。该车产量约为2,500辆。这款车比较重，骑起来不太舒服（Embacher 2011，174—175）。

在微型折叠车领域比较成功的尝试是"微车",由瑞典设计师奥托·林德南德和斯文·赫雷斯特拉姆于1986年共同设计(1990年美国专利第4,895,386号、设计专利第306,841号)。该车配有12.5英寸的车轮,可以折叠成42×19×14英寸大小,重约20磅。它是最轻、最紧凑的折叠车之一。曾在东京(1988)和纽约(1990)获得过设计奖,并在一段时间内批量生产(Hadland and Pinkerton 1996,93—95)。最近的一款12英寸折叠车当属"天才莫比吉",由法国设计师于2006年推出。

聪明的设计师们在超紧凑、超轻的折叠自行车上持续投入大量精力。亚历山德罗·贝利的"最小车辆"研究项目得到"欧盟生命计划"的资助。他与佛罗伦萨大学的商业孵化部门合作,制作出一款缆绳式自行车的原型。该车折叠后占用空间仅为布朗普顿自行车折叠后所占空间的四分之一。贝利使用缆绳拉力把车架各部件结合在一起的设计尽管并非史无前例,但的确极为罕见。1991年左右,马

图15.12 中:查尔斯·克拉克和他的微型自行车(*Scientific American*,1919年12月27日)。左上:2006年,一辆太平洋自行车公司CarryMe自行车(太平洋自行车公司)。左下:1986年,一辆"微车"自行车(专利图)。右上:2006年,一辆辛克莱A型自行车(辛克莱研究有限公司)。右下:大约1963年,一辆雷索尔迪与卡西拉吉公司出品的"袖珍"折叠车(©伯恩哈德·安格雷尔)

克·戈伦德尔曾设计过一款名为"弹弓"的山地车,此车用弹簧张力缆绳取代菱形车架的下管。贝利的原型车设计由泰科纳国际塑料公司赞助,主要用热塑性复合材料制造,获得 2008 年的黄金罗盘设计奖。然而,使用塑料被证明是不切实际的自行车生产模式。

BMX

BMX 起源于 20 世纪 60 年代后期,当时加利福尼亚州的一些年轻人骑着

图15.13　亚历山德罗·贝利的缆绳张紧超紧凑型折叠自行车(亚历山德罗·贝利)

自行车开始模仿越野摩托赛车手。10岁的孩子们骑着施文公司的20英寸Sting-Rays小轮车开始在泥地里比赛。为业余爱好者定制BMX小轮车的潮流迅速涌现。到1974年，光加利福尼亚州就有130,000辆BMX小轮车和100条BMX赛道。很快，世界各地的制造商都开始生产BMX小轮车。由小轮车产品有限公司生产的獴小轮车逐渐占据整个市场（该公司位于西米谷市，由斯基普·赫斯于1974年创立）。

BMX小轮车取得了持久的成功。这些自行车很简单，有低矮的菱形车架和结实的20英寸粗轮胎。强度和操作的灵活性对小轮车来说非常重要。车架通过撑板加固。单冠叉上的叉片直接焊接到转向管上。对于十几岁、二十几岁的年轻人来说，合适的BMX自行车必须足够坚固才能经受住他们的特技骑行。（BMX自行车不再只是小孩子的专利。）

由于BMX在国际上很流行，北美20英寸（406）轮胎在世界各地被广泛使用。早期的406轮胎比较粗（宽度在1.5到2.25英寸之间），后来出现较细的轮胎。到20世纪90年代，较细的406轮胎（实际直径小到只有18.3英寸）已经出现。

图15.14　一辆罗利"团队麦格"车，20世纪80年代中期，大规模生产的典型的BMX自行车（罗利）

这些轮胎被广泛应用于斜躺式自行车、折叠自行车，以及由自行车星期五和莫尔顿生产的高性能小轮车上。

今天的小轮自行车

今天，我们可以看到相当多种类的专用小轮自行车。其中，有紧凑的折叠车（如较小的大行自行车、布朗普顿和速立达自行车）、高性能的小轮车（如自行车星期五、"犀牛"和莫尔顿自行车）、介于两者之间的自行车（如里泽与穆勒公司生产的鸟车）。也有微型折叠车（如辛克莱 A 型自行车和太平洋自行车公司的 CarryMe）、运动型迷你维罗（如 Kuwahara、富士公司生产的那些车型），还有简单的 20 英寸 H 型和 U 型车架实用自行车（在一些亚洲城市被广泛使用），以及 BMX 自行车。

第16章
斜躺自行车

斜躺自行车的骑手在骑车时所占据的水平空间大于垂直空间。全躺式自行车座椅靠背与水平面呈约30度或更小的角。

19世纪60年代的法式脚踏车从技术层面看其实是一种半躺式自行车。伴随高轮车的发展,直立式成为标准骑行姿势。因为骑手在骑高轮车时,只有位置在转向轴上方才能在踩动踏板的同时操纵高轮车。当高轮车被接受为"普通"自行车时,直立骑行被认为是正常的姿势,被保留在安全自行车上。

在静止的空气中,自行车和骑手的空气阻力与速度的平方成正比。骑手若想骑得更快就必须克服这一最大阻力。骑斜躺式自行车正面面积会变小,所以具有明显的空气动力学优势。

早期斜躺车

齿轮斜躺车不同于早期的前轮驱动车,它最早出现于19世纪90年代,当时充气轮胎安全自行车刚问世不久。日内瓦教授查尔斯·查兰德发明了可能是第一辆齿轮斜躺车(1895年瑞士专利第11,429号,1896年英国专利第6,748号)。他称这种自行车为普通自行车,因为与骑标准自行车时的弯腰姿势相比,骑这种自行车时骑手的姿势显得更正常。骑手坐在拥有标准尺寸的后轮上,直接操控较小的前轮。曲柄轴位于转向头后面几英尺之处。专利图展示了一个滑靴刹车系统。保罗·冯·萨尔维斯伯格在一篇关于轻型木制结构普通自行车的报道中提到这种刹车,这种木结构自行车于1896年在瑞士国家展览会上展出(von Salvisberg 1897, 47—48)。美国驻日内瓦领事对查兰德的机器印象深刻,他将机器的图纸寄给了美国国务院。1896年10月25日《纽约时报》的一篇报道称,这辆自行车在日内瓦街头进行试行,给人们留下了良好的印象。1897年,重达26磅的管状钢制版本在巴黎自行车沙龙上展出。

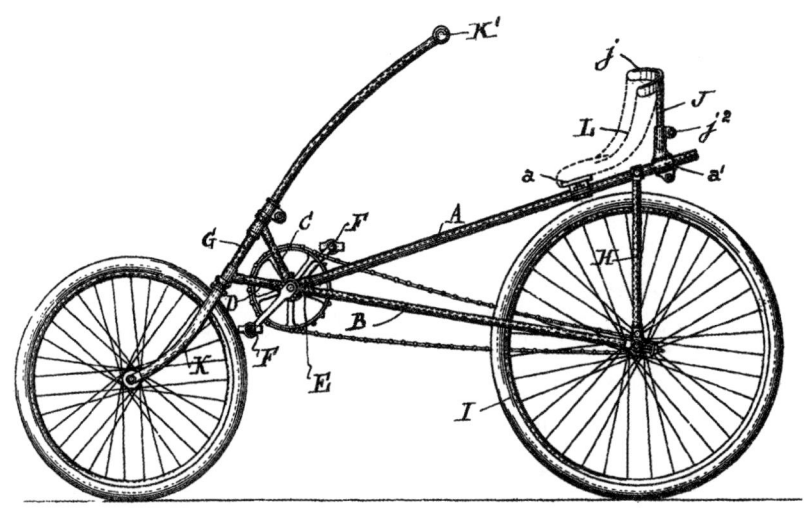

图16.1 查兰德发明的普通自行车（专利图）

1896年，美国罗德岛的欧文·威尔士申请一项斜躺式自行车专利（1897年美国专利第577,895号）。威尔士设计的自行车前后车轮尺寸相同，与普通自行车一样，它的曲柄位于转向头后方。除了标准的踏板驱动，还有手动驱动，骑手可以像划船机一样使用手动驱动，向后拉通过缆绳与曲柄相连的滑动手柄并松开。（臂力是斜躺设计中反复出现的主题，但却一直不受欢迎。）

1901年，名叫布朗的美国人将一辆名为"沙发自行车"的长轴距躺车带到英国进行推广。沙发自行车的设计者是来自布法罗的哈罗德·贾维斯（1902年美国专利第690,733号）。该车重约30磅，后轮为标准尺寸，前轮较小，通过链条及链轮联动装置间接转向。座位位于后轮前方而不是上方，曲柄完全置于转向头后方。休·多纳尔在《自行车手》杂志上评价这种沙发自行车，虽然多纳尔承认它上车方便、容易操控、踩踏和滑行效果好并且利于爬坡，但他还是对该车不屑一顾并加以否定（Dolnar 1902）。

1905年，英国里士满的 P.W. 巴特利特宣传他的短轴距躺车，称其"像摇椅一样舒适"。这种躺车后轮为标准尺寸，前轮则小得多（约16英寸）。它最独特的卖点是像椅子一样的软弹簧车座。1905年8月的《科学美国人》提到了这辆车。1902年，伦敦的欧内斯特·埃姆斯代表莱斯利·约翰·汉密尔顿·莱斯利-米勒为这一设计申请了专利，米勒是来自爪哇泗水的一名工程师（1902年英国专利第 14,541 号）。这台机器因座下转向方式而具有历史意义。不过，它并不是第一辆以这种方式转向的机器。1896 年的亨伯敞篷女式自行车（不是斜躺车）就采用了座下转向系统，而埃姆斯或巴特利特躺车的转向系统或许就从亨伯的转向系统演变而来。

1914 年，名叫古列尔莫的意大利人带着他的长轴距斜躺车到巴黎进行宣传。该车构造与布朗的沙发自行车大体相似。不过它没有车把，有一个方向盘并通过万向节连接到转向管上。第一次世界大战的爆发使该车的推广中止，之后它在《科学美国人》以及法国《汽车商业》期刊中均被提及（Schmitz 2010，57—59）。

1914 年，一款可能由标致公司制造的长轴距斜躺自行车在法国面世。它的后轮为 26 英寸，前轮为 22 英寸，以及一个类似于菱形车架的前端，配备有五通。但它的车把处于安全自行车的车座位置，通过拉杆连接到转向器上。该机器的后部有一个低挂车架，后轮前方有一个低矮的座位。

1921 年，名叫保罗·贾雷的奥地利航空工程师为一种踏板驱动的斜躺自行车申请专利（1922 年英国专利第 186,948 号）。保罗当时居住在德国腓特烈港，在齐柏林飞艇公司工作。贾雷还获得了法国和荷兰的专利，并在德国注册多项设计。在贾雷提出的方案中，其中一个有环绕的夹式"裙子"和一个可拆卸遮篷。

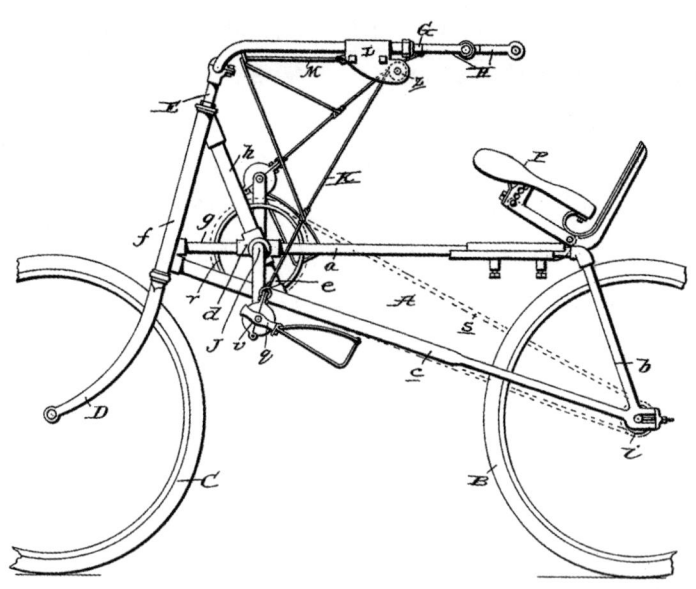

图16.2 威尔士斜躺车专利图，显示了从车把到曲柄的驱动缆绳连接

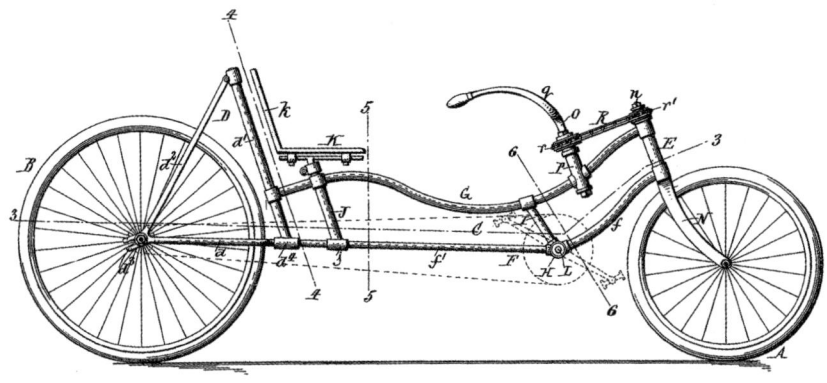

图16.3 贾维斯的沙发自行车（专利图）

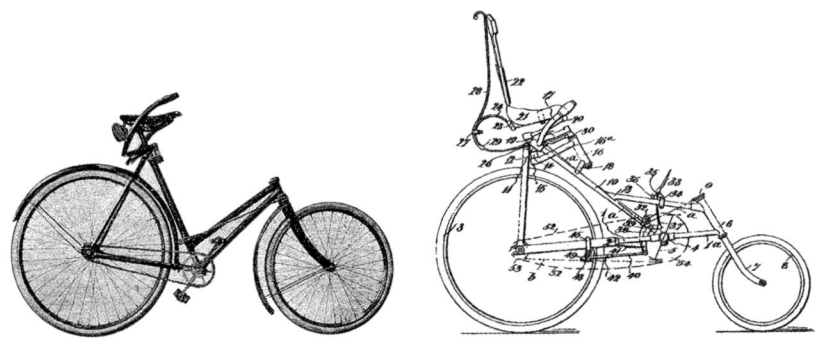

图16.4 左：1896年，亨伯设计的敞篷式女式自行车（国家自行车图书馆）。右：6年后，欧内斯特·埃姆斯申请专利的"摇椅"斜躺自行车（专利图）

贾雷的首个斜躺自行车原型建造于1920年，有两个26英寸的车轮。起初，踏板是通过带有复位弹簧的钢缆与后轮相连接，但后来改成：左侧踏板杆上的钢缆绕过后轮毂上的左鼓数圈，再缠绕到一个水平滑轮上，再到右鼓上，经过数圈后连接到右侧踏板杆上。这一系统解决了死点问题。

继发明第一辆原型车后不久，贾雷发明了第二辆斜躺车原型，与第一辆大体相似。但它的前轮较小（约20英寸）且头管角度较浅。贾雷对这辆斜躺车进行了大约1,300英里的骑行测试。1921年，J-拉德斜躺车根据许可在斯图加特投入生产。赫斯珀洛斯-沃克有限公司是卢夫特气压计公司的一个子公司，该公司制造了约2,000辆斜躺车。这批产品与第二辆斜躺车原型相似，重约44磅，舒适的座位重达9磅。踏板通常有三阶，无须复杂的多级变速器便能产生三种驱动比效果（因为杠杆率不同）。

J-拉德斜躺车吸引的多是受过教育的中产阶级客户，而不是那些志向远大的赛车手。德国医生格梅林进行过一次对比测量，结果显示：虽然 J-拉德斜躺车比 4 挡变速自行车重了约 13 磅，但骑 J-拉德斜躺车的骑手在上坡时的心率却比骑安全自行车的骑手每分钟要慢 10 到 12 次。该斜躺车受到英国《自行车旅游俱乐部公报》的嘲讽，但它在荷兰却很畅销。数千辆斜躺车得以被生产，然而由于产品生产质量下降以及一起重大事故的发生，它在 1923 年停产（Lessing 1998）。

20世纪30年代斜躺车的大繁荣

20 世纪 30 年代中期兴起了一股斜躺车热潮，尤其是在欧洲。

1933 年，博洛尼亚工程师欧内斯托·佩塔佐尼为一种超短轴距半躺式自行车维洛奇诺（1935 年美国专利第 2,007,725 号）申请了英国专利。这种斜躺车就像被切成两半的轮椅，座位在正常尺寸大小的后轮上方。小前轮直径约为 10 英寸。车把可以翻转，可以使用座下转向。据说，墨索里尼将维洛奇诺视为一种小巧轻便、容易存放的城市交通工具。这一项目吸引了很多人的注意，但在意大利加入第二次世界大战后被取消了。

1964 年，一家名为联合的荷兰制造商在维洛奇诺斜躺车的启发下生产了 1,000 辆名为"斯特拉诺"的自行车，它是由代芬特尔的伯纳德·奥弗林设计（1965 年荷兰专利第 286,409 号）。第二年，名叫埃米尔·弗里德曼的德国发明家展出一台类似的机器——"驴子"自行车。2011 年，一家名为 Abici 的意大利公司推出 21 世纪版的维洛奇诺。而 1935 年的加长版维洛奇诺则鲜为人知，这一版本的座位很低，座位位于后轮前方，间接转向连接到倒置的车把，位于座位靠垫前方。在杰纳齐尼收藏中有一台样车。

1934 年，布里克斯顿的 F.H. 格拉布有限公司推出金斯顿斜躺车。这是一种长轴距躺车，带有座下转向装置，车轮为 20 英寸。它有一个焊接的延伸菱形车架，后轮前方有一个低矮的座位。随后，弗雷迪·格拉布在他位于温布尔顿的工厂中制造了一款斜躺车原型。该斜躺车是由肯宁顿的 W.E. 杰拉德设计，于 1936 年夏天完工，名为"迅捷"。它用一个主管代替三角车架，有 20 英寸的车轮，重量为 33 磅（The Bicycle，1936 年 7 月 28 日）。这是首辆与现代斜躺车非常类似的自行车，具有后来的"化身 2000"的所有特点：轴距长、车轮小、座下转向、多级变速，以及轮辋刹车。但它对后来的设计所产生的影响却难以预测。

图16.5 一辆J-拉德斜躺车（格拉齐耶拉·佩利奇）

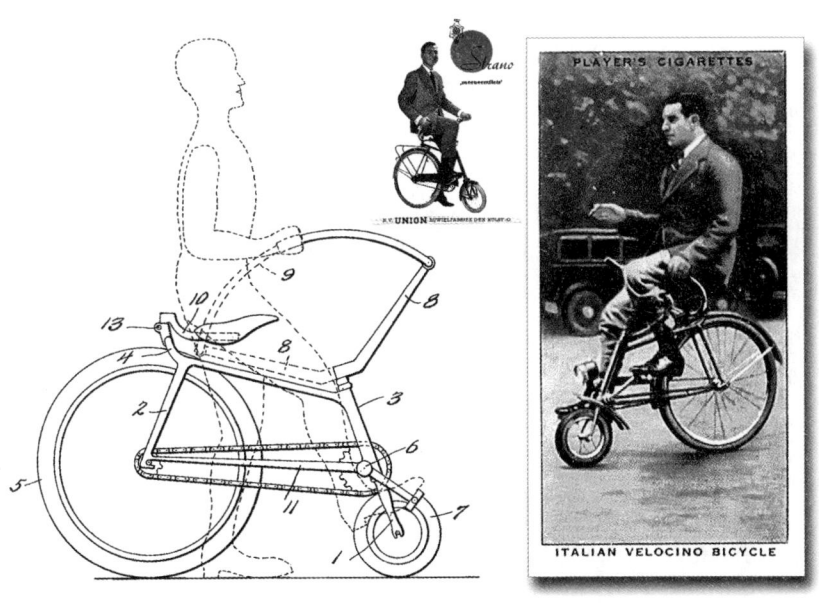

图16.6 左：显示转向选项的维洛奇诺斜躺车专利图。右：20世纪30年代的一张英国香烟卡，卡上印有维洛奇诺斜躺车。插图：1964年，荷兰版维洛奇诺斜躺车，联合公司"斯特拉诺"车（荷兰自行车集团）

1935年，哥本哈根的霍尔格·莫勒设计出莫勒自动自行车（1938年美国专利第2,125,644号），由英国胜利公司授权生产，不过数量非常少（Cox, 2012）。该机器的专利是它的间接转向系统。它有一个方向盘，一个连接转向柱和转向器的万向节，一个自定心的螺旋弹簧转向减震器，一个中等长度的轴距，直径约20英寸的车轮，宽截面轮胎，以及主连杆前悬挂。它的座位相当高，在后轮轴前面，曲柄高度正常，位于两个轮子中间。

"拉瓦水平"是由亨利·马丁研发的法式斜躺车，由位于圣艾蒂安的拉瓦-旺德工厂生产。阿恩弗里德·施米茨称其为"现代短轴距斜躺车之父"。1935年的运动版后轮为28英寸，前轮为20英寸（标称尺寸），配备一个雷诺轻质管车架。座位位于后轮前方，靠近相对直立的头管。由于车把很高，可直接进行转向操控。曲柄位于头管和前轮前方。在英国，这种名为Cyclo-Ratio的斜躺车销量低迷（Schmitz 2010，60—61；Grützner 2012）。许多现代短轴距斜躺车都有类似的配置，包括闪电P-38斜躺车。

20世纪30年代中期，另一种斜躺式自行车是"佩迪-平面"躺车。不同寻常之处是，它由美国设计师——新泽西州的厄尔·博因顿设计（1936年美国专利第100,684号）。这是一种长轴距机器，骑车位置较低，车轮直径约20英寸，有

图16.7 约1960年，当亚历克斯·莫尔顿在研究骑行姿势时，布赖恩·科特雷尔骑着一辆20世纪30年代的格拉布斜躺车（亚历克斯·莫尔顿）

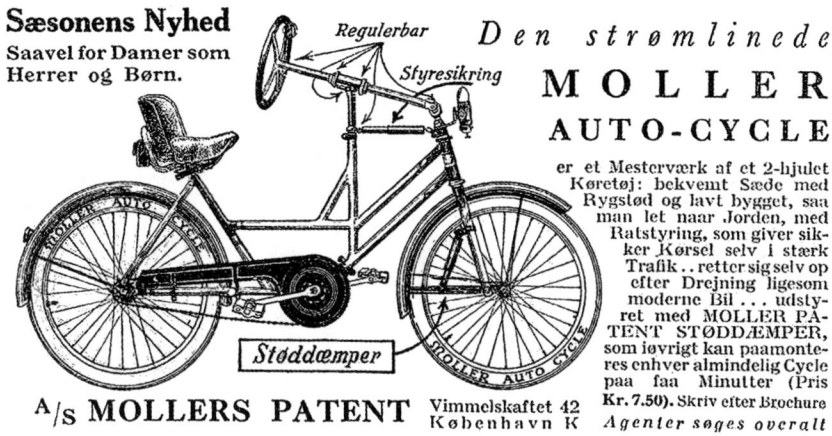

图16.8 一则莫勒自动自行车广告（布赖恩·罗森堡）

一个带方向盘的复杂间接转向装置。

夏尔·穆谢的"维罗-自行车汽车"是20世纪30年代最成功且最具影响力的斜躺车。穆谢于1920年创立了他的公司，生产运动型双座汽油三轮车。穆谢为儿子做了一个踏板动力的版本后，并开始制造类似的机器。这些车大获成功，于是穆谢随后推出一系列成人版车型。穆谢的脚踏车名为"自行车汽车"，售价与摩托车差不多，但运行和维修费用更低。1925年到1944年间，穆谢生产了大约6,000辆"自行车汽车"，有些是四轮，有些是三轮。

穆谢试图通过自行车比赛来推广他发明的"自行车汽车"，但无论是四轮车还是三轮车，在比赛中都表现不佳。因此他决定制造一辆斜躺式自行车，从本质上来说就是将四轮车从中间切成两半。他将其命名为"维罗-自行车汽车"。1932年，"维罗-自行车汽车"凭借其获得专利的"斜躺车的间接转向"获得了勒平大赛奖。1932年秋，穆谢想通过法国自行车联盟获得国际自行车联盟的认证，确认"维罗-自行车汽车"符合UCI标准。国际自行车联盟给与了肯定的答复。第二年夏天，二流骑手弗朗西斯·福尔骑着全躺式"维罗-自行车汽车"打破了5公里、10公里、20公里、30公里、40公里和50公里的纪录，也打破了半小时及一小时的纪录（Schmitz 2000，19—22）。

"维罗-自行车汽车"斜躺车的发展源于"对速度的追求"，而之前的斜躺车多以舒适性为主要目的。这是斜躺车的一个重大进展。弗朗西斯·福尔的速度纪录清楚地表明，"维罗-自行车汽车"比传统自行车快得多。1934年2月，

图16.9 左：一辆博因顿设计的"佩迪-平面"斜躺车（专利图）。右：一辆"拉瓦水平"斜躺车（阿恩弗里德·施米茨）

国际自行车联盟成立一个委员会以制定和实施自行车的新定义。这项鲜为人知的议程将斜躺车排除在自行车之外。1934年4月1日，UCI委员会公布其对竞赛自行车的定义。该定义指出，五通不能超过车座前端10厘米，从而确保只有直立骑行姿势的自行车才能在UCI规则下进行比赛。不久，夏尔·穆谢就与世长辞（Schmitz 2000，26—28）。

夏尔·穆谢的遗孀、儿子以及他的一个表亲继续经营着公司。1934年，曼纽尔·莫朗骑着"维罗-自行车汽车"斜躺车在6场公路竞赛中均取得卓越成就，6条路线分别是：巴黎-昂热、巴黎-维希、巴黎-特鲁瓦、巴黎-苏瓦松、巴黎-利摩日，以及巴黎-孔特尔。在1934年法国旅行俱乐部举行的一项重要的耐力项目中，穆谢公司的一名工人亨利·马丁通过比赛证明，尽管他的8挡旅行车"维罗-自行车汽车"重达45磅，但他在山区的表现却远超大部分传统自行车。马丁开始继续研究"拉瓦水平"斜躺车（Schmitz 2000，41—47；Cordon Champ 2004，24）。

"维罗-自行车汽车"斜躺车从1932年至1940年一直在被生产，总计约400辆，包括标准版、旅行版以及赛道版，大多数都采用18—22英寸的直径相同的车轮。除赛道版外，其他版本都使用低压轮胎。轴距相对较长，曲柄在转向头后面，车架是由40毫米的钢管缝合焊接而成。第一批车型在转向柱和转向器之间有一个昂贵的斜面传动装置。1933年，为寻找更便宜的替代方案，夏尔·穆谢申请了一项简单的万向节连杆专利（1934年法国专利第765,263号）。这被用在"纵贯线"车中,该车在"维罗-自行车汽车"的预算范围内,据称是在许可下制造的,但实际上是由穆谢的公司制造。"纵贯线"车用一根链条代替"维罗-自行车汽车"的带副轴的两级驱动。一些"纵贯线"车有一个更大的 26 英寸后轮(Schmitz 2010,48—56;Cordon Champ 2004,24—28)。

在 20 世纪 30 年代众多的斜躺车设计中,"维罗-自行车汽车"在比赛车中的技术改良以及在运动上的成功使其成为最具影响力的斜躺车型。虽然它产量较小,但是影响深远。上文提到的许多设计都受到"维罗-自行车汽车"斜躺车的启发,包括"拉瓦水平"、格拉布金斯顿,以及杰拉德迅捷。瑞士纪录创造

图16.10 上:一辆标准豪华型"维罗-自行车汽车"(阿恩弗里德·施米茨)。下:1934年,弗朗西斯·福尔在一辆"维罗-自行车汽车"上(阿恩弗里德·施米茨)

者奥斯卡·埃格的回应是设计一款流线型斜躺车，希望成为一小时内骑行超 50 公里的第一人。但在 1939 年 3 月，是弗朗西斯·福尔驾驶一辆流线型的"维罗 - 自行车汽车"实现了这一目标（Wilson 1995，115—116）。

在 1934 年 4 月 6 日的《骑行》期刊中，A.C. 戴维森认为"维罗 - 自行车汽车"不应遭禁。他说："如果它的实际性能与其声誉不相符的话，骑手们很快就会停止使用它创造纪录，这样对所有人都没有危害。如果它被证明确实更快，无论立法者是否赞成，公众作为最终的仲裁者还是会选择骑'维罗 - 自行车汽车'斜躺车。"戴维森还谈到这种自行车在英语中应该如何称呼的问题，他认为人们应该称这种新机器为自行车，而不是低座自行车（他讨厌这种称呼）。然后必须为这种传统机器找到一个新的名字（类似于用"普通自行车"这个名字来称呼以往占主导地位的高轮车）。

在 1934 年 8 月 10 日的《骑行》期刊中，戴维森透露对他所称的"斜躺式自行车"的观点：斜躺式自行车几乎完全由标准部件制造，应该有 20 英寸的车轮和低压轮胎，轴距为 62 英寸，后轮前方装有低矮的座位，并通过座下转向。戴维森恳求一些英国制造商采纳他的想法，"努力超越外国制造商一次"（Davison 1934，151，168）。

二战后的斜躺式自行车

1946 年，纽约的杰克·弗里德申请一项紧凑型斜躺车的专利（1949 年美国专利第 2,482,472 号），但是他的设计并没有被投入生产。几十年来，西方国家的斜躺车发展缓慢。但在 1948 年后，东德在继续开展关于斜躺车的研究。保罗·林科夫斯基在一家国有橡胶厂工作，他借此机会开发用于降低滚动阻力的子午线轮胎。他设计的短轴距斜躺车，车轮大小一致，在总体布局上与"拉瓦水平"斜躺车一样。早期原型的车轮为 22 英寸，采用带有手动操作杆的传统踏板及链条驱动。不过，林科夫斯基很快就解决了手臂驱动所带来的复杂性，并决定采用 20 英寸的车轮。1953 年，为保护这一设计，他申请了一项东德专利。1955 年，他获得第 9,127 号专利。林科夫斯基提议在东德大规模生产这种斜躺车，但这一建议没有获得通过，官僚们认为公众不会接受这种设计（Wagenknecht 1997）。

惠特和威尔逊的《自行车科学》第一版的读者会记得：1968 年，一位美国的实验者丹·亨利上尉制造出一辆带有弹簧的 27 英寸车轮的长轴距斜躺车。即使在长轴距斜躺车上，亨利使用全尺寸的前轮也是非同寻常。短轴距斜躺车通常有

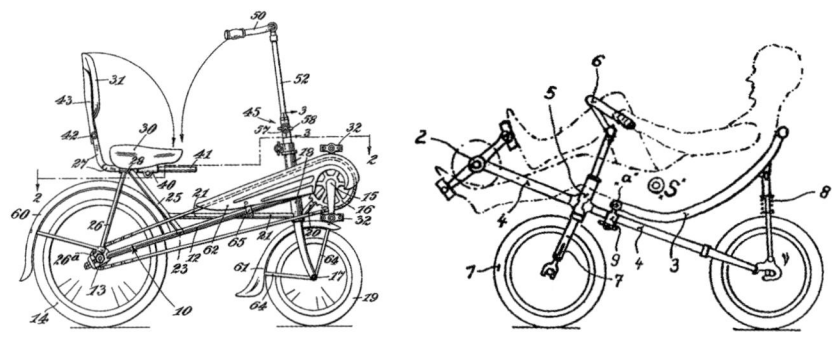

图16.11 左：1946年，杰克·弗里德的设计（专利图）。右：1953年，保罗·林科夫斯基的设计（专利图）

一个小前轮，因为当车在运行时骑手的腿或脚是搁在车轮之上，当车静止时脚必须能够接触到地面。大多数长轴距的斜躺车也有一个小前轮。按照威尔逊的解释（Wilson 1995，116），有两个原因：

> 从表面看，车轮越小滚动阻力越大，但阻力与负荷成正比，而长轴距的前轮负荷一般较轻。轮子越小越轻便，空气阻力也越小，转向也会更加灵活。

20世纪70年代斜躺车的复兴和余波

1967年，戴维·戈登·威尔逊与英国《工程》杂志合作，组织了一场自行车设计比赛。1968年结果公布，由W.G.利迪亚德设计的Bicar斜躺车获得一等奖（Wilson 1967，1968）。1972年，这一奖项激励加州伯克利的H.弗雷德里克·威尔基二世，他在威尔逊设计的基础上制造出一款名为"绿色星球特别1号"的短轴距斜躺车。绿色星球特别1号很像20世纪30年代的"拉瓦水平"斜躺车，但威尔基和威尔逊当时都没有意识到这一点。威尔基通过在试骑期间的观察，修改了他的设计，采用较低的曲柄，将小前轮向后移动，以免妨碍骑手的脚后跟，还采用座下转向。威尔逊随后进行进一步的修改，调整座位、轴距，以及车辆几何结构等各个方面。第三个版本名为"威尔逊-威尔基"，配备一个玻璃纤维后备厢。它被骑行数千英里，引起了很多人的兴趣（Wilson 1995，117）。也许是在威尔逊设计的激励下，来自西德基姆湖畔普里恩的约瑟夫·米勒在1975年制造出一款自己设计的短轴距斜躺车。

正如第 12 章提到的，1975 年后，影响斜躺式自行车发展的最重要因素是 IHPVA 的建立。威尔逊是该组织的早期支持者，并成为最初的董事。1975 年，在 IHPVA 举办的第一届国际人力速度锦标赛中，有 8 辆斜躺车参加比赛。在接下来的几年内，人们对斜躺车的兴趣倍增。在 1975 年到 1980 年间，有几十辆斜躺式自行车和三轮车出现在人力车锦标赛中。

威尔逊与福麦克公司的理查德·福里斯特尔一起继续研发"威尔逊-威尔基"斜躺车。1978 年，它被命名为"化身 1000"并投入商业生产。次年，又推出长轴距版"化身 2000"（1981 年美国专利第 4,283,070 号）。"化身 2000"在冰雪路面上运行效果更好，因为它的前轮负荷较小、刹车效果更好（Wilson 1995，118—123）。

1980 年，威尔逊带着"化身 2000"斜躺车参加欧洲自行车联盟在布莱梅举行的城市自行车会议。《理查德自行车书》的作者理查德·巴兰坦看到了它，立马买了一辆。德里克·亨登对巴兰坦的机器进行了改装，给它配备一个整流罩用于竞赛。1982 年，蒂姆·加特纳德在加州欧文市举行的国际人力速度锦标赛上骑着这辆斜躺车（它被称为"蓝铃"）。当时，由丹·费尔南德斯、约翰·斯派克、道格·昂克雷和阿尔·沃伊特设计的流线型三轮车"矢量"（1983 年美国专利第 4,410,198 号）是比赛中的头号强敌，它的大部分竞争对手都是在它的启发下设计的低斜流线型三轮车。但是，1982 年在蓝铃和另一款流线型斜躺自行车"易赛"获得成功之后，流行风向标开始转变，流线型斜躺式自行车在 HPV 比赛中开始占据主导地位（Wilson 1995，123—124）。

"易赛"斜躺车由加德纳·马丁设计，他在 1975 年制造出他的首辆人力车，骑车时骑手呈俯卧姿势。1917 年甚至更早的年代，人们已经试验过这种姿势。2012 年，格雷姆·奥布里尝试了一个类似的设计。1976 年，加德纳·马丁和妻子桑德拉一起研发出一种更为实用的躺车骑行姿势。这就是"易赛"，一款长轴距小轮斜躺车。弗雷德·马卡姆骑着"易赛"创造了几项新的 HPV 世界速度纪录。马丁夫妇还推出一款名为"轻松之旅"的日常版本。在 1982 年和 1983 年的国际人力车速度锦标赛上，经过部分改装的"轻松之旅"赢得了实用车比赛的冠军（Wilson 1995，124—126）。弗雷德·马卡姆骑着一辆"易赛淘金"斜躺车，首次将人力车时速提高至超过 65 英里，并赢得 25,000 美元的杜邦奖。今天，他拥有易赛车有限公司。这家公司在 20 世纪 70 年代参加过国际人力车速度锦标赛，至今仍然存在。它是两家加利福尼亚州斜躺车制造商之一。另一家是蒂姆·布鲁

图16.12 戴维·戈登·威尔逊教授在福麦克"化身"斜躺车上(莱恩·菲利普斯,麻省理工学院新闻办公室)。插图:一辆"化身2000"(专利图)

默创立的闪电自行车动力公司。

1979年,来自加利福尼亚州英格尔伍德市诺斯鲁普理工学院的3名学生——蒂姆·布鲁默、唐·吉夏尔和克里斯·德雷克发明了他们的首辆"闪电"斜躺车。两年之后,布鲁默实现人力车时速首次超过高速公路每小时55英里的限速,并赢得阿博特奖。当时,他骑的就是"闪电"斜躺车,带有700C规格的后轮、20英寸的前轮、曲柄在前轮前方,以及传统车把的直接前轮转向。1986年,"闪电"

车在海平面高度上的时速超过了64英里，而"易赛"车在海拔7,000英尺高度时速达65英里。1989年，"闪电"斜躺车参加"阿格斯之旅"，这是一场环绕南非海角的65英里比赛，"闪电"车领先其他15,000辆车，其中许多是专业骑手所骑。布鲁默的自行车保持了世界纪录，并在全美人力车竞赛中获胜，击败了"易赛"车，同时在2,200英里的比赛中平均时速超过25英里（Abbott and Wilson 1995）。

商业化生产的"化身""易赛"以及"闪电"斜躺车，吸引了众多的模仿者。虽然没有任何一款斜躺车在大众市场上取得成功，尽管"化身"车已经不再生产，但仍然有许多专业斜躺车可供选择。斜躺车在美国、澳大利亚、德国、荷兰、瑞士、波兰、英国等国家及中国台湾地区仍在继续生产。

到21世纪早期斜躺车才真正成熟，原因之一是特定技术的发展到位。例如，许多早期斜躺车的座位不太理想，而今天的玻璃纤维和碳纤维模型都已趋近完美。为山地车所设计的大范围定位齿轮也推动了斜躺车的发展，但最重要的技术发展应该是无夹踏板，因为在一些斜躺式自行车上，骑行时要解开趾夹几乎是不可能的。

带有菱形车架的安全自行车往往大同小异，而21世纪初的斜躺车在形状和大小上多种多样，有明显的地区差异。美国是现代斜躺车运动的发源地，到目前为止长轴距斜躺车在美国依旧最受欢迎，在欧洲却并不常见。斜躺式自行车特别适合荷兰人，因为荷兰风大、无山，又有很多的自行车道。骑车人在三轮斜躺车（一种全封闭的三轮车）里的速度是传统荷兰自行车的2倍，且不会感到寒冷潮湿。

21世纪早期，大多数斜躺车都是由"拉瓦水平"短轴距斜躺车衍生而来。此外也有不少其他设计，包括装有两个700C轮子的"高位车手"、带有20英寸前轮和26英寸后轮的"传统车手"，以及"低位车手"。"低位车手"车轮规格通常与"传统车手"一致，但轴距更长，以便将座位安装得更低。曾经只能在英国见到的低矮三轮车现在则风靡于全世界。

斜躺车运动的普及可以追溯到1980年在英国举行的第一届国际人力车速度试验。随后的媒体报道引起了德国和荷兰对斜躺车的兴趣。据估计，到2006年，荷兰的斜躺车数量达到50,000辆。

21世纪早期，斜躺车大致可以分为三种类型：长骑型、短骑型以及低骑型。长骑型指的是长轴距车，座位上方和下方都有转向装置，通常用链条驱动后轮。长骑型（最早可追溯至哈罗德·贾维斯在1901年申请的专利）于20世纪70年代得到复兴，主要有"化身2000"和"轻松之旅"。短骑型即短轴距车，在座位

图16.13 1917年，G.A.菲利普斯设计的俯卧式斜躺车（国家自行车图书馆）

上或座位下有转向装置。大多数短骑型的后轮是由链条驱动，但有一些是前轮驱动，通过随转向器移动的弯曲链条或曲轴驱动。20世纪30年代的"拉瓦水平"车是典型的早期短骑型车。1982年，托马斯·特雷勒的设计（1985年美国专利第277,744号）就是早期前驱动短骑型。低骑型的座位靠背与水平面呈约30度角或更小的角。大多数轴距长度适中，曲柄位于前轮前方。

不是所有斜躺车都能被归入到这些类型中。例如，20世纪90年代末推出的"伯罗斯捕鼠者"斜躺车。某种程度上，它介于短骑型和低骑型之间。根据它的标准，它的速度快于大多数斜躺车，但它适合日常骑行。另一方面，它不适用于城市骑行和创纪录比赛。

少数斜躺车可以被折叠以方便携带。例如，20世纪80年代，Linear公司提供了两种带有折叠车架的车型，一个叫SWB Sonic，另一个叫LWB。自行车星期五推出的SatRday是近年来最著名的折叠式斜躺车之一，它配备座下转向或座上转向。后来，人们生产了一套转换工具，可以将布朗普顿折叠自行车改装成斜躺式自行车。

既然斜躺式自行车有这么多技术优势，为什么它的销量却如此低迷呢？正如韦洛乔所说，原因之一是骑行者总是随波逐流，绝大多数人还是习惯于传统的骑行姿势。另一个原因是，人们普遍认为机动车驾驶者在路上很难看到斜躺车，导致斜躺车骑行者面临较大的交通风险。这种观点引起许多斜躺车支持者的强烈质

图16.14　托马斯·特雷勒的前轮驱动斜躺车（专利图）

疑，他们认为：斜躺车骑手的视平线与轿车司机的视平线几乎相同。尽管如此，当看到斜躺车骑手在车的桅杆上挂上三角旗，以使斜躺车更容易被识别，谨慎者会更加担心斜躺车的交通安全。然而，无论斜躺车是不是像传统自行车一样对机动车驾驶者完全可见，事实是人们仍普遍认为斜躺车不够引人注目。

附录A

被揭穿的优先权骗局

德国卡尔斯鲁厄市有一个旧墓园,卡尔·德莱斯这位两轮车原理发明者的遗骸就被埋葬在这里。因某些原因,该墓园要被关闭。这件事似乎成为自行车史学的开端。1890年,德国自行车协会和俱乐部开始筹集资金,希望将德莱斯的遗骸迁到新墓园,并在新墓园为德莱斯竖一座墓碑。20年前,法国在普法战争中被德国击败。德莱斯新墓一事传到法国后,法国人很是恼火。路易·博德里,一位曾在名字中加入"德索尼耶"而彰显自己高贵身份的记者,很快撰写出长达336页的《自行车历史》一书(Baudry 1891)。该书在第一年就出了4版。1891年,德国人修建了新的德莱斯墓,1893年,又在卡尔斯鲁厄市中心建造了德莱斯纪念碑。这刺激了法国人。1894年,法国人在巴勒迪克山竖立起米肖纪念碑。早在10年前即1884年,也是"自行车贸易之父"詹姆斯·斯塔利死后的第3年,英国考文垂市为斯塔利建造了一座纪念碑并进行了揭幕。

在19世纪90年代的安全自行车热潮中,自行车杂志开设了自行车历史版面,而自行车俱乐部也需要在街头游行时以自行车历史上的"第一"来做纪念。不应忘记,当时的西方国家正在打经济战。自行车媒体开始迎合读者的爱国主义情绪,经常发布与优先权有关的未经证实的信件。当时,技术史尚未被确立为一门学术学科,在后来成为学科后也未将自行车纳入其中。因此,关于优先权的各种流言很难被澄清。我们有必要将主要的几种说法展示出来,并揭穿它们。我们将按时间顺序依次来说。

1791年西弗洛克伯爵的刚性CÉLÉRIFÈRE

博德里在他的书中写道:

> 法兰克福条约让法国人思考,很快,他们有了一个正确的想法:莱茵河另一侧的某个头脑构思出了德莱斯机,这可能吗?这可信吗?……

巴登人只是窃取了这个构思，就像他的后代是钟表盗贼一样。（Baudry 1891，14，从原书翻译而来）

20年了，普法战争的糟糕记忆在法国人的头脑里仍然挥之不去。

博德里通常在他的小册子中会提供插图的来源，但这次却没有。人们可能会得出结论：他自己勾画了动物车头的刚性两轮车的草图，命名为"célérifères"，并且声称该车在1791年就已经被使用，并将其归功于西弗洛克伯爵（Baudry 1891，4）。之所以选择1791年，是因为他的书会在1891年出版，刚好是百年纪念。在德国，人们无法反驳其真实性，因此德莱斯被仅仅视为可转向两轮车的发明者。但是，不可转向两轮车难以长时间保持平衡，尤其是对缺乏经验的车手而言。1950年，索邦大学的一位加拿大人撰写的一篇未发表的语言学论文表明，"célérifère"和"vélocifère"这两个词指的是四轮马车（公共马车）（Jeanes 1950，44）。1817年6月30日，马赛的马车制造商让-亨利·西弗洛克获得名为"célérifère"的英国马车的进口许可证。雅克·塞赖的功劳在于他挖掘出了这些信息，并将其发表在法国自行车媒体上（Seray 1976）。然而，即使在今天，法国学校教科书仍然重复两段式脚踏车的虚构，与奥托·利林塔尔的"不可转向"悬挂式滑翔机和后来的莱特兄弟的可转向飞机进行类比，以增加可信度。然而，刚性的两轮车只是作为纸面上的赝品存在。事实上，在19世纪60年代，有一些法国人称他们的德莱斯机为"我的célérifère"，据推测这是一种讽刺的说法。

1642年斯托克-波吉斯的自行车之窗

1884年，一家俱乐部参观伦敦西部白金汉郡的斯托克波吉斯的教区教堂，之后，教堂上所谓的自行车之窗的草图被刊登在自行车公报上（Bowerman 1988b）。而另一份准确可靠的素描图也出现在一本书中（Griffin 1890）。虽然教堂窗户最初是由彩色玻璃碎片组成，它们被以不同的顺序拆分并重新组装，但其中一些碎片被特别关照至今仍保持不动。它描绘一位相当成熟的小天使骑在一个独轮装置上。邻近的碎片上标有1642年的字样。1894年，法国自行车杂志《百科全书》上发表一幅据称代表教堂窗户的线条画。画中小天使正坐在看似刚性的两轮车上，两侧是两名穿着文艺复兴时期服装的骑士。查看实际的窗户，发现并没有第二个轮子，而是像独轮车上的滑板，也看不到骑士。这份伪造图画被收录在私人印刷的《车轮上的世界》（Duncan 1936）一书中，并被广泛复印。

窗户中有测量员使用的工具——打结的绳子，还有类似文艺复兴时期书籍中

图A.1 上:1817年,让·西弗洛克的Célérifère,以及博德里对它的想象(专利图;Baudry 1891)。中:斯托克波吉斯教堂的窗户(雷娜特·莱辛摄)和伪造的图纸(Duncan 1928)。下:菲舍尔始于1869年的脚踏车,而不是"1855年";阿尔塔马诺夫的脚踏车,据称始于1802年,但更可能是19世纪70年代(Lessing 2010;Street 1992)

的寓言插图，表明这是一种独轮运载工具（带滑轨），如今通常被称为测量师的车轮（Whitt 1971）。这一回顾讨论（Bowerman 1988b）表明，这位不知名的玻璃画师可能是从佛兰芒艺术家科内利斯·弗洛里斯的怪诞装饰设计中复制了非常相似的带状装饰。简而言之，教堂窗户与自行车毫无关联。

1838年的麦克米伦脚踏车

事后看来，詹姆斯·约翰斯顿是一位玉米贸易商，同时也是格拉斯哥三轮车俱乐部的成员。他声称自己于1888年开始"证明我的家乡邓弗里斯就是自行车的发源地"（The Gallovidian，1899年第4期）。然而，报纸最早在1892年才开始报道有关约翰斯顿竞选的消息，所以这很可能是对德莱斯1891年新墓碑的另一种反应。基于一系列子孙后代宣誓的口述历史材料，约翰斯顿声称自己可以证明他的远亲柯克帕特里克·麦克米伦曾在格拉斯哥的伏尔坎铸造厂工作过（Dodds 1993），是脚杆驱动脚踏车的发明者。该脚踏车类似于30年之后的麦考尔脚踏车（参见图2.17）（《英国机械师》，1869年5月14日和6月11日）。

在没有证据的情况下，约翰斯顿将麦克米伦与格拉斯哥一篇脚踏车事件的报道联系在一起（Glasgow Argus，1842年6月9日），但他没注意到其中有一句话是自相矛盾的——"它是靠手动转动曲柄的轮子来移动的"。此外，工匠麦克米伦并非《格拉斯哥阿格斯报》所称是"来自邓弗里斯郡的绅士"（Dodds 1993）。

其他可能的建造者包括加文·达尔泽尔、詹姆斯·查特里斯和亚历山大·勒费布尔，也都没有可靠的文件记录以证明其真实性（Herlihy 2004, 66）。最近，一些坚定的自行车杂志编辑试图再次对麦克米伦进行查证。他们不是盲目的爱国主义者，而是致力于寻求历史真相的实证者（Ritchie 2010）。现在还没有定论，但我们有充分的理由认为：所有这些脚踏式两轮车都晚于而不是先于巴黎的曲柄脚踏前驱脚踏车。例如，其中一些具有直杆车把，一般可用来缠绕刹车绳（1868年由米肖公司获得专利），但却没有这样做。因此可以确定那些脚踏车是1868年之后的。遗憾的是，托马斯·麦考尔在约翰斯顿的授意之下，将他的脚踏车改造成为一辆"麦克米伦"车，并在1896年的斯坦利展会上展出——大概是因为他需要钱（Clayton 1987a）。

1855年的菲舍尔脚踏车

1895年，一封写给德国《自行车》杂志编辑的信，足以证明一辆自制的脚踏车与巴黎的脚踏车有相似之处。一位市议员，同时也是施韦因富特自行车俱乐部成员的来信则提到了 1894 年的米肖纪念碑,并"确定"菲利普·莫里茨·菲舍尔制作脚踏车的时间是在 1850 至 1855 年间。当时,人们认为米肖脚踏车始于 1859 年。然而,1869 年的一份当地纪事报报道称,脚踏车在此处出现,一位老人遭遇了一场事故——这完全符合菲舍尔的说法。所以他自制的脚踏车可以确定为 1869 年,而不是更早。他的"第一辆自行车"的几个复制品被制造出来,并在 1905 年向慕尼黑新兴的德意志博物馆捐赠了一辆,施韦因富特的地方行政官决定将它的追溯时间定为"1853 年"(Lessing 1995)。菲舍尔的墓碑被竖立起来,上面刻着"踏板曲柄自行车发明者——他的儿子弗里德里希后来在施韦因富特创立了滚珠轴承行业"。尽管我们中的一个人在 1986 年阻止菲舍尔的"1853年"脚踏车出现在德国的一系列发行邮票上,但施韦因富特的滚珠轴承公司 SKF 的公关部门似乎仍然坚持菲舍尔的所谓优先权。

1815 年的约克郡玩具马

此项起因于"自行车旅行俱乐部"的 50 周年纪念。周年纪念册(Lightwood 1928)展示了一幅图画,据称是来自 1815 年比代尔的一位校长丢失的日记,画了一台座位下装有螺旋弹簧的德莱斯机。纪念册写道:"值得注意的是,这辆车子前后都有弹簧,使骑车人感觉舒适,这应该是德莱斯先生没有想到的。"然而,在当时的马车制造中螺旋弹簧是不为人知的。这个未经证实的优先权比德莱斯机传入英国还要早 4 年,很明显是错误的(Roberts 1991,6)。莱特伍德还误读了其他文件,声称法国脚踏车在利物浦开始使用的时间是 1867 年,而不是 1869 年(出处同上,32)。因他的误读,英国使用脚踏车的日期被提前,这导致后来许多文献中的错误。

1801 年的阿尔塔马诺夫钢铁大自行车

根据 1950 年《苏联大百科全书》第 2 卷中的说法,一名叫 E.M. 阿尔塔马诺夫的农奴曾经在 1801 年骑着自制的"大自行车"从乌拉尔到莫斯科观看沙皇的婚礼。据称这是世界上第一辆自行车,它已具备完美的脚踏曲柄,比西欧同类自行车出现还要早 70 年(Roberts 1991,27)。其复制品在莫斯科的一家博物馆被展出。在苏联解体后,俄罗斯作者对这一说法进行了研究。他们得出的结论是,这一说法无法得到真实的档案材料的佐证。罗杰·斯特里特在 1992 年的《震骨器》一篇文章中引用他们的原话:"关于本发明广泛流传的故事是一个文学版本,不能作为真实事件用于历史调查。"

1492年的达·芬奇自行车

1949年，在一本法国体育杂志上，名叫库尔齐奥·马拉帕尔特的意大利作家写道：

> 在意大利，自行车与达·芬奇的蒙娜丽莎、圣彼得大教堂的穹顶、但丁的神曲一样属于国家艺术遗产。令人惊讶的是自行车并不是波提切利、米开朗基罗或拉斐尔发明的。在意大利，如果你说自行车不是意大利人发明的，你会看到：人们会变得闷闷不乐，脸上像蒙了一层悲伤的面纱。（译自 Malaparte 1949）

20年后，这一错误得到纠正。在1974年的法兰克福书展上，一家国际出版商合作推出一本书，名为《不为人知的达·芬奇》（Reti 1974）。在该书第三卷（由奥古斯托·马里诺尼编辑，他当时是米兰天主教大学的词典编纂者）附录中展示了一幅来自《大西洋古抄本》的粗略的草图，该图描绘的物件带有踏板和链条，类似现代的自行车。从风格看，它绝对不是出自达·芬奇之手。很快，它被宣布为达·芬奇的学徒萨莱的作品，并且是基于达·芬奇的一个失败的计划。这个说法根本站不住脚，很早就受到批评（Roberts 1991，29）。马里诺尼被邀请参加1992年在圣艾蒂安举行的第2届国际自行车历史会议。他的机敏令人印象深刻，但他却无法说服听众（Marinoni 1995）。

为证明达·芬奇是精神上的原创者和早期链条驱动的使用者，马里诺尼依据1967年再现的《马德里古抄本》，绘制了一幅喷泉水桶的链条图。他声称，任何潜在的制作者都不可能在1974年《马德里古抄本》的复制版出版之前见过这些。

在格拉斯哥举行的第8届国际自行车历史会议上，我们其中一位能够证明：1967年，伴随着重新发现《马德里古抄本》的消息，这幅喷泉水桶链条图在全世界范围内广为传播（Lessing 1998）。意大利的一位不知名的小丑一定是从中获得灵感，借助档案干预，创造出一种不可转向的达·芬奇链传动自行车。然而，加州大学洛杉矶分校艺术史学家卡洛·佩德雷蒂，根据修复的《大西洋古抄本》的独立目录，展示他在1961年借助强光灯在接合式133页的背面所看到的东西：两个不相连的圆圈和一些弧形（Pedretti 1978）（见图A.2）。在1966至1969年的复原过程中，这个小丑一定是将两个圆圈变成了车轮，将弧形变成了车架和挡泥板，并增加了踏板和链条。

尽管马里诺尼一直声称只有他和一些修复者（罗马附近的格罗塔费拉塔修道

院的僧侣）能够接触到这本《大西洋古抄本》，但实际上还有很多人接触过，包括米兰安布洛其亚图书馆的职员，其中一位曾试图出售偷来的达·芬奇手稿（Pedretti 1972），以及受雇进行复制工作的复印专家和工作人员。因此，关于是谁造假的猜测不可避免地集中在马里诺尼（在已故专家拉迪斯劳·雷蒂看来）或僧侣身上。很不幸，梵蒂冈作为《大西洋古抄本》的拥有者，感到自己受到了攻击，这阻碍了官方对事实的披露（*New Scientist*，1997年10月18日）。

1998年，卡洛·佩德雷蒂通过电话告诉一位法国记者，对未密封的第133页纸片进行的年代测试证明，草图的材料源自19世纪和20世纪，并非"来自1492年"。但很可惜，他并没有给出可引用的来源。科学史学家费代里科·迪特罗奇奥就此发表了一篇文章（*L'Espresso*，1999年3月4日）之后，意大利才注意到。一封马里诺尼的遗孀写给《浓缩咖啡》编辑的信中透露，在编辑《大西洋古抄本》的复制品时，他在家里主要靠彩色照片工作。尽管如此，假机器的全尺寸复制品（虽然很明显不能骑）是根据草图制作的，并且至今仍在世界各地的达·芬奇展览中展出。意大利文化官员尚未屈服，仍然坚持是"达·芬奇的脚踏车"。

争论的另一面是关于马里诺尼的立场，直到最近还可以在他家乡莱尼亚诺的网站上读到。它先被删除，但之后又重新出现。在一个不允许批评的美国网站上（http://sansfrontieres.wordpress.com），雷蒂的["你自己做的"]字样被编辑删掉了。

马里诺尼在这篇文章中的言论主要是基于一篇错误的德国报纸的报道（*Berliner Morgenpost*，1997年10月17日），在一个意大利达·芬奇迷的网站内容的基础上翻译而来（可查阅 http://www.bclaudios.net）。马里诺尼简单认为报纸上的评论是汉斯-埃哈德·莱辛的声明或观点。马里诺尼的"诅咒"指责莱辛有6处所谓的错误，现转载如下，其中穿插了托尼·哈德兰德的斜体评论：

1. 草图所用的"墨水"仅在19世纪才开始被使用（所讨论的草图是一幅棕色的炭笔画，莱辛谈到一幅"棕色蜡笔"画）。

1998年，痕迹的现代性被一个未发布的年代测试所验证（佩德雷蒂教授和加卢佐教授在1988年1月给莱辛和塞尔日·拉蒂埃的《科学与生活》的个人通信中）。

2. 在20世纪60年代这段时间，一群"来自米兰天主教大学"的僧侣在马里诺尼教授的指导下修复了《大西洋古抄本》（我们知道《大西洋古抄本》离开了安布洛其亚，是在格罗塔费拉塔进行的修复）。

这是《柏林晨报》文章中的一处错误。

3. 该草图是僧侣们的伪造。

这不是莱辛的说法，而是《新科学家》（1997年10月18日）的说法。

4.1974年，马里诺尼在发表第14封《解读达·芬奇》时宣布了这一发现，里面提到是"他的"僧侣们发现了它。

这是《柏林晨报》文章中的另一个错误。为了排除任何档案干预的

133 VERSO. New. Black chalk.

Scribbles, including the word 'salaj', not by Leonardo, probably not from Leonardo's time. Self-explanatory.

SEE f. 132 VERSO, to which this sheet was originally joined. When I examined the original sheets in 1961. holding them against a strong light so as to detect elements of their (at that time) hidden versos, I noticed the presence of scribbles in black chalk as well as light traces of circles in pen and ink, which appeared to be the beginning of some geometrical diagrams.

Fig. c.

Author's record of geometrical diagrams on f. 133 VERSO as seen from the RECTO in 1961.

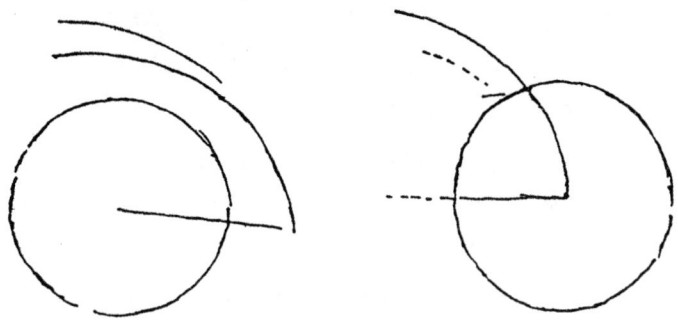

While I was denied permission to study the Codex Atlanticus, a library attendant was stealing some of its folios, trying to sell them for about twenty dollars each in a bar next to the library! Cf. *La Nazione*, November 13, 1968.

图A.2 艺术史学家卡洛·佩德雷蒂在1961年所看到的，这张随意涂写的东西并没有形成一辆自行车（Pedretti 1978）。下面复印的脚注揭穿了这个弥天大谎（Pedretti 1972）

可能性，马里诺尼坚持认为只有他本人和僧侣可以进入。

5. 马里诺尼本人在格罗塔费拉塔修复期间亲手制作了这件"赝品"。

这是《柏林晨报》文章中的另一处错误。

6. 马里诺尼本人（因为莱辛意识到前一版显然是不可能的）在《古抄本》归还给安布洛其亚图书馆后，制作了这件"赝品"，也就是说，在马里诺尼只能根据照片进行工作的期间（！）。

这是已故达·芬奇专家拉迪斯劳·雷蒂的指控："你自己做的"，迄今为止，可以在莱尼亚诺网站上读到。莱辛本人认为马里诺尼可能是一个缺少经验的发现者，而不是伪造者。

但是对于这最后一个版本，莱辛教授自己在1997年10月17日的一篇笔记中给出了与他之前所说的相反的不容置疑的证据，这篇笔记被《新科学家》杂志在1997年10月18日由乔纳森·奈特撰写的一篇名为《骑上你的自行车，达·芬奇》的文章所采纳（可查阅 http://www.newscientist.com）。

他说："对构成草图的棕色蜡笔痕迹的化学成分分析（在文章中未提及'墨水'），可以给出确凿的证据。"但不幸的是，被修复的书页已经被塑封保存起来。他没有意识到，这薄薄的一层"塑料保护"使得任何人都不可能对第133v对开页的草图或手稿的任何一页进行任何形式的补充。

只有损坏的纸页才会被密封，但至关重要的是，没有封存第133号对开页（佩德雷蒂教授，给莱辛的亲笔信）。

这一"证据"适得其反，拆穿了莱辛教授对"格罗塔费拉塔修复后的赝品"的说法。

早前，许多人都能接触到《大西洋古抄本》，例如安布洛其亚图书馆的职员就曾试图将偷来的达·芬奇手稿卖给佩德雷蒂。

这些荒谬的想象无须评论。一个严谨的学者应该基于真实证据得到主张，并且至少要与自己的观点前后保持一致。

在散布所有纸页都被塑封保存的流言时，马里诺尼教授打破了他自己的原则。

附录B

戴维斯的讲座和斯潘塞的报告

1834年，英国杰出数学家托马斯·斯蒂芬斯·戴维斯（1794—1851）加入伍尔维奇皇家军事学院，成为该学院的一名数学大师。他的新球面几何系统使他在数学领域占有一席之地。下面的这份手稿（原件由牛津大学三一学院图书馆保存）是他3年后的作品。据推测，它大概是在学院里发表的演讲稿。其中所提及的数据并不存在于手稿中。

主席先生和各位先生们：

多年前，名叫卡尔·冯·德莱斯男爵的德国人发明了一种小机器，在座的许多人都曾见过并记得它。它有各种不同的名字，但最合适的也许是脚踏车。[1]发明者德莱斯男爵在德国出版过一本小册子，描述了他的发明，有一个代表其构造的印刷品，它（看起来）比这个国家使用的那些机器要重，并且某些部分是木制的，后来在这里用铁制成。他称之为"跑步机器"，意思为运行的机器，并在他的小册子中列出它可能的各种用途。大约在20年前，在这本小册子出版后不久，一位我认识的德国绅士，来自曼海姆市的伯恩哈德·赛内先生，带着这本小册子来到英国。他经常骑一辆按照原始发明的结构制造的脚踏车在巴思市的街道上转悠。赛内先生毫不犹豫地以极快的速度在该城市最陡的街道上骑行，但我从未听说他遭遇过什么事故。

在伦敦，这项发明很快就广为人知。在座的大多数应该会记得，这件新奇的东西很快被公众接受。与步行相比，这种运动的平等性和快速性非常相似。因此，许多嫌养马麻烦和花费多的人都转而使用脚踏车，而且使用它可以获得与溜冰差不多的速度。这个想法的新颖性和独创性迅速使这项发明得到广泛应用：每当晴朗的夜晚，有很多人在新街骑脚

图B.1 托马斯·斯蒂芬斯·戴维斯。图片来自《评注者》中发布的讣告（1，1851，284）

踏车，尤其是在芬斯伯里广场和波特兰路的尽头。在那里，脚踏车按小时进行出租。在市区的各个地方都有脚踏车练习室，几位专业车手将其当作主业经营，并在英格兰的主要城市展示脚踏车。

我认识的一些人，他们喜欢骑脚踏车去郊外旅行，一天可以骑行二三十英里。许多年轻人习惯一周内骑行60英里或更多。不难看出，这项运动一定对骑车人的健康有益。他们通常是城市居民，因为工作白天经常久坐不动。

早期脚踏车由两个轮子组成，一前一后。轮子旋转的棱角被固定在一个木头支架上，支架上放置车座，车座有时会用弹簧与支架相连，但这种情况很少见。这样骑在崎岖不平的道路上会颠簸又不安全。在骑车人面前的支架上有一个垫子用于支撑手臂，使车子保持平衡。在垫子的前面，技术上被称为"休息"的部分是把手，其与前轮相连，使车能够左右转向。

冯·德莱斯男爵最初的"跑步机器"上，将后轮轴固定在支架上的叉是木制的。为支撑前轮，除棱角之外，还有一块弯曲的木头被固定在支架上，另一块类似的木头与之相对，通过叉与轮轴相连，这些固定在前轮上的叉显然是为了加固棱角，使它能够抵御前轮受到的任何意外冲击。[2]

只要在平稳的地面上，骑这种脚踏车就比走路快很多。当面对斜坡时，骑手不得不下车，走在车子旁边，右手握住车把，用左手握住车把的另一端以保持平衡。这不比自由行走费力，因为脚踏车给予的支撑比任何拐杖所提供的助力更大，所以大大减轻了上坡时的劳力。下坡时，骑手的技巧和脚踏车的敏捷性有很大的优势。脚离开地面，让脚踏车滑行下坡，其速度与下坡的陡度成正比。两只脚都不接触地面，速度越快越容易保持平衡。大家都知道，当推动一个圆环从坡上滚下时，推得越快，环就越容易保持直立状态。但当速度慢下来时，它就会开始摇摆，当它失去了推力，运动就会变得不规则并最终倒地。当骑车人获得一定的速度后，想要左右摆动车子或用一只脚触地而不翻车，这难以做到。这种在全速行驶时调整车速或停车的难度导致很多意外事故的发生。如果脚踏车撞到柱子或墙壁，前轮会受到撞击，前轮的棱角甚至是支架有时会被折断。如果骑车人提前做好冲击准备，通常只会翻倒。这是早期脚踏车一个巨大的缺陷。[3]科学界的一位老先生曾悲伤地向我诉说他的遭遇。在他把脚踏车残骸从陡峭山坡的沟渠中拖曳出来后，"啊！"这位可敬的先生深深地叹了口气说，"当初，如果我能设计出一种弹簧来抑制轮子的转动的话，我就不会滚进那长满荨麻和蓟草的河床中了。"

尽管当时使用的脚踏车并不完美，在许多方面尤其是我希望你们关注的一些细节方面均构造拙劣，但是它对理解脚踏车机械原理以及使用它加速运动所产生的优势很有益处，这也是它被命名为加速器的原因之一。

使用脚踏车的第一个优势，是腿部承载的相当大的重量现在转移到了车轮上面。假如一个人的身体（不包括腿）重量为100磅，当双腿必须支撑这重量并且一整天承载着这100磅行走20至30英里时，人当然会累。如果腿不用再承担这100磅重量，重量被从腿上移开放到了一对轮子上，同样走20或30英里，人就没那么累了。这似乎是发明者冯·德莱斯男爵的主要目标，就其出发点而言，可以说是一个令人非常愉快的想法。

除此之外，还有第二个机械优势。通常，一个人的步子或步伐很少超过1码。但在脚踏车上骑行，通过车子向前的渐进运动，步子被延长了。当车子前进时，在左脚接触地面之前，右脚已经离开地面6英尺。虽然步行时的步长不超过3英尺，但因为人在车轮上，这一步可以被延长到6英尺或更长，是步行时步长的2倍。所以，如果一个人一天可以走20英里，当他每一步的长度通过使用脚踏车增加一倍的话，他可以用同样的力气走2倍的距离，也就是一天40英里。因此，使用脚踏车有两个机械上的好处：一个人的双腿不必担负自己身体的重量，重量放在了车轮上；通过车子向前的运动，步伐增加了一倍或更多。这些优点是如此明显，以至于一开始，每个研究机械行为的人都因该想法的独创性而感到高兴，并惊讶于为何自己没能提出这样的发明。所有会骑脚踏车的人一致认为脚踏车大大加快了行走的速度。经反复试验，徒步者骑脚踏车相对无脚踏车协助的人，一天内可以走得更远。

一些外国作家认为这种车可能会使步兵的行军速度加快。它不仅使士兵能够更快、更轻松地翻越地面，还能携运武器、物资和弹药，省去很多麻烦或不便。一个步兵在行军时所带的武器、物资和弹药重达60多磅，每天要行进20至30英里，将这些重量从人的肩膀上转移到两个轮子上，其好处显而易见。

先生们，我觉得我应该向你们道歉，因为我给你们带来了一个课题，这对某些人来说可能显得有些微不足道，不值得引起该机构成员的注意，他们可能会认为这已经完全过去了、过时了。的确，先生们，我冒昧地提请你们注意这项小小的发明。非常荣幸，我曾两次将数学课题带到你们面前，并得到你们友好亲切的关注。现在，我相信你们会再次包容我。我相信在这个课题上，除了务实严谨的人以外没有人会提出任何建议。我相信你们中有许多人和我一样，认为一种新机器不应该被搁置或遗忘，直到对它的原理或理论进行了深入的调查和仔细研究，直到该理论获得了机械科学所能给予它的所有改进。许多有独创性的人提出过一些独立的想法，还没有被进行细致考查和发展，就被扼杀在萌芽之中，要么遗失，要么被搁置多年，有时甚至在长达几个世纪之后，才被发现并发挥实际作用。此外，看起来鄙陋的东西并不是微不足道：一位老先生认真地吹着肥皂泡，观察缓缓升空的泡泡然后破裂，当一位男孩看到这一切时，会认为这位老先生已经失去理智——处于超出第二童年的状态；然而，那位老先生恰恰是艾萨克·牛顿爵士，他正忙于一些关于光线和色彩的实验，正在踏上一条科学之路，很少有哲学家能够比他探索得更远。值得注意的是，一个科学上的新思想或新建议在被用于造福公众之前，有时会被搁置很久。你们都知道，蒸汽机多年来一直在做从康沃尔的矿井中抽水这样的苦力活，直到瓦特先生发现它可以做更好的事情。类似的还有维尔加的阿波罗尼奥斯，大约生活在公元前两个半世纪，他写了关于圆锥曲线的书，这本书被埋没了 1,900 多年。只有学者甚至是学者中的极少数人知道这本书。直到艾萨克·牛顿爵士观察到行星沿圆锥曲线运动，并且它们的轨道是椭圆形的。为此，他的朋友哈利博士竭尽全力将阿波罗尼奥斯的著作从希腊文翻译出来，它们被立即应用到牛顿理论中，并在牛津大学出版。这些例子足以说明，一些新颖的想法不应该被忽视，如果发明者本人没有看到它的全部范围和应用前景，后人可能会看到。

但是，如同每一项杰出的发明，不久，自行车就遭到强烈的抗议。老太太们说："这东西看上去太愚蠢了。"现在，老太太们这样说是很自然的，因为她们不会骑脚踏车，无法得到骑车的乐趣，或感受到骑车的好处。她们看待脚踏车的方式就像野人看到衬衫一样，认为这是一种无用的、毫无价值的昂贵奢侈品，聪明人永远不会沉迷其中。那些老太太看不到脚踏车有任何好处，就像霍屯督人看不出衬衫有任何好处一样。但是人们仍然继续穿衬衫，尽管霍屯督人和新西兰人看不到它们的用途。

不过，老太太们并非完全错了。静坐的人有时看到一辆脚踏车从陡峭的山坡上咔嗒咔嗒地急速驶来，速度越来越快，像一道闪电般冲过，看到骑车人以疯狂绝望的姿势掉入深沟，眼睛也陷入泥中。有名望的人对这种激烈行为感到莫名其妙，他们心中将其归因于精神异化，即一种由脚踏车带来的暂时性精神错乱。而另外一些人不禁想到，一群卑鄙的人在撒旦的影响下从一个陡峭的地方猛冲下来掉入海中，在海水中丧生。

也出现了其他弊端。如果人们在人行道上骑脚踏车,这不应该,不是他们挡了孩子们的路,就是孩子们挡了他们[4]的路,惊到了女仆们。当鲁莽粗心的骑车人不幸撞到了胖子,所有胖子和老太太就会大声抱怨,脚踏车占用了太多的人行道空间,特别是在较窄的人行道上。先生们,更糟糕的是对骑脚踏车危险性的强烈呼声。但是,当任何新发明出现时,总是会发生一些意外,直到人们意识到这个新发明的优缺点。先生们,你们可以想象一下,当人们第一次抓住野马并骑到它的背上时,可能会发生的事故。可以想象在成功训练马匹为人类服务之前,有多少人摔下来,摔断了脖子,四肢骨折。即便是现在驯养的马,从一出生就开始精心训练,尽管采取所有的预防措施,马匹也经常会造成人命的牺牲。然而,这些不幸并没有导致马被抛弃,因为人们发现马为人类服务带来的好处要远大于它带来的危害。

同样,先生们,当蒸汽机被应用于船上时,我们经常听说锅炉爆炸、烫伤、致残和淹死乘客的消息。生命的损失是巨大的,但是人们已经找到防止这些不幸的方法。一个人只需要从伦敦桥的护杆上向水面看去,就能看到人们对蒸汽机应用于航海的信心,虽然它第一次应用于船只时发生了很多危险事件并造成生命损失。

人们曾将脚踏车运动与滑冰进行比较,但脚踏车并不像一双溜冰鞋那样危险。脚踏车的平均速度并不比一个优秀的滑冰者的平均速度快,脚踏车更容易控制。滑冰者只有2个支撑点,而脚踏车有4个——骑车人的2只脚和2个轮子。学习滑冰时会经常摔倒,除此之外,滑冰者还可能因冰面破裂而溺水。

有些病例是因为管理不善和跌倒而被送往公立医院接受治疗。曾有人告诉我,圣乔治医院住进了许多因脚踏车使用不当而入院的患者。如果是一个从未骑过马的年轻人走到塔特索尔,为自己配备一匹火红的四足马,然后出发,骑到汉普斯特德,然后沿着平地,从海格特山上疾驰而下,他可能会安全回家,也有可能不会,我担心他会遇到一些严重的事故。那些从未学过骑脚踏车的年轻人想尝试这种危险的运动,当他们遇到不幸时,他们完全不会自省,而是将责任完全归咎于他们骑的这个木头和铁做的东西。当然,这也非常正确。如果不是因为这诱人的东西如此吸引人,他们就不会像我有时看到的那样,回到家时大衣后面一半被脚踏车的后轮刮破,给所有的身边人留下深刻的印象,并被警告再也不要骑这种对人胡作非为的机器。如果他们一开始以轻松的步幅骑行，不急于求成，直到习惯该项运动，那么他们会绝对安全。然而，他们骑上车却以尽可能快的速度沿着充满松散碎石块的道路飞跑，因运动太剧烈而受伤。

有一些暴徒也参与了反对脚踏车的行动，他们被当时的大人物领导和教唆，这些人处于穷困潦倒的境地，为钱想尽各种办法。我不知道，先生们，不管是不是这样，但他们下达了命令，在街道和公路上阻止那些骑脚踏车的人，然后拿走他们的钱。他们称这是通过罚款来阻止脚踏车的使用。因此，警察在胖子、看守、老太太、大人物、暴徒、国王的大臣和马匹的支持下，联合起来共同压制脚踏车的使用。谁能抵挡如此密集的方阵？像他们所做的那样，他们统一行动？为什么蒸汽机本身永远无法抵抗如此强大和团结的力量，他们同心协力共同行动。他们取得了如此巨大的成功，以至于脚踏车像黑天鹅一样罕见。据说，现在的年轻人几乎不懂脚踏车是什么事物，即使通过报道也不知道。

当事物受到极大的迫害时，人们很容易怀疑它有一些非常好的地方，才会激起如此多的敌意和恶意。当骚动结束迫害减弱时，我们又可以重新思考这项发明。现在，我们不妨探究一下，为什么脚踏车没有成功，其结构中的真正缺陷是什么，为什么步幅加倍了也减轻骑车人重量的原理还不能确保脚踏车的长久使用。阻碍脚踏车运动的原因是空气的阻力、脚踏车与地面的摩擦力，以及车子零部件之间的摩擦力。所有的机械都必须要尽力去克服这些阻碍，现在永动机的问题还没能解决。车子的速度越快空气阻力也就越大，因此我们要做的就是增加力并减少摩擦。这两方面越好，车子跑起来会越轻松，速度也会越快。在脚踏车上，力似乎是一定的，似乎没有办法增加骑车人双脚所产生的推动力，所有能做的就是减小摩擦和减少不必要的重量。

通常情况下，脚踏车的重量约为40磅，有些大尺寸的车子重达50磅，其他则介于30磅至40磅之间，但平均重量可能在40磅左右。车子运转时，这40磅中有10磅可能一直作用在车轮上使其继续运动，其余的30磅是自重，再加上骑车人身体（不包括腿部）重量的100磅，可以认为有130磅需要克服。此外还要加上车轮摩擦所产生的阻力。步幅增加5到6英尺、由车轮承载身体重量，这样的双重优势被130磅或更重的重量抵消，还需要施加足够的肌肉力量以克服重量所带来的阻力或惯性。[5] 现在，该重量的某些部分是完全没用，虽然有时会通过使用摩擦滚轮[6]减少摩擦，但轴在盒子里转产生的摩擦力会极大地阻碍车子的运转。车轮边缘的宽度通常太大，四分之一英寸的宽度就足够支撑这个重量，通过减小宽度，我们能减少车轮在道路上的摩擦，从而减少对车子运动的阻碍。长期受雇制造某一类型机器的人，在制造其他机器时，很容易依据相同的原理并采用同样的方式，而忽略了新机器所要实现的差异化目的。制作脚踏车的人通常是马车匠或车轮匠，他们习惯于制造马车、手推车和货车，载重从几百磅到几吨不等，所以他们通常将只需承载一人重量的脚踏车车轮做得太过坚固，可以承载它本应承受重量的20倍。如果一个人的体重是120磅，将重量分配给两个车轮——如果每个车轮都足够坚固，可以各自承受60磅的重量，并能抵抗意外的张力，这就够了。如果它们是铁制的，并且在接头处进行钎焊，我们可以在不增加重量的情况下把轮子做得更大。现在，大车轮的一个主要优点是，随着车轮尺寸的增加，轴中心的摩擦力减小。因此，如果车轮的直径为2英尺6英寸，车轮在15.714英尺内会转两圈，当车轮直径增加到5英尺时，同样距离内它只需转一圈。大车轮中心的摩擦力只是小车轮中心摩擦力的一半，因此，关于中心摩擦力，驱动大车轮向前15英尺8英寸的力足够将小车轮向前驱动7英尺10英寸。所以，只看轮子中心摩擦力的话，能够驱动30英寸车轮行进20英里的力足以驱动60英寸车轮向前行进40英里。

很多人一开始看到增大后轮的好处，一些人也确实用大后轮建造脚踏车。这些轮子是用木头按老方法制造的，非常重，特别是在处于中心的盒子里，无论通过轮子的大小获得什么优势，都会因其额外附加的重量而丧失。轴在盒子中运转所产生的中心摩擦比以前好不了多少。旧式脚踏车轮子上的钢轴与马车的轮子一样。它足够结实，也足够大，可以承载其自身近50倍的重量。它通常有6英寸长，直径至少半英寸。钢轴在一个盒子中运转，呈现出多平方英寸的表面，在这个表面上与盒子接触。因此每个车轮中心都有非常大的摩擦力，在每一瞬间阻碍骑车人的运动。

但是，先生们，通过扩大车轮的尺寸，增加车轮的周长，我们开发了一种力量，而这种力量在以前使用的小车轮上是微弱的。长半径和大圆周使其像其他机器上的飞轮一样，即一个重型轮，它可以接收所有多余的力,当推力消失时,该飞轮继续旋转并使机器的运转持续一段时间。飞轮的使用现在已很普遍,固定式蒸汽机必然带有飞轮,也可以在种子磨坊和其他小型磨坊中看到飞轮。因此,通过加长车轮的半径,并使每个车轮的周长变大,它们就开始像飞轮一样受力均匀运转[7]。为了研究一下这给我们带来了什么额外的好处,让我们考虑一个5英尺的轮子,它的圆周由1英尺1磅重的连杆组成。因此,它的圆周长度是15.714英尺,重量将近16磅。现在,当车轮运转时,如果中心在1小时内移动5英里,圆周上的16磅不仅跟着移动了5英里,还绕中心转动,它们比代表轮子的中心走得更远(展示图表),该车轮一直在滚动,直到它绕其轴完整旋转一圈,车轮底部的一点先转到顶部,然后再次转回底部。如果它是一个5英尺的轮子,圆周长为15.714英尺,当中心走了15.714英尺,那么圆周上的这一点就完成了这条曲线(展示曲线)。这是一条被称为摆线的曲线,点在圆周上移动的距离是车轮直径长度的4倍,即20英尺。先生们,证明它须依赖微分学,如要讨论估计不能被普遍理解。因此,当中心移动15.714英尺,圆周上的每个点相应移动20英尺,或者说如果中心移动4英尺,圆周上的各点移动近5英尺。

同样,如果前轮直径为3英尺,则周长为9.429英尺,但前轮应比后轮更坚固。因为当偶然碰到石头或其他障碍物时,它必须要能承受住猛烈的冲击,还因为它承受的重量更大。因为骑手的重量越来越靠近前轮的中心,而不是后轮的中心,所以前轮承载的重量与骑车人离后轮中心的距离成正比。前轮还需要支撑前部支架的重量,并同时维持骑手的推动力所产生的压力。加大前轮周长也有一个直接的好处,就是它作为飞轮的力增加了,因此它在这方面可以与另一个轮子的力相等。如果前轮的圆周是用每英尺2磅重的铁制成,那么圆周的重量将为18.857磅或将近19磅。而当中心移动5英里时,这19磅将通过复合运动在空间上移动6.364英里。

因此,当车子行驶5英里时,16磅的大轮子和19磅的小轮子各自向前移动6.364英里,将它们的总重乘以这个数字,结果是222.74,表示飞轮为保持机器的运动而施加的力,这相当于一个44.545磅的重量,以每小时5英里的速度行驶。因此,只要车轮在轴上和在路面上的摩擦力,连同空气的阻力,不超过44.5磅,骑车人可以期望以很小的力气前进。

但是,圆周的负载有极限。车轮越重,爬坡就越困难。因此,车轮的重量应与骑车人的力量和体重相称。一个强壮而且比较重的骑车人，当每个车轮的轮辋与他的肌肉力量和体重成比例时，会行驶得很快。特别壮实的人，除非技术非常娴熟，且是在光滑和平坦的地面上行驶，否则永远不要太相信自己的脚踏车，尽量以中等速度骑行。

　　从技术上讲，旧脚踏车上被命名为"休息"的这部分，并没有达到其设计初衷。先生们，在你们面前的这辆车子，采用了另一种形式，它为前臂提供了更多的支撑，车座更加牢固和安全。早期的脚踏车骑手们在人行道上骑行时，就是"休息"的末端烦扰到了路人。

　　我不需要向知识渊博的各位解释车子的重心是什么意思，但有些人可能不知道。它是一个点，如果这一个点的位置得到支撑，那么整个车身也就得到了支撑。在旧脚踏车上，重心在骑车人和前轮之间的某个位置，并且远低于人腰部的重心。最好将车子的重心尽可能靠近骑车人的重心，这样如果两者（人、车）朝相同方向前进，其中一个会推动另一个向前。能提供推动力的东西应该放在能产生最大效果的地方。通过扩大车轮，我们提高了重心，使它更接近于人的重心。因为人体重心的高度是固定的，只要把机器的重心提得越高，人和车在运动时就越接近于一个整体。

　　一个非常重要的缺陷是，当车沿陡峭的山坡[8]全速冲下时，没有办法停止或调整速度。长久以来，这一缺陷降低了公众对脚踏车的评价。这种缺陷引发的后果是，骑车人有时会撞到桩子上或墙上。有一天，我的一位年轻朋友过来找我，说："上周日早上很不幸。"我问怎么了。"就在去教堂做礼拜前，我心烦意乱地闯进了一家理发店。脚踏车风驰电掣般冲下斜坡，车子根本停不下来。我能做的只是设法让车冲着门去——撞在门上总比撞墙上好——门猛地被撞开了，我就砰的一声撞进了理发店。"理发师和他的顾客是啥反应？"都忙着刮胡子呢，顾不上说太多话，就把这看成是个意外。有人扶我起来，于是我带着脚踏车的碎片离开了。"

　　当我努力指出的各种不足得到有效弥补，并通过增加一个弹簧来调整车轮的过快运动时，人们可能会发现，脚踏车并不是像它有时被认为的那样是一项无用的发明。虽然对车子所做的试验和所有反对意见都是针对旧式脚踏车，但它的大多数拥护者也倾向于承认，它没有满足人们的期望，旧机器的优势不足以抵消它带来的不便。20年前，当脚踏车刚问世时，人们对它抱有很大的期望。有些人甚至幻想用它取代马匹。

确实，有些土地是专门饲养用来展示和炫耀的马匹。如果这些土地被耕耘为人类提供食物，那么给马匹喂食而人类却在挨饿的抱怨就会减少。不过，经常也有人将脚踏车和马匹进行比较。人们普遍认为，步行的人如果日复一日地走很远的距离会使马匹筋疲力尽，没有一匹马可以像巴克利上尉和其他几个人那样连续走上1,000小时。如果步行的人可以让马疲于奔命，那么他就应该能够用结构良好的脚踏车在平坦的路面上走得更远。机器取代马匹的概念似乎没有什么事实根据。即使在机车头引擎最多的美国，蒸汽机也没有取代马匹，蒸汽机也不可能取代马匹。一匹马有其独特的实用性和便利性，这是任何机器都无法比拟的。它可以穿越多碎石、多岩石或多沙的地方，跳过栅栏或沟渠，沿着布满松散鹅卵石的沙滩奔跑，没有任何机器可以做到这些。脚踏车只适合与骑乘马或马车上的马进行比较，其他类别的马都不合适。脚踏车的用途在许多方面与骑乘马或马车上的马截然不同，因为它可以在任何良好的马道上行驶，也可以在田间的步行道上行驶，还可以穿越一些马匹不能通行的地方。因为通过将车子瞬间一分为二，每个独立的部分都可以被抬起穿过任何的门，然后再迅速拼合在一起，重新出发。

  与马匹相比，脚踏车具有几个优势，尤其是在花费方面。购买一匹骑乘马大概要花费40英镑，之后每年要花费30到40英镑来喂养它，再加上马厩的费用，雇人照看它的费用，算下来常常需要这个数目的2倍还多。如果马能活到30岁，从第一笔费用到最后一笔费用，合计超过1,700英镑。如果同一个人放弃马而改骑脚踏车，在同样长的时间里，购买费和维修费不会超过20英镑。先生们，到最后马死了，而脚踏车还是那台脚踏车，只须进行必要的维修，车将一如既往地运转下去。

  但是，机器的使用与畜力的使用是如此不同，以至于我们可能会争论说，如果蒸汽机不能取代马匹的使用，那么脚踏车就更不可能取代马匹，即使脚踏车已经是如此的普遍。事实上，良好的道路对于所有机车机器都是必不可少的，如果没有铁路，蒸汽机本身就会失去很多的机车动力。几年前，当脚踏车被普遍使用时，道路比现在要粗糙和糟糕得多。打碎道路上的大石头为大型马车和脚踏车消除了障碍。大约在1819年的英格兰，许多地方道路上的大石头是导致大部分骑脚踏车的人摔倒的原因。

  大约18或20年前，脚踏车非常受欢迎，我认识的不同年龄和不同体重的人都时常在巴思市附近的丘陵地区骑脚踏车。许多人会在晚餐前跑12到14英里的距离，然后再回来。有些人确定自己可以每小时骑行6或7英里。骑旧式脚踏车一天骑30或40英里并不罕见，没有人因此死亡，没有人折断胳膊或腿，也不需要外科医生，事实上，我从没听说过哪种意外是不能用醋和牛皮纸治愈的。

先生们，这些就是脚踏车呈现的用途和应用，它们是否足以使它发挥实际作用还有待证实。可以肯定的是，城市不适合骑脚踏车——道路的坡度太陡，人行道太拥挤，骑车人和他人都感到不舒服。没有哪个有礼貌或有教养的骑车人愿意冒轧到别人脚趾的风险，毕竟这会导致太多的纠纷，令任何一方都不愉快。但是在开阔的乡村道路上，脚踏车展示了其有用的品质，尤其是当我们顺一个一两英里长的缓坡骑下时，能始终保持平衡，脚不用触地，像箭一样迅捷地移动。这使旅程显得很短，这种方式可以获得短暂的休息，缓解了之前长距离骑行的疲劳。

脚踏车似乎最适合社会上人数最多、最活跃的阶层使用——他们的四肢能够充分利用。对他们来说，马匹是一种麻烦和累赘，他们喜欢运动，不会排斥身体锻炼。对这些人来说，脚踏车可以以较小的代价和足够快的速度，从一个地方到另一个地方。坏了很容易维修，不骑的时候靠在墙上就行，占用空间很小。用车时，骑车人的安全取决于谨慎程度和骑车技术，而不像骑马时取决于马的心情。马经常不太驯服，有时易受惊或变得狂躁。我们很难预见脚踏车能否回归普及，但如果以这种形式继续尝试，无疑会产生许多的改进建议。我们也不必对任何已经提出或此后可能会提出的反对脚踏车的呼声感到惊讶。只要继续存在那类有活力的造物，大自然出于某种明智的目的赋予他们发声的能力，他们就必须发声，且一定会发声。当雨伞第一次出现时，他们就出来抨击，当蒸汽机普及时，他们又发出了很大的声音，以至于大洋彼岸都听到了，然后又从北美回响回来。但是，雨伞和蒸汽机太有用了，也太强大了，没有被那个铿锵有力的群体压倒。我们知道他们强烈的呼声来源于何处，就不必为他们的努力感到惊讶，也不必为他们的猛烈抗议而感到惊慌。

先生们，我很遗憾，这里没有空间充分展示该机器的运转，也许跑上一次20或30英里就足以清楚地表明它的用途。但无论如何，在该话题结束前，请允许我向各位绅士表示感谢。感谢你们对这些建议给予的耐心关注，我一直担心这些建议会过于枯燥，与计算关系过于紧密，以至于除了有能力的机构成员之外，其他人没有能力对其进行判断和决策。

1819 至 1820 年间，英国早期的曲柄脚踏车制造商查尔斯·斯潘塞，报道了花花公子马或玩具马的失败。在其难以获得的小册子《自行车与三轮车》（伦敦 1883）中，作了如下报告：

> 早在 60 到 70 年前，花花公子马或玩具马在英国就已广为人知并被骑行。著名的讽刺漫画家克鲁克香克、罗兰森等人对它进行嘲讽，它的存在时间很短，但它留下了印记。事实证明，它注定要以另一种形式获得前所未有的知名度。
>
> 有人可能会问，为什么克鲁克香克要为此事劳神，或者自寻烦恼地嘲讽骑脚踏车这种行为？骑车这种行为尽管不是很优雅，但至少是无害的。这个问题可以从事实中得到答案，这位艺术家原本有意资助这项新运动，但因笨拙的骑车技术，他陷入了某种可笑的境地。从此以后，他就成了这项运动最坚决的反对者。他把自己的聪明才智运用到了极致，把玩具马和骑手以一种荒诞的姿态展示给公众，使骑手们都害怕大众的嘲笑。因此，脚踏车的发展至少延迟了 50 年。事情就是这样。
>
> [罗伯特]克鲁克香克与他的出版商詹姆斯·塞德贝瑟姆保持着友好亲密的关系。1819 年冬，有一次，这两个好朋友穿着当时最荒谬的服装进行一次远足，每人骑一辆玩具马。（克鲁克香克早期的漫画，由朋友詹姆斯·塞德贝瑟姆在他斯特兰德大街 287 号的店中发布并公之于众。后来，塞德贝瑟姆的遗孀搬到伯灵顿拱廊街，许多漫画作品都在橱窗中被展出，令公众非常高兴，但使教区执事十分烦恼，他发现要清理塞德贝瑟姆夫人商店对面的空间永远都很困难。）
>
> 起初，在相当长的一段路程中，一切都很顺利。但当他们从海格特山以每小时近 10 英里的速度全速往下冲时，用极具表现力的美国风格来说，骑手们"开炮"了或"相撞"了。他们摔了出去，都被重重地甩到路的另一边。结果是车子严重受损，而他们也受到严重的惊吓。克鲁克香克先生被他的朋友（两个人中受伤较轻的那个）领到拱门客栈，在那里他们得到了这种情况下可能得到的最大的安慰，最后乘坐一辆威伯马车回到了伦敦。
>
> 这次不幸的事故确实是玩具马失去人气的主要原因。从此以后，克

鲁克香克先生和塞德贝瑟姆先生致力于对这项运动进行各种嘲讽。克鲁克香克先生独创性的和奇异的想象力激发了他的灵感，他用灵巧的铅笔完成了无数滑稽的素描作品。画中人看起来很悲哀，穿着当时最时髦的衣服，骑在花花公子马或玩具马上，看上去既不自在又荒谬可笑。这些作品被陈列在斯特兰德大街塞德贝瑟姆先生的橱窗里，并立刻引发过路人的好奇心。这导致在公共场合骑玩具马变得非常不安全，人们看到街上的骑手和商店橱窗里的漫画是如此的相似，都会捧腹大笑。

附录B的注解：

1. 德莱斯本人可能为其1818年的法国专利选择了"vélocipede"这个名称。请参见第1章和图2.3。——汉斯-埃哈德·莱辛

2. 戴维斯错误地将弹簧片上的东西识别为附加的叉，其实是德莱斯用来停放车子的支撑架。见图1.7。——汉斯-埃哈德·莱辛

3. 未经许可的复制品缺少德莱斯故意隐藏在骑手腿后面的后轮制动器。只有从扶手上可以看到驱动的绳子——请参见图1.5和图1.6。——汉斯-埃哈德·莱辛

4. 根据戴维斯的说法，当脚踏车沿着马路行驶时，胆小的马有时会躲开它们。显然，拉车的马匹即使再沉稳也会以惊讶和恐惧的眼光看着它们。

5. 该论点表明，必须推动额外的130磅重量。实际上，即使走路或跑步，身体的重量也会被推动；因此，只需要推动脚踏车额外的40磅重量。——汉斯-埃哈德·莱辛

6. 这是最早提到的两轮车轴承。——汉斯-埃哈德·莱辛

7. 今天，很显然，这已经由线性运动中的惯性物质提供。相反，车轮被赋予了最小的惯性力量。见专栏2.2。——汉斯-埃哈德·莱辛

8. 见注解3

附录C

自行车美学

本书中,我们故意很少提及美学。我们的主要目的是专注于自行车工程方面的发明和发展。我们的观点是,自行车的大部分美学特征主要源于工程学,这也是自行车深受人们喜爱的原因之一。不过,我们觉得也应该简要提一下美学。

形式服从于功能

"形式永远服从于功能",美国建筑师路易斯·沙利文在1896年提出这条原则。在《利平科特月刊》上一篇题为"从艺术角度看高层办公建筑"的文章中,他写道:

> 这是所有有机物和无机物、所有自然和超自然、所有人类和超人类的普遍定律。——所有头脑、心脏和灵魂的真实展示——生命从其表现形式即可被识别,形式始终服从于功能。这就是规律。(Sullivan 1896)

创新的充气轮胎式菱形车架安全自行车在当时深受大众欢迎,佐证了沙利文观察的真实性。确实,菱形车架是一种被广泛认可的功能形式。一个多世纪以后,在许多国家它迅速被大众接纳。因此,在发达国家,与自行车相关的交通标志都采用菱形车架安全自行车的简单示意图。同样,某些其他经典自行车设计甚至在漫画中都具有易于识别的特征形式。其中之一就是高轮车。另一个是布朗普顿折叠自行车,通过其主梁的曲线很容易被识别。该曲线就是来自紧凑折叠的功能需求:当自行车被折叠时,主管紧紧弯曲绕过小后轮。

除了直接来源于工程功能的美学特征外,其他美学特征的衍生和种类可以从以下几个方面来考虑。

表面装饰

作为表面涂层,表面装饰具有两个主要功能:保护部件(主要是防止由于潮湿、道路碎屑、污染物和一般磨损造成的变质损坏）和使机器在视觉上更具吸引力。（当然，后者在市场营销中很有用）。

在钢制自行车车架上使用的一种早期表面处理技术是涂漆。顾名思义，它模仿了日本漆器的外观。在工业化的西方对这一工艺的阐释中，使用的是树脂基清漆。它们的使用方式是浸涂或刷涂。将每个涂层加热烘干，然后抛光至高光泽。使用的颜色大多数是黑色。为了减轻深色的晕染，人们采用镀金材料。到20世纪初，这几乎都是通过箔转印技术实现（Oddy 1995）。涂漆被缝纫机制造商使用，其中一些后来成为自行车制造商。约翰·马斯顿的阳光自行车公司就起源于伍尔弗汉普顿的涂漆产业。

第一批有色漆必须先用刷子逐层涂抹，每一层都必须在低温下进行干燥。这些色漆所产生的漆面比黑漆更加粗糙、更加柔软，也更不耐用。但是到了19世纪90年代中期，改良的色漆被开发出来，它能提供明亮、光滑、有光泽，且耐磨的表面。随后，通过喷涂和炉火硬化的色漆被广泛用于自行车车架。

在第二次世界大战后开发的粉末涂料，现在被广泛用于自行车车架。与传统涂料不同，粉末涂料不需要溶剂来保持黏合剂与填料处于液体悬浮状态。粉末涂料通常采用静电涂覆，然后加热，使其在坚硬固化之前流动形成表皮。粉末涂料的优点包括减少对环境的影响，降低了操作人员的健康风险，更高的厚度和耐用性，减少了浪费，从而减少资金和工厂运营成本。

直到20世纪20年代，镀镍漆被广泛用于一些钢制部件，例如轮辋、轮毂、刹车和车把，提供明亮有光泽的表面。但是，镀镍漆绝不是通用的。几十年来，我们通常发现这些部件会用黑漆做表面处理。通常，会让客户自行选择黑漆还是镀镍漆。

在20世纪30年代，镀铬漆变得普遍，很快取代了镀镍漆。偶尔，也有自行车的整个车架都会用镀铬漆，但通常只是一些特别的自行车。更常见的是高档自行车的某些部件会用镀铬漆，例如叉尖或后下叉。

镀铬不当很容易出现凹陷、裂纹甚至剥落，从而导致底层的钢材生锈。镀层凹陷越多，钢材的腐蚀就越严重。20世纪60年代，低档镀铬漆盛行，这也是其过时的原因之一。然而，优质的镀铬层非常持久耐用，例如几十年来用于斯特米-阿彻公司的轮毂齿轮上的镀铬漆。

早期的铝合金自行车部件与钢部件相比，不易生锈，但表面可能会氧化。20世纪20年代，人们发明阳极氧化处理工艺，用于保护水上飞机的机身不会受到海水腐蚀，提高了铝的耐腐蚀性，也更容易上色。自20世纪下半叶以来，各色的阳极氧化铝被广泛用作自行车的部件材料。

抛光不锈钢车架时有生产。

铭牌、字体和衬板

铭牌和字体通常被用来识别自行车的品牌和型号。曾几何时，车头铭牌（即那些安装在头管显眼的正面的铭牌）是先由钢或其他金属压制或铸造，然后被焊接、胶粘或铆接在头管上。20世纪60年代，被广泛采用的是自粘胶塑料铭牌。

自行车上的文体，通常以贴花的形式贴在车架上，可能包括型号名称、有关制造商的更多信息（例如地址）、专利或注册商标设计信息，以及安全警告。

多年来，车架管和挡泥板的装饰衬板（条纹）都深受喜爱。有时它由贴花组成。但在一些高档机器上，是用手持式衬轮来涂抹，涂料注入一个小型内置式容器中，并沿安装在车架管周围的导轨运行。金箔衬板远优于廉价的铜衬板。

功能性元素的装饰

出于审美和品牌原因，自行车的功能元素有几种装饰方式。与座管相连的后上叉的顶部有时为了美观而设有凹槽。它们环绕在座管顶部，甚至可以逐渐变细。车架套管和叉肩有时是用精心切割的材料制造，某些情况下还会通过锉刀再进一步手工完善。20世纪50年代推出的高档自行车 Hetchins Magnum Opus，它的套管有时会被涂成与车架的其余部分形成鲜明对比的颜色，或用金色油漆镶边。

偶尔，会有制造商修改菱形车架的通用轮廓，使车子更容易被识别。例如，某些 Hetchins 车型具有弯曲的后下叉、弯曲的后上叉，甚至弯曲的座管。贝茨制造的一些经典的英国轻量型自行车，具有独特形状的双曲线（扁平 S 型）前叉，其注册设计名为"Diadrant"。为了证明这种设计的合理性，有时厂家会提出改进减震的可疑说法。

一个压制的钢牙盘可以轻松地获得装饰性的图案，例如标致的狮子或罗利的鹭头。

装饰性非功能元素

有时，自行车制造商会添加纯粹风格化的装饰特征，除了创造某种独特的形象或幻想之外，没有其他功能。例如，一些德莱斯机和至少一种法国早期的脚踏车在车把的前面，有一个象征着龙或海怪的车头雕像。20世纪30年代到50年代，一些自行车（尤其是施文）拥有类似于摩托车的假油箱。

时尚

各种材料时而流行，时而过时，但这发生在不同文化背景下的不同时代。20世纪60年代，当英国的公路车和运动型轻便公路车都在使用镀铬的钢制部件时，比利时人正在购买铝合金部件的公路车。40年后，在罗马出售的时尚公路车配备镀铬钢部件，类似20世纪60年代英国人所青睐的部件。

有时，客户关注的不是实际材料，而是车的视觉特征。罗利自行车在20世纪90年代印证了这一点，它成功地使用了大直径钢管，模仿超大铝管自行车的外观，在英国青少年中很受欢迎。

组件的形状也会受到时尚潮流的影响。例如，当扁平的"全能型"车把在二战后的英国运动型轻便公路车上流行时，战前的公路车车把就变得非常不时髦，尽管许多旧式车把在人体工程学方面很出色。

车架和车头铭牌上的字体也随流行趋势不断变化。20世纪60年代，亚历克斯·莫尔顿在全新的自行车商标上使用非常现代的字体和图形风格，标志着英国自行车行业传统的制图方法出现重大转变。在其他情况下，一个旧观念的过时可能是细微且难以察觉的，就像消费者喜爱的食品品牌更换了新包装一样。一个很好的例子是罗利自行车的鹭头图案，在100多年的时间里，它已被修改了多次。

结论

这绝不是对自行车美学的全面调查，仅仅是一个简短的介绍。这是一个引人入胜的主题，你可以在国际自行车历史会议已发表的各种论文中读到更多关于它的内容。我们希望这段简短的附录能提供对该主题的一些见解，同时也解释了为什么我们没有在各章中对此问题进行更详细的介绍。这本书主要是关于工程方面的内容，我们和路易斯·沙利文的理念不谋而合。

附录D

自行车部件

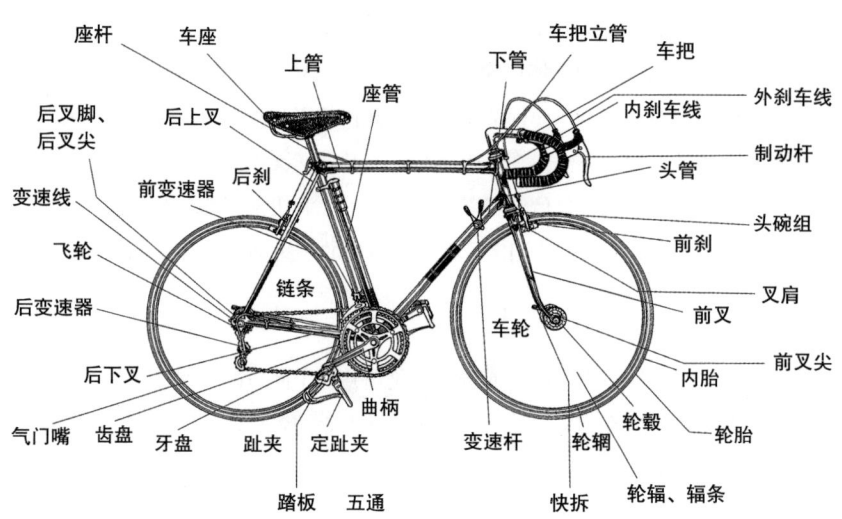

图D.1 一辆典型菱形车架自行车的部件示意图（霍华德·萨瑟兰）

文献选编

自行车运动书目

Clayton, Nick. 2001. "Index of British Cycling Periodicals." *The Boneshaker* 155: 30–35. Also includes holdings of libraries.

Déon, Bernard, and Seray, Jacques. 1996. *Les révues cyclistes*. Saint-Étienne: Association des amis du Musée d'Art et d'Industrie de Saint-Étienne. Bibliography of French cycling magazines.

Kobayashi, Keizo. 1984. *Pour une bibliographie du cyclisme 1818–1983*. Paris: Fédération Française du cyclotourisme. Yearly updates, 1985–present: *Bibliographie Cycliste*. Saint-Étienne: Association des amis du Musée d'Art et d'Industrie de Saint Étienne.

Luebbers, David J. 1977. *The 1950–1972 Bicycle Bibliography*. Denver: Silers.

Schultz, Barbara, and Schultz, Mark. 1979. *Bicycles and Bicycling: A Guide to Information Sources*. Detroit: Gale Research.

Sokoll, Alfred H. *Fahrrad und Radsport*. 1985. Munich: Alkos-Verlag. German bibliography; includes periodicals.

Truelsen, Erling. 1977. *Litteratur om cykler, cykling og cykeltrafik*. Copenhagen: Dansk Cyklist Forbund. Danish 1868–1976; Norwegian, Swedish, and English 1965–1976.

Ulreich, Walter. 2003. "Historische deutsche Fahrradzeitschriften." *Der Knochenschüttler* 28: 14–15. German periodicals; includes holdings of libraries.

Williams, Edward. 1993. *A Bibliography of Cycling Books*. Kings Heath: National Cycle Archive.

专利节选和列表，以及综合自行车历史档案

Allen, James Titus. 1892. *Digest of Cycles or Velocipedes, with Attachments Patented in the United States from 1789 to 1872*. Two volumes. Washington: US Patent Office.

USPO Supplements: *Patents and References*. 1789–July 1893.

USPO periodical: *Cycle Patents Monthly*. 1892–1896.

Anonymous. 1869–70. "Liste chronologique des brevets relatifs à la vélocipédie." *Le Vélocipède Illustré* (December 9, 23, and 26, 1869; May 26 and 29, 1870).

Herzog, Ulrich. 1984. *Fahrradpatente*. Kiel: Moby Dick.

National Bicycle History Archive of America, Davis, California. Available at http://www.nbhaa.com.

National Cycling Library Digital Archive, Llandrindod Wells, Powys. National Cycle Collection. Available at http://www.cyclemuseum.org.uk.

Phillips, Robert Edward. 1886/87. Patents for Inventions. *Abridgements and specifications relating to velocipedes*. Two volumes. London: Iliffe.

自行车科学

Abbott, Allan V., and Wilson, David Gordon. 1995. *Human-Powered Vehicles*. Champaign: Human Kinetics Publishers.

Appeltauer, Peter. 2013. *Das Kleingedruckte beim Radfahren. Physikalische Hintergründe Ihres Rennalltags*. Leipzig: Maxime-Verlag.

Glaskin, Max. 2012. Cycling Science: *How Rider and Machine Work Together*. University of Chicago Press.

Gressmann, Michael. 2005. *Fahrradphysik und Biomechanik*. Tenth edition. Bielefeld: Delius-Klasing Verlag.

Pooch, Andreas. 2009. *Wissenschaft vom schnellen Radfahren*. Windeck: LD-Verlag.

Sharp, Archibald. 1896. *Bicycles & Tricycles. An Elementary Treatise on Their Design and Construction*. London: Longmans, Green. Reprinted in 1977 by MIT Press.

Wilson, David Gordon, with Papadopoulos, Jim. 2004. *Bicycling Science*. Third edition. Cambridge: MIT Press.

自行车设计、美学和文学

Astié, Charles. 2003. *Musée Virtuel du Vélocipède 1817–2000*. Toulouse: Cépaduès-Éditions. Computer-rendered pictures of bicycle landmarks.

Burrows, Mike, and Hadland, Tony. 2004. *Bicycle Design: The Search for the Perfect Machine*. Second edition. Hereford: Pedal.

Embacher, Michael. 2011. *Cyclepedia. A Century of Iconic Bicycle Design*. San Francisco: Chronicle Books.

Heine, Jan, and Pradères, Jean-Pierre. 2008. *The Competition Bicycle: A Photographic History*. Seattle: Bicycle Quarterly Press.

Heine, Jan, and Pradères, Jean-Pierre. 2009. *The Golden Age of Hand-Built Bicycles*. New York: Rizzoli.

Isendyck, Jürgen. 2013. *Über Fahrräder und Fahrradteile*. Aurich: VSF Akademie.

Klanten, Robert, and Moreno, Shonquis. 2010. *Velo: Bicycle Culture and Design*. Berlin: Gestalten Verlag.

Klanten, Robert, and Ehmann, Sven. 2013. *Velo—2nd Gear: Bicycle Culture and Style*. Berlin: Gestalten Verlag.

Lessing, Hans-Erhard. 1995. *Ich fahr' so gerne Rad. Geschichten von der Lust, auf dem eisernen Rosse dahinzujagen*. Munich: Deutscher Taschenbuch-Verlag.

Newson, Alex. 2013. *Fifty Bicycles That Changed the World*. London: Design Museum.

Roy, Robin, with Cross, Nigel. 1983. *Bicycles: Invention and Innovation*. Milton Keynes: Open University Press.

Schenkel, Elmar. 2008. *Cyclomanie. Das Fahrrad und die Literatur*. Eggingen: Edition Isele.

Starrs, James E. 1997. *The Literary Cyclist. Great Bicycling Scenes in Literature*. New York: Breakaway Books.

Sumner, Philip, and Osbahr, Alan. 1966. *Early Bicycles*. London: Hugh Evelyn.

Tenberge, Katharina. 2011. *Klassische Fahrräder des 20. Jahrhunderts*. Bielefeld: Moby Dick.

teNeues Verlag. 2012. *The Bike Book: Lifestyle—Passion—Design*. Kempen.

自行车史学期刊

The Boneshaker. 1955 to date. Thrice-yearly magazine of the Veteran-Cycle Club (UK). Index 1–150 in autumn 2000 issue.

Cycle History. Proceedings of International Cycling History Conferences, 1994–present. The first three volumes had different titles, but are usually quoted as follows. Cycle History 1: 1st International Conference of Cycling History. Glasgow: Museum of Transport, 1991. Cycle History 2: Actes de la deuxième conférence internationale sur l'histoire du cycle. Ville de Saint-Étienne, 1995. Cycle History 3: 3. Internationale Konferenz zur Fahrradgeschichte. Neckarsulm: Deutsches Zweiradmuseum, 1993. A keyword index of volumes 1–23 is available at http://www.cycling-history.org—click on Proceedings in the menu.

The Wheelmen. 1970-present. Half-yearly magazine of The Wheelmen (US). Bulletin #26 is an index to magazines #1–63/2003.

Les Dossiers de la Vélocithèque #1/1986-present, ed. Gérard Salmon. Vélocithèque, 69590 Le Bois, France. Occa- sional publications by various authors.

Het Rijwiel 2010–present, formerly: De Oude Fiets 2001/1–2009/4. Dutch quarterly of Historische Rijwielvereniging De Oude Fiets. Index at http://oudefiets.nl.

Der Knochenschüttler. Bimonthly magazine of Historische Fahrräder e.V. (Germany). #1/1995-present. Separate index: Gesamtverzeichnis 1995–2006.

Vintage Bicycle Quarterly (2002–2006), renamed Bicycle Quarterly (2006–). Published in Seattle by Bicycle Quarterly Press.

自行车运动通史

Antila, Kimmo, ed. 2007. *Velomania!* Tampere: Museum Centre Vapriikki.

Dodge, Pryor. *The Bicycle*. 1996. Paris: Flammarion.

Durry, Jean. 1982. *L'Encycl(e)opédie*. Lausanne: Edita.

Herlihy, David. 2004. Bicycle: *The History*. New Haven: Yale University Press.

Geist, Roland C. 1978. *Bicycle People*. Washington: Acropolis Books.

McGurn, Jim. 1999. *On Your Bicycle*. Second edition. York: Open Road.

Norcliffe, Glen. 2001. *The Ride to Modernity: The Bicycle in Canada 1869–1900*. University of Toronto Press.

Pridmore, Jay, and Hurd, Jim. 1995. *The American Bicycle*. Osceola: Motorbooks International.

Ritchie, Andrew. 1975. *King of the Road: An Illustrated History of Cycling*. Berkeley: Ten Speed.

Ritchie, Andrew. 2011. *Quest for Speed. A History of Early Bicycle Racing 1868–1903*. El Cerrito: Cycle Publishing.

Roberts, Derek. 1991. *Cycling History: Myths and Queries*. Erdington: Pinkerton. (V-CC correction notes by Nick Clayton, 1991.)

Seray, Jacques. 1988. *Deux Roues. La véritable histoire du vélo*. Rodez: Éditions du Rouergue.

Smith, Robert A. 1972. *A Social History of the Bicycle*. New York: American Heritage.

按年代划分的自行车历史

Besse, Nadine, and Henry, Anne, eds. 2008. *Le Vélocipède—the velocipede. Objet de modernité—a modern object*. Exhibition catalog. Saint-Étienne: Musée d'Art et d'Industrie.

Burgwardt, Carl F. 2001. *Buffalo's Bicycles*. Orchard Park: Carl Burgwardt.

Kobayashi, Keizo. 1993. *Histoire du Vélocipède du Drais à Michaux 1817–1870. Mythes et Réalités*. Tokyo: Bicycle Culture Center.

Lessing, Hans-Erhard. 2003. *Automobilität—Karl Drais und die unglaublichen Anfänge*. Leipzig: Maxime-Verlag.

Reynaud, Claude. 2008. *Le Vélocipède illustré . . . et déjà la bicylette!* Two volumes, paginated throughout. Doma- zan: Éditions Musée Vélo-Moto.

Reynaud, Claude. 2011. *L'Ère du Grand-Bi en France 1870–1890*. Domazan: Éditions Musée Vélo-Moto.

Street, Roger. 2011. Dashing Dandies - the English Hobby-Horse Craze of 1918. Christchurch: Artesius

自行车制造商索引

曲柄脚踏车

Clayton, Nick. 1987a. "An index of makes & Makers of Boneshaker cycles." *The Boneshaker* 115 (winter): 15–18.

Kielwein, Matthias. 2006. "Velozipede in Deutschland, Fabrikanten und Händler." *Der Knochenschüttler* 37: 2–7.

Reynaud, Claude. 2009. "Les constructeurs français." In *Le vélocipède illustré*. Domazan: Musée du Vélo.

高轮车

Reynaud, Claude. 2011. "Liste de constructeurs, fabricants et monteurs de grands-bis, tricycles et accessoires en France entre 1871 et 1890." In L'Ère du Grand-Bi. Domazan: Musée du Vélo.

Stockdale, Glyn, and Clayton, Nick. Index of Makes and Makers of Bicycles. Supplement to The Boneshaker 106 (autumn 1984).

安全自行车

Hetzel, Charles. 1981. "Bicycle Brand Directory of American Safeties 1890–1900." In G. Donald Adams, *Collecting & Restoring Antique Bicycles*. Blue Ridge Summit: TAB Books.

英国概况

Miller, Ray. 2009. *Encyclopedia of Cycle Manufacturers up to 1918.* Second edition. Birmingham: John Pinkerton Memorial Fund.

美国概况

Hetzel, Charles. *List of American Bicycle Brands Prior to 1918*. May be available at http://www.thewheelmen.org (site under construction at time of writing).

德国概况

Baumann, Chris, and Schöla, Ottokar. 2000. *Deutsche Fahrradmarken von A–Z.* Langenhagen: Historische Fahrräder. Papperitz, Frank. 2003. *Markenware Fahrrad.* Pirna: Hochland-Verlag.

自行车产业和制造商专著

Aidn, Werner. 2010. Diamant. Fahrräder-Motorräder-Radsport. Leipzig: Maxime-Verlag.

Bäumler, Ernst. 1961. *Fortschritt und Sicherheit. Der Weg des Werkes Fichtel & Sachs*. Munich: Mercator Verlag.

Cotter, John-Baptist. 1994. *From Turkish Bath to Motor Carriages: The Concise History of the Crypto Car and Cycle Co 1894–1994*. London: Yelling Cycling.

Crown, Judith, and Coleman, Glenn. 1996. *No Hands: The Rise and Fall of the Schwinn Bicycle Company, an American Institution*. New York: Henry Holt.

Epperson, Bruce D. 2010. *Peddling Bicycles to America. The Rise of an Industry*. Jefferson: McFarland.

Evans, David E. 2007. *Mr. Pedersen: A Man of Genius*. Stroud: The History Press.

Facchinetti, Paolo, and Rubino, Guido. 2008. *Campagnolo: 75 Years of Cycling Passion*. Boulder: Cordee.

Hadland, Tony. 1981. *The Moulton Bicycle: The Story from 1957 to 1981*. Erdington: Pinkerton.

Hadland, Tony. 1987. *The Sturmey-Archer Story*. Erdington: Pinkerton.

Hadland, Tony. 2010. *The Spaceframe Moultons*. Berlin: LIT-Verlag.

Hadland, Tony. 2011. *Raleigh: Past and Presence of an Iconic Bicycle Brand*. San Francisco: Cycle Publishing.

Heine, Jan. 2012. *René Herse: The Bikes—the Builder—the Riders*. Seattle: Bicycle Quarterly Press.

Henshaw, David. 2011. *Brompton Bicycle*. Second edition. Wakefield: Excellent Books.

Krach, Martin. 2001. *NSU-Fahrräder 1886–1963*. Second edition. Neckarsulm: Krach.

Land, Nigel. 2011. *Elswick-Hopper of Barton-on-Humber: The Story of a Great British Bicycle Maker*. Barton-on-Humber: Fathom.

Marchesini, Daniele. 2008. *Bianchi. Una bicicletta sola al comando*. Azzana San Paolo.

Mertins, Michael. 2001. *Die Geschichte der Anker-Fahrräder*. Langenhagen: Historische Fahrräder.

Moffitt, John. 2003. *The Ivel Story*. Driffield: Japonica.

Nöll, Jürgen. 2001. *Opel-Fahrräder. Fünf Jahrzehnte Fahrradbau in Rüsselsheim*. Bielefeld: Delius-Klasing Verlag.

Pinkerton, John, and Roberts, Derek. 1998. *A History of Rover Cycles*. Edington: Pinkerton.

Pinkerton, John, and Roberts, Derek. 2002. *Sunbeam Cycles: The Story from the Catalogues, 1887–1957*. Erdington: Pinkerton.

Pridmore, Jay, and Hurd, Jim. 1996. *Schwinn Bicycles*. Osceola: Motorbooks International.

Rosen, Paul. 2002. *Framing Production: Technology, Culture, and Change in the British Bicycle Industry*. Cambridge: MIT Press.

Shimano, Keizo. 1975. *History of Shimano*. Osaka: Shimano Industrial Co.

Ulreich, Walter. 1995. *Das Steyr-Waffenrad*. Graz: Weishaupt-Verlag.

特定的自行车运动形式；自行车部件及其历史

Berto, Frank J., Shepherd, Ron, and Henry, Raymond. 2009. *The Dancing Chain: History and Development of the Derailleur Bicycle*. Third edition. San Francisco: Van der Plas.

Berto, Frank J. 2009. *The Birth of Dirt: Origins of Mountain Biking*. San Francisco: Van der Plas.

Caidin, Martin, and Barbree, Jay. 1974. *Bicycles in War*. New York: Hawthorne.

Dodds, Alastair. 1999. *Scottish Bicycles and Tricycles*. Edinburgh: NMS.

Euhus, Walter. 2003. *Die Geschichte der Fahrradbereifung*. Langenhagen: Historische Fahrräder.

Grützner, Michael. 2009. *Kettenlose Fahrräder. Die Geschichte der kettenlosen Fahrräder in Deutschland ab 1890: von Adler bis Woerner*. Rickmansworth: Fidibus.

Hadland, Tony, and Pinkerton, John. 1996. *It's in the Bag!* Erdington: Pinkerton.

Rohloff, Barbara, ed. 2010. *Stories*. Kassel: Rohloff.

Schmitz, Arnfried, with Hadland, Tony. 2000. *Human Power: The Forgotten Energy 1913–1992*. Coventry: Hadland.

Schmitz, Arnfried, with Hadland, Tony. 2010. *Cyclists Cycling Cycles & Cycle Parts*. Faringdon: Hadland.

Way, R. John. 1973. *The Bicycle: A Guide and Manual*. London: Hamlyn.

自行车杂志的文章、插图或广告集

Joseph, Lionel, ed. 1997. *The First Century of the Bicycle and Its Accessories. Compiled from the archives of the Cyclists' Touring Club*. Godalming: CTC. Illustrations, advertisements.

Kielwein, Matthias, and Lessing, Hans-Erhard, eds. 2005. *Kaleidoskop früher Fahrrad- und Motorradtechnik. Vollständige Artikelsammlung aus Dinglers Polytechnischem Journal 1895–1908*. Two volumes. Leipzig: Maxime- Verlag. Reviews with illustrations.

Noguchi-san. 2002. *The Data Book. 100 Years of Bicycle Component and Accessory Design*. San Francisco: Van der Plas. Illustrations.

参考文献

Abbott, A. V., and Wilson, D. G. 1995. *Human Powered Vehicles*. Champaign: Human Kinetics.

Barrett, R. 1982. Photograph of Sharrow CC. *The Boneshaker* 99.

Bartleet, Horace Wilton. 1928. "Spokes." *The Motorcyclist*, June. Reprinted in The Boneshaker 119.

Bartleet, Horace Wilton. 1931. *Bartleet's Bicycle Book*. London: Burrow & Co. Reprinted in 1983 by Pinkerton.

Baudry de Saunier, Louis. 1891. *Histoire de la Vélocipédie*. Paris: Paul Ollendorff.

Baudry de Saunier, Louis. 1899. *L'automobile théorique et pratique*, 1. tôme. Paris: Baudry de Saunier. German edition reprinted in 1989 by Zentralantiquariat der DDR.

Baudry de Saunier, Louis. 1925. *Ma petite bicyclette. Sa pratique*. Paris: Flammarion.

Bauer, Johann Christian Siegesmund. 1817. *Beschreibung der v. Drais'schen Fahrmaschine und einiger daran versuchter Verbesserungen*. Nuremberg: Steinische Buchhandlung. Reprinted in 2001 as *Das erste Zweirad fuhr in Mannheim* by Quadrate-Buchhandlung.

Berruyer, Alfred. 1869. *Manuel du Véloceman, ou notice, système, nomenclature, pratique, art et avenir des vélocipèdes*. Grenoble: Allier.

Berto, Frank J. 1998. *The Birth of Dirt*. San Francisco: Cycling Resources.

Berto, Frank J. 2009. *The Dancing Chain*. Third edition. San Francisco: Cycle Publishing.

Besse, Nadine, and Henry, Anne, eds. 2008. *Le Vélocipède—Objet de modernité*. Saint-Étienne: Musée d'Art et d'Industrie (bilingual French-English)

Boore, James Percy. 1951. *The Seamless Story: The Story of the Mannesmann and the Stiefel Piercing Patents*. Los Angeles: Commonwealth.

Bottomley-Firth, J. F. 1869. *The Velocipede, Its Past, Its Present and Its Future*. Reprinted in 1995 by National Cycle Archive, Warwick.

Bouglise, Georges de la. 1868. *Note sur le vélocipède à pédales et à frein de M. Michaux (par un amateur)*. Paris: Lainé & Havard.

Bowden, Frank. 1913. *Cycling for Health and Points for Cyclists*. London: Criterion.

Bowerman, Les. 1988a. "Paul de Vivie (Vélocio)." *News & Views* (Veteran-Cycle Club), April/May: 24.

Bowerman, Leslie. 1988b. "The Stoke-Poges window updated; a non-cycle (& nonsensical) saga." *The Boneshaker* 117.

Bowerman, Les. 1992. "Lewis Gompertz and his addition to the velocipede." In *Cycle History* 3. (On *Cycle History*, see the explanation in "Select Literature" above.)

Bowerman, Les. 1994. "John Keen—The life of a cycling pioneer." In *Cycle History* 4.

Boys, Charles Vernon. 1884. "Bicycles and tricycles in theory and practice." *Nature*, March 20.

Briese, Volker. 2008. "Children as bicycle passengers." In *Cycle History* 18.

Brun, Jean-François. 2010. "Incorporation of the bicycle into the French Army (1889–1914)." In *Cycle History* 19.

Burrows, Mike. 2000. *Bicycle Design*. York: Company of Cyclists.

Campbell, Peter. 1903. Letter to the editor. *The Cyclist*, April 22.

Camus, Charles. 1722. *Traité des forces mouvantes*. Paris: Claude Jombert.

Card, Peter W. 2006. *The Electric-Powered Bicycle Lamp, 1888–1948*. Birmingham: John Pinkerton Memorial Publishing Fund.

Card, Peter W. 2008. *Early Vehicle Lighting 1868–1948*. Second edition. Ramsbury: Crowood.

Chaussinand, Bernard. 2010. "Capitaine Robert's La Percutante [The Striker]." In *Cycle History* 19.

Chen, Patrick. 2002. "The bicycle in war: Vietnam 1945–1975." In *Cycle History* 12.

Clayton, Nick. 1987a. "The first bicycle!" *The Boneshaker* 113.

Clayton, Nick. 1987b. "An index of makes & makers of boneshaker bicycles." *The Boneshaker* 115.

Clayton, Nick. 1991. "The Meyer-Guilmet bicycle—1869 or 1879." In *Cycle History* 1.

Clayton, Nick. 1992. "The development of the suspension wheel." In *Cycle History* 2.

Clayton, Nick. 1993. "Hans Renold and the birth of the cycle chain." In *Cycle History* 3.

Clayton, Nick. 1997. "Who invented the penny-farthing?" In *Cycle History* 7.

Clayton, Nick. 1999. "William Jackson—A forgotten pioneer of the modern tricycle." In *Cycle History* 9.

Clayton, Nick. 2005. "Willard Sawyer—a reassessment." In *Cycle History* 15.

Clayton, Nick. 2006a. "James Hastings and the High Peak Velocipede Club." In *Cycle History* 16.

Clayton, Nick. 2006b. "Getting a handle on Michaux." *The Boneshaker* 172.

Clayton Nick. 2008. "William Blood's Dublin Tricycle." In *Cycle History* 18.

Clayton, Nick. 2010a. "The mysterious McCammon." In *Cycle History* 19.

Clayton, Nick. 2010b. "The Rover Safety bicycle—the three pattern problem." In *Cycle History* 20.

Clayton, Nick. 2012a. "Who invented the Bowden cable?" In *Cycle History* 21.

Clayton, Nick. 2012b. "A tale of two dwarfs—The Facile and the Kangaroo." In *Cycle History* 22.

Cordon Champ, Bob. 2004. "Bicycle of the future—The cycles of the Rue Roque de Filliol." *The Boneshaker* 165.

Cox, Peter T. 2009. *Energy and the Bicycle—Human powered vehicles in perspective*. Chester: University of Chester.

Cox, Peter. 2012. "Human-powered-vehicles in Britain, 1930–1980." In *Cycle History* 21.

Coventry Machinists' Company. 1880. *Coventry Machinists' Company Catalogue*. Coventry Machinists' Co.

Crown, Judith and Coleman, Glenn. 1996. *No Hands: The Rise and Fall of the Schwinn Bicycle Company, an American Institution*. New York: Henry Holt.

Cycling. 1909. *Variable Gears and All About Them*. London: Cycling.

Davies, Thomas Stephens. 1837. "On the velocipede." Manuscript R.1.68, Library of Trinity College, Cambridge.

Davis, A. 1868. *The Velocipede and How to Use It*. London: Davis. Reprinted in 1994 by National Cycle Archive.

Davison, A. C. 1934a. "Is the Velocar a bicycle?" *Cycling*, April 6.

Davison, A. C. 1934b. "A design for a recumbent bicycle." *Cycling* (August 10).

Davison, A. C. 1939. "Actual experiences with some freak bicycles." *Cycling*, June 31).

Deharme, Ernest. 1874. *Les merveilles de la locomotion*. Paris: Hachette.

Demarest. Undated catalogue in Pryor Dodge Collection.

Desaguliers, John. 1744. *A Course of Experimental Philosophy*. London: W. Innys.

Dixon, Leon. 2007. *The 1960 Bowden Spacelander*. Davis, California: National Bicycle History Archive of America. Available at http://www.nbhaa.com.

Dodds, Alastair. 1993. "Kirkpatrick MacMillan—Inventor of the bicycle: Fact or hearsay?" In *Cycle History* 3.

Dodds, Alastair. 1999. *Scottish Bicycles & Tricycles*. Edinburgh: NMS.

Dodds, Alastair. 2001. "Dunlop and the pneumatic bicycle tyre—the Edinburgh connection." In *Cycle History* 11.

Dodge, Pryor. 1996. *The Bicycle*. Paris-New York: Flammarion.

Dolnar, Hugh. 1902. "An American stroke for novelty." *The Cyclist*, January 8.

Drais, Karl. 1816. "Ein Wagen, der ohne Pferde läuft, erfunden von dem Freiherrn von Drais in Mannheim." *Neues Magazin* (Leipzig) 3, no. 3. Written in 1813. Facsimile on pp. 118–119 of Lessing 2003a.

Drais, Karl. 1817a. "LODA, eine neu erfundene Fahrmaschine." *Badwochenblatt für die Großherzogliche Stadt Baden*, July 29. Facsimile on p. 145 of Lessing 2003a.

Drais, Karl. 1817b. "Die Fahrmaschine des Großherzogl. Badenschen Forstmeisters Herrn Freiherrn Karl von Drais in Mannheim." *Allgemeiner Anzeiger der Deutschen* no. 279, October 17. Facsimile on pp. 150–155 of Lessing 2003a.

Drais, Karl. 1817c. *Die Laufmaschine des Freiherrn Karl von Drais*. Mannheim: Schwan & Götz. Facsimile on pp. 182–186 of Lessing 2003a.

Drais, Karl. 1818. *Le Vélocipède du Baron Charles de Drais*. Mannheim. Facsimile on p. 283 of Lessing 2003a.

Drais, Karl. 1820. "Draisinen." *Journal für Literatur, Kunst, Luxus und Mode*, June. Facsimile on pp. 326–339 of Lessing 2003a.

Drais, Karl. 1832. "Drais' Improved Velocipede." *Mechanics' Magazine*, September 29.

Drouen, H. 1993. *Vouwen of Delen*. Nijmegen: Velorama.

Duncan, Henry O. 1928. *The World on Wheels*. Paris: Duncan.

Dunham, Norman L. 1956. The Bicycle Era in American History. Thesis, Harvard University.

Durry, Jean. 1982. *L'Encycl(e)opédie*. Lausanne: Edita.

Dyer, Herbert. 1940. *How to Work Sheet Metal*. London: Percival Marshall.

Eckermann, Erik. 1998. *Die Achsschenkellenkung und andere Fahrzeug-Lenksysteme*. Munich: Deutsches Museum.

Epperson, Bruce D. 2010. *Peddling Bicycles to America: The Rise of an Industry*. Jefferson: McFarland.

Euhus, Walter. 2003. "Die Geschichte der Fahrradbereifung." In *Schriftenreihe zur Fahrradgeschichte 4*. Langenhagen: Euhus.

Evans, David E. 1992. *The Ingenious Mr. Pedersen*. Stroud: Alan Sutton.

Fairburn, John. 1819. *Accurate Description of the New Pedestrian Carriage*. London: Fairburn. Facsimiles on pp. 301–305 of Lessing 2003a and pp. 200–212 of Street 2011.

Firth-Bottomley, Joseph. 1869. *The Velocipede: Its Past, Its Present, and Its Future*. London: Simpkin Marshall.

Fisk, Fred C., and Todd, Marlin W. 2000. *The Wright Brothers, from Bicycle to Biplane.* Dayton: Fred Fisk.

Fitzpatrick, Jim. 1998. *The Bicycle in Wartime.* Washington: Brasseys.

Flink, James J. 1988. *The Automobile Age.* Cambridge: MIT Press.

French, Anne, et al., eds. 1985. *John Joseph Merlin—the Ingenious Mechanick.* Greater London Council.

Fuss, Nicolaus. 1798. *Versuch einer Theorie des Widerstandes zwey- und vierrädriger Fuhrwerke.* Copenhagen: Brummer.

Garcin, Jean. 1813. *Le Vrai Patineur, ou prinipes sur l'art de patiner avec grâce.* Paris: Delespinasse.

Gardellin, Angelo. 1941. *Storia del velocipede et dello sport ciclistico.* Padova: Tipografia.

Garnet, Jeremy M. 2008. Ergonomics of Direct-Drive Recumbent Bicycles. Available at http://www.hupi.org.

George, B., and Surber, H. 1995. "Swiss military cyclists and their cycles." *The Boneshaker* 138.

Gerstner, Franz Josef von. 1813. *Zwey Abhandlungen über Frachtwägen und Strassen.* Prague: Haase.

Ginzrot, Johann Christian. 1830. *Die Wagen und Fahrwerke der verschiedenen Völker des Mittelalters und der Kutschen-Bau neuester Zeiten.* Four volumes. Munich. Reprinted in 1979, in two volumes, by Olms.

Gobert, Jean-Baptiste. 1870. "Étude générale sur les Vélocipèdes." *Portefeuille économique des machines* 171.

Gompertz, Lewis. 1821. "Addition to the velocipede." *Repertory of Arts, Manufactures, and Agriculture* 39, series 2.

Graber, Jacques. 2002. "The Lefèbvre bicycle." In *Cycle History* 12.

Griffin, Harry H. 1887. *Bicycles & Tricycles of the Year 1887.* London: Upcot Gill. Reprinted in 1971 by Olicana Books.

Griffin, Harry H. 1890. *Cycles and Cycling.* London: George Bell.

Grosser, M. 1981. *The Gossamer Odyssey.* Boston: Houghton Mifflin.

Grützner, Michael. 2008. "The chainless bicycle craze in Germany around 1900." In *Cycle History* 18.

Grützner, Michael. 2009. *Kettenlose Fahrräder. Die Geschichte in Deutschland ab 1890 von Adler bis Woerner.* Rickmansworth: Fidibus.

Grützner, Michael. 2012. "Ravat Wonder and Cycloratio: The first short wheel-base recumbent." In *Cycle History* 21.

Hadland, Tony. 1981. *The Moulton Bicycle*. Erdington: Pinkerton.

Hadland, Tony. 1987. *The Sturmey-Archer Story*. Erdington: Pinkerton.

Hadland, Tony. 1994. *The Spaceframe Moultons*. Coventry: Hadland.

Hadland, Tony. 1997. "Small wheels for adult bicycles." *Cycling Science*. Available at http://hadland.wordpress.com.

Hadland, Tony. 2011. *Raleigh: Past and Presence of an Iconic Bicycle Brand*. San Francisco: Cycle Publishing.

Hadland, Tony, and Pinkerton, John. 1996. *It's in the Bag!* Erdington: Pinkerton.

Hamer, Nick. 2005. "Brimstone and Bicycles." *New Scientist*, January 29

Harrison, A. E. 1977. Growth, Entrepreneurship and Capital Formation in the UK's Cycle and Related Industries 1870–1914. PhD thesis, University of York.

Henry, Raymond. 1998. *Du Vélocipède au Dérailleur Moderne*. Saint-Étienne: Association des Amis du Musée D'Art et D'Industrie.

Herlihy, David. 1994. "Who Invented the bicycle—Lallement or Michaux?" In *Cycle History* 4.

Herlihy, David. 2001. "Choosing the strongest Michaux invention claim." *The Boneshaker* 157.

Herlihy, David. 2004. *Bicycle: The History*. New Haven: Yale University Press.

Herlihy, David. 2010. "Mind the gap. An explanation for the primitive bicycle's surprisingly low profile from 1864 to 1867." In *Cycle History* 20.

Hillier, G. Lacy. 1891. *The Badminton Library of Sports: Cycling*. London: Longmans, Green.

Hoerner, Sighard F. 1965. *Fluid Dynamic Drag*. Bricktown: Hoerner Fluid Dynamics.

Houckgeest, Andreas E. 1798. *Reise der Gesandtschaft der Holländisch-Ostindischen Gesellschaft an den Kaiser von China*. Leipzig: Heinsius.

Hounshell, David A. 1984. *From the American System to Mass Production, 1800–1932*. Baltimore: Johns Hopkins University Press.

Hult, Jan. 1992. "The Svea (1892) and the Itera (1982)—two unsuccessful Swedish bicycle projects." In *Cycle History* 3.

Hurbin, J. d'Horta. 1894. "Henri Gourdoux et la pédale." *L'Industrie vélocipédique*, December.

ICDC. 1974. *International Cycle Design Competition. Report on Prize-Winning Projects*. Tokyo: Koichi Ishida.

Jeanes, Richard Walter. 1950. Des origines du vocabulaire cycliste français. Thesis, Sorbonne.

Jones, Bernard E. 1913. *Cycle Repairing and Adjusting*. London: Cassell.

Kanigel, Robert. 1997. *The One Best Way—Frederick Winslow Taylor and the Enigma of Efficiency*. New York: Viking.

Kielwein, Matthias. 2010. "The velocipede in Germany 1868 to 1870: Sport, design and manufacturers." In *Cycle History* 19.

Kielwein, Matthias, and Lessing, Hans-Erhard, eds. 2005. *Kaleidoskop früher Fahrrad- und Motorradtechnik*. Two volumes. Leipzig: Maxime.

Kobayashi, Keizo. 1993. *Histoire du Vélocipède de Drais à Michaux 1817–1870. Mythes et Réalités*. Tokyo: Bicycle Culture Center.

Kobayashi, Keizo. 2008. "Le vélocipède Michaux." In *Le Vélocipède—objet de modernité*, ed. Nadine Besse and Anne Henry. Saint-Étienne: Musée d'Art et d'Industrie.

Koike, Kazusuke. 2013. "The early Japanese pedal tricycle and its origin." Reference to be completed in page proofs.

Krausse, Joachim, and Lichtenstein, Claude. 1999. *Your Private Sky: R. Buckminster Fuller: The Art of Design Science*, volume 1. Baden: Lars Müller.

Kron, Karl [Lyman H. Bagg]. 1887. *Ten Thousand Miles on a Bicycle*. New York: Karl Kron. Reprinted in 1982 by Emil Rosenblatt.

Krünitz, Johann Georg. 1850. "Velocipede." In *Ökonomisch-Technologische Enzyklopädie*, volume 203. Berlin: Pauli (1970 microfiche from Olms).

Kyle, Chester R. 2001. "Bicycle aerodynamics and the Union Cycliste Internationale." In *Cycle History* 11.

Kyle, Chester R. 2007. "Racing cyclists and the birth of aviation." In *Cycle History* 17.

Kyle, Chester R., Crawford, C., and Nadeau, D. 1974. "What affects bicycle speed." *Bicycling Magazine*, July.

Kyle, Chester R., and Edelman, W. 1974. "Man powered vehicle design criteria." In *Proceedings of Third International Conference on Vehicle System Dynamics*.

Lambert, Johann. 1778. "Über die vierrädrigen Wagen." *Archiv der reinen und angewandten Mathematik* 5.

Land, Nigel. 2010. *Elswick-Hopper of Barton-on-Humber*. Barton-on-Humber: Fathom Writers Press.

Lankensperger, Georg. 1818. *Bewegliche Achsen und andere Verbesserungen an Wagengestellen*. Munich: Zeller.

Lawrence, Scotford. 2005a. Vianzone Wooden Bicycle (dimensioned drawing and notes). Llandrindod Wells: National Cycle Museum.

Lawrence, Scotford. 2005b. Itera Moulded Plastic Bicycle (dimensioned drawing and notes). Llandrindod Wells: National Cycle Museum.

Lessing, Hans-Erhard. 1991. "Karl von Drais' two-wheeler: What we know." In *Cycle History* 1.

Lessing, Hans-Erhard. 1994. "The reception of the front-wheel-driven velocipede in Germany." In *Cycle History* 4.

Lessing, Hans-Erhard. 1995. "Around Michaux: Myths and realities. Towards a new chart of early bicycle history." In *Cycle History* 2.

Lessing, Hans-Erhard. 1996. "Cycling or roller skating: The resistible rise of personal mobility." In *Cycle History* 5.

Lessing, Hans-Erhard. 1998. "The evidence against 'Leonardo's bicycle.'" In *Cycle History* 8.

Lessing, Hans-Erhard. 1999. "The J-Wheel." In *Cycle History* 9.

Lessing, Hans-Erhard. 2000. "An early patent of a two-wheeler on rails." In *Cycle History* 10.

Lessing, Hans-Erhard. 2001. "What led to the invention of the early bicycle?" *Cycle History* 11.

Lessing, Hans-Erhard. 2003a. *Automobilität—Karl Drais und die unglaublichen Anfänge*. Leipzig: Maxime.

Lessing, Hans-Erhard. 2003b. "The velocipede of 1819 in America." In *Cycle History* 13.

Lessing, Hans-Erhard. 2007. "Balancing while cranking was new in 1865, not the crank." *The Boneshaker* 175.

Lessing, Hans-Erhard. 2008. "Adolph Schoeninger, the Henry Ford of the bicycle?" In *Cycle History* 18.

Lessing, Hans-Erhard. 2010. "From Paris to Mannheim: A German velocipede rider pioneers the gas automobile." In *Cycle History* 19.

Lessing, Hans-Erhard. 2012. "The origin of the two-wheeler. A solution for the climatic crisis of 1816." In *Cycle History* 22.

Leupold, Jakob. 1725. *Theatrum Machinarum*, volume 5: *Schauplatz der Heb-Zeuge*. Leipzig: Gleditsch. Facsimile reprint published by VDI in 1981.

Liesegang, J., and Lee, A.R. 1978. "Dynamics of a bicycle: Nongyroscopic aspects." *American Journal of Physics* 46, no. 2.

Light Dragoon, A. 1870. *Wheels and Woes. Words of Warning to Would be Velocipedists*. London: Ward & Lock.

Lightwood, James T. 1928. *The Cyclist Touring Club. Romance of 50 Years of Cycling*. Godalming: CTC.

Lilienthal, Otto. 1894. "Über die Geheimnisse des Vogelflugs." *Polytechnisches Zentralblatt* 56.

Malaparte, Curzio. 1949. "Les deux visages de l'Italie." *Sport Digest* (Paris) 6.

Manoury, Paul. 1894. "La Genèse du Cyclisme." *Le Figaro* (September 30).

Marchegay, Alphonse. 1874. *Essai théorique et pratique sur le véhicule bicycle (vélocipède)*. Lyon: Pitrat.

Marinoni, Augusto. 1995. "Leonardo da Vinci's bicycle." In *Cycle History* 2.

Marks, Edward Charles Robert. 1903. *The Manufacture of Iron and Steel Tubes*. Second edition. Manchester: Technical Publishing Company.

Maystrov, Virginski, et al. 1983. [Title unknown.] In *Voprosy Istory Estestvoznania I Techniki* 1/1983 and 1/1989.

Meijaard, J. P., Papadopoulos, Jim, Ruina, Andy, and Schwab, Arend. 2011. Historical Review of Thoughts on Bicycle Self-Stability. Available at http://hdl.handle.net/1813/22497. For a short review see van Dijk 2007

Merki, Christoph Maria. 2008. *Verkehrsgeschichte und Mobilität*. Stuttgart: Verlag Eugen Ulmer.

M.H. 1983. "Cads on Castors, part 1." *The Boneshaker* 104.

M.H. 1984. "Cads on Castors, part 2." *The Boneshaker* 105.

Microbac Laboratories, Inc. 2007. *Preliminary Results: Poly Chain Versus Chain Efficiency*. Denver: Gates Corporation.

Miller, Christian. 1980. *Daisy, Daisy—A Journey across America on a Bicycle*. London: Routledge & Kegan Paul.

Millward, Andrew. 1999. Factors Contributing to the Sustained Success of the UK Cycle Industry, 1870–1939. Thesis, University of Birmingham.

Moed, Gertjan. 2008. "Netherlands." In *Le Vélocipède—Objet de modernité*, ed. Nadine Besse and Anne Henry. Saint-Étienne: Musée d'Art et d'Industrie.

Moghaddass, Amir. 2003. "The bicycle's long way to China." In *Cycle History* 13.

Montague Corporation. 2011. Our History. Available at http://www.montaguebikes.com.

Mouhot, Henry. 1876. *La Rinkomanie*. Paris: Amyot.

Moulton, A. E, Hadland, A., and Milliken, D. L. 2006. "Aerodynamic research using the Moulton small wheeled bicycle." In *Proceedings of the Institution of Mechanical Engineers, Part A: Journal of Power and Energy* 220, no. 3.

Muir, Andrew. 1869. *The Velocipede: How to Learn and How to Use It*. Manchester: Andrew Muir. Reprinted by National Cycle Archive.

Needham, Joseph. 1991. *Science and Civilisation in China*, volume 1. Cambridge University Press.

Nieswizski (a.k.a. Neveu), Sam. 1991. *Rollermania*. Paris: Gallimard.

Nonweiler, Tony. 1957. The Air Resistance of Racing Cyclists. Report 106, College of Aeronautics, Cranfield Insti- tute of Technology

Norcliffe, Glen. 2001. *The Ride to Modernity: The Bicycle in Canada 1869–1900*. University of Toronto Press.

Norden, Gilbert. 1999. "Passing fashions but no sustainable market—A history of roller-skating in Austria before 1914." *International Journal of the History of Sport 3*, no. 16.

Oddy, Nicholas. "The machine aesthetic: Marketing the bicycle in the late 19th and early 20th centuries." In *Cycle History* 2.

O'Donovan, Gerald. 1995. Handbuilding Bicycle Frames and Forks. Internal document, Raleigh Industries, Nottingham.

Oliver, Smith Hempstone, and Berkebile, Donald H. 1974. *Wheels and Wheeling: The Smithsonian Cycle Collection*. Washington: Smithsonian Institution Press.

Olivier, Aimé de Sanderval. 1892. "Le vélocipède—aperçu historique." *La Nature*, August 6.

Olivier, René. 1869. "Note pour MM. Olivier frères contre M. Michaux." Manuscript produced by a clerk from Olivier's handwriting for his lawyer. Collection de Sanderval, Archives du Calvados.

Ovenden. 1775. A New Machine to Go without Horses. Flyer. Copy in London Science Museum.

Ozanam, Jacques. 1696. *Récréations Mathematiques et Physiques*. Paris: Jean Jombert.

Palmiéri, A. 2007. Available at www.artsetmetiers.net/pdf/DEPJ-evolution-tech-bicy.pdf

Paulin-Désormeaux, A.-O. 1853. *Patinage et Récréations sur la glace*. Paris: Roret.

Pedretti. Carlo. 1972. *Leonardo da Vinci—The Royal Palace at Romorantin*. Cambridge: Harvard University Press.

Pedretti, Carlo. 1978. *The Codex Atlanticus of Leonardo da Vinci: A Catalogue of Its Newly Restored Sheets*. New York: Johnson Reprint Co.

Pickering, Tony. 2009. "Pickering & Davis—The American velocipede." *The Boneshaker* 179.

Pinkerton, John, et al. 2002. *Sunbeam Cycles*. Erdington: Pinkerton.

Pinkerton, John, and Roberts, Derek. 1998. *A History of Rover Cycles*. Erdington: Pinkerton.

Playfair, William. 1822. *A Letter on our Agricultural Distresses, Their Causes and Remedies*. London: W. Sams.

Porter, Luther H. 1892. *Wheels and Wheeling*. Boston: Wheelman.

Porter, Luther H. 1898. "Evolution of the cycle." *League of American Wheelmen Bulletin* 27.

Post, John D. 1977. *The Last Great Subsistence Crisis in the Western World*. Baltimore: Johns Hopkins University Press.

Pratt, Charles E. 1883. "Pierre Lallement and his bicycle." *Outing and the Wheelman*, October. Reprinted in 1992 by Lallement Memorial Committee, Boston.

Radford, Michael. 2010. "Puffs Corner." *The Boneshaker* 181.

Rankine, William John Macquorn. 1870. *Théorie du Vélocipède*. Paris: Gauthier-Villars.

Rauck, Max. 1943. "Der erste Benzwagen." *Automobiltechnische Zeitschrift*, August 25.

Rebour, Daniel. 1976. *Cycles de Compétition et Randonneuses*. Paris: Technique et Vulgarisation.

Reissinger, Elisabeth. 2011. *Kutschmuseum Auerstedt. Die historischen Kutschen der Großherzöge von Sachsen- Weimar und Eisenach*. Munich: Deutscher Kunstverlag.

Reti, Ladislao, ed. 1974. *The Unknown Leonardo*. New York: McGraw-Hill.

Reynaud, Claude. 2003. *La genèse de la moto ou le véloce qui va tout seul*. Domazan: Musée Vélo-Moto.

Reynaud, Claude. 2008. *Le Vélocipède Illustré*. Two volumes paginated throughout. Domazan: Musée Vélo-Moto.

Reynaud, Claude. 2010. "1871, Viarengo de Forville Made the First Bicycle". In *Cycle History* 19.

Reynaud, Claude. 2011. *L'Ère du Grand Bi en France 1870–1890*. Domazan: Musée Vélo-Moto.

Reynaud, Claude. 2012. "New light on the origins of the pedal velocipede." In *Cycle History* 22.

Ritchie, Andrew. 2002. "The velocipede of Alexandre Lefebvre and problems of historical interpretation." In *Cycle History* 12.

Ritchie, Andrew. 2010. *The Origins of the Bicycle—Kirkpatrick Macmillan, Gavin Dazell, Alexandre Lefebvre*. Birmingham: John Pinkerton Memorial Publishing Fund.

Roberts, Derek. 1991. *Cycling History: Myths and Queries*. Erdington: Pinkerton.

Robin, Francis. 2010. *Traité de Cyclonomie. Les principaux noms des deux-roues en France avant 1900* (Dossier de la Vélocithèque 42). Pomeys: La Vélocithèque.

Rolt, Lionel Thomas Caswall. 1965. *Tools for the Job*. London: Science Museum.

RRA. 1965. *Road Records Association Handbook 1965*. Middlesex: RRA.

Salmon, Gérard. 2012. "The rise of the velocipede in Lyon." In *Cycle History* 22.

Sanderson, Gary W. 2009. "Velocipede-mania in the USA (1868–1869)." In *Cycle History* 19.

Sanderson, Gary W. 2012a. "The Hay & Willits Manufacturing Company of Indianapolis, Indiana (USA): Two ambitious men try to make their fortune in the bicycle boom of the 1890s." In *Cycle History* 21.

Sanderson, Gary W. 2012b. "Albert F. Rockwell, Edward D. Rockwell and the 'New Departure Companies': From bells to brakes and beyond in the 1880s, 1890s, and 1900s." In *Cycle Histo-*

ry 22.

Sauvaget, Roland. 2000. "Michaux v. Lallement: The conclusion." The Boneshaker 152. Amplified by "Michaux Lallement again." *The Boneshaker* 160.

Schmitz, Arnfried. 2000. *Human Power—the Forgotten Energy*. Coventry: Hadland.

Schmitz, Arnfried. 2010. *Cyclists, Cycling, Cycles and Cycle Parts*. Faringdon: Hadland.

Scholes, Brent. "William Winterborne of Isleworth and the freewheel." *The Boneshaker* 187.

Schulze, Hans-Georg. 1936. *Flug durch Muskelkraft*. Frankfurt: Fritz Knapp.

Seray, Jacques. 1976. "Naissance de la vélocipédie et d'une polemique." *Cyclisme Magazine* 4. English translation in *The Boneshaker* 85. See also Seray 1988, 14.

Seray, Jacques. 1988. *Deux Roues. La véritable histoire du vélo*. Rodez: Éditions du Rouergue.

Seyfert, Otto Erich. 1912. *Die deutsche Fahrradindustrie*. Leipzig: Borna.

Sharp, Archibald. 1896. *Bicycles & Tricycles. An Elementary Treatise on Their Design and Construction*. London: Longmans, Green. Reprinted in 1977 by MIT Press.

Sheldon, J. A. 1955. "Origin of the Sidecar." *The Motor Cycle* 94.

Shields, Lorne. 2012. "What did you call that thing that just went by?" *The Boneshaker* 188. Bedford: Veteran-Cy-cle Club.

Silberer, Victor. 1885. *Handbuch des Bicycle-Sport*. Second edition. Vienna: Verlag Allgemeine Sport-Zeitung. Reprinted in 2004 by Maxime.

Spencer, Charles. 1883. *Bicycles and Tricycles*. London: Griffith & Farran.

Starley, John Kemp. 1898. "The evolution of the bicycle." *Journal of the Royal Society of Arts*, May 20. Reprinted in *The Boneshaker* 114.

Steinheil, G. 1892. "La roue tension." *Le Cycle* 65 (November 19). Translated in *The Boneshaker* 149.

Steinmann, Gustav. 1870. *Das Velocipede—seine Geschichte, Konstruktion, Gebrauch und Verbreitung*. Leipzig: J. J. Weber. Reprinted in 2008 by Hyperion.

Street, Roger. 1979. *Victorian High-Wheelers*. Christchurch: Artesius.

Street, Roger. 1990. "The celebrated Rantoone." *The Boneshaker* 122.

Street, Roger. 1992. "The end of Artamanov." *The Boneshaker* 130.

Street, Roger. 1998. *The Pedestrian Hobby-Horse*. Christchurch: Artesius.

Street, Roger. 2000 "One small step for mankind." In *Cycle History* 10.

Street, Roger. 2006. "The manupedes of Charley Townley." *The Boneshaker* 170.

Street, Roger. 2010. "The Alert bicycle: A cycle dealer's view." In *Cycle History* 19.

Street, Roger. 2011. *Dashing Dandies—the English Hobby-Horse Craze of 1819*. Christchurch: Artesius. Second amplified edition of Street 1998.

Strictland, Margaret. 1843. *A Memory of Edmund Cartwright*. Manuscript. Reprinted in 1971 by Adams & Dart.

Sturmey, Henry. 1879. *Sturmey's Indispensable Bicyclist's Handbook*. Weymouth: H. Wheeler.

Sturmey, Henry. 1881. *Tricyclist's Indispensable Annual & Handbook 1881*. London: Iliffe.

Sturmey, Henry. 1885. *Indispensable Handbook to the Safety Bicycle*. London: Iliffe (reprint).

Sturmey, Henry. 1887. *Sturmey's Indispensable Bicyclist's Handbook*. Weymouth: H. Wheeler.

Sullivan, Louis H., 1896. The tall office building artistically considered. *Lippincott's Magazine* 57 (March).

Tietze, Hans. 1925. *Das vormärzliche Wien*. Vienna: Schroll.

Trapmann, A. H. 1901. "The cycle in warfare: Its potency and tactical factor." *Journal of the Royal United Services Institution*.

Tredgold, Thomas. 1835. *A Practical Treatise on Railroads and Carriages*. London: Nichols.

Treue, Wilhelm. 1986. *Achse, Rad und Wagen*. Second edition. Göttingen: Vandenhoeck & Ruprecht.

Tripp, Basil H. 1956. *Renold Chains—A History of the Company and the Rise of the Precision Chain Industry 1879–1955*. London: Allen & Unwin.

Tulla, Johann. 1813. "Gemeinschaftliches Gutachten des Oberbaudirektors Weinbrenner und des Majors Tulla die von dem Forstmeister von Drais nachgesuchte Erteilung eines Monopols für seine Fahrmaschine betreffend." In *Generallandesarchiv Karlsruhe* 236/6735–6. Karlsruhe. Reprinted in Lessing 2003a.

Ulreich, Walter. 1993. "Anton Burg and Son—the Viennese hobby-horse maker." In *Cycle History* 3.

Ulreich, Walter. 1999. "Three recently discovered Draisines in Austria." In *Cycle History* 9.

van Dijk, Tomas. 2007. "Bicycles made to measure. Delft researchers unravel the bike's operating principle." *Delft Outlook*. July. Available at http://bicycle.tudelft.nl/schwab/Bicycle/DO-07-3-2bicycles.pdf.

Van Helden, B. 2011. *Condorclub Holland*. Available at http://www.benvanhelden.nl.

Vélocio. 1911. "De l'influence de la hauteur des roues." *Le Cycliste*, January.

Velox. 1869. Velocipedes, *Bicycles and Tricycles. How to Make and Use Them*. New York. Reprinted in 1994 by National Cycle Archive.

von Salvisberg, Paul. 1897. *Der Radfahrsport in Bild und Wort*. Munich: Academischer Verlag.

Reprinted in 1980 by Olms.

Wackernagel, Rudolf H. 2002. *Wittelsbach State and Ceremonial Cariages*. Two volumes. Stuttgart: Arnoldsche.

Wagenknecht, Tilmann. 1997. "Paul Rinkowski—ein Fahrradgenie." In *Wegbereiter des Fahrrads*, ed. Volker Briese et al. Bielefeld: BVA.

Wang, S. 2008. "For avid bike-fan, keeping fit comes naturally." *The Straits Times*, January 23.

Warring, Charles B. 1891. "What keeps the bicycle upright?" *Popular Science Monthly*, April. Also see "Letter to the Editor" in December issue.

Way, R. John. 1973. *The Bicycle: A Guide and Manual*. London: Hamlyn.

Whitt, Frank. 1971 "What is that cherub doing?" *CTC Gazette*, April/May.

Whitt, Frank Rowland. 1977. "Tyre and road contact." *Cycletouring*, February/March.

Whitt, Frank Rowland. 1979. "Variable gears: Some basic ergonomics and mechanics." In *Developing Pedal Power*. Milton Keynes: Open University Press.

Wilson, David Gordon. 1967. "A plan to encourage improvements in man-powered transit." *Engineering* (London) 204.

Wilson, David Gordon. 1968. "Man-powered land transport." *Engineering* (London) 207.

Wilson, David Gordon. 1995. "The development of modern recumbent bicycles." In *Human Powered Vehicles*, ed. Allan Abbott and David Gordon Wilson. Champaign: Human Kinetics.

Wilson, David Gordon. 2002. "Bicycle design, safety, and product-liability litigation." *Human Power* 53.

Wilson, David Gordon. 2004. *Bicycling Science*. Third edition. Cambridge: MIT Press.

Wolf, Wilhelm. 1890. *Fahrrad und Radfahrer*. Leipzig: Otto Spamer. Reprinted in 1979 by Harenberg.

Zindel, Christian Siegmund. 1825. *Der Eislauf*. Nuremberg: Campe. Reprinted in 1980 by Dausien.

译名表
人名

A.A.Zimmerman A.A.齐默尔曼
A.Boeuf A.伯夫
A.C.Davison A.C.戴维森
A.Fearnhead A.费尔黑德
A.H.Trapmann A.H.特拉普曼
A.Rosse A.罗斯
Abram Duck 艾布拉姆·达克
Adolph Schoeninger 阿道夫·舍宁格
Adrian Latta 阿德里安·拉塔
Aimé Olivier 艾梅·奥利维耶
Al Voigt 阿尔·沃伊特
Alan Clarke 艾伦·克拉克
Alan Osbahr 艾伦·奥斯巴尔
Alastair Florance 阿拉斯泰尔·弗洛兰斯
Albert Edward Wood 艾伯特·爱德华·伍德
Albert Pope 艾伯特·波普
Albert Rabl 艾伯特·拉布尔
Albert Reed 艾伯特·里德
Albert Rippenbein 艾伯特·里彭拜因
Albert Victor Lafbery 艾伯特·维克托·拉弗贝里
Alessandro Belli 亚历山德罗·贝利
Alex Kalogroulis 亚历克斯·卡洛格罗里斯
Alex Moulton 亚历克斯·莫尔顿
Alex Singer 亚历克斯·辛格
Alexander Morrow 亚历山大·莫罗
Alexandre Lefebvre 亚历山大·勒菲弗
Alexandre Moyon 亚历山大·穆瓦永
Alexis-Georges Favre 亚历克西斯-乔治·法夫雷
Alfred Berruyer 阿尔弗雷德·贝吕耶
Alfred Huyton 阿尔弗雷德·休顿

Alfred Nobel 阿尔弗雷德·诺贝尔
Alfred Rodriguez 艾尔弗雷德·罗德里格斯
Alfredo Binda 阿尔弗雷多·宾达
Alphonse Barberon 阿方斯·巴伯龙
Alphonse Marchegay 阿方斯·马什盖
Amos Sugden 阿莫斯·萨格登
Andreas van Braam Houckgeest 安德烈亚斯·范布拉姆·霍克杰斯特
André-Jules Marcelin 安德烈-朱尔·马塞兰
Andrew Gustafson 安德鲁·古斯塔夫森
Andrew Millward 安德鲁·米尔沃德
Andrew Ritchie 安德鲁·里奇
Andy Wilkinson 安迪·威尔金森
Anne Henry 安妮·亨利
Antoine Fritsch 安托万·弗里奇
Anton Burg 安东·伯格
Antonio dal Monte 安东尼奥·达尔·蒙特
Antonio Monte 安东尼奥·蒙特
Archer 阿彻
Archibald Sharp 阿奇博尔德·夏普
Arnfried Schmitz 阿恩弗里德·施米茨
Artamanov 阿尔塔马诺夫
Arthur Comings Hide 阿瑟·科明斯·希德
Arthur Fay 阿瑟·费伊
Arthur John Battersby 阿瑟·约翰·巴特斯比
Arthur Lee 阿瑟·李
Arthur Stelbrink 阿瑟·斯特尔布林克
Arthur Zimmerman 阿瑟·齐默尔曼
August Löhner 奥古斯特·勒纳
August Oberg 奥古斯特·奥伯格

Auguste-Adolphe Desruelles 奥古斯特-阿道夫·德吕埃勒
Augusto Marinoni 奥古斯托·马里诺尼

B.Smythe B.斯迈思
Benjamin Lawson 本杰明·劳森
Bernard Hinault 伯纳德·伊诺
Bernard Overing 伯纳德·奥弗林
Bernhard Angerer 伯恩哈德·安格雷尔
Bernhard Seine 伯恩哈德·赛内
Bert Lawee 伯特·劳伊
Bill Terry 比尔·特里
Birger Ljungström 比耶·永斯特伦
Bob Girvin 鲍勃·格文
Bock 博克
Bosch 博世
Bradley Wiggins 布拉德利·威金斯
Brian Cottrell 布赖恩·科特雷尔
Brian Rosenberg 布赖恩·罗森堡
Brown 布朗
Bruce Browning 布鲁斯·勃朗宁
Bruce Epperson 布鲁斯·埃珀森

C.A.Palmer C.A.帕尔默
C.K.Welch C.K.韦尔奇
C.W.Francis C.W.弗朗西斯
Calvin Witty 卡尔文·威蒂
Carl August 卡尔·奥古斯特
Carl Bauer 卡尔·鲍尔
Carl Ferdinand Langhans 卡尔·费迪南德·朗汉斯
Carl Friedrich Muller 卡尔·弗里德里希·穆勒
Carl McDermott 卡尔·麦克德莫特
Carl Theodor 卡尔·西奥多
Carla Matessi 卡拉·马特西
Carlo Pedretti 卡洛·佩德雷蒂
Charles Albert Miller 查尔斯·艾伯特·米勒

Charles Antoine Fournier 查尔斯·安托万·福尼尔
Charles Barnes 查尔斯·巴恩斯
Charles Camus 查尔斯·卡穆斯
Charles Challand 查尔斯·查兰德
Charles Collings 查尔斯·科林斯
Charles Desnos 夏尔·德斯诺斯
Charles Desnos-Gardissal 查尔斯·德斯诺斯-加迪萨尔
Charles Dubos 查尔斯·迪博
Charles Goodyear 查尔斯·古德伊尔
Charles Hanson 查尔斯·汉森
Charles Harvey 查尔斯·哈维
Charles Haskell Clark 查尔斯·哈斯克尔·克拉克
Charles Kingston Welch 查尔斯·金斯顿·韦尔奇
Charles Little 查尔斯·利特尔
Charles Lucas Birch 查尔斯·卢卡斯·伯奇
Charles McGlinchey 查理斯·麦格林奇
Charles Mochet 夏尔·穆谢
Charles Morel 查尔斯·莫雷尔
Charles Murphy 查尔斯·墨菲
Charles Pratt 查尔斯·普拉特
Charles Renold 查尔斯·雷诺
Charles Sargent 查尔斯·萨尔让
Charles Spencer 查尔斯·斯潘塞
Charles Thompson 查尔斯·汤普森
Charles Wheatstone 查尔斯·惠特斯通
Charles William Brown 查理斯·威廉·布朗
Charles Willson Peale 查尔斯·威尔逊·皮尔
Charlie Cunningham 查理·坎宁安
Charlie Kelly 查理·凯利
Chester Kyle 切斯特·凯尔
Chris Bell 克里斯·贝尔
Chris Boardman 克里斯·博德曼
Chris Dreike 克里斯·德雷克
Christian Schenk 克里斯蒂安·申克

Christoph Eckert　克里斯托夫·埃克特
Claud Butler　克劳德·巴特勒
Claude Montagne　克劳德·蒙塔涅
Claude Reynaud　克劳德·雷诺
Clément Ader　克莱芒特·阿代尔
Clive Sinclair　克莱夫·辛克莱
Colin Davison　科林·戴维森
Constantin Hazard　康斯坦丁·哈泽德
Cornelis Floris　科内利斯·弗洛里斯
Curzio Malaparte　库尔齐奥·马拉帕尔特

Dan Albone　丹·阿尔伯恩
Dan Fernandez　丹·费尔南德斯
Dan Hanebrink　丹·汉布林克
Dan Henry　丹·亨利
David Calopp　大卫·卡洛普
David Gordon Wilson　戴维·戈登·威尔逊
David Hon　韩德玮
David Newland　戴维·纽兰
Denis Bouvin　丹尼斯·博温
Denis Johnson　丹尼斯·约翰逊
Derek Henden　德里克·亨登
Derek Roberts　德里克·罗伯茨
Derk Thijs　德克·泰斯
Desnos-Gardissal　德斯诺斯-加迪萨尔
Don Guichard　唐·吉夏尔
Doug Unkrey　道格·昂克雷
Douglas Milliken　道格拉斯·米利肯
Dubos　迪博
Dursley Pedersen　德斯礼·彼泽森

E.A.Cowper　E.A.考珀
E.B.Turner　E.B.特纳
E.M.Artamanov　E.M.阿尔塔马诺夫
E.W.Bushnell　E.W.布什内尔
Earl Boynton　厄尔·博因顿
Eckart Hettlage　卡特·黑特拉格
Ed Pavelka　埃德·帕韦尔卡

Edmund Cartwright　埃德蒙·卡特赖特
Edmund Hodgkinson　埃德蒙·霍奇金森
Edmund Tydeman　埃德蒙·泰德曼
Eduard Carl Friedrich Otto　爱德华·卡尔·弗里德里希·奥托
Edward Burstow　爱德华·伯斯托
Edward Rockwell　爱德华·罗克韦尔
Edward Salsbury　爱德华·索尔兹伯里
Edward Vaughton　爱德华·沃恩顿
Edwin Elliott Hood　埃德温·埃利奥特·胡德
Edwin Wilson Farnham　埃德温·威尔逊·法纳姆
Elie Richard　埃利·理查德
Elijah Harris　伊莱贾·哈里斯
Emil Friedman　埃米尔·弗里德曼
Émile Roux　埃米尔·鲁
Émile Viarengo de Forville　埃米尔·维亚伦戈·德福维尔
Emmit Latta　埃米特·拉塔
Ephraim Shay　伊弗雷姆·谢伊
Erasmus Darwin　伊拉斯谟·达尔文
Ernest Ames　欧内斯特·埃姆斯
Ernest Batchelder　欧内斯特·巴彻尔德
Ernest Deharme　欧内斯特·德哈姆
Ernest Monnington Bowden　欧内斯特·蒙宁顿·鲍登
Ernest Tillmann　欧内斯特·蒂尔曼
Ernesto Pettazzoni　欧内斯托·佩塔佐尼
Ernst Sachs　恩斯特·萨克斯
Étienne Bunau-Varilla　艾蒂安·比诺-巴里利亚
Étienne Lagrange　艾蒂安·拉格朗日
Eugen Woerner　欧根·韦尔纳
Eugéne Blin　欧仁·布兰
Eugène Dufeutrelle　欧仁·迪弗特雷勒
Eugene Meyer　欧仁·梅耶尔

F.H.Fuller　F.H.富勒

F.J.Camm F.J.卡姆
F.W.Evans F.W.埃文斯
Fabrizio Carola 法布里齐奥·卡萝拉
Federico di Trocchio 费代里科·迪特罗奇奥
Felber-Jucker 费尔伯-尤克尔
Fischer 菲舍尔
Fisher 费希尔
Florence Shen 沈育莱
Florian Schlumpf 弗洛里安·施伦普夫
Francesco Moser 弗朗切斯科·莫泽
Francis Ernest Moore 弗朗西斯·欧内斯特·穆尔
Francis Faure 弗朗西斯·福尔
Francis John Cole 弗朗西斯·约翰·科尔
Francis Magee 弗朗西斯·马吉
Francis Picabia 弗朗西斯·皮卡比亚
Francis Robin 弗朗西斯·罗宾
François Nicolet 弗朗索瓦·尼科莱
Frank Bowden 弗兰克·鲍登
Frank Kirk 弗兰克·柯克
Frank Principe 弗兰克·普林奇佩
Frank Rowland Whitt 弗兰克·罗兰·惠特
Frank Schwinn 弗兰克·施文
Frank Whitt 弗兰克·惠特
Franz I. Von Mecklenburg 弗朗茨一世·冯·梅克伦堡
Franz Josef von Gerstner 弗兰茨·约瑟夫·冯·葛斯纳
Franz Reuleaux 弗朗茨·勒洛
Fred C.Fisk 弗雷德·C.菲斯克
Fred Crampton 弗雷德·克兰普顿
Fred Markham 弗雷德·马卡姆
Fred Rompelberg 弗雷德·罗姆佩尔伯格
Freddie Grubb 弗雷迪·格拉布
Frederick John Miller 弗雷德里克·约翰·米勒
Frederick Schoenthal 弗雷德里克·舍恩塔尔
Frederick Shearing 弗雷德里克·希林
Frederick Thomas Bidlake 弗雷德里克·托马斯·比德莱克
Frederick Warner Jones 弗雷德里克·沃纳·琼斯
Frederick William Lanchester 弗雷德里克·威廉·兰彻斯特

G.A.Phillips G.A.菲利普斯
G.F.Taylor G.F.泰勒
G.L.Morris G.L.莫里斯
Gardner Martin 加德纳·马丁
Gärthner 加斯纳
Gary Fisher 加里·费希尔
Gary Sanderson 加里·桑德森
Gavin Dalzell 加文·达尔泽尔
Geoff Apps 杰夫·阿普斯
Georg Ruffer 乔治·鲁弗
George Cayley 乔治·凯利
George Frederick Larkin 乔治·弗雷德里克·拉金
George Lin 林正义
George Long 乔治·朗
George Macartney 乔治·马戛尔尼
George Mayr 乔治·迈尔
George Pilkington Mills 乔治·皮尔金顿·米尔斯
George Pressey 乔治·普雷西
George Ripley III 乔治·里普利三世
George Schwab 乔治·施瓦布
George Smith 乔治·史密斯
George W.Sage Jr. 小乔治·W. 塞奇
George William Rawlings 乔治·威廉·罗林斯
Georges de la Bouglise 乔治·德拉布格利斯
Georges Meyerbeer 乔治·迈尔贝尔
Gerd Böttcher 格尔德·伯切尔

Gertjan Moed　格特扬·莫德
Glen Brown　格伦·布朗
Graeme Obree　格雷姆·奥布里
Graham Brodie　格雷厄姆·布罗迪
Graham Herbert　格雷厄姆·赫伯特
Graham Obree　格雷厄姆·奥布雷
Greg Lemond　格雷格·莱蒙德
Guglielmo　古列尔莫
Guy Chapman　盖伊·查普曼

H.A.Venables H.A.维纳布尔斯
H.Frederick Willkie II H.弗雷德里克·威尔基二世
Hans Renold　汉斯·雷诺
Hans-Erhard Lessing　汉斯-埃哈德·莱辛
Hans-Joachim Schwerdhofer　汉斯-约阿希姆·施韦德赫费尔
Harold Jarvis　哈罗德·贾维斯
Harold Serrell　哈罗德·瑟雷尔
Harry Bickerton　哈里·比克顿
Harry Griffin　哈里·格里芬
Harry Hewitt Griffi　哈里·休伊特·格里芬
Harry Lawson　哈里·劳森
Harry Swindley　哈里·斯温德利
Harry Van Deventer　哈里·范·德文特
Hauptmann Julius Burckhart　豪普特曼·尤利乌斯·布尔克哈特
Heinrich Büssing　海因里希·比辛
Heinrich Kleyer　海因里希·克莱尔
Helge Schultz　黑尔格·舒尔茨
Hendricus Burgers　亨德里克斯·布格斯
Henri Martin　亨利·马丁
Henri Masson　亨利·马松
Henry Bate　亨利·贝特
Henry Bessemer　亨利·贝西默
Henry Christy　亨利·克里斯蒂
Henry Gérard　亨利·热拉尔
Henry John Lawson　亨利·约翰·劳森
Henry Kellogg　亨利·凯洛格
Henry Laurence　亨利·劳伦斯
Henry Mathew Hunt　亨利·马修·亨特
Henry Sturmey　亨利·斯特米
Henry Trebert　亨利·特雷贝特
Henry Tudor　亨利·图德
Herbert Bailey　赫伯特·贝利
Herbert Kuner　赫伯特·库纳
Hiram Percy Maxim　海勒姆·珀西·马克西姆
Holger Moller　霍尔格·莫勒
Homer J.Rader III　霍默·J.雷德三世
Horst Leitner　霍斯特·莱特纳
Hosea Libbey　霍齐亚·利比
Howard Sutherland　霍华德·萨瑟兰
Hubert Opperman　休伯特·奥珀曼
Hugh Dolnar　休·多纳尔
Hugh Swire　休·斯怀尔
Hugo Auguste Becker　雨果·奥古斯特·贝克尔
Humber　亨伯

Irving Wales　欧文·威尔士
Isaac Newton　艾萨克·牛顿

J.C.Garrood J.C.加伍德
J.Cox J.考克斯
J.D.M.Stirling J.D.M.斯特林
J.Dearlove J.迪尔洛夫
J.Harrison Carter J.哈里森·卡特
J.Herbert J.赫伯特
J.J.White J.J.怀特
J.Keen J.基恩
J.Monteith J.蒙蒂思
J.S.Smith J.S.史密斯
J.S.Whatton J.S.沃顿
J.T.Scholte J.T.斯科尔特
J.Townsend-Trench J.汤森-特伦奇

J.W.Smallman J.W.斯摩曼
J.Ward J.沃德
Jack Fried 杰克·弗里德
Jack Lambie 杰克·兰比
Jack Lauterwasser 杰克·劳特瓦瑟
Jacob Fagot 雅各布·法戈
Jacques Seray 雅克·塞赖
James Allsop 詹姆斯·奥尔索普
James Anderson 詹姆斯·安德森
James Archer 詹姆斯·阿彻
James Bickford 詹姆斯·比克福德
James Bowthorpe 詹姆斯·鲍索普
James Broughton 詹姆斯·布劳顿
James Carroll 詹姆斯·卡罗尔
James Carver 詹姆斯·卡弗
James Charteris 詹姆斯·查特里斯
James Copeland 詹姆斯·科普兰
James Flink 詹姆斯·弗林克
James Hastings 詹姆斯·黑斯廷斯
James Henry Sager 詹姆斯·亨利·塞杰
James Johnston 詹姆斯·约翰斯顿
James Likeman 詹姆斯·莱克曼
James Moore 詹姆斯·穆尔
James Moss 詹姆斯·莫斯
James Plimpton 詹姆斯·普林顿
James Sidebetham 詹姆斯·塞德贝瑟姆
James Smith 詹姆斯·史密斯
James Starley 詹姆斯·斯塔利
James Stewart 詹姆斯·斯图尔特
James Watt 詹姆斯·瓦特
James Wilson 詹姆斯·威尔逊
Jan Hult 简·赫尔特
Jan Králik 扬·克拉利克
Jaspar Von Oertzen 雅斯佩尔·冯·厄尔岑
Jean Bernard 让·伯纳德
Jean Beyl 让·贝尔
Jean Garcin 让·加尔辛
Jean Loubeyre 让·卢贝尔

Jean-Baptiste Gobert 让-巴蒂斯特·戈贝尔
Jean-Baptiste Pastré 让-巴蒂斯特·帕斯特雷
Jean-Henri Gourdoux 让-亨利·古尔杜
Jean-Henri Sievrac 让-亨利·西弗洛克
Jean-Louis Talo 让-路易·塔洛
Jean-Paul Sartre 让·保罗·萨特
Jean-Pierre Pradères 让-皮埃尔·普拉代尔
Jeremy Garnet 杰里米·加尼特
Jim Blackburn 吉姆·布莱克本
Joe Breeze 乔·布雷兹
Joe Murray 乔·默里
Joel Hendrick 乔尔·亨德里克
Johann Friedrich Trefz 约翰·弗里德里希·特雷夫茨
Johann Gottfried Borlach 约翰·戈特弗里德·博拉赫
Johann Lambert 约翰·兰伯特
Johann Modler 约翰·莫德勒
Johann Trefz 约翰·特雷夫茨
John Barnes 约翰·巴恩斯
John Bowman 约翰·鲍曼
John Boyd Dunlop 约翰·博伊德·邓洛普
John Browning 约翰·勃朗宁
John George Kitchen 约翰·乔治·基钦
John Harington 约翰·哈灵顿
John Keen 约翰·基恩
John Kemp Starley 约翰·肯普·斯塔利
John Macnaughtan 约翰·麦克诺坦
John Marchello 约翰·马尔切罗
John Marston 约翰·马斯顿
John Post 约翰·珀斯
John Shire 约翰·希雷
John Speicher 约翰·斯派克
John Stewart 约翰·斯图尔特
John Wilson 约翰·威尔逊
Jonathan Knight 乔纳森·奈特
Josef Müller 约瑟夫·米勒

Joseph Castle Hall　约瑟夫·卡斯尔·霍尔
Joseph Goodman　约瑟夫·古德曼
Joseph Henry Hughes　约瑟夫·亨利·休斯
Joseph Irving　约瑟夫·欧文
Joseph Jefferis　约瑟夫·杰弗里斯
Joseph Louis Gay Lussac　约瑟夫·路易·盖伊·吕萨克
Joseph Lucas　约瑟夫·卢卡斯
Joseph Marié　约瑟夫·马里耶
Joseph Meunier　约瑟夫·默尼耶
Joshua Hon　韩安石
Josiah Turner　乔赛亚·特纳
Jules Truffault　朱尔·特吕福
Jules Truffault　朱尔斯·特吕福
Jules-Pierre Suriray　朱尔-皮埃尔·苏里

K.J.Winslow K.J.温斯洛
Karl Benz　卡尔·本茨
Karl Drais　卡尔·德莱斯
Karl Fichtel　卡尔·菲希特尔
Karl Frei　卡尔·弗赖
Keith Bontrager　基思·邦特雷格
Kingston Welch　金斯顿·韦尔奇
Kirkpatrick MacMillan　柯克帕特里克·麦克米伦
Kris Holm　克里斯·霍尔姆

Lacy Hillier　莱西·希利尔
Ladislao Reti　拉迪斯劳·雷蒂
Lars Samuelsson　拉尔斯·萨穆埃尔松
Len Phillips　莱恩·菲利普斯
Leonardo da Vinci　列奥纳多·达·芬奇
Lesley Arthur Holliday　莱斯利·亚瑟·霍利迪
Leslie John Hamilton Leslie-Miller　莱斯利·约翰·汉密尔顿·莱斯利-米勒
Lewis Gompertz　刘易斯·冈珀茨
Lorne Shields　洛恩·希尔兹

Louis Baudry de Saunier　路易·博德里·德索尼耶
Louis Debuit　路易·德比特
Louis Gillet　路易斯·吉莱
Louis Hubert Gilles　路易斯·休伯特·吉勒斯
Louis Legrand　路易斯·勒格朗
Louis Mazas　路易斯·马扎斯
Louis Rives　路易·里夫
Louis Sullivan　路易斯·沙利文
Louis-Guillaume Perreaux　路易斯-纪尧姆·佩罗
Lucien　吕西安
Lucifer　路西法
Lucius Day Copeland　卢修斯·戴·科普兰
Ludwig Dieterich　路德维希·迪特里希

M.A.Holbein M.A.霍尔拜因
M.Doubleday M.道布尔迪
MacAnney　麦肯尼
Major Taylor　梅杰·泰勒
Malcolm Ryder　马尔科姆·赖德
Manuel Morand　曼纽尔·莫朗
Marcel Berthet　马塞尔·贝尔泰
Marcel Boudard　马塞尔·布达尔
Marcel Riffard　马塞尔·里法尔
Mark Groendal　马克·戈伦德尔
Mark Hopkins　马克·霍普金斯
Mark Sanders　马克·桑德斯
Marmaduke Matthews　马默杜克·马修斯
Marn Seol　马恩·索尔
Martin Rücker　马丁·吕克尔
Mathew Brown　马修·布朗
Matthias Kielwein　马蒂亚斯·基尔魏因
Max Mannesmann　马克斯·曼内斯曼
Max Retemeyer　马克斯·雷特梅尔
Max Rose　马克斯·罗泽
Medwin Clutterbuck　梅德温·克拉特巴克

Mert Lawwill 梅尔特·劳威尔
Michael Embacher 米夏埃尔·恩巴赫
Michael Gäßler 米夏埃尔·格布勒
Michael Grützner 米夏埃尔·格吕茨纳
Michael Mertins 迈克尔·默廷斯
Michael Ryan 迈克尔·瑞安
Michel Deal 米歇尔·迪尔
Michel Mercier 米歇尔·默西埃
Michel Perret 米歇尔·佩雷特
Michel Sassi 米歇尔·萨西
Mikael Pedersen 米卡埃尔·彼泽森
Mike Burrows 迈克·伯罗斯
Mike Hessey 迈克·赫西
Mike Sinyard 迈克·辛亚德
Mougeol 穆格尔

Nadine Besse 娜丁·贝西
Napoleon IV 拿破仑四世
Newton Wilson 牛顿·威尔逊
Nicéphore Nièpce 尼希福·尼普斯
Nicholas Oddy 尼古拉斯·奥迪
Nick Clayton 尼克·克莱顿
Nicolaus Fuss 尼古劳斯·菲斯
Nigel Land 奈杰尔·兰德
Nikolaus Otto 尼古劳斯·奥托
Norbert Sadler 诺伯特·扎德勒
Norman Dunham 诺曼·邓纳姆

Octave Chanute 奥克塔夫·沙努特
Octave Robert 奥克塔夫·罗贝尔
Onésiphore Pecqueur 西波尔·佩克尔
Orville Wright 奥维尔·莱特
Oscar Egg 奥斯卡·埃格
Otto Lilienthal 奥托·科林塔尔
Otto Linander 奥托·林德南德
Otto Spiess 奥托·施皮斯
Overman Victor 奥弗曼·维克托

P.G.Hebblethwaite P.G.赫布思韦特
P.M.Browne P.M.布朗
P.W.Bartlett P.W.巴特利特
Pablo Carrasco Vergara 巴勃罗·卡拉斯科·贝尔加拉
Paolo Ganio 保罗·加尼奥
Paul Angois 保罗·安戈斯
Paul Cockburn 保罗·考克伯恩
Paul de Vivie 保罗·德维维耶
Paul Grogan 保罗·格罗根
Paul Jaray 保罗·贾雷
Paul MacCready 保罗·麦克格雷迪
Paul Malicet 保罗·马利塞
Paul Rinkowski 保罗·林科夫斯基
Paul Turner 保罗·特纳
Paul von Salvisberg 保罗·冯·萨尔维斯伯格
Paul Wagner 保罗·瓦格纳
Pearsall 皮尔索尔
Pete Penseyres 皮特·彭赛雷斯
Peter Jon White 彼得·乔恩·怀特
Peter Msurenbrecher 彼得·摩任布热赫
Philipp Moritz Fischer 菲利普·莫里茨·菲舍尔
Pierre Lallement 皮埃尔·拉勒芒
Pierre Michaux 皮埃尔·米肖
Pierre-Jacques Carmien 皮埃尔-雅克·卡米安
Piet Dickentman 皮特·迪肯特曼
Preston Heimon 普雷斯顿·赫尔蒙
Pryor Dodge 普赖尔·道奇

R.Buckminster Fuller R.巴克敏斯特·富勒
R.C.Thompson R.C.汤普森
R.J.Johnson R.J.约翰逊
R.John Way R.约翰·韦
Ralph Stiefel 拉尔夫·施蒂费尔
Rani Figueroa 拉尼·菲格罗阿

Ray Miller　雷·米勒
Raymond Henry　雷蒙德·亨利
Renate B. Lessing　雷娜特·B.莱辛
Renate Franz　雷娜特·弗朗茨
Renate Lessing　雷娜特·莱辛
René Olivier　勒内·奥利维耶
Richard Ballantine　理查德·巴兰坦
Richard Bryne　理查德·布赖恩
Richard Edward Hodges　理查德·爱德华·霍奇斯
Richard Forrestall　理查德·福里斯特尔
Richard Kent Hartleys　理查德·肯特·哈特利
Richard Morriss Woodhead　理查德·莫里斯·伍德黑德
Richard Roberts　理查德·罗伯茨
Richard Sapper　理查德·萨珀
Richard Schirrmann　理查德·席尔曼
Richard Trevithick　理查德·特里维西克
Richard Weber　理查德·韦伯
Rob van der Plas　罗布·范德普拉斯
Robert Charles Jay　罗伯特·查尔斯·杰伊
Robert Cripps　罗伯特·克里普斯
Robert Cruikshank　罗伯特·克鲁克香克
Robert Forester Mushet　罗伯特·福里斯特·马希特
Robert Gebler　罗伯特·格布勒
Robert Girvin　罗布特·格文
Robert Haug　罗伯特·豪格
Robert John Tyers　罗伯特·约翰·泰尔斯
Robert Sterba　罗伯特·斯特巴
Robert William Thomson　罗伯特·威廉·汤姆森
Rod Evans　罗德·埃文斯
Roger Durham　罗杰·德拉姆
Roger Minkow　罗杰·明科
Roger Piper　罗杰·派珀
Roger Street　罗杰·斯特里特

Rolland Hubert　罗兰·于贝尔
Ron Skarin　罗恩·斯卡林
Ron Skarin　罗恩·斯卡林
Rowley Turner　罗利·特纳
Rowley Turner　罗利·蒂尔内
Royce Husted　罗伊斯·赫斯特德
Rudolf Frauenfelder　鲁道夫·弗劳恩菲尔德
Rudolf Wackernagel　鲁道夫·瓦克纳格尔
Rudolph Ackermann　鲁道夫·阿克曼
Russell Meredith　拉塞尔·梅雷迪思

S.Tolman　S.托尔曼
Sammy Bartleet　萨米·巴特利特
Samuel Webb Thomas　塞缪·尔韦布·托马斯
Scotford Lawrence　斯科特福德·劳伦斯
Serge Lathière　塞尔日·拉蒂埃
Seward Thomas Johnson　苏厄德·托马斯·约翰逊
Shpend Gerguri　史彭德·葛古里
Sid Ferris　锡德·费里斯
Sidney Grant　西德尼·格兰特
Sidney Latham Holdrege　悉尼·莱瑟姆·霍尔德雷吉
Sidney Walter Buxton　悉尼·沃尔特·巴克斯顿
Sigfried Marcus　西格弗里德·马库斯
Singer　辛格
Sir Alliott Verdon Roe　阿利奥特·弗登·罗爵士
Skip Hess　斯基普·赫斯
Stefan Schmolke　斯特凡·施莫尔克
Stephanie Napoleon　斯蒂芬妮·拿破仑
Stephen Moulton　斯蒂芬·莫尔顿
Steve Hed　史蒂夫·赫德
Steve Simons　史蒂夫·西蒙斯
Steve Slater　史蒂夫·斯莱特
Sturmey　斯特米

Sven Altfelder 斯文·阿尔特费尔德
Sven Hellestram 斯文·赫雷斯特拉姆
Sylvère Maes 西尔韦尔·梅斯
Sylvester Roper 西尔维斯特·罗珀

T. Bourne T.伯恩
T.Butler T.巴特勒
T.Cowell Barrington T.考埃尔·巴林顿
T.L.Wagtendonk T.L.瓦格迪恩克
Thomas Browett 托马斯·布劳伊特
Thomas Frederick Blumfield 托马斯·弗雷德里克·布卢姆菲尔德
Thomas Hancock 托马斯·汉考克
Thomas Humber 托马斯·亨伯
Thomas Kretschmer 托马斯·克雷奇默
Thomas McCall 托马斯·麦考尔
Thomas Moore 托马斯·穆尔
Thomas Pickering 托马斯·皮克林
Thomas Stephens Davies 托马斯·斯蒂芬斯·戴维斯
Thomas Stevens 托马斯·史蒂文斯
Thomas Traylor 托马斯·特雷勒
Thomas Tredgold 托马斯·特雷德戈尔德
Thomas Wiseman 托马斯·怀斯曼
Tilman Wagenknecht 蒂尔曼·瓦根内克特
Tim Brummer 蒂姆·布鲁默
Tim Gartside 蒂姆·加特赛德
Tom Burgess 汤姆·伯吉斯
Tom Ritchey 汤姆·里奇
Tom Rolt 汤姆·罗尔特
Tony Hadland 托尼·哈德兰德
Tony Hillyer 托尼·希利尔
Tony Nonweiler 托尼·诺韦勒
Tsar Alexander I 亚历山大一世

van der Beld 范德贝鲁特
Van der Plas 范德普拉斯
Vélocio 韦洛乔

Viarengo de Forville 维亚伦戈·德福维尔
Victor de Staines 维克托·德斯坦斯
Victor Mougeol 维克托·穆格尔
Virgil Price 弗吉尔·普赖斯
Vivien Durisotti 维维安·杜里索蒂

W.E.Gedge W.E.盖奇
W.E.Gerrard W.E.杰拉德
W.G.Lydiard W.G.利迪亚德
W.H.Harrison W.H.哈里森
W.R.Mortimer W.R.莫蒂默
W.Spence W.斯彭斯
Walter Euhus 沃尔特·尤胡斯
Walter John Lloyd 沃尔特·约翰·劳埃德
Walter Stillman Jr. 小沃尔特·斯蒂尔曼
Werner Siemens 维尔纳·西门子
Wilbur Wright 威尔伯·莱特
Wilfried Schmidt 威尔弗里德·施密特
Willard Sawyer 威拉德·索耶
William Bindon Blood 威廉·宾登·布拉德
William Clarkson 威廉·克拉克森
William Cowan 威廉·考恩
William Dyson Wansbrough 威廉·戴森·万斯伯勒
William Fauber 威廉·福伯
William Golding 威廉·戈尔丁
William Harvey du Cros 威廉·哈维·杜克罗
William Henry James Grout 威廉·亨利·詹姆斯·格劳特
William Henry Taylor 威廉·亨利·泰勒
William Hillman 威廉·希尔曼
William Jackson 威廉·杰克逊
William James 威廉·詹姆斯
William Jeans 威廉·琼斯
William John Macquorn Rankine 威廉·约翰·麦夸恩·兰金

William Kelley　威廉·凯利
William Kelly　威廉·凯立
William Laubach　威廉·劳巴克
William Nelson　威廉·尼尔森
William Osler　威廉·奥斯勒
William Racey　威廉·瑞西
William Rankin　威廉·兰金
William Reilly　威廉·赖利
William Stewart　威廉·斯图尔特
William Strutt　威廉·斯特拉特
William Sutton　威廉·萨顿
William Taylor　威廉·泰勒
William Thomas Eades　威廉·托马斯·伊兹
William van Anden　威廉·范·安登
Wilson-Willkie　威尔逊-威尔基
Winfred Berg　温弗雷德·伯格
Wolfgang Duerr　沃尔夫冈·迪尔
Wolfgang Siol　沃尔夫冈·西奥尔

作品与期刊名

A New Machine to Go without Horses《一台没有马拉的机器》
A Practical Treatise on Railroads and Carriages《铁路与马车实践论》
American Artisan《美国工匠杂志》
Analectic Magazine《文选杂志》

Badwochenblatt《巴巴拉布兰特》
Baltimore American and Commercial Daily Advertiser《巴尔的摩美国及商业广告日报》
Berliner Morgenpost《柏林晨报》
Bicycle《自行车》
Bicycle Guide《自行车指南》
Bicycles & Tricycles《自行车与三轮车》
Bicycles and Tricycles: An Elementary Treatise on Their Design and Construction《两轮车和三轮车：关于它们的设计和构造的基本论述》
Bicycles of the Year《年度自行车》
Bicycling《骑自行车》
Bicycling News《自行车新闻》
Bicycling Science《自行车科学》
British Medical Journal《英国医学杂志》

Codex Atlanticus《大西洋古抄本》
Codices Madrid《马德里古抄本》
CTC Gazette《自行车旅游俱乐部公报》
CTC Monthly Gazette《CTC月刊》
Cycling《骑行》
Cycling for Health《为健康骑行》

Dashing Dandies《时髦花花公子》
Der Radfahrer《骑自行车的人》

Deutsche Rundschau《德国评论》
Dictionaire de la Langue Francaise《法语词典》

Encyclopédie《百科全书》
Engineering《工程》
Essai théorique et pratique sur le véhicule bicycle(vélocipède)《自行车理论及实际试验》
Essay of a Theory on the Resistance of Two- and Four-Wheeled Carriages《两轮和四轮车的阻力理论》
Every Cyclist's Pocket Book《每个自行车手的口袋书》

fourchette du vélocipède《脚踏车前叉》

Galaxy Magazine《银河杂志》
Glasgow Argus《格拉斯哥阿格斯报》
Gloucester Citizen《格洛斯特公民》
gran rondo《大轮杂志》
Great Soviet Encyclopedia《苏联大百科全书》
Grimm《格林》
Grimm's Deutsches Wörterbuch《格林德语词典》
Guinness Book of World Records《吉尼斯世界纪录大全》

Histoire de la Vélocipédie《脚踏车历史》
Histoire Générale de la Vélocipédie《自行车历史》

Icycles Christmas Annual《自行车圣诞年刊》
Illustrirte Zeitung《时代画报》
Infanterie cycliste en campagne《野战自行

车步兵》
International Cycle Design Competition: Report on Prize-Winning Projects《国际自行车设计大赛：获奖作品报告》

Journal de Paris《巴黎日报》
Journal des Artistes《艺术家杂志》

L'Eclair《闪电》
La Vie Parisienne《巴黎生活》
Le Centaure《半人马》
Le Commerce Automobile《汽车商业》
Le Courier de Lyon《里昂信使》
Le Cycliste《骑车人》
Le Journal de l'Ain《艾因期刊》
Le Prophete《先知》
Le Vélocipède《脚踏车》
Le Vélocipède Illustré《脚踏车插图》
Les Merveilles de la Locomouon《运动的奇迹》
L'Espresso《浓缩咖啡》
Lettura Vinciana《解读达·芬奇》
Lippincott's Magazine《利平科特月刊》
Lois de l'univers—principe de la création《宇宙法则-创造原则》

Manchester Evening News《曼彻斯特晚报》
Manuel du Véloceman《车手手册》
McClure's Magazine《麦克卢尔杂志》
Mechanics' Magazine《机械学杂志》
Miscellen zur Belehrung《教学杂谈》
Moden Zeitung《摩登报》
Münchner Tagsblatt《慕尼黑报》
Museum Rusticum et Commerciale《乡村与商业博物馆》

Neues Magazin《新杂志》
New Scientist《新科学家》
Note pour MM. Olivier frères contre M. Michaux《奥利维耶·费雷尔斯先生起诉米肖先生的说明》
Note sur le vélocipède《脚踏车使用说明》

On yer bike, Leonardo《骑上你的自行车，达·芬奇》
One and All《一和所有》
Outing《外出旅行》
Outing and the Wheelman《郊游与骑车人》

Polytechnisches Journal《理工学院学报》
Poulson's American Daily Advertiser《波尔森美国每日广告人》

Radfahrhumor《自行车》
Revue Allemande《德国杂志》
Révue Encyclopédique《百科全书》
Richard Bicycle Book《理查德自行车书》
Rivista Velocipedistica《脚踏车杂志》

Science et Vie Junior《科学与生活》
Scientific American《科学美国人》

Tagliche Rundschau《每日评论》
The Bazaar《集市》
The Bicycle Journal《自行车杂志》
The Boneshaker《震骨器》
The Cyclist《自行车手》
The Cyclist in Warfare《战争中的自行车手》
The Data Book《数据书》
The Electrical Engineer《电气工程师》
The English Mechanic《英国机械师》
The Expositor《评注者》
The Field《田野杂志》
The Gallovidian《加罗韦人报》
The Imperial Magazine《帝国杂志》
The Indispensable Bicyclist's Handbook 1879《1879年不可或缺的自行车手手册》

The Irish Cyclist《爱尔兰骑车人》

The Ironmonger《五金商》

The Mechanic, or Compendium of Practical Inventions《机械师实用发明纲要》

The Mechanics' Magazine《机械师杂志》

The Tricyclist《三轮车骑手》

The Tricyclists' Indispensable Annual and Handbook《三轮车人不可或缺的年鉴和手册》

The Unknown Leonardo《不为人知的达·芬奇》

The Wheelman Illustrate《骑行画刊》

The Wheelmen Magazine《轮车手杂志》

Théorie du Vélocipède《脚踏车的理论》

Times《泰晤士报》

Traité des forces mouvantes《运动力》

Wheel World《车轮世界》

World on Wheels《车轮上的世界》

公司及自行车部件品牌名

8 Freight 8货运
A.T. Demarest & Company 德马雷斯特公司
Acatène 阿卡特
ack Taylor Cycles 杰克·泰勒自行车公司
Acrow 阿克罗车
Adler 阿德勒
Adlerwerke 阿德勒尔
Adolf Lofmann 阿道夫·洛夫曼
Adolphe Clément 阿道夫·克莱门特
Advanced Sports International 领先运动器材国际有限公司
Aeolus Butterfly 风神蝴蝶
Aerolite 陨石
Airnimal 犀牛
Airnimal Designs 犀牛设计
Alenax 阿勒纳克斯
Alert 阿莱尔特
Alex Moulton 亚历克斯·莫尔顿
Alligator 短吻鳄
Allsop 奥尔索普
all-terrain bicycle 全地形自行车，简称 ATB
Alpha Bantam 阿尔法矮脚鸡
Aluetta 阿卢埃塔
Angois & Ellis 安戈伊斯和埃利斯
Antoine Fritsch and Vivien Durisotti 安托万·弗里奇和维维安·杜里索蒂
Arabian Electric Cycle Lamp 阿拉伯脚踏车电灯
Arabian Oil Company 阿拉伯石油公司
Argand 阿尔冈
Ariel 阿里埃尔
Aufa 奥法
August Maier 奥古斯特·迈尔
Automatic 自动
Avatar 化身
Avenir 阿韦尼尔
Avions Caudron 科德龙飞机公司
Avro and Saunders-Roe 阿夫罗和桑德斯-罗航空公司

BACo 英国铝业公司
Bamboo Cycle Company Ltd. 竹制自行车有限公司
Bantam 矮脚鸡
Bantamette 女式矮脚鸡
Barberon & Meunier 巴伯龙和默尼耶
Bartlett 巴特利特
Bayliss & Thomas 贝利斯与托马斯
Bayliss Wiley 贝利斯·威利
Beatle & Straw 披头士与斯特劳
Beck & Candlish 贝克与坎迪什公司
Bendix 本迪克斯
Benjamin Bowden 本杰明·鲍登
Benjamin Lawson 本杰明·劳森
Bentley 宾利
Bianchi 比安奇
Bickerton Portable 比克顿便携式自行车
Bicycle Motocross 小轮车，简称 BMX
bicyclette 自行车
Biémont & Cie. 比耶蒙公司
Bike Friday 自行车星期五
Bike-Hod 霍德拖车
Bilis 比利斯
Bill Rann 比尔·兰恩
Birdy 鸟车
Birmingham Small Arms 伯明翰轻武器公司，简称 BSA

Bivector 双矢量
Black Phantom 黑色幻影
Blackburn Designs 布莱克本设计公司
Bluebell 蓝铃
BMX Products,Inc. 小轮车产品有限公司
Brampton 宾顿
Bratří Potůčkové 街头兄弟
Brennabor 兰牌
Bridgestone 普利司通
British Hub Company 英国轮毂公司
Brompton 布朗普顿
Brooks 布鲁克斯
Brown Brothers 布朗兄弟
Bulldog 斗牛犬
Burgess 伯吉斯
Burley Design 伯利设计公司
Burrows Ratcatcher 伯罗斯捕鼠者
Bushido 武士道
Calviger 克拉维格
Cambiogear 卡莫比奥齿轮
Caminade 卡米纳德
Caminargents 卡米纳尔让
Campagnolo 坎帕尼奥洛
Cannondale 佳能戴尔
Cape Wrath 愤怒角
Carlton 卡尔顿
Carlton Flyer 卡尔顿飞行者
Carlton Tourist 卡尔顿旅行者
Carradice 卡拉迪斯公司
Carroll Chainless Bicycle Company 卡罗尔无链自行车公司
Carrosse de Gala 卡罗塞·德加拉
Carry Freedom 运载自由
Centaur 半人马
Challenger 挑战者
Chariot 战车
Charles Dayton 查尔斯·戴顿
Charlie Cunningham 查理·坎宁安
Cheylesmore 切尔斯莫尔

Chopper 乔巴
Cinelli 奇内利
Cleland 克莱兰
Cogswell & Harrison 科格斯韦尔与哈里森
Colibri 蜂鸟
Colonel Albert Pope 科洛内尔·艾伯特·波普
Columbus 哥伦布
Comete 彗星
Commander 指挥官
Commando 突击队
Commissionaire Carrier 委托运载
Compagnie Parisienne 巴黎人公司
Compax 康帕
Condor 孔多尔
Constant Hazard 恒定冒险
Constrictor 大蟒蛇
Contak 孔塔克
Continental 汉诺威大陆公司
Corratec B-drive 克罗B驱动
Coventry Machinist Company Ltd. 考文垂机械师有限公司，简称 CMC
Credenda Cold Drawn Seamless Steel Tube Company Ltd. 克雷登达冷拔无缝钢管有限公司
Cripper 克里普
Crocodile 鳄鱼
Crypto 克里普托
Crypto Bantam 克里普托矮脚鸡
Crypto-Dynamic 克里普托-动态
Curtis 柯蒂斯
CycleBinding 车轮绑定
Cycles France-Loire 卢瓦尔自行车
Cyklbrake 齐克洛系列刹车

Dahon 大行
Dandy-Horse 花花公子马
Daniel Rudge & William Bown 丹尼尔·拉奇与威廉·鲍恩

Daunay 多奈
Dawes Cycles 道斯自行车公司
Dawes Windrush 道斯温德拉什
Dayton 戴顿
Despatch 派遣
Devon 德文
Dia Compe 太雅康培
Dieterich 迪特里希
Dissel & Proll 迪塞尔和普罗尔
Donkey cycle 驴子自行车
Doolittle 杜利特尔
Dual 迪阿尔
Duplex Excelsior 复式精益
DuPont 杜邦
Dürkopp 杜克普
dwarf roadster 矮人公路车
Dynatech 迪纳特克

Eadie 伊迪
Easy Racer 易赛
Easy Racer Gold Rush 易赛淘金
Eclectic 折中
Eclipse 日蚀灯
Eclipse Cycle Company 日食自行车公司
Edgar Franks 埃德加·弗兰克斯
Edouard Michelin 爱德华·米其林
Elan 埃朗
Electric Lamp Company of Buffalo 布法罗电灯公司
Electric Portable Lamp Company 便携式电灯公司
Electromontaggi 电动组件
Elger 埃尔格
Ellis & Company 埃利斯公司
Elswick-Hopper 埃尔西克-霍珀
Endrick 恩德瑞克
Enparlite 恩帕里特
ergo 埃尔戈
Erste Deutsche Star

Bicycle E. Kretzschmar 德累斯顿德国埃尔斯特星自行车有限公司
Excel 埃克塞尔

F.H.Grubb Ltd F.H.格拉布有限公司
Fabrique Nationale 国家工厂
Facile 法骑乐
Fahrmaschinen 驱动机器
Falck 法尔克
Fallbrook Technologies Inc. 法布里克技术有限公司
Faun 牧神
Ferodo 菲罗多
Fomac 福麦斯
Fongers 风格斯
Fortune Hanebrink 幸运汉布林克
Fournier 福尼尔
Franz Winkler 弗朗兹·温克勒
Fratelli Vianzone 弗拉泰利维安宗
Frederick Woods 弗雷德里克·伍兹

Galaxy 银河
Gazelle 羚羊
Georg Lankensperger 格奥尔格·兰肯斯佩格
George Machtler 乔治·马奇勒
George Singer 乔治·辛格
Gervat 热尔瓦
Giant 捷安特
Giant Halfway 捷安特哈佛
Göricke Bomb 戈里奇炸弹
Gossamer Albatross 游丝信天翁号
Grand-bi 大自行车
Graziosa 格拉齐奥萨
Green Planet Special 1 绿色星球特别 1 号
Gritzner 格里茨纳
Grout 格劳特
Guilmet-Meyer 吉尔梅-梅耶尔
Guthrie-Hall 格思里-霍尔

H.C.Webb H.C.韦布公司
H.R.Smith Manufacturing Company H.R.史密斯制造公司
Hagan All-Speed 黑根全速
hammock 哈莫克
Hann 汉恩
Harmony 和谐
Haynes & Jefferis 海恩斯与杰弗里斯
Heinz Kettler 海因茨·克特勒
Helco 海尔科
Helliwell 海利韦尔
Herbert & Cooper 赫伯特与库珀
Hercules Herailleun 大力士赫拉利尔
Hercules HK 大力士 HK
Hesperus-Werke GmbH 赫斯珀洛斯-沃克有限公司
Hettlage 黑特拉格
Highpath Engineering 高道工程
Hillman，Herbert & Cooper 希尔曼、赫伯特和库珀公司
Hirondelle Passe-partout 伊龙代勒路路通
Hobbs 霍布斯
Holdsworth 霍尔兹沃思
Huffman 赫夫曼公司
Human Powered Machines 人力机械
Huret 于雷
Hutchinson 哈钦森
Hyde 海德
Hydes & Wigfull 海兹与威格富尔

Idéale 理想
Illinois Acetylene Company 伊利诺伊乙炔公司
Itera 怡特拉
Ivel 艾维尔

J. Laroche & J. Mehew J.拉罗什和J.米休
Jacquier 雅基耶
James Slater 詹姆斯·斯莱特公司

John Beale 约翰·比尔
John Smith 约翰·史密斯
Joseph Lucas & Son 约瑟夫·卢卡斯父子有限公司
Joseph Lucas Limited 约瑟夫·卢卡斯有限公司
J-Rad J-拉德
Jussy 朱西

Kangaroo 袋鼠
Kariz 卡利兹
Katakura Silk 片仓丝绸
Kestrel 红隼
Keywin 基吾赢
King of the Road 公路之王
Kingston 金斯顿
Kirk Precision 柯克精密
Klein 克莱因
Krate 克拉特

La Compagnie Parisienne des Vélocipèdes 巴黎人脚踏车公司
La Marquette 拉马凯特
La Percutante 拉派科特
LaRoche & Mehew 拉罗什与米休
Laufmaschine 跑步机器
Le Petit Bi 小家伙
Le Speelo 乐斯佩洛
League Cycle Company 哈特福德联合自行车公司
Leamington Spa 利明顿公司
Leitner 莱特纳
Lepper 莱珀
Les Fils de Peugeot Frères 莱斯·菲斯·德珀若·弗雷尔
Libbey 利比
Lightning 闪电斜躺车
Lightning Cycle Dynamics 闪电自行车动力公司

Limo 利莫
Linley & Biggs 林利和比格斯
Long John 长约翰
Look 卢克
Lotus 莲花
Louis Gonel & Cie 路易·戈内尔公司
lshiwata 石渡河
Lucas Silver King 卢卡斯银王
Lufft barometer company 卢夫特气压计公司
Lycett 莱西特
Lyotard 利奥塔尔

Magee 马吉
Magura 玛古拉
Manivelociter 马尼拉速度
Mansfield 曼斯菲尔德
Manufacture Française d'Armes et Cycles de Saint-Étienne 法国圣艾蒂安武器和自行车制造商
Marriott & Cooper 马里奥特和库珀
Marvel 漫威
Maurice Moss 莫里斯·莫斯
Mavic 马维克
Maxxis 玛吉斯
Mccammon Safety 麦卡蒙安全
Mckee & Harrington 麦基与哈灵顿
Meteor 流星
Métropole 大都市
Métropole Acatènes 阿卡特大都市
Michaux et Cie 米肖公司
Michelin & Compagnie 米其林公司
MicroBike 微车
Middlemore 米德尔莫尔
Mighty Click 强大点击
Military Sunbeam 军事阳光车
Miller 米勒
Milpat 米尔帕特
Mini Velo 迷你维罗

Mitchell Any-Speed 米切尔任意速度
Mobiky Genius 莫比吉天才
Modèle Superbe 华美模特
Moller Auto-Cycle 莫勒自动自行车
Mongoose 獴
Monopol 莫诺普尔
Montague 蒙特奇伞兵自行车
Montague Corporation 蒙特奇公司
Moorson 摩尔森

NaturaLimits 自然极限公司
Nealeson 尼尔森
New Departure 新起点
New Departure Manufacturing Company 新起点制造公司
Nitsche und Kausmann 尼切与考斯曼公司
Nonpareil 极品车
Norfolk 诺福克
Noricum 诺里库姆
Norsk Hydro 挪威海德鲁
North Road 北路
Northrop Manufacturing Company 诺斯罗普制造公司
Norton Motors 诺顿骑车公司
NuVinci 纽芬奇
Opel 欧宝
Orbicycle 奥比奇三轮脚踏车
Otto 奥托

Pacific Cycles 太平洋自行车公司
Palco 帕尔科
Panasonic 松下
Paradigm 范式
Paris Cycles 巴黎自行车
Pashley 帕什力
Patentmotorwagen 奔驰一号
Paul Jaray 保罗·贾雷
Pedi-Plane 佩迪-平面
Perry 佩里

Peugeot　标致
Peyton & Peyton　佩顿与佩顿
Phaeton　辉腾
Phänomen　现象
Phillips　飞利浦
Piccolo　短笛
Pickering & Davis　皮克林与戴维斯公司
Pioneer　先锋
Pneumatic Wheel Company　充气轮公司
Pocket Bici　"袖珍"微型折叠车
Polwarth Cycle Manufacturing Company　波尔沃思自行车制造公司
Polyceler　波利塞莱
Porta　波尔塔
Portable Electric Light Company of Chicago　芝加哥便携式电灯公司
Precision Tandems　精密双座车
Premier　普勒米耶
Presta　普雷斯塔
Presto　普雷斯托
Pronto　普龙托
Protean　多变
Proton Locks　质子锁
Psycho　超能
Pugsley　帕格斯利
Puma　彪马

Quadrant　象限
Queen　皇后
Quill　奎尔

Radiale　拉迪阿莱
Rad-Licht　拉德-利希特
Rain-Check　雨水检验
Raleigh　罗利
Ramsey　拉姆齐
Randonneur　徒步旅行者
Ravat Horizontal　拉瓦水平
Ravat-wonder　拉瓦-旺德

Record EPS　纪录 EPS
Red Shift　红移
Reed　里德
Referee　裁判员
Reichstein Brothers　赖希施泰因兄弟
Renak　雷纳克
Resilion　雷西利翁
Retemeyer　雷特梅尔
Reynolds　雷诺兹
Reynolds & Mays　雷诺兹与梅斯
Riemann Germania　里曼·赫尔马尼娅
Riese & Muller　里泽与穆勒公司
Riku-Hon-Sesya　冲锋陆地船
Rixen & Kaul　里克森和考尔
Robert Bosch　罗伯特·博世
Rotor　转子
Rover　罗弗
Royal Aircraft Establishment　皇家飞机制造公司
Royal Enfield　皇家恩菲尔德
Royal Enfield Revelation　皇家恩菲尔德启示
Royal Mail Mailstar　皇家邮政之星
Rudge　拉奇

Sachs-Huret　萨克斯-于雷
Safety　安全
Salmonsen　萨尔蒙森
Salsa　萨尔萨
Salsbury Lamp Works　索尔兹伯里灯具厂
Sampson　桑普森
Sanyo　三洋
Sanyo Dynapower　三洋动力
Schmolke　施莫尔克
Schrader　喜莱德
Schwalbach　施瓦尔巴赫
Schwalbe　施瓦尔贝
Schwinn　施文
Scoo-ped　斯库佩德

Shaw & Sydenham　肖和西德纳姆
Shimano　禧玛诺
Shokpost　震惊杆
shoppers　购物者
Simonds　西蒙兹
Simplex　辛普克斯
Simpson　辛普森
Slingshot　弹弓
Snek　斯内克车
Société Biémont　比耶蒙公司
Société Michaux-Père et Cie　米肖父子公司
Softride　软骑
Solar　太阳能
Solar Acetylene Lamp Company　太阳乙炔灯公司
Soubitez　苏比特斯
Specialized　闪电
Speedwell　虎尾草
springer　斯普林格
Sputnik　人造卫星
St. Louis Refrigerator and Wooden Gutter　圣路易斯冰箱和木沟公司
Star Cycle Company　星际自行车公司
Starley & Sutton Rover　斯塔利和萨顿·罗弗
Starley & Sutton　斯塔利与萨顿
Stassen　史塔生
Steiff　施泰夫
Stella　斯特拉
Steyr Waffenfabrik　斯太尔·瓦芬法里克
Strano　斯特拉诺
Strida　速立达
Strohmaier　施特罗迈尔
Sturmey-Archer　斯特米-阿彻
Styria　施蒂里亚
Sun Atlas Cargo　太阳公司阿特拉斯货运
Sunbeam　阳光公司
Sunbeam Ricksha　阳光黄包车
SunRace　日驰
SunTour　三拓
SunTour Browning Electronic Accushift Transmission　三拓勃朗宁电子变速传动
Super Record EPS　超级纪录 EPS
Surprise Columbia　惊喜哥伦比亚
Surrey Machinists' Company　萨里机械师公司
Suzuki　铃木
Svea　斯维亚
Tangent & Coventry Tricycle Company　坦根特和考文垂三轮车公司
Tangye　唐吉
Tara　塔拉
Team Mag　团队麦格
Teledyne Titan　泰利达因泰坦
Tern　燕鸥
Terrot company　特罗特公司
Terrot Levocyclette　特罗特自行车
Terry　特里
The Hub　枢纽
Thomas Morse　托马斯·莫尔斯
Thomas Shergold　托马斯·舍戈尔德
Ticona　泰科纳
Time　泰姆
Tiso　蒂索
Titan　泰坦
Topeak　极点
Torpedo　鱼雷
Tour Easy　轻松之旅
Transbar　特兰斯巴
Trebert　特雷贝特
Trek　崔克
Tresoldi & Casiraghi　特雷索尔迪与卡西拉吉
Trexler　特雷克斯勒
Triumph　胜利
Trivector　三矢量
Tube Investments　管道投资

Ultimate Sports Engineering　终极运动工程
Unica　尤尼卡
Union　联合
US Rubber　美国橡胶公司

Vector　矢量
Vélo Torpille　鱼雷自行车
Vélo Vitesse　维特斯自行车
Velo Zuerich GmbH　苏黎世韦洛有限公司
Vélocars　自行车汽车
Velocino　维洛奇诺车
Vélodyne　维洛迪纳
Vélorizontals　纵贯线
Vélo-Vélocars　维罗-自行车汽车
Victor　维克托
Vitus　维图斯
Voltalite　沃尔塔利特
Volvo　沃尔沃
Vulcan　伏尔坎

Wagtendonk　瓦格迪恩克
Waltham Manufacturing Company　沃尔瑟姆制造公司
Wanderer　漫游者
Ward & Goldstone　沃德和戈德斯通
Watsonian　沃森尼亚
Weber　韦伯
Weed Sewing Machine Company　威德缝纫机械公司
Weinmann　魏因曼
Welch　韦尔奇
Western Wheel Works of Chicago　芝加哥西部车轮厂
Westfield　韦斯菲尔德
Westrick　韦斯特里克
Westwood　韦斯特伍德
Whaley　惠利
Whippet　惠比特
Wilkinson Sword　威尔金森剑

Woodhead & Angois　伍德黑德与安戈伊斯

Xtraordinary　超越

Yankee　洋基

Zephyr Bicycle & Tricycle Company　西风自行车和三轮车公司
Zeppelin　齐柏林
Zeus　宙斯
Zimmerman　齐默尔曼
Zoombike　缩放车

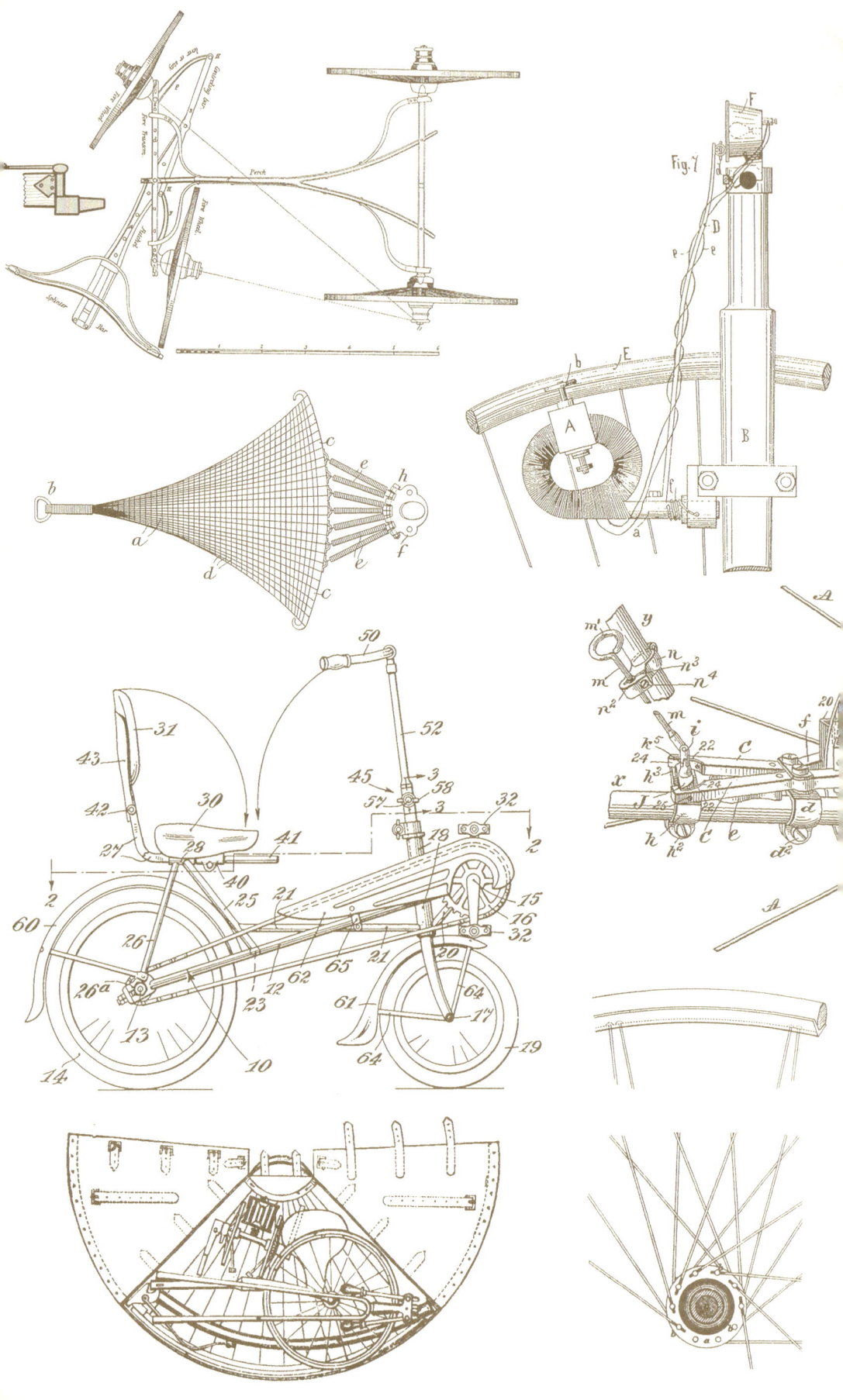